CONTINUUM.

This work is licensed under the Creative Commons
attribution-noncommercial-noderivs 3.0 unported license.
http://creativecommons.org/licenses/by-nc-nd/3.0/

Printed by Lightning Source, Milton Keynes
in an endless edition (version 151126)
ISBN 978-94-91914-06-5

Uitgeverij, Den Haag
Shtëpia Botuese, Tiranë
Maison d'éditions, Bruxelles
Herausgeber, Basel

www.uitgeverij.cc

ALESSANDRO DE FRANCESCO,

Continuum.

Scritti sulla poesia come pratica artistica.
Écrits sur la poésie comme pratique artistique.
Writings on Poetry as Artistic Practice.

:

Introduzione

Questo volume raccoglie la maggior parte degli scritti sulla poesia che ho prodotto dal 2007 al 2015. Dato il tipo di lavoro che ho svolto in questi anni e visto che il plurilinguismo è una delle questioni qui affrontate a piú riprese, abbiamo deciso di lasciare i saggi nella lingua originale in cui sono stati scritti. Ne è uscito un libro prevalentemente trilingue, con il francese in netta prevalenza, seguito dall'italiano, dall'inglese, e con una parte in tedesco scritta però non da me ma da Dieter M. Gräf, in un dialogo sulla poesia che ha avuto luogo nel 2008 e nel quale ci eravamo accordati, data la mia conoscenza limitata dalla lingua tedesca, affinché lui scrivesse in tedesco e io rispondessi in inglese.

Il titolo che ho scelto di dare alla raccolta, *Continuum*, allude non solo all'impegno poetico e saggistico costante che ho cercato di mantenere in questi anni, ma anche e soprattutto ad una delle questioni teoriche piú spesso affrontate in questi scritti, ovvero quella della continuità tra la scrittura e il reale, tra il linguaggio e gli spazi non verbali dell'esperienza, contro la discretizzazione operata dalle forme moderne di rappresentazione, montaggio e mediatizzazione del senso. La scelta di un titolo latino mi ha permesso di risolvere il problema della lingua del titolo, cosicché il latino ridiventa qui una specie di *koinè* provvisoria.

La nozione di *poesia come pratica artistica* espressa nel sottotitolo, ovvero della scrittura poetica come attività *poietica* piuttosto che come genere letterario, allude a una presa di posizione piú presente che passata, che emerge soprattutto nei lavori pubblicati dal 2013 in poi, ma rileggendo l'insieme di questi scritti per raccoglierli mi sono reso conto che essa era già contenuta *in nuce* anche nei saggi meno recenti. Ho quindi ritenuto sensato attribuirla all'insieme del mio percorso di questi anni, nonostante che, tengo a sottolinearlo, nel rileggere alcune mie affermazioni – soprattutto, ovviamente, in lavori piú lontani nel tempo – non mi sia sempre trovato d'accordo con me stesso. Ciononostante, la scelta di ripubblicare l'insieme dei miei scritti sulla poesia con modifiche minime, principalmente di forma, mi è sembrata importante in quanto questa raccolta segna una fase del mio percorso; essa è una boa, un cippo chilometrico, per quanto fragile e non sempre affidabile.

Il libro è suddiviso in tre sezioni: *Poetica, Saggi e articoli di critica* e *Dialoghi*. La prima sezione contiene in prevalenza degli scritti volti a situare il mio proprio lavoro di poeta e artista, la seconda dei saggi e degli articoli scientifici su altri autori e la terza quattro dialoghi su poesia e arte rispettivamente con il poeta tedesco Dieter M. Gräf, con Etinosa Agbonlahor, redattrice dell'African Book Review, con lo scrittore francese Frank Smith e con il filosofo, artista e curatore Fabien Vallos. In realtà questa suddivisione, benché essa abbia una certa pertinenza, è porosa. La continuità del flusso a cui fa allusione il titolo è da cogliersi anche nelle numerose interazioni tematiche che mettono in comunicazione permanente l'insieme di questi scritti.

— *Alessandro De Francesco*

Introduction

Ce volume recueille la quasi-totalité des écrits sur la poésie que j'ai produits entre 2007 et 2015. Étant donné le type de travail que j'ai mené pendant ces années et vu que le plurilinguisme est une question que j'aborde à plusieurs reprises, nous avons décidé de publier ces essais dans la langue dans laquelle ils ont été écrits. Un livre fondamentalement trilingue en est sorti, où le français occupe la place principale, suivi par l'italien et ensuite par l'anglais. Le lecteur trouvera également une partie en allemand qui a été écrite non pas par moi-même mais par Dieter M. Gräf, lors d'un dialogue sur la poésie qui a eu lieu en 2008 et dans lequel nous nous étions accordés, étant donnée ma connaissance limitée de la langue allemande, pour qu'il écrive en allemand et que je réponde en anglais.

Le titre que j'ai choisi de donner à ce recueil, *Continuum*, renvoie non seulement à l'engagement poétique constant que j'ai essayé de maintenir pendant ces années, mais aussi et surtout à l'une des questions théoriques le plus souvent abordées dans ces écrits, à savoir celle de la continuité entre l'écriture et le réel, entre le langage et les espaces non-verbaux de l'expérience, contre la discrétisation opérée par les formes modernes de représentation, montage et médiatisation du sens. Le choix d'un titre latin m'a permis de résoudre le problème de la langue du titre, si bien que le latin redevient ici une espèce de *koinè* provisoire.

La notion de *poésie comme pratique artistique* exprimée par le sous-titre, c'est-à-dire de l'écriture poétique comme activité *poïétique* plutôt que comme genre littéraire, renvoie à une prise de position qui est plus présente que passée et émerge notamment, par conséquent, dans les travaux publiés depuis 2013, mais en reparcourant l'ensemble de ces écrits en vue de ce livre je me suis aperçu qu'elle était également contenue *in nuce* dans les essais moins récents. J'ai donc estimé légitime de l'attribuer à l'entièreté de mon parcours de ces années, même si, et je tiens à le souligner, en relisant certaines de mes affirmations – surtout, bien évidemment, dans des travaux plus éloignés dans le temps – je ne me suis pas toujours retrouvé en accord avec moi-même. Cependant, le choix de republier l'ensemble de mes écrits sur la poésie avec de moindres modifications, principalement formelles, m'a semblé important du moment que ce recueil marque une phase de mon parcours ; il est une bouée, une borne, bien que fragile et pas toujours fiable.

Cet ouvrage est divisé en trois sections : *Poétique*, *Essais critiques et articles* et *Entretiens*. La première section contient en prévalence des écrits à propos de mon travail de poète et artiste, la deuxième des essais et des articles scientifiques à propos d'autres auteurs et la troisième quatre dialogues sur la poésie et l'art respectivement avec le poète allemand Dieter M. Gräf, avec Etinosa Agbonlahor, rédactrice de l'African Book Review, avec l'écrivain français Frank Smith et avec le philosophe, artiste et curateur Fabien Vallos. En réalité cette répartition, bien que pertinente, est poreuse. La continuité du flux à laquelle le titre du livre fait allusion est aussi à repérer dans les nombreuses interactions thématiques mettant tous ces écrits en communication entre eux.

— *Alessandro De Francesco*

Foreword

This book gathers the majority of my writings on poetry dating from 2007 to 2015. Given the kind of work I have been carrying on all these years and given that multilingualism is one of the core questions approached in my writing, we have decided to republish all the essays in the language in which they have been written. A basically trilingual book came out, with French being the main language, followed by Italian, then English, and with a part in German written by Dieter M. Gräf for a dialogue on poetry that took place in 2008. As my knowledge of German language is limited, we agreed with Dieter that he would write in German and I would answer in English.

The title I decided to give to this collection of essays, *Continuum*, refers not only to the constant poetic commitment I have been trying to maintain during these years, but also, and mostly, to one of the main theoretical questions raised by these writings, i.e. the continuity between writing and the real, between language and the non-verbal spaces of experience, against the discretisation produced by modern forms of representation, editing and mediatisation of meaning. The choice of a Latin title allowed me to solve the problem of the language in which the title had to be, so that Latin becomes again, here, a sort or temporary *koinē*.

The notion of *poetry as artistic practice* expressed by the subtitle, that is to say of poetry writing as a *poietic* activity rather than a literary genre, alludes to a perspective that belongs more to my current interests than to my past works, thus emerging in the essays and interviews published after 2013. Nevertheless, I realized, reading again all my writings for this project, that such a perspective was already contained *in nuce* also in less recent works. I therefore decided to designate by this expression all the theoretic work contained here, although it is important for me to mention that I found myself not always in agreement with some of my previous claims, especially, of course, with those expressed in my older writings.

The book is organized in three sections: *Poetics*, *Critical Essays and Articles* and *Dialogues*. The first section contains especially writings about my work as a poet and artist, the second one contains essays and scientific articles on other authors and the third one contains four dialogues on art and poetry respectively with German poet Dieter M. Gräf, with Etinosa Agbonlahor, editor of the African Book Review, with French writer Frank Smith and with philosopher, artist and curator Fabien Vallos. In reality this subdivision, although pertinent, is porous. The continuity of the flux to which the title of the book refers is to be seen also in the numerous thematic interactions among all these writings, independently from the sections in which they have been located.

—*Alessandro De Francesco*

I.

Poetica
Poétique
Poetics

Ostacoli, ipotesi, complessità.
Su Ridefinizione e sul mio lavoro poetico

La descrizione di un lavoro poetico, soprattutto se fatta dall'autore stesso, non può e non deve essere lineare e illustrativa. Partirò dall'ultima sezione del libro *Ridefinizione*. Una tale *descrizione*, contro tanti clichés secondo i quali i poeti non sarebbero autorizzati a parlare del proprio lavoro, è a mio avviso possibile, a patto che non si tratti di « autointerpretazione » o di « autoteoria ». Vorrei dunque illustrare alcuni procedimenti, passaggi, tecniche e campi di indagine che guidano la mia epistemologia di scrittura, senza svelare niente, anche perché non c'è niente da svelare, visto che tutto è nel testo, che sta a sua volta di fronte a chi lo legge.

L'ultima delle tre sezioni di *Ridefinizione* si intitola *emette brusii,* in minuscolo, come tutte le mie parole del resto, in una sorta di « democrazia della scrittura » che non risparmia neanche l'inserimento di nomi propri o di luogo (nel mio primo libro *Lo spostamento degli oggetti*, ad esempio, in una stessa poesia si trovavano il « pompidou » e « tiergarten »). I testi di *emette brusii* sono generati in modo non lineare (tant'è che leggendoli non lo si capisce affatto) da notizie trovate su internet a proposito dei conflitti in Israele-Palestina, Afghanistan e Iraq. Quattro aspetti hanno guidato questa scelta :

1. L'iterazione mediatica quotidiana e ossessiva di notizie sui conflitti mediorientali;
2. La smisurata importanza storica di questi eventi oggi (se è vero, come credo, che alla fine la poesia torna sempre a parlare delle cose importanti);
3. Il modo specifico con cui il web parla di tali conflitti : in seguito alla necessità di rendere conto, ma anche, per cosí dire, di « renderizzare » la grande frequenza di attentati, azioni militari, incontri e scontri, spesso le notizie sul web diventano sempre piú corte, limitandosi ad elencare, ad esempio, il numero dei morti, il luogo dell'evento e la sorgente dell'informazione;
4. L'*opacità* con cui, ciononostante, i media restituiscono il succedersi di questi eventi : precisione e sintesi non sembrano poter sopperire a complessi meccanismi di censura e alla stessa intrinseca complessità della situazione di luoghi peraltro eterotopici, se non atopici, per la maggior parte di noi.

Come il risultato poetico di questi eventi risulta essere non linearmente connesso ad essi, cosí la non linearità si afferma tra l'evento e l'informazione : o l'evento stesso non è lineare, oppure è l'informazione a non essere aderente all'evento quale esso si è verificato. La poesia può inserirsi come istanza critica in un cattivo uso politico e mediatico del rapporto tra linearità e non-linearità degli eventi. Due fenomeni, volendo semplificare, si verificano frequentemente :

1. Eventi *lineari*, ovvero eventi il cui accadimento può essere descritto e stabilito con certezza (attentati, episodi di tortura, insomma eventi propri alla dialettica binaria della

OSTACOLI, IPOTESI, COMPLESSITÀ

vita e della morte), resi *non lineari* dagli occultamenti e dalle implosioni dell'informazione. Eccone un esempio lampante – che ho deciso di riportare alla fine di *Ridefinizione* – tratto dal sito web di Reuters :

Il ministro dell'interno Jawad Al-Bolani ha detto che il capo di Al Qaeda in Iraq Abu Ayyub Al-Masri sarebbe stato ucciso oggi in uno scontro tra militanti a nord di Baghdad. «L'affidabilità di questa informazione è alta», ha detto Bolani insieme al ministro della difesa il generale Abdel Qader Jassim. Ad una nuova domanda sulla conferma della morte di Masri Bolani ha aggiunto : «se non è stato ucciso oggi sarà ucciso domani». www.yahoo.com, www.reuters.com, 01.05.2007.

2. Eventi *non lineari* resi *lineari* per scopi politici. Un esempio evidente è il legame semplificato tra l'11 Settembre, fenomeno che non si sarebbe verificato senza una concomitanza complessa di cause ed operazioni svolte all'interno dei Paesi occidentali, e la guerra in Iraq.

Tenendo presente questa costellazione, ho proceduto come segue : innanzitutto, ho creato un database con una serie di notizie dal web su eventi giudicati significativi. Poi ho copiato e incollato alcune parti adattandole in quadrati di « prosapoesia » con margini giustificati (dispositivo, questo, che caratterizza buona parte dell'opera). Quindi ho scritto in un certo senso « all'interno » o « tra le righe » di questi articoli, separandoli in piú parti e inserendo la mia propria produzione testuale all'interno di queste parti. Ho cancellato infine le notizie incollate e ho lasciato solo il mio testo, riaggiustandolo se necessario. In questo processo l'evento e il suo resoconto non sono piú nel testo, che è concepito in un certo senso « dopo » l'informazione e sta a testimoniare uno strato piú profondo di *output* emotivo, una sorta di nucleo di dolore indeterminato e rimosso, scaturito da eventi sconosciuti accaduti nel « là-fuori » del conflitto e trasposto dai media nello spazio occidentale :

> la ventola deriva   esce dalla guida   il brusio costante proviene da un sacchetto disperso nell'erba di un giardino pubblico
>
> la plastica si alza e si abbassa con il moto del respiro quando si abbassa aderisce al corpo che sta dentro si intravedono peli imbevuti di sangue
>
> il lamento   di volta in volta   prende velocità perde forza

Indeterminatezza ed epifania dell'ignoto, qui legata a una situazione di violenza in un giardino. Cosí era ne *Lo spostamento degli oggetti* : « la certezza di non poter tornare / nel luogo in cui qualcosa respirava / e sanguinava nell'erba ».

Ma l'epifania dell'ignoto, pur caratterizzata da intensità emozionale, può anche essere neutra, e rinviare ad un altro paradigma, piú cognitivo che politico :

siamo entrati nel giardino di notte lasciandoci la
casa alle spalle abbiamo imboccato il sentiero di
ghiaia verso la fabbrica alla fine del giardino con
gli abeti neri e le macchine a lato   le tre finestre
orizzontali   erano   illuminate   con   violenza
(d)all'interno non abbiamo potuto vedere niente
continuavamo a camminare un rumore uniforme
era diventato assordante   come se la distanza tra
la fabbrica e noi fosse stata già percorsa

Se *emette brusii* mette in atto un'epistemologia critica di ridescrizione di un *ostacolo politico e mediatico* dovuto alla censura e/o all'impossibilità di restituire la complessità di eventi lontani nello spazio, *forme del buio,* la prima sezione di *Ridefinizione* da cui è tratto questo testo, sviluppa un paradigma di ridescrizione di un *ostacolo cognitivo.* Si tratta di tentare di descrivere attraverso la poesia una dimensione ignota *come se* potessimo esperirla (Celan : « als wäre der Weg schon durchmessen »[1]). La conformazione del nostro cervello ci permette di percepire, pensare e quindi dire soltanto una parte di cosa potrebbe essere percepito e pensato, perciò formuliamo ipotesi (qui rientra dalla finestra la questione metafisica come questione « gnoseologica »). L'*ostacolo politico*, a sua volta, potrebbe essere sintetizzato molto banalmente come segue : da quando esiste la società, esistono cose che non siamo autorizzati a dire oppure che non sappiamo, e quindi non possiamo dire, perché qualcuno non vuole che le sappiamo e le diciamo. Si tratta quindi di due ostacoli posti alla dicibilità, di fronte ai quali la poesia formula *ipotesi verbali*. Di fronte ad entrambi gli ostacoli (politico-mediatico o cognitivo), il testo assume un'*attitudine condizionale*, esprimendo il *come se* al modo condizionale o al congiuntivo passato, come nel caso del testo appena citato, per dire uno spazio di possibilità. Ma l'*attitudine condizionale* va al di là della sua manifestazione nei modi verbali; essa rinvia a processi e dispositivi epistemologici di matrice poetica volti a modificare i paradigmi logici e percettivi per fornire ipotesi di azione e, appunto, di *ridefinizione*.

Un simile spazio di possibilità verbale si verifica in modo particolarmente esplicito nell'ultimo testo di *emette brusii*, dove l'essere ferito che si trova all'interno del sacchetto (cfr. *supra*) riesce ad uscire e, parallelamente, il quadrato del testo esplode, si decompone :

    sanguinante nel sacchetto   emette brusii

    filtra nel parco dietro i palazzi scivola la traccia
    scolla   l'evento   moltiplica

    il sacchetto   saturato dall'espirazione

    fruscia

    si sposta

    esce   nel calore della paglia

OSTACOLI, IPOTESI, COMPLESSITÀ

Per riassumere, ci troviamo di fronte ai seguenti processi poetici:
— Logiche e narrazioni non lineari. Ne ho dato qui solo accenni, ma esse vengono in realtà sviluppate ed espanse all'interno di tutto il libro. Definirei questo processo di sviluppo *narrativa multidimensionale del macrotesto*, perché una serie di *patterns* narrativi (come ad esempio quello, appena visto, del *sacchetto*) vengono modificati, ridefiniti e sovrapposti fino a creare una serie di trame a piú strati, che procedono in parallelo o in sensi inversi, si mischiano, si confondono, convergono, divergono, nel corso di tutte e tre le sezioni.
— Il *Leitmotiv* dell'indeterminato e dell'ignoto, che era già presente ne *Lo spostamento degli oggetti* sotto forma di « mancanza di dati ».
— *L'attitudine condizionale*, possibilità di ridescrizione critica rispettivamente del reale e dei nostri processi conoscitivi.
— *L'ostacolo cognitivo* e *l'ostacolo politico*.
La sezione di mezzo, intitolata *lavoro di emersione*, ospita la ridescrizione di un terzo *ostacolo*, che chiamerò *emotivo*. Esso può essere definito come segue: vi sono ricordi, esperienze e sentimenti che sono stati normalizzati o rimossi, ovvero che hanno perso la loro centralità emotiva, sono divenuti quotidiane parti non-verbali del *sé*. In tutti e tre i casi, i bianchi, gli spazi, i *gaps* presenti nei miei testi sono una specie di partitura dove certi contenuti sono *immersi*. Non si tratta di *silenzi*, bensí, direi, di *bianchi semantici* dove parte del testo, parte della narrazione – e qui la questione della *dicibilità* si

intreccia con la *non-linearità* – è *sepolta*. In *lavoro di emersione*, l'ostacolo emotivo si dispiega in particolare attraverso due tematiche : l'*infanzia* e, per dirla con Antonio Porta, i *rapporti umani*. L'attitudine condizionale è presente anche qui : la poesia procede con paradigmi e logiche della possibilità, per concepire come eventi del passato o del presente potrebbero essere accaduti o potrebbero accadere o sarebbero potuti accadere. L'attitudine condizionale è, per cosí dire, una forma piú « reale », ma anche piú contingente, di *finzione* : la poesia tenta di far parlare contenuti marginalizzati, cancellati, se non impossibili. Nel caso di *lavoro di emersione*, questo processo può dare adito a testi caratterizzati da una maggiore intensità emotiva rispetto alle altre due sezioni, intensità orientata spesso in senso elegiaco. Ma quella di *lavoro di emersione* è un'elegia senza tempo, il passato si disgrega in un presente fluido, la non-linearità della narrazione si applica alle stesse successioni temporali :

> eri nel sottoscala   seduta alla scrivania
> ti nutro   e sorridi come una bambina come un
> animale   la lampada è spenta   solo un triangolo
> di luce obliqua proveniente dall'esterno mi
> permette di raggiungerti la bocca
>
> mi guardi senza (saper) parlare   sei contenta
> perché hai fame e sono io a darti la pappa   lo
> sapevi che dovevamo andare   che ci aspettavano
> in macchina   che non si poteva restare a casa
> ma per questo dipendevi dal mio cibo   eri

tornata indietro e non capivi che in realtà io ero già
partito

avrei voluto dirti dove mi trovavo   che forse
sono dietro lo sportello dell'armadio   ma non
ne sono certo

dallo spiraglio mi si dice di guardare   ci
siamo noi   di fronte alla scodella
nella penombra

« eri », poi « ti nutro », e ancora : « lo sapevi che dovevamo andare », fino al condizionale : « avrei voluto dirti dove mi trovavo »; e poi di nuovo il presente, nelle ultime due righe.

La non-linearità del *plot* da un lato e del dato temporale dall'altro è un fenomeno, una conseguenza dell'ostacolo, della « mancanza di dati su tutto » a cui mi ero interessato sin da *Lo spostamento degli oggetti*. La non-linearità e la mancanza di dati sono due proprietà intrinseche della realtà cosí come noi la esperiamo in quanto esseri umani. La mia poesia, che considero parte del reale, *mondo-linguaggio*, monismo senza soluzione di continuità tra parola e reale, è dunque essa stessa non lineare. Essa è parte di un *sistema complesso* che è cosí complesso da non essere neanche un sistema; forse, piuttosto, un insieme multidimensionale di modelli.

Vi era inizialmente una quarta sezione in *Ridefinizione*, intitolata *da 1000m*, i cui testi sono stati poi spalmati sulle tre sezioni finali. Essa è stata però pubblicata a sé, con lo stesso titolo, in forma di e-book trilingue, presso www.gammm.org. Come in *emette brusii* ho generato testo a partire da un « testo estraneo », cosí in *da 1000m* ho copiato parti di articoli scientifici su alcune creature degli abissi recentemente scoperte,[2] le ho incollate nei miei quadrati di *prosapoesia* e alla fine ho cancellato di volta in volta (ritorna la questione della cancellatura) i nomi delle creature a cui gli articoli utilizzati si riferivano. *Da 1000m* è quindi da intendersi nel senso di « a partire da una profondità di 1000 metri giú verso profondità ancora maggiori ». Il risultato, non privo, per cosí dire, di un'intenzione umoristica seria, può essere, ad esempio, un testo come il seguente :

> le sue ventose sono anche lanterne abbinate a cirri
> rivestiti di muco   la bioluminescenza è a
> controllo neurale la velocità media di propagazione
> delle onde luminose è di 16.8 ± 8.8 cm/s
> l'eccitazione si propaga nei nervi radiali e nella
> rete di neuroni   i contatori di controllo della
> bioluminescenza hanno periodi compresi tra 0.33 e
> 0.69s

Anche in questo caso, gli animali degli abissi portano verso un paradigma cognitivo, politico ed emotivo inedito, si incarnano nell'operazione verbale e percettiva compiuta dal testo poetico, mostrano una possibilità *altra* che resta nondimeno *reale*, perché le creature in questione agiscono in questo mondo, anche se i loro corpi, le loro funzioni, i loro comportamenti ci appaiono inconcepibili. Per di piú, questi animali vivono in profondità, aspetto che li lega al *pattern* dell'emersione di contenuti marginalizzati. Un altro *pattern* presente in questi testi è quello del sacchetto, che diviene qui *sacca organica*, perché, aspetto perfettamente comprensibile dalla lettura dei testi in questione, questi animali presentano spesso una forma a sacca trasparente, gelatinosa e luminosa. Il *pattern* della sacca è peraltro largamente presente anche in *lavoro di emersione*, spesso in connessione con il *Leitmotiv* della digestione, legato a sua volta al tema della discesa in profondità e dell'emersione. Infine, con spirito radicalmente letteralista, il testo qui, rifiutando di nominare l'oggetto della descrizione, perde il suo carattere definitorio e tende ad aderire, se non ad identificarsi con il l'oggetto stesso.

La *ridefinizione* è operata, sintetizzando, in tre sensi :
1. ridefinizione del « linguaggio-mondo » attraverso paradigmi multidimensionali complessi di descrizione dispiegati dalla poesia;
2. ridefinizione come narrazione alternativa e ipotetica, al di là, contro ma anche dentro gli ostacoli politici, cognitivi ed emotivi;
3. ridefinizione come ri-definizione, messa a fuoco, modalità di conferimento di volume e colore alla percezione, come nella pittura di Jan Vermeer, l'unico nome proprio che appare nel libro :

> viene aperto l'armadio nella penombra   la
> valigia piú in basso come un animale   le finestre
> di ovatta   la ventola piú forte

càpita che dimentichi di respirare allora passeggia
dalla camera al parco non hanno tolto la foto
segnaletica di vermeer

se fosse la valigia a contenere realtà un
accrescimento   della sacca bianca e trasparente
ma eravamo troppo occupati a cercare

Vorrei concludere con una considerazione a proposito dei generi letterari. Questi « quadrati » di testo possono essere considerati *poesia*? Sappiamo che la poesia in prosa esiste dal XIX secolo. Ma non penso che i testi di *Ridefinizione* possano essere definiti « poesia in prosa ». Sopra ho parlato di « prosapoesia ». Il libro è considerato come un blocco unitario, c'è una modalità narrativa *sui generis* che lo percorre *in toto*, c'è un approccio concettuale e teorico che allontana dalle poetiche della poesia in prosa. Ma *Ridefinizione* non è neanche una forma di *prosa*, perché i quadrati hanno una forma precisa, perché la linea non arriva fino alla fine, è interrotta, « va a capo », perché vi è un ritmo, per quanto esso sia irregolare e sconnesso, perché vi è un uso chiaramente poetico della tipografia e degli spazi. Potremmo dare, tra le altre, due possibili risposte a questa domanda :
1. Non è importante. Abbiamo imparato, dal Romanticismo al XX secolo, quanto quella dei generi letterari sia una convenzione. Come non ho bisogno di definire il mio lavoro come poesia di « avanguardia », o « neo-modernista », o « lirica », etc., cosí non ho bisogno di giustificare l'appartenenza a un genere. Forse l'unico termine che mi

preme è quello di « scrittura di ricerca », o « poesia di ricerca ». « Scrittura sperimentale » può andar bene a patto di concepire questo termine in senso ampio e non dogmatico.

2. È, al di là di tutto, pur sempre poesia, per quanto questo termine sia un termine convenzionale. Jean-Marie Gleize parla di « post-poesia » per definire il proprio lavoro e quello di autori a lui vicini. Pur sentendomi molto vicino alla scrittura di Jean-Marie, non amo molto i « post ». Mantengo dunque il termine « poesia » nel senso di una particolare concentrazione, sintesi e concezione critica del linguaggio (del *linguaggio-mondo*), ovvero nel senso anti-formalistico di un'*epistemologia articolata e a forte carica emotiva* volta a produrre paradigmi semantici, sintattici, linguistici, concettuali, cognitivi ed estetici per quanto possibile inediti.

In « Quaderni di Critica », Cepollaro e-dizioni, a cura di Andrea Inglese, n. 5, 2010.

1. [come se la strada fosse già percorsa] P. Celan, *Auch wir wollen sein*, in Id., *Die Gedichte aus dem Nachlaß*, Suhrkamp, Frankfurt a. M. 1997 (Trad. it. di Michele Ranchetti e Jutta Leskien, in P. Celan, *Sotto il tiro di presagi. Poesie inedite 1948–1969*, Einaudi, Torino 2001).

2. Come mostra l'opera di C. Nouvian, *The Deep*, Knesebeck, München 2006.

Alcune questioni di poetica

Propongo qui di seguito alcune questioni di poetica che ho redatto grazie allo stimolo di Flavio Ermini sul mio libro *Lo spostamento degli oggetti*, da cui ho tratto la scelta di poesie qui presentata. La scelta è stata impostata riproducendo per intero le poesie che citerò nelle pagine seguenti, in modo tale che tutti i riferimenti possano essere verificati direttamente sui testi integrali; il che favorisce, per chi lo desideri, una lettura incrociata con i testi poetici stessi.

Spero che le questioni qui proposte, benché aperte, sommarie e talvolta disorganiche, o forse proprio perché tali, possano suggerire alcuni percorsi di lettura, e, piú in generale, alcune possibili riflessioni di poetica anche al di là dei miei componimenti.

Uno dei miei interessi poetici primari è diretto alle modalità di proposizione di una fenomenologia del linguaggio che parta dalla coscienza del mondo-della-vita (*Lebenswelt*) per destituire gli oggetti dalla loro funzionalità e ricondurli al limite. Mi sembra di poter dire che nei miei testi gli oggetti, i concetti e gli eventi vengono *spostati* ai limiti dello spazio, al di là delle loro funzioni simboliche e semantiche ordinarie, per *differenza* rispetto a una quotidianità che è comunque detta. Essi vengono *intenzionati* sulla base di una ricerca di nuove prospettive di osservazione del fenomeno.

È innegabile e, penso, leggibile attraverso alcuni dei miei testi : la fenomenologia husserliana (soprattutto di tradizione francese) ha formato in modo archetipico il mio modo di percepire, di pensare e di scrivere.

Tale *spostamento* è da intendersi anche in senso freudiano, perché gli oggetti, i concetti e gli eventi del testo poetico vengono rappresentati attraverso modalità simboliche di trasfigurazione, relazione e identità ispirate alle grammatiche del linguaggio onirico. Ho ritrovato spesso una sorprendente analogia tra la mia proposta di traduzione poetica dell'immaginario onirico e il cinema di David Lynch.

Sul profilo del rapporto tra poesia e limite (Zanzotto scrive che la poesia è metafisica, perché « urta sempre contro il limite »), mi rendo conto della notevole presenza del pensiero poetologico (piú che della scrittura poetica) di Paul Valéry, che si estende anche al rifiuto di una metafisica *positiva* del linguaggio.

Mi pare di poter dire che nei miei testi il trascendente è detto nel suo insolubile dubbio, eppure penetra, entra (cfr. *sparizioni*), e, appunto, viene detto e taciuto allo stesso tempo :

    ed è la solita vertigine   quando si mostra negli oggetti
    ma subito ci appare inverosimile
    restiamo senza dire niente
    continua questa inspiegabile assenza di dati su tutto
    le cose tacciono poco a poco

    (da *cosí le cose della casa*)

Cerco di far parlare la mia scrittura – per dirla con Wittgenstein (un altro autore centrale per la mia percezione del rapporto tra metafisica e linguaggio e, in generale, del linguaggio (poetico) stesso) – di *proprio pugno*. Non vi è spazio per i metalinguaggi. La polisemia dei miei testi è fatta coincidere con una molteplicità aperta, nel senso che la struttura retorico-metaforica si sfalda in una mancanza di raddoppio tra la figura e il suo grado zero : le mie poesie dicono ciò che dicono, senza passare da procedimenti ermeneutici di lettura (e di scrittura), dispiegando una *differenza* irriducibile a una molteplicità finita di significati (dunque una differenza che, dal punto di vista retorico, è un'assenza di differenza). Non vi sono appunto metafore : il senso è dispiegato nei versi stessi, o almeno cosí vorrei che fosse. Questa sorta di identità significante-significato, se si vuole, non esclude il senso del segno poetico, al contrario : crea delle situazioni linguistiche la cui generalità (anche nel senso del *principio di generalizzazione* espresso da Matte Blanco ne *L'inconscio come insiemi infiniti*), pur potendo partire da esperienze personali e individuali, può essere *riempita* dal lettore facendo fluire nel poema la propria *Erlebnis,* un po' come i quadri riflettenti di Michelangelo Pistoletto, in cui l'osservatore vede se stesso, o come la celebre formulazione di Valéry, secondo la quale i suoi versi avrebbero il significato che il lettore ci mette. Ancora un esempio di un mio testo che riassume, in un certo senso, quanto ho appena cercato di dire :

nell'oscurità fuori piega il pigiama per la notte
mentre lui si addormenta cammina in giardino

voltando le spalle uno spostamento nella percezione
sblocca la figura dietro di lei
sta ferma non dice e non vuole niente si limita
forse ad osservare   ma senza occhi

raccoglie   nei contorni tracciati dai capelli
la presenza di tutti
nel sonno che allontana

Un'aggiunta : l'uso della terza persona nel testo poetico (cfr. oltre a *nell'oscurità fuori : mentre discendendo, gli sorride immobile, tre eventi*) è una possibilità meravigliosa che la lingua italiana ci offre, perché il senso della frase persiste senza l'obbligo di nominare il soggetto (che possiamo dunque immaginare liberamente : un uomo, una donna, o altro). Antonio Porta, forse il poeta italiano del Novecento per me piú significativo assieme a Montale, era profondamente cosciente di questo aspetto, e dai suoi versi si può trarre un grande insegnamento sul rapporto tra soggetto e linguaggio.

Vorrei che i campi semantici astratti (oggetti, percezioni, elementi teorici, ontologici, etc.) e concreti (la vita, la morte, l'interlocuzione, il sogno, ma anche le cose di tutti i giorni, i ricordi, le stanze di una casa) vadano ad occupare, in quanto scrivo, il medesimo spazio poetico, senza scarti. E che contribuiscano alla medesima esperienza di linguaggio :

bolle nel tempo   srotolamenti
di coscienza   senza esserci

è quell'odore tipico
   di tutte le cucine
   tra prosciutto e sapone   in scorrenze

Per la stessa ragione, prediligo costruzioni nominali o verbali, riducendo al minimo l'aggettivazione, che tenderebbe a caratterizzare laddove è per me necessario un forte grado di astrazione.

Lo scarto linguistico avviene, invece che nei campi semantici, in un perenne cambiamento di prospettiva, in un possibilismo costantemente riattivato dal poema, che appunto non si adagia mai su un unico significato. Ma c'è di piú : per me la poesia apre alla *possibilità dell'evento* (cfr. Alain Badiou, *L'être et l'événement* e M. Deguy, *La raison poétique*, ma anche il musiliano *Möglichkeitsmensch*). Ciò ha anche delle evidenti implicazioni politiche e filosofiche. Per me la scrittura poetica è il veicolo necessario del pensiero filosofico attuale, e si identifica, ormai, con esso (il *Dichten* wittgensteiniano, Derrida, Parmenide, Eraclito e, nella tradizione italiana, Campanella e Leopardi hanno per me una grande importanza), ma cosí facendo lo decostruisce, annullandone la sussistenza autonoma.

Allo stesso tempo ritengo che la prospettiva speculativa e filosofica del poema debba integrarsi cosí profondamente nel testo da non dover essere « ostentata » (in ciò risiede un elemento contemporaneo, se si vuole, « anticampanelliano », nel senso che non vi è spazio per auto-spiegazioni; ancora una volta : il poema parla di *proprio pugno*). Il testo deve restare autentico, il linguaggio poetico non può essere

« violentato » né dalla concettualizzazione né dalla parafrasi ermeneutica. Deve restare nella vita, o meglio al limite di essa. Un anti-sistema di espressione semplice e fluida che vada dal concetto all'oggetto (e viceversa) è uno dei miei scopi poetici fondamentali, probabilmente ancora non raggiunto, ma comunque tentato :

>   *in questi spazi minimi* dove si trova il gesto
>   che fa crollare   il vuoto quotidiano
>   che per un attimo   dopo il caffè
>   dà la certezza di non poter tornare
>   nel luogo in cui qualcosa respirava
>   e sanguinava nell'erba

Ho parlato di *possibilismo dell'espressione poetica*, di *cambiamento perenne di prospettiva*, e, in un altro punto, *di decostruzione del pensiero filosofico attraverso il pensiero poetico*. Questi tre elementi si rivelano essere - nella mia scrittura - in stretta correlazione tra loro, sotto l'egida di un quarto aspetto, che li riassume : la creazione di logiche alternative rispetto alla logica conscia, sillogistica, basata sul principio di non contraddizione. Scrive Pessoa : « Il mito è quel nulla che è tutto / il corpo morto di Dio, vivente e nudo » (*Ulisse*). Oltre allo spostamento, c'è anche la *condensazione*. La poesia è *tautologica*, perché « estende il possibile sul mondo », come scrive Deguy. Come la logica per Wittgenstein. In questo senso il corpo è vivo *e* morto allo stesso tempo. Il nulla è il tutto. Ecco perché la poesia è, per me, un luogo di produzione di logiche alternative :

> in cucina   squilla un telefono   nella strada deserta
> accanto al duomo   percorre il corridoio
> sotto al letto di metallo vede articolarsi la bocca
> con gli occhi sgranati cerca di risponderle
> emette un brusio i battiti aumentano
> alle prime ombre del mattino
> in una stanza vuota d'albergo   nel letto

(da *gli sorride immobile*)

La poesia può annullare cosí le tradizionali opposizioni della filosofia, come corpo-mente, pensiero-sentimento, spirito-materia, etc. Dio è anche un corpo. Legame con uno statuto trascendente non-dogmatico (Bonnefoy). Poesia come mito, nell'annullamento. La poesia è quel nulla che è tutto. L'annullamento delle categorie ci fa uscire, ci fa cercare, ci distoglie dalla nostra prospettiva, e ci salva :

> si sale   in testa le nebulose corpuscolari   il vagone
> delle città siderali

(da la *gomma blu*)

Da tale esigenza linguistica e concettuale deriva, sul piano stilistico, una profonda attenzione che ho scelto di dedicare a figure quali anacoluti, asintattismi, spazi tra le parole, rarefazioni ritmiche e sintattiche. La rarefazione è una « tecnica » – se cosí si può dire – che adotto anche per contribuire a un effetto di massima sintesi del senso e dell'espressione.

Dire solo ciò che è veramente necessario (nel senso della kandinskyana *necessità interiore*). Dunque togliere, spaziare, conferire peso e unicità alla frase poetica e alle pause, producendo una stratificazione di significati concentrata, *condensata* nelle poche parole utilizzate. È in questa direzione che mi sono lasciato permeare dalle scritture di autori quali Paul Celan, André du Bouchet, Jacques Dupin.

Gran parte di quanto ho scritto qui lo si potrebbe anche esprimere come segue : dopo Wittgenstein e Derrida, i dualismi si perdono nei sistemi complessi. Il linguaggio non è né in rapporto né in opposizione al mondo : vi è qualcosa di diverso, né *a-lētheia* né isomorfismo. La metafisica è una relazione, la significanza è al di là del rapporto significante-significato. Con la poesia cerco di eliminare opposizioni ormai date come vere per invitare al cambiamento del punto di vista (Aristotele : la filosofia nasce dalla meraviglia). Un cambiamento continuo, polisemico. E, in parallelo, tento l'apertura a una nuova logica, come la logica inconscia secondo Matte Blanco. Una voce chiama, invoca spazio. Il testo poetico è quasi « dato » dalle sue possibilità cognitive. Esso non esprime né un pensiero, né un'emozione, perché l'opposizione tra queste due sfere deriva da un tradizionale manicheismo metafisico che il poema non accoglie (ancora una volta : annullamento degli opposti corpo-mente, linguaggio-mondo, pensiero-emozione, tutto-nulla, scrittura-oralità, etc.). Fine della retorica tradizionale, fine della metafora (che, come ha scritto Francesco Orlando in *Illuminismo, barocco e retorica freudiana*, « può non essere la regina delle figure »). Nessuna perdita, ma anche : nessuna presenza. La poesia dice quel che dice, di *proprio pugno*. Nessun rinvio, e molti rinvii allo stesso tempo. Nessun grado zero, ma molti. Morte della perifrasi. Ci è voluto Mallarmé prima, e adesso, non potendo parlare di presenza, non si parla neanche piú di assenza. Ma è anche sbagliato dire : ci è voluto Mallarmé prima, come se vi fosse una finalità. Il punto è contingente : io, oggi, *sento* cosí.

La relazione tra poesia e logiche dell'inconscio torna anche dal punto di vista del processo creativo : per me la creazione artistica, e soprattutto la poesia, è un lavoro continuo con l'ignoto. Viene cercato un punto di equilibrio tra controllo del linguaggio e affioramento di parti oscure, non determinabili dallo stesso processo di creazione (Hofmannsthal aveva una grande coscienza di tale aspetto). Questo punto di equilibrio è anche un punto di sutura, di identità, quasi. Tanto che, dal processo « esterno » di creazione, il gioco tra *controllato* e *ignoto* passa a strutturare i significanti del testo, « dall'interno ». Cosí una poesia, per me, come – ritengo – per tanti altri poeti (e forse anche l'opera d'arte in sé per tanti musicisti, artisti visivi, etc.), acquista valori controllati e ignoti a seconda del livello di profondità della prospettiva di lettura (ma non si sdoppia mai al di là da sé). Il testo poetico, per cosí dire, restituisce e tratteggia quanto è avvenuto al momento della scrittura, e riproduce linguisticamente il dubbio sullo stato di controllo del processo creativo di fronte all'affioramento di valori non cercati. Credo che valga la pena tentare di non pretendere il completo controllo di questi valori, e dunque dell'opera. Si potrebbe dire cosí : provo a giocare con l'incontrollato, lo evoco, lo integro nella creazione, e cerco, appunto, un luogo di equilibrio tra ciò che so della mia opera (e dunque di me stesso), e ciò che invece sfugge al controllo. Anche in questo senso, forse, è stato detto (Aichinger) che si scrive per imparare a morire. E, aggiungerei io, è cosí che si scrive (poesia) imparando a vivere, perché scrivendo (e vivendo) integriamo la paura per ciò che, a livello tanto ontogenetico quanto filogenetico, non abbiamo mai saputo o non ricordiamo piú : ci avviciniamo a noi stessi, o, secondo la formula di Nietzsche ripresa da Aldo Giorgio Gargani, si diventa ciò che si è.

Per riassumere, ora come ora sono sei gli aspetti per me importanti, tanto nella scrittura poetica personale, quanto nella teoria della poesia contemporanea :

— il cambiamento continuo di prospettiva (una sorta di flusso intenzionale pluridimensionale e, dal punto di vista linguistico, polisemico);
— il superamento delle tradizionali opposizioni mente-corpo, linguaggio-mondo, scrittura-voce, etc.;
— l'affioramento linguistico e simbolico di logiche *altre* rispetto alla logica aristotelica (a cominciare dalla matteblanchiana logica inconscia, o dalle vicinanze mitologiche tra poesia e follia);
— lo statuto rarefatto della parola poetica, secondo un'esigenza di *sintesi del senso e dell'espressione,* in base alla quale emerge la tendenza a produrre poeticamente la massima condensazione simbolica e frastica possibile;
— il « libero gioco » tra campi semantici astratti e concreti, ove i concetti assumono una funzionalità oggettuale, e gli oggetti l'impalpabilità propria del pensiero teorico, in

una sorta di assimilazione semantica data da una forma comune di rappresentazione : la *parola*;
— l'influenza della tecnologia e delle arti elettroniche, di cui non ho parlato prima perché in questi anni si è sempre piú spostata *all'esterno* dei miei testi, cessando di permearne le tematiche e la forma (le mie poesie restano innanzitutto scritte, e in quanto tali lontanissime dalla tradizione della poesia sonora elettronica, come anche dalla scrittura randomizzata di Jean-Pierre Balpe, etc.), e ospitandone, piuttosto, la rappresentazione senza modificarne la struttura linguistica (letture con *live-electronics*, audioinstallazioni, etc., con un'attenzione particolare alle possibilità estetiche della *voce* e dei suoi possibili trattamenti e spazializzazioni). Ma di quest'ultimo punto parlerò un'altra volta.

—

In « Testo e Senso », 2007

Environnements de lecture

Chaque poète se trouve face à la nécessité d'établir un rapport avec le son de sa voix et de faire dialoguer sa propre voix avec le son des mots qui composent ses textes. À partir d'un certain moment historique, ce dialogue a pu être enrichi et compliqué par l'émergence de dispositifs électroniques et, plus récemment, numériques. Dans mon travail, dont je voudrais esquisser, à l'aide de quelques exemples, certains enjeux poétiques et théoriques, il y a eu une véritable exigence de confrontation entre mes textes poétiques et les nouvelles technologies pour le traitement du son. J'ai été guidé par l'actualité historique et par le désir d'expansion d'un langage plutôt que de contamination (un mot très à la mode aujourd'hui) entre plusieurs langages. Dès le début, il ne s'agissait pas d'écrire *pour* le dispositif, mais plutôt de mettre en place un rapport parfois contrastant, incohérent et critique entre le *medium* numérique et des textes préalablement écrits. Mon travail est très éloigné et très différent de la *poésie sonore* au sens « classique » du terme, car mes textes ne sont pas écrits pour être *performés*, et, sauf dans certains de mes premiers travaux, ils n'ont pas non plus l'apparence de la poésie visuelle. Toutes les lettres sont minuscules, écrites dans la même police, dans une sorte de « démocratie » de la parole, et il y a parfois des espaces blancs entre les mots (j'y reviendrai). Il s'agissait de prendre conscience du fait que, grâce au *medium* numérique, il est possible de créer des formes d'interaction entre la voix et la poésie qui ne relèvent pas de la poésie sonore et de la performance et qui soient en même temps capables de véhiculer un rapport inédit entre le texte poétique et le son de la voix. D'autre part, le souhait « politique » d'intégrer le medium numérique à un processus de création et de recherche afin de l'émanciper des « *mass media* », de le faire évoluer au-delà des technologies « homologuées », a tout de suite joué un rôle très important ; jusqu'à envisager un travail où une utilisation critique et approfondie du langage sonore numérique puisse reconstituer un rapport entre la voix et la poésie qui soit celui du chœur grec, de la litanie, de la parole dans l'espace de la collectivité.

Les impératifs esthétiques et cognitifs (au sens large du terme) issus de cette exigence m'ont amené à m'intéresser notamment aux problématiques suivantes :

— La relation entre la poésie, la voix et l'espace : spatialisation de la voix, installation de la voix parlée et du texte poétique dans l'espace ;
— La particularité et l'exclusivité du matériau vocal (qui, dans mon travail, a rendu superflu tout ajout instrumental extérieur à la voix et au traitement numérique) ;
— L'appartenance de la voix et des textes (comme on le verra, la plupart de mes travaux sont réalisés avec ma propre voix et mes propres textes) ;
— Le rapport entre la poésie, la voix parlée et les processus de synthèse sonore numérique tels que le filtrage, la

superposition, la réverbération, la modification de tempo (*time-stretch*), le changement de hauteur (*pitch-shift*), le morphing sonore, etc.
— La compréhensibilité à l'écoute du texte lu « à travers » les traitements sonores ;
— Les modalités publiques d'une lecture « électronique » de textes n'ayant pas été spécifiquement conçus pour cela, mais d'abord écrits et pensés comme poésie non-sonore et non-performative ;
— Le rapport entre la lecture et les traitements sonores en temps réel.

Exemples de mon travail de poésie numérique

1. *o.m.*, Kunsthaus Tacheles Berlin, 2005.
   Description : les visiteurs entraient dans une grande salle du célèbre centre de création Tacheles, symbole de la reprise culturelle de Berlin Est après la réunification. Ils étaient invités à s'allonger sur les lits, à lire les textes qui défilaient sur les écrans LCD et à écouter la trace audio. Moi-même j'étais une partie de l'installation, car je me trouvais dans le même espace, derrière une console, je regardais les visiteurs pendant qu'ils étaient allongés et j'activais à chaque fois le cycle de l'installation, qui avait une durée d'environ 10 minutes.[1]

Un des traitements qui ont le plus caractérisé ma production installative consiste en des « pads », des « tapis sonores » générés à travers un travail assez complexe de *design*, de *morphing*, d'extension temporelle et de changement de hauteur de ma voix parlée, jusqu'à la rendre méconnaissable même en tant que voix humaine.[2] Ces « tapis sonores » fonctionnent comme des passages de l'organique au numérique, des fonds sonores qui peuvent rappeler les bruits continus de certaines machines d'usine, ou bien du métro et des trains avant le départ, mais qui restent quand même de la voix et soutiennent en tant que tels la lecture du texte, exactement comme la page héberge le texte écrit. On pourrait même dire que le « pad » vocal est l'équivalent sonore de la page sur laquelle le texte est écrit. Mais il ne s'agit pas que de cela : les pads et les bruits de fond générés par l'élaboration de la voix sont censés faire émerger une « sémantique cachée », un mouvement de langage à l'intérieur de la parole poétique qui résonne dans le blanc, comme si le blanc contenait des mots qui auraient été préalablement « engloutis ». Il ne s'agit pas d'une métaphysique de la parole, au contraire : le son vocal, prolongé en quelque sorte *derrière* le texte, met en évidence et « étend » des éléments qui sont une propriété interne du langage poétique. C'est une transposition sonore d'une attitude à la fois polysémique et littérale. Mon usage des « pauses », c'est-à-dire des parties blanches à l'intérieur des vers et des lignes, relève en quelque sorte de la même idée.

Deux autres installations ont été caractérisées par ce type de travail (auquel se sont joints, bien entendu, beaucoup d'autres traitements). C'est le cas d'abord de

2. *sosta#1*, Université des Arts, Berlin, 2006.
Description : les visiteurs entraient dans un espace où ils étaient invités à se promener, à s'asseoir sur les fauteuils ou par terre, à lire les textes qui défilaient sur trois grands moniteurs cathodiques et à écouter une lecture diffusée en quadriphonie avec élaborations numériques de la voix parlée effectuées en partie en temps réel et en partie en *playback*. Je lisais *live*, à moitié caché avec deux assistants sonores derrière un grand piédestal blanc.[3]

Et de

3. *sosta#3*, Centre interdisciplinaire d'arts et technologies Denkmalschmiede Höfgen, Grimma (Leipzig), 2006.
Description : les visiteurs entraient dans un espace caractérisé par des petites fenêtres et par une forme assez insolite : il s'agissait de l'ancienne cuisine d'une ferme monumentale du XVIIème siècle réaménagée en centre de création. En entrant dans l'espace, on entendait d'abord un fond sonore continu, toujours obtenu avec la voix parlée. Parfois le téléphone sonnait. Les visiteurs pouvaient répondre et écouter la lecture d'un ou de plusieurs poèmes en italien et en traduction allemande. La connexion téléphonique avait été réellement constituée et les appels étaient faits en temps réel : je me trouvais dans une autre pièce et je pouvais voir les visiteurs à l'aide d'une webcam cachée.[4]

Les textes employés dans *sosta#1* et *sosta#3* appartiennent à mon premier livre, *Lo spostamento degli oggetti*. Dans les deux cas, je me suis rapproché du temps réel. Dans *sosta#3* le traitement en temps réel n'est que le filtrage produit par le téléphone, le « tapis sonore vocal » ayant été pré-enregistré. *sosta#1* est le premier ouvrage dans lequel, grâce à l'aide du compositeur Paolo Ingrosso, j'ai pu expérimenter l'utilisation d'un logiciel sophistiqué de traitement du son en temps réel qui s'appelle Max/MSP. De plus, *sosta#1* a marqué le début, pour moi, du son spatialisé, car depuis j'ai commencé à ne travailler qu'en quadriphonie (sauf dans *sosta#3*).

Après *sosta#3* il y a eu un grand changement dans ma production : j'ai décidé de ne plus créer des espaces installatifs plastiques, mais de me consacrer uniquement à des lectures avec les élaborations de la voix parlée. L'installation au sens plastique me posait de plus en plus un problème de dédoublement sémantique entre le texte écrit et l'espace dans lequel il était perçu, tandis que ma tendance a toujours été de faire coïncider, de faire adhérer les moyens expressifs dont je dispose. Il est vrai en même temps que je n'ai jamais conçu mes installations comme les uniques espaces possibles de perception de ma poésie (j'ai même utilisé les mêmes textes pour deux installations différentes). Mes textes, d'ailleurs, ont été d'abord créés, comme je le disais, pour être tout simplement lus dans un livre. J'ai considéré le *medium* non comme le but même du processus de création, mais comme une des possibilités d'interrogation et d'expansion de la langue poétique.

En 2007, au STEIM d'Amsterdam, j'ai mené mes premières recherches sur le temps réel et la lecture avec les traitements numériques de la voix parlée en dehors d'un espace installatif. Le STEIM est l'unique centre au monde uniquement consacré à la performance sonore électronique live. C'est là que j'ai créé la lecture :

4. *Lo spostamento degli oggetti*, Ausland, Berlin, 2007.
   Description : il s'agissait d'une lecture où les traitements en temps réel étaient réalisés avec le logiciel LiSa, développé par les programmeurs du STEIM, et ils étaient mélangés à des matériaux vocaux pré-enregistrés issus de *sosta#1* et *sosta#3*. La lecture n'était accompagnée par aucun espace installatif ou plastique.[5]

Après cette expérience, j'ai recommencé à travailler sur Max/MSP à l'aide de Paolo Ingrosso, et nous avons décidé de créer une lecture où les traitements de la voix parlée, exception faite pour quelques moments très particuliers, ne soient qu'en temps réel. Cette nouvelle lecture est basée sur des textes que j'ai écrits après Lo spostamento degli oggetti et qui relèvent de mon projet plus récent *Ridefinizione* [Redéfinition]. C'est ce que vous écouterez tout à l'heure : je lirai mes textes et Paolo produira des élaborations en temps réel de ma voix à l'aide du logiciel Max/MSP et de son moteur de traitement-spatialisation *PatternGate*, sur la base de certaines « lignes directrices » préalablement convenues mais, en même temps, en intégrant dans la lecture le caractère aléatoire de toute élaboration numérique en temps réel.[6]

Digression historique

Accordez-moi, maintenant, une courte digression historique afin de montrer quelques expériences d'autres auteurs qui me semblent importantes afin d'essayer de donner une description et une définition théorique de mon travail. Déjà dans les années 1960, donc bien avant la naissance du son numérique, le poète sonore autrichien Ernst Jandl avait pu concevoir, grâce aux technologies des studios de la BBC à Londres, des interactions assez complexes entre la voix parlée et l'élaboration électronique du son. En voici un exemple. Il s'agit d'un morceau du célèbre poème *Schtzngrmm* :

1. Cf. E. Jandl, *Schtzngrmm Schtzngrmm,* in 13 radiophöne Texte, intermedium Records, 2002.
    Description : la voix de Jandl reproduit, à l'aide du dispositif électronique, des bruits de guerre. Les mots sont des onomatopées qui utilisent en même temps la composante consonantique de la langue allemande pour renvoyer à des contenus liés à la thématique de la guerre : il s'agit en fait pour la plupart de mots existant dans le vocabulaire auxquels Jandl a enlevé les voyelles et desquelles il n'écrit et ne prononce dans l'enregistrement que les consonnes.

Parallèlement, Luigi Nono composait en 1964 *La fabbrica illuminata,* pour soprano, chœur et bande magnétique à 4 canaux, à partir de poèmes de Giuliano Scabia et Cesare Pavese.

2. Cf. L. Nono, *La fabbrica illuminata* in Torgersen Hilde, *Voice Stories*, Albedo – Ny Musikk, 2001.
   Description : les traitements électroniques sont opérés ici sur le chœur parlé et ils suivent une sémantique vouée à rendre l'espace de l'usine et les sonorités collectives de la protestation ouvrière.

Le medium électronique « appliqué » à la poésie est, dans les deux cas, un *dispositif critique*. C'est le cas également d'un autre compositeur d'une génération plus récente : Trevor Wishart, dont le travail de traitement électronique de la voix parlée est, depuis les années 1980, parmi les plus remarquables. Mais la différence, c'est que Trevor Wishart n'utilise pas des matériaux poétiques. Il se sert en fait de matériaux vocaux composites, de Margaret Thatcher à la princesse Diana, de Martin Luther King à Elvis Presley, de sa fille à une femme âgée de 80 ans qui raconte un rêve qu'elle a eu.

3. Cf. T. Wishart, *Two Women Part 4*, in *Voiceprints*, Electronic Music Foundation Ltd, 2000.
   Description : il s'agit d'une élaboration numérique assez complexe de la voix de la princesse Diana lors d'un discours public. L'année de création est assez récente (1998) et le dispositif de synthèse numérique de la voix atteint ici des niveaux impressionnants à la fois en termes expressifs et techniques. Le texte, qui n'est presque pas saisissable à l'écoute, est reproduit à l'intérieur du livret du CD.

Le poète italien Antonio Porta, dans son travail *Bande sonore* (1981), utilise aussi des sources sonores hétérogènes, mais pas seulement des voix.

4. Cf. A. Porta, *Bande sonore*, in Id., *L'aria della fine*, éd. par Niva Lorenzini, Gênes, San Marco dei Giustiniani, 2004. Description : cet ouvrage est entièrement composé par des sons tirés de la radio et mêlés à la voix du poète, cette fois-ci parfaitement compréhensible, qui lit des vers dans une succession différente de celle qui se trouve dans les textes reproduits sur la page du livre auquel l'ouvrage sonore est joint.

On ne peut pas l'entendre car dans le CD les fichiers son sont en stéréo, mais il faut savoir que Trevor Wishart a beaucoup travaillé sur la spatialisation du son, c'est-à-dire, comme on l'a vu, sur la diffusion du son à travers plus de deux haut-parleurs. Un travail pareil a été développé sur des textes poétiques par le compositeur et artiste sonore français Gilles Grand, par exemple dans ses collaborations avec Olivier Cadiot, dont on peut écouter des extraits sur son site.

5. Cf. O. Cadiot et G. Grand, *µLaw* (IRCAM, 2004) : http://gillesgrand.free.fr/, bouton AU
Description : les voix d'Olivier Cadiot et de Laurent Poitreneaux sont élaborées par le biais d'un dispositif de synthèse très sophistiqué, appelé WFS (Wave Field Synthesis). Ce dispositif, qui évite le recours à des plug-ins de filtrage qui pourraient résulter, aujourd'hui, ob-

solètes et kitsch si appliqués à la voix parlée, permet de multiplier la complexité spatiale des voix et, par conséquent, du texte lu, en produisant des sources sonores virtuelles dans un espace créé à l'intérieur du signal, sans que ceci dépende de la position d'écoute des individus. La sémantique polyphonique, chaotique, érotique du texte d'origine ne pourrait pas exister comme telle sans sa traduction dans le WFS.

Des dispositifs de spatialisation ont été employés par le poète australien Chris Mann et le développeur informatique R. Luke DuBois dans la performance *dunno how to get there, but wouldn start from here*, créée aux États-Unis, puis en Europe au festival MärzMusik de Berlin en 2005. J'étais moi-même présent parmi le public berlinois.

6. C. Mann, *dunno how to get there, but wouldn start from here* (San Francisco, Sloght Foundation, 2004) : http://theuse.info, http://slought.org/content/11181/
Description : il faut s'imaginer que le son de la voix de Chris Mann « se promenait » à grande vitesse d'un haut-parleur à l'autre, en enveloppant les auditeurs. Dans une des séquences du dispositif, la hauteur (*pitch*) de la voix de Mann était modifiée jusqu'au point où la voix, par endroits, n'était plus reconnaissable en tant que telle. Ces effets de spatialisation et de *pitch-shift* étaient réalisés par un spatialisateur interactif à 8 canaux qui agissait en temps réel sur la voix de Mann. Le texte lui-même était lu à grande vitesse, de façon névrotique et bègue, ce qui le

rendait souvent incompréhensible. À la frénésie bègue de l'intellectuel contemporain inspirée par la performance de Mann correspond la *prose-fleuve* du texte écrit (que l'on peut lire sur le site du poète, où l'on peut également regarder des vidéos de la performance).

Plusieurs travaux de Gilles Grand et de Chris Mann font également entrevoir une autre possibilité technico-expressive, à savoir le temps réel : qu'il s'agisse de la voix d'un écrivain ou d'un acteur, comme dans le travail de Gilles Grand, ou de la voix de l'auteur lui-même, comme dans le travail de Chris Mann, il y a dans tous les cas un logiciel qui capte, numérise, transforme et spatialise la voix parlée en temps réel.

Conclusions

Après cette liste d'exemples, je suis maintenant en mesure de définir et de situer davantage mon propre travail. Il faut d'abord que je dise qu'aucune des expériences que je viens de rappeler n'a influencé mon travail de façon directe. Souvent je les ai découvertes après avoir déjà conçu les aspects esthétiques qui ont fondé ma production. Pourtant, malgré de nombreuses différences, j'ai pu quand même remarquer une certaine proximité avec chacun des travaux que j'ai mentionnés. Je pourrais donc, pour conclure, donner la description suivante.

Dans mon travail de poésie numérique le texte doit être toujours compréhensible. Il peut y avoir des parties incompréhensibles ou « cachées », mais tous les textes employés

dans la lecture doivent être compréhensibles au moins une fois (ce qui diffère, par exemple, du travail de Chris Mann et de Trevor Wishart). Mon travail n'est pas de la poésie sonore, car, comme je le disais, mes textes naissent d'abord comme de la poésie écrite qui n'est pas créée en fonction d'une perception sonore ou même d'une performance vocale (ce qui diffère du travail d'Ernst Jandl et de Chris Mann) et garde une indépendance totale de la lecture « à haute voix », en étant tout à fait compatible avec l'objet-livre au sens classique du terme. Mon travail n'est pas non plus une forme de musique : seule la voix parlée – c'est presque un défi – est utilisée comme source sonore (donc je ne travaille ni comme Nono ni comme Porta) et il n'y a pas de partitions, bien qu'il me soit arrivé de réfléchir à la possibilité de créer un système de notation approprié. Dans mon travail, je n'utilise, sauf dans deux cas sur lesquels je ne m'arrêterai pas ici, ni des textes d'autres auteurs ni d'autres voix que la mienne (comme Trevor Wishart ou Gilles Grand le font). Mon travail n'est finalement qu'une forme de lecture poétique à l'aide de dispositifs numériques et n'est par conséquent ni une forme de performance ni une forme de théâtre (y compris mes installations), aucune gestualité ou chorégraphie n'étant mise en scène. J'utilise donc les éléments suivants :
— ma propre voix parlée et mes propres textes exclusivement ;
— des logiciels numériques pour la synthèse et la spatialisation du son ;

— des matériaux vocaux pré-enregistrés et en temps réel, tous issus des textes poétiques eux-mêmes, sans aucun ajout extérieur.

Par conséquent, je définirais le travail sonore opéré sur mes textes comme une forme de lecture de poésie « augmentée critiquement » par le dispositif numérique, ou, mieux, comme création d'*environnements de lecture*, à savoir d'espaces de perception et d'expansion sonore et spatiale de textes poétiques préalablement écrits et conçus au départ pour être lus en tant que textes écrits. Il s'agit de lectures, parfois sans électronique, d'autres fois avec électronique, le dispositif d'élaboration numérique du son n'étant pas non plus le *medium* exclusif de lecture à haute voix de mes textes, mais plutôt un *medium* voué à « étendre » le son du texte de la façon le plus possible *adhérente* à lui-même et, en même temps, conçu pour augmenter, pour faire émerger des aspects sémantiques déjà contenus à l'intérieur du texte écrit. Pour conclure, l'environnement de lecture peut donc être défini à son tour comme une forme de *poésie spatialisée* à l'intérieur d'un environnement de perception où l'écriture poétique devient parlée.

—

Conférence prononcée à la Maison de la Recherche de l'Université Paris-Sorbonne, puis publiée in *Poésie et médias au XXème siècle*, Paris, Nouveau Monde éditions, 2012

1. Pour une documentation vidéo de l'environnement de lecture "o.m.", cf. http://www.alessandrodefrancesco.net/om_video.html

2. Les logiciels employés pour cela sont Digital Performer, un des *sequencers* les plus répandus, et les logiciels de design sonore et morphing sonore développés par l'IRCAM.

3. Pour voir des images et écouter des exemples sonores, cf. http://www.alessandrodefrancesco.net/sosta1_audio.html

4. Pour voir des images et écouter des exemples sonores, cf. http://www.alessandrodefrancesco.net/sosta3_audio.html
5. Pour voir des vidéos et écouter des exemples sonores, cf. http://www.alessandrodefrancesco.net/video.html
6. Pour voir des vidéos et écouter des exemples sonores, cf. http://www.alessandrodefrancesco.net/video.html

Éviter l'obstacle cognitif : changements de paradigme et écriture augmentée

> « *Stavamo tutti al buio* »
> – Tommaso Campanella

1. Dès 1000m

J'essayerai ici d'esquisser certains enjeux théoriques qui me tiennent à cœur, issus de la rencontre entre ma propre production poétique et de récents développements scientifiques et technologiques.

En 2009 j'ai publié un e-book trilingue (italien, français et anglais), intitulé *da 1000m – dès 1000m – from 1000m*,[1] qui contient des textes poétiques tirés d'articles de biologie marine sur les créatures des abysses. L'idée de ces textes, en grande partie intégrés depuis à ma dernière publication, *Redéfinition*, m'était venue d'un ouvrage paru en 2006 : *The Deep*.[2] L'auteure y présente d'étonnantes photos de créatures des abysses récemment (re)découvertes grâce aux nouvelles technologies de descente dans les profondeurs océaniques et de captation photographique de sujets se trouvant dans un noir presque absolu. Parmi les caractéristiques principales de ces créatures il y a le changement d'échelle par rapport à des animaux semblables mais plus communs (par

Fig. 1 : Desmonema glaciale. (© Norbert Wu)

exemple de nombreux types de méduses de dimensions gigantesques) (fig. 1). Autre caractéristique majeure, leur bioluminescence (fig. 2).

Je me suis servi de ces caractéristiques et, en général, de plusieurs propriétés physiques de ces animaux, afin de mettre en place une sorte de narration poético-épistémologique, lacunaire et non-linéaire, sérieusement ironique. Avant de poursuivre, je me permets de citer deux textes à titre d'exemple[3] :

> consiste in un insieme di cellule con funzione di filtraggio che crescono lentamente senza una struttura predefinita ciò permette la generazione di forme mai perfettamente identiche le une alle altre

ÉVITER L'OBSTACLE COGNITIF

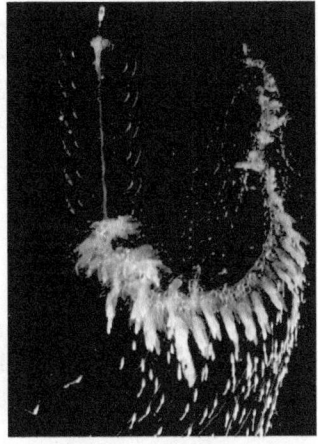

Fig. 2 : *Nanomia cara*.

se allarmato da un predatore può gonfiare il proprio corpo fino a dilatarsi in una sfera trasparente o portare testa e braccia nella propria zona cava che riempie d'inchiostro scomparendo nell'oscurità

cela consiste en un ensemble de cellules dotées d'une fonction de filtrage qui croissent lentement sans structure prédéfinie ce qui permet la génération de formes jamais parfaitement identiques les unes aux autres

s'il est alerté par un prédateur il peut gonfler son corps jusqu'à se dilater en une sphère transparente ou replier sa tête et ses bras dans sa zone creuse qu'il remplit d'encre   en disparaissant dans l'obscurité

—

lunghezza fino a 2.7m le sorgenti luminose puntiformi sono fotofori bioluminescenti che contribuiscono a nascondere gli occhi   l'unica parte opaca del corpo

longueur pouvant atteindre jusqu'à 2.7m les sources lumineuses ponctuelles sont des photophores bioluminescents qui contribuent à cacher les yeux   la seule partie opaque du corps

Les textes ont été générés de la manière suivante : j'ai créé une base de données à partir d'articles de biologie marine sur les créatures des abysses, issus de sites, de livres et de revues spécialisées, en privilégiant les parties descriptives et parfois techniques. J'ai ensuite isolé des morceaux qui m'ont semblé pertinents à mon projet et je ne les ai pratiquement pas modifiés, sauf dans un détail fondamental : j'ai enlevé tous les noms des animaux décrits ainsi que toute allusion trop directe à des propriétés qui auraient pu permettre d'en repérer aisément la nature et la forme. Comme je l'ai dit ailleurs,[4] j'ai essayé de faire en sorte que mes propres textes tendent à s'identifier aux objets qu'ils décrivent, en tâchant, de façon en quelque sorte iconoclaste, de limiter le taux de représentation par le biais d'une réduction de la nomination. Ces textes tendent à devenir des corps, des organismes autonomes et indéterminés dont le but ultime est de redéfinir, voire de mettre en crise, certains repères cognitifs et perceptifs, à partir d'un traitement épistémologique du langage poétique. Ces objets textuels participent d'une sorte de narration poétique lacunaire, vouée à dépasser ce que je qualifierais d'« obstacle cognitif », à savoir l'ensemble des limites posées à la cognition *latu sensu* par la conformation actuelle de notre cerveau, mais aussi par notre cadre sociétal ainsi que par nos systèmes d'information et d'éducation.

Parmi les fonctions actuelles de la poésie figure à mon avis la capacité à mettre en œuvre des changements de paradigme par la formulation d'hypothèses plus ou moins fictionnelles, des *comme si* langagiers conçus contre les obstacles rencontrés par la cognition et la perception humaines du monde. Or, une « poétisation descriptive » de ces créatures des abysses, telle que je l'ai décrite, permet d'envisager ce type de stratégie épistémologique en réduisant par ailleurs au minimum l'instance fictionnelle, puisque le *comme si* produit par ces textes n'est pas soumis à un régime ontologique différent : étant donné que ces créatures *existent*, rien n'habite ces textes qui n'existe dans notre monde ; et pourtant, un écart, si l'on veut, « noético-noématique » se produit.

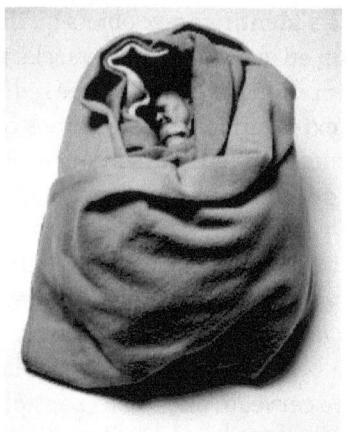

*Fig. 3 : R. Mueck, Man in blankets, 2000-1.
Kunstsammlung Nordrhein-Westfalen, Düsseldorf.*

2. L'échelle

La question de l'échelle, que l'on évoquait plus haut, est ici centrale : l'échelle augmentée mais aussi, parfois, réduite de ces espèces animales par rapport à des espèces plus connues contribue à produire un paradigme *différent* de perception, tout en restant dans le réel. Il s'agit, *mutatis mutandis*, d'un procédé semblable à celui qu'utilise le sculpteur australien Ron Mueck, comme on peut le voir, par exemple, dans *Man in Blankets* (fig. 3) ou dans *In Bed* (fig. 4).

Dans les deux cas, la transformation de l'échelle permet de modifier la perception du réel par le biais d'une fonction symbolique immanente. Cette fonction engendre une

Fig. 4 : Ron Mueck, In Bed, *2005. Collection privée.*

augmentation de la perception sans avoir recours ni à la métaphysique – aussi dans le sens d'un dépassement représentationnel de l'objet – ni au virtuel, c'est-à-dire aux simulacres et aux représentations fictionnelles produites par des usages a-critiques de la technologie numérique. Il s'agit d'une réalité modifiée et augmentée sans l'intervention de sémantiques et d'ontologies extérieures. En quoi elle se distingue de la réalité augmentée au sens technique du terme (*enhanced* ou *augmented reality,* selon le terme technique anglais), où l'augmentation n'est pas d'ordre perceptuel et cognitif en relation au réel mais précisément, en revanche, représentationnel, dans la mesure où un degré virtuel de réalité est ajouté par le biais de logiciels de graphisme numérique dont l'usager fait l'expérience à l'aide de dispositifs qui étendent la vision numérique frontale « classique » à la *simulation* d'environnements immersifs.

Je souhaiterais maintenant approfondir le rapport entre la question de la réalité augmentée et l'« écart noético-noématique » produit par le changement de paradigme en abordant cette thématique du point de vue disposital, à l'aide de quelques exemples sonores et plastiques.

3. *Environnements de lecture et écriture augmentée*

Convaincu que la poésie peut contribuer aujourd'hui à penser de façon critique l'usage des technologies numériques, je me suis livré depuis quelques années à la création de dispositifs sonores et plastiques immersifs que j'appelle « environnements de lecture ». Un *environnement de lecture* est un espace sonore ou plastique immersif où mes textes poétiques, souvent composés préalablement et indépendamment de l'environnement correspondant, sont mis en dialogue avec un ou plusieurs dispositifs de traitement du son et du texte. Je montrerai trois exemples d'environnement de lecture, en commençant par *o.m.*, une installation créée en 2005 au Kunsthaus Tacheles de Berlin (fig. 5).

> Description : les visiteurs entraient dans une grande salle du centre d'art Tacheles, symbole de la reprise culturelle de Berlin Est après la réunification et, en même temps, débris résiduel de l'histoire allemande du xxe siècle. Les visiteurs étaient invités à s'allonger sur des lits, à lire des poèmes qui défilaient sur les écrans LCD suspendus au

*Fig. 5 : Alessandro De Francesco, o.m., Kunsthaus Tacheles Berlin, 2005.
(© Alessandro De Francesco - Language Art Studio)*

plafond et à écouter une trace audio quadriphonique. Les écrans étaient « défonctionnalisés » de façon iconoclaste car ils ne montraient que du texte. Le contenu du texte était étroitement lié à la situation dans laquelle se trouvaient les visiteurs, mais éloigné de toute tentation illustrative. J'étais moi-même une partie de l'installation, car je me trouvais dans le même espace, derrière une console, je regardais les visiteurs pendant qu'ils étaient allongés et j'activais à chaque fois le cycle de l'installation, qui avait une durée d'environ 10 minutes. La trace audio était uniquement constituée par ma voix, enregistrée, qui lisait les poèmes en même temps qu'ils défilaient sur les écrans. Ma voix était élaborée, multipliée, superposée et spatialisée à l'aide de logiciels de traitement, de design, de spatialisation et de morphing sonores.[5]

La pratique d'élaboration sonore numérique de la voix parlée a évolué jusqu'à un environnement entièrement réalisé avec des traitements sonores en temps réel. Cet environnement s'appelle, comme le livre dont il est issu, *Ridefinizione*.[6] Il a été produit en 2009 par le STEIM d'Amsterdam et publié sous forme de fichiers son téléchargeables par le label italien Miraloop Records et sur internet comme vidéo de la performance. *Ridefinizione* a été conçu et développé en collaboration avec le compositeur et performeur Paolo Ingrosso. Dans cet environnement ma voix est élaborée et spatialisée en temps réel par le logiciel Max/MSP, et ce sur la base de certaines « lignes directrices » préalablement convenues qui n'excluent pourtant pas le caractère aléatoire propre à l'élaboration en temps réel.

À la fois dans *o.m.* et dans *Ridefinizione*, le texte poétique est *augmenté* par le biais du dispositif, mais il s'agit d'une augmentation *adhérente*, *interne* et *immanente* : adhérente à elle-même, c'est-à-dire à son processus de dicibilité, et au monde dans lequel le texte s'inscrit et se répand à travers le dispositif ; interne parce que le dispositif intervient uniquement sur le texte et sur la voix, sans l'ajout d'images ou de sons extérieurs ; immanente parce que les modalités de traitement de la voix et de l'espace sont issues de la lecture du texte même et sont conçues afin d'augmenter, souligner et amplifier les propriétés sémantiques du poème et sa situa-

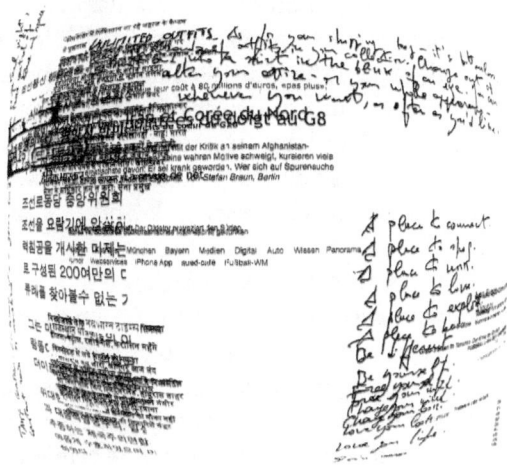

Fig. 6 : Alessandro De Francesco, Écriture augmentée – AW1_3, 2010 (© Alessandro De Francesco – Language Art Studio)
www.augmentedwriting.com

tion dans l'espace du réel. D'où le terme d'*environnement de lecture*.

Dernièrement, j'ai choisi d'élargir la pratique de l'environnement de lecture à l'élaboration graphique et typographique, en créant plusieurs objets poétiques issus d'un travail de typographie numérique 3D. Il s'agit du projet *Écriture augmentée – Augmented Writing – Scrittura aumentata*.[7] J'en traiterai brièvement, à l'aide d'un exemple visuel (fig. 6).

Si dans *o.m.* et dans *Ridefinizione* l'écriture était *augmentée* par le biais de l'élaboration numérique de la voix à l'intérieur d'un espace immersif (sonore et plastique dans le cas de o.m., seulement sonore dans le cas de *Ridefinizione*), ici le même processus advient par le biais de l'élaboration typographique 3D. Il y a, néanmoins, une différence : ces textes ne peuvent être présentés que dans leur version « augmentée », tandis que les textes de o.m. et de *Ridefinizione* restent tout à fait indépendants de leur mise en espace dans l'environnement de lecture.

Le processus qui mène à la création d'une section du projet *Écriture augmentée* intitulée AW1, qui nous intéresse ici tout particulièrement et dont l'objet montré ci-dessus fait partie, pourrait être décrit ainsi : je compose une base de données avec des nouvelles repérées sur les « unes » de plusieurs sites internet d'information. Je trie ensuite les nouvelles et crée des fichiers numériques à l'intérieur desquels je vais copier-coller et superposer des portions de ces nouvelles en plusieurs langues, provenant de sites divers. Une fois le fichier créé, je l'imprime et j'interviens de façon manuscrite sur ces inscriptions numériques provenant d'internet, en couvrant des portions de texte imprimé ou en remplissant des espaces laissés blancs par le travail logiciel de superposition. Ces portions d'écriture « analogique » sont tirées de textes publicitaires repérés sur des sites web de réalité virtuelle. La réalité du monde économique, politique, social, technologique, telle qu'elle est (re)présentée dans les journaux et dans les sites web d'information, se base sur la présence occulte de l'argent. *Présence*, car il est impossible, sans ce moyen, d'accéder aux services, aux produits, aux « vies » proposés par les médias. *Occulte* parce que, afin que les « consommateurs-spectateurs » puissent agir dans cette réalité, on doit présupposer que tout le monde en dispose librement, ce qui n'est bien sûr pas le cas : c'est pourquoi on choisit de ne pas le nommer, de le laisser derrière le reste, de lui conférer tout le potentiel de contrôle qui distingue un fantasme d'un simple symbole. C'est là qu'intervient le rêve néo-capitaliste propre à la réalité virtuelle de masse, où l'on peut tout faire, tout acheter, tout se permettre parce que l'argent, dans cette représentation du monde, est à la fois nécessaire (dans *Second Life,* par exemple, on utilise une monnaie officielle) et virtuel, dans la mesure où il est potentiellement infini (cf., dans l'exemple, le texte écrit à la main, tiré et adapté du site de *Second Life,* qui commence par « UNLIMITED OUTFITS »).

Ces deux mondes se confondent, ils sont superposés, ils créent des grumeaux d'événements. Ils se révèlent extrêmement proches, voire identiques, et, ce qui est encore plus important, stratégiquement convergents puisqu'ils se basent sur les mêmes projections, sur les mêmes fantasmes, sur les mêmes aspirations, sur les mêmes représentations. Ils relèvent d'un seul programme cognitif et politique très calculé, tout en produisant deux ontologies différentes. Un passage numérique ultérieur marque la phase finale du processus : le fichier imprimé et « sali » avec ma propre graphie est scanné et ramené sur le logiciel pour être ensuite déformé et accru en 3D. Cette forme de « texte augmenté », d'*écriture augmentée,* mime et critique à la fois la réalité augmentée par le virtuel. L'image – image de l'événement livré par le dispositif d'information, image de l'espace virtuel numérique – est niée et effacée par le texte, qui devient lui-même image, objet d'observation, géographie sémantique intensifiée dans le réel par le biais du numérique. Le « réel » fictif produit par l'information est représenté par l'écriture numérique du web, tandis que les textes sur la réalité virtuelle sont l'apanage exclusif de l'écriture à la main, écriture analogique re-digitalisée dans le layout final.

L'*écriture augmentée* est un paradigme iconoclaste qui se donne comme réponse cognitive à la médiation de l'image dans le monde réel et dans le monde virtuel, tout en tâchant de redéfinir le rapport entre l'écriture (poétique) et le travail logiciel numérique (sonore, visuel et internet). Les concepts d'« écriture augmentée » et d'« environnement de lecture » tendent au fond à s'identifier ou, mieux : l'écriture augmentée est la modalité logico-linguistique par laquelle l'environnement de lecture peut se constituer comme tel. On pourrait dire que la méthode de l'écriture augmentée et de l'environnement de lecture vise à produire une perception du monde qui ne soit pas soumise aux royaumes de l'image et de la vision, elle vise un « réelisme », dirait Jean-Marie Gleize, au lieu d'un « réalisme[8] », un *réel augmenté* plutôt qu'une *réalité augmentée,* un *autre réel* plutôt qu'une représentation de l'altérité et, encore moins, qu'une alternative ontologique virtuelle. En d'autres termes : au lieu de produire une fiction de la possibilité qui oriente les choix du consommateur-spectateur en créant des produits et des individus fantasmatiques et fantasmés agissant dans des réalités idéales (paradisiaques ou infernales, peu importe), on esquisse, par le biais de la poésie, une autre possibilité d'usage des technologies numériques et, par conséquent, une épistémologie de la perception du langage et du monde ; une possibilité qui, comme les animaux des abysses, appartient au monde et cherche à ne pas céder à la séduction de la représentation et des dédoublements logico-sémantiques.

La bioluminescence des animaux des abysses représente cette alternative à la représentation, cette immanence de l'expression, tout comme la toile de l'araignée était dans l'antiquité le symbole de la poésie : la poésie peut être la stratégie cognitive d'un animal qui ne cherche pas ailleurs sa possibilité d'imaginer un ailleurs. La bioluminescence nous rappelle aussi le dédoublement logico-sémantique qui peut habiter la vision, dédoublement qui n'existe que chez les hommes, non pas chez les animaux : c'est pourquoi la voix et l'écriture, dans mon travail, effacent l'image. Comme l'écrit Maurice Blanchot dans *L'entretien infini* : « Parler, ce n'est pas voir. Parler libère la pensée de cette exigence optique qui, dans la tradition occidentale, soumet depuis des millénaires notre approche des choses et nous invite à penser sous la garantie de la lumière ou sous la menace de l'absence de lumière.[9] »

De même que ce contexte poétique et cognitif met en question l'image, de même la grammaire et, en général, les articulations linguistiques, qu'il s'agisse du langage ordinaire ou bien des langages codés qui permettent la conception et la production des objets numériques, sont-elles sujettes à une révision radicale. On le voit bien dans les comportements chaotiques et non-linéaires qui caractérisent à la fois les processus de génération des textes et les textes eux-mêmes composant *dès 1000m* et *Écriture augmentée*, ainsi que dans les processus de fragmentation et de multiplication de la voix à l'œuvre dans les *environnements de lecture*. Il y a dans cette constellation, de façon parallèle à l'iconoclastie, une « grammoclastie » : ce néologisme, que j'emploie aussi en relation à d'autres auteurs, décrit, comme le mot l'indique, des techniques d'écriture visant à faire basculer, voire à détruire l'ordre grammatical de multiples façons. Les techniques d'écriture que je qualifie de *grammoclastes*, dont une partie de ma propre production fait partie, visent à interroger et à *augmenter* le rapport perceptuel langage-monde en échappant à la médiation référentielle des règles du discours et du code.

La *grammoclastie* comporte bien évidemment une réduction du taux de sémanticité de l'écriture, réduction que l'on retrouve entre autres dans les écritures asémantiques (Cy Twombly, Christian Dotremont, Mirtha Dermisache, Pierrette Bloch, Marco Giovenale, etc.), et dont le but est d'intensifier le rapport entre l'écriture et le réel, tout en réduisant l'écart représentationnel entre l'écriture et le(s) sens. L'écriture est réinsérée dans le réel comme une donnée objectale, comme une visée de la perception, et le rapport entre la vision et la grammaire est radicalement reconsidéré. Le changement de paradigme poétique que j'ai cru décrire brièvement à travers les notions d'*écriture augmentée* et d'*environnement de lecture*, ainsi que l'écart noético-noématique produit dans *dès 1000m*, ne sauraient être conçus sans ce mouvement d'intensification perceptuelle et de réduction des dualismes logico-sémantiques.

Conférence prononcée à l'Université de Montréal dans le cadre du colloque *La poésie scientifique de la gloire au déclin*, puis publiée in *Épistémocritique.org*, 2014.

1. A. De Francesco, *da 1000m – dès 1000m – from 1000m*, e-book, http://www.gammm.org, 2009.
2. C. Nouvian, *The Deep*, Munich, Knesebeck, 2006.
3. A. De Francesco, *da 1000m, op. cit.* et *Id., Redéfinition*, Paris, Mix., 2010, traduction de l'auteur avec Doriane Bier, Laurent Prost, Noura Wedell et Caroline Zekri (éd. italienne *Ridefinizione*, Rome, La Camera Verde, 2011).
4. Séminaire de poésie à l'European Graduate School, 2008. Cf. http://www.alessandrodefrancesco.net/about.html
5. Pour visualiser des images et écouter des exemples sonores, voir le lien http://www.alessandrodefrancesco.net/om_video.html
6. *Op. cit.*
7. Cf. le site web qui a été consacré à ce projet : http://www.augmentedwriting.com et le catalogue qui paru chez La Camera Verde (Rome, 2013).
8. J.-M. Gleize, *Sorties*, Paris – Lyon, Questions Théoriques, 2009, passim.
9. M. Blanchot, *L'entretien infini*, Paris, Gallimard, 1969, p. 38.

Décadence et désactivation :
entre iconoclastie, grammoclastie et
écriture augmentée

1. *Introduction*

Jérémie Gaulin m'a demandé de réfléchir à ce que nous étions en train de faire dans cette galerie Martine Aboucaya désactivée et renommée « Paraboucaya » et en même temps à ce que je suis en train de faire moi-même dans ma pratique artistique et dans mon travail théorique. Réfléchir à ce que l'on est en train de faire, ou, comme l'a dit Jérémie, « se regarder soi-même », est souvent dangereux, surtout à certains moments de la vie, mais je fais confiance à Jérémie et puis nous aimons bien évidemment le danger. Or, ce danger se manifeste dès le début : qu'est-ce que réfléchir à ce que l'on est en train de faire et, en même temps, entamer un processus de désactivation, d'interruption ? S'agit-il de faire (désactiver en tant qu'action) ou de non-faire (désactiver en tant qu'interruption de l'action) ? De plus, si l'on veut être fidèle jusqu'au bout au thème de cette journée de « paraboucaya », il faut également se demander, dans ce cadre d'auto-observation, quelles relations entretiennent entre elles désactivation et décadence (la *décadence* étant le thème de l'exposition actuelle qui se déroule parallèlement dans la galerie Aboucaya lorsqu'elle est « active »).

Or, désactivation et décadence ont en commun les deux premières lettres (« dé »), qui indiquent un changement privatif et/ou négatif d'état par rapport à une situation d'origine, « activation » et « cadence » n'étant en même temps pas, bien évidemment, sur le même plan sémantique et étymologique. Mais peu importe, *omnia licent poetis* (« tout est permis aux poètes ») : ce qui m'intéresse dans les deux cas, c'est le potentiel de changement de paradigme qui se cache, pour ainsi dire, à l'intérieur du mouvement négatif et déconstructif contenu dans la particule « dé ». Je veux dire que ce que nous sommes en train de faire lorsque la galerie est désactivée en tant que Galerie Aboucaya et renommée « Paraboucaya » peut être qualifié de « désactivation active » ; ou, en d'autres termes, que la focalisation sur le processus de désactivation entraîne comme conséquence un ou plusieurs processus de *réactivation*. De même, la focalisation sur le processus (ou le temps) de décadence porte en soi les germes d'une, si j'ose dire, *re-cadence*, d'une autre cadence, c'est-à-dire, en termes musicaux, d'une autre résolution de la phrase, d'une autre réponse, ou encore d'une nouvelle question qui rouvre le discours, qui fait redémarrer le geste mélodique.

Plus précisément, le point de convergence entre désactivation et décadence qui j'essayerai de développer ici relève de la question de l'*interruption de la sémanticité*. Le terme de « sémanticité » indique pour moi l'ensemble des gestes langagiers scripturaux et oraux. Je ne parle pas (que) de sémantique, car dans le terme « sémanticité » sont également contenues la question sémiotique, à savoir la fonctionnalité et la signification des signes, la question syntaxique, et, plus en général, la question du *sens* dans toutes ses formes. De même que le processus de désactivation, tel qu'une dénégation freudienne, contient dans ses possibles un ou plusieurs processus de *réactivation* potentielle, de même l'interruption de la sémanticité vise la production de formes sémantiques et sémiotiques alternatives. On n'échappe ni à l'action, ni à la sémanticité. En les niant, on en crée d'autres. Si on en est conscient dès le début, on peut atteindre des résultats intéressants. Le point de convergence alternatif, le *négatif photographique*, pour ainsi dire, de la convergence entre désactivation et décadence sous l'égide de la sémanticité, c'est, dans la perspective que j'essayerai de développer, la *télévision*, lieu, du moins à nos jours, de la désactivation passive, mortuaire, et de la décadence individuelle et collective. Mais aussi et plus en général : l'écran d'un côté et l'information journalistique (aussi en papier, non seulement en écran) de l'autre. Écran télévisuel, écran de la page. Afin d'entrer davantage dans cette question, il nous faut peut-être d'abord un *excursus* historique.

2. Décadence et recodage

Entre *Madame Bovary* de Gustave Flaubert, *Les fleurs du mal* de Charles Baudelaire et *Crise de vers* de Stéphane Mallarmé, l'écriture thématise la décadence, ou plutôt ouvre l'espace de la décadence avant que celle-ci ne devienne une posture

générationnelle *fin de siècle*, voire un courant littéraire. Dans ma perspective, ces trois ouvrages *pré-Décadence* représentent trois formes majeures de décadence :
— *Psychique* voire psychanalytique chez Flaubert : la médiocrité humaine de ses personnages, dont Emma Bovary est l'expression la plus approfondie et nuancée, met en scène la surface (auto)destructrice de l'homme commun (comme on en voit encore aujourd'hui en grande quantité, cela n'a pas changé depuis le XIXème siècle), c'est-à-dire le manque d'outils d'introspection et d'émancipation psycho-sociétale permettant de recycler l'élan vers l'autodécadence morbide en d'autres formes d'énergie, de déconstruire les projections mentales et les constructions illusoires et de les réactiver dans l'authenticité du sentir. Chez Flaubert, visiblement, ce manque n'est pas forcément dû à l'appartenance à une certaine classe sociale, mais aux « mœurs de province », selon le sous-titre du roman, qui représentent en réalité, dans le contexte du roman flaubertien, un microcosme dont la fonction est celle de renvoyer à la structure intrinsèque de la société moderne ; une société victime d'elle-même, qui brasse des individus perdus, dépourvus de la capacité psychique de choisir leur propre existence.
— *Morale* chez Baudelaire : l'élan vers l'auto-décadence et la décadence tout court est observé et (d)écrit par Baudelaire de manière obsessionnelle, dans toutes ses manifestations, jusqu'à ce qu'il devienne une forme de critique des valeurs partagées et acquises à travers, pour ainsi dire, la «fondation chrétienne de la société occidentale».

Le christianisme est renversé dans son négatif (encore une fois au sens photographique plutôt que qualitatif) : la fascination pour les formes de mal et de douleur qu'il provoque lorsque l'intériorité et la sexualité entrent en relation avec la révolution industrielle. Baudelaire participe en cela de la redéfinition moderne et contemporaine du système des valeurs.

— *Langagière* chez Mallarmé : Mallarmé met en relation d'une part la crise de la versification classique, incarnée par la figure du père Victor Hugo, et d'autre part l'institutionnalisation du langage ordinaire bourgeois par le biais du journalisme. La poétique mallarméenne découle de la tentative de trouver un antidote à la décadence du lyrisme et à la fixation homologuante du langage ordinaire dans l'époque de l'information et de la technicité. Dans un texte bien connu, Mallarmé affirme : « Narrer, enseigner, même décrire, cela va et encore qu'à chacun suffirait peut-être, pour échanger toute pensée humaine, de prendre ou de mettre dans la main d'autrui en silence une pièce de monnaie, l'emploi élémentaire du discours dessert l'universel *reportage* dont, la Littérature exceptée, participe tout, entre les genres d'écrits contemporains ».[1]

Écrire poétiquement contre l'« universel reportage », à savoir contre les codes langagiers figés et mystificateurs du journalisme et des langages ordinaires, signifie, à partir de Mallarmé, procéder à une rupture des codes sémantiques et sémiotiques. Désactivation, interruption, réactivation, contre la décadence, au sein de la décadence. Afin de décrire ce processus majeur de la poésie moderne et contemporaine, qui de Mallarmé s'étale jusqu'aux pratiques poétiques actuelles, j'ai créé (à moins que quelqu'un ne l'ait fait avant moi, dans ce cas-là j'ai emprunté je ne sais pas à qui) le néologisme *grammoclastie*. Ce terme renvoie bien évidemment à celui d'*iconoclastie*, qui rentre également en jeu : écrire contre l'universel reportage signifie aussi se méfier de l'image, au sens à la fois des images mentales (comme par exemple les préjugés et les clichés engendrés par la *doxa*) et des images réelles, « montées » et « éditées » par les journaux au xixème siècle jusqu'aux médias télévisuels du xxème et aux nouveaux médias actuels.

3. *Écriture augmentée*

Parmi ses différents enjeux, ma propre pratique poétique tâche de questionner certaines manifestations de l'*universel reportage* par le biais de processus complémentaires que je qualifierais de *désactivation poétique de la sémanticité codée* et d'*éclatement de l'espace figural et typographique*, où par « figural » j'entends à la fois les figures rhétoriques et la question de l'image et de la représentation dans l'ère de la décadence. Je souhaiterais illustrer ici une pratique poétique en particulier, que je développe depuis relativement peu de temps et que j'appelle *écriture augmentée*. Grâce à cette pratique, j'essayerai de montrer qu'en parlant de signes et d'écriture on revient au réel, c'est-à-dire qu'en désactivant le langage de manière active, on rouvre l'expérience du monde.

L'*écriture augmentée* met en place une pratique scripturale critique qui interrompt la linéarité des productions langagières informationnelles et commerciales (elle en cela *grammoclaste*) et bloque le flux des images et des projections, en le supprimant, en l'ensevelissant ; d'où, parmi de multiples raisons possibles et imaginables, sa forme gonflée, qui est due parallèlement au fait qu'elle cache d'autres contenus verbaux et d'autres informations qui ont tendance à déborder. Dans l'*écriture augmentée*, l'écriture remplace et en même temps imite l'image en tant qu'écran, en tant que projection dans des réalités fictionnelles codées par les systèmes d'information à distance, par les réalités virtuelles et augmentées, par le cinéma de divertissement en 3D, par les rêves et les besoins provoqués par la publicité et par le spectacle, par les réseaux sociaux, par le chaos du *zapping* télévisé (elle est en cela *iconoclaste*). L'*écriture augmentée* est un *script* alternatif, et peut-être aussi un genre littéraire *sui generis*. L'un des résultats de ce processus d'interruption et de réactivation critique est une représentation ou plutôt une néo-présentation sémantique du chaos de l'énonciation, de la vision, de la pensée et de la réception d'une masse hypertrophique d'informations. Un autre résultat formel que l'on peut constater en observant ces objets, c'est le rapport entre les deux dimensions de la page et de l'écran et le désir de les faire exploser, déborder vers les trois dimensions.

En dialogue, certainement, avec le *Coup de dés* mallarméen (que l'on analysera de plus près), l'*écriture augmentée* est l'une des réponses poétiques possibles à l'universel reportage. Elle pose également la question de la reproduction vocale du signe écrit, étant donné qu'elle met en place une forme de notation non codifiée. Son hypertrophie sémique peut être rapprochée d'autres expériences poétiques, comme par exemple celle du *Dépôts de savoir & de technique* de Denis Roche, auquel je ferai également référence, bien que le résultat formel soit complètement différent. L'œuvre de Roche, entre autres, a été de toutes façons fondamentale dans mon parcours d'écrivain minutieux, synthétique, raréfié, dense, « control-freak », parce que j'y ai vu la possibilité de salir, de me tromper, de déployer, d'accumuler, d'errer dans ma propre écriture. Depuis, j'ai exagéré avec *Écriture augmentée*, qui, pour cela, exerce sur moi un pouvoir cathartique, subversif, tout en restant dans la continuité de ce que j'ai fait auparavant.

Je vais maintenant décrire de plus près quelques dispositifs de désactivation à l'œuvre dans *Écriture augmentée*. J'utilise le terme « écriture augmentée » à la fois comme une notion de poétique et comme une pratique artistique se déroulant à cheval entre poésie, pratique d'archivage, théorie, collage, *page design*, typographie numérique et art sonore. *Écriture augmentée* s'articule en plusieurs sous-sections : AW1, *Traduction-augmentation*, *Portraits mentaux*, *Scriptbook*.

AW1 est chronologiquement la première phase du projet *Écriture augmentée*, qui a donné lieu à la notion même d'*écriture augmentée*. Dans AW1, je puise dans un archive que j'agrandis en permanence avec des nouvelles repérées sur les « unes » de plusieurs sites internet d'information de pays différents. Je trie ensuite les nouvelles et crée des fichiers numériques de design typographique à l'intérieur desquels je vais copier-coller et superposer des portions de ces nouvelles multilingues issues de sites divers. Quand je suis satisfait du résultat, j'imprime le fichier et j'interviens avec ma propre graphie sur ces inscriptions numériques provenant d'internet, en couvrant des portions de texte imprimé ou en remplissant des espaces laissés blancs par le travail logiciel de superposition. Ces portions d'écriture « analogique » sont tirées de textes publicitaires d'environnements 3D, de réalité virtuelle et de réalité augmentée. Un passage numérique ultérieur conduit à la définition d'*écriture augmentée* : le fichier imprimé et « sali » avec ma propre graphie est scanné et ramené dans le logiciel pour être ensuite déformé et accru en 3D jusqu'à ce qu'il atteigne une forme bombée ; forme qui est également due à un thème récurrent dans mon travail auquel je faisais déjà référence tout à l'heure, à savoir ce qui est caché, couvert, enveloppé, invisible et non-scriptible et qui pourtant habite et anime le langage. Cette forme de texte multi-dimensionnel *presque* illisible, avec ses « grumeaux » sémantiques plurilingues, s'inscrit poétiquement dans le chaos informationnel et dans la représentation du monde qui nous est livrée par les technologies d'information et par les réalités virtuelles et augmentées. Il s'agit d'un véritable double iconoclaste de ces dispositifs numériques. L'image – image de l'événement livré par le dispositif d'information, image de l'espace virtuel numérique – est niée et effacée par le texte, qui devient lui-même une image, un objet d'observation, une géographie sémantique grammoclaste. Dans une sorte de chiasme, le « réel » fictif de la réalité produite par l'information est représenté par l'écriture numérique du web, tandis que les textes sur la réalité virtuelle et augmentée sont l'apanage exclusif de l'écriture à la main, écriture analogique re-digitalisée dans le layout final et ré-analogisée par la suite puisque ces objets textuels sont susceptibles d'être imprimés sous des formats différents (livres, sérigraphies, panneaux, murs, plafonds, surfaces diverses).

Dispositif tâchant de développer une modalité poétique inédite dans le cadre des médias et des réalités numériques, l'*écriture augmentée* vise également à reproduire graphiquement la structure de la pensée, la succession rapide, superposée et parfois chaotique d'une pensée à l'œuvre, d'une pensée du texte à l'œuvre avant qu'elle ne devienne langue. En deçà des différentes sous-sections, tout objet d'écriture augmentée décrit (typo)graphiquement les successions, les inversions, les agglutinations, les grumeaux et les superpositions des processus de pensée et d'émotion, conscients ou inconscients, afin de les fixer en quelque sorte avant l'écriture, dans leur état de langages in-organisés, organiques, complexes (presque au sens biologique de « système complexe ») ; et ce notamment lorsque les cerveaux à l'intérieur desquels *Écriture augmentée* pénètre en les représentant (autre raison de sa forme bombée) sont en train de percevoir une multiplicité de stimuli hétérogènes provenant d'un écran télévisé (stimuli passifs) ou d'un dispositif interactif (stimuli actifs, plus ou moins critiques selon la nature du dispositif dont on fait l'expérience).

Traduction-augmentation incarne un autre dispositif de désactivation active au sein de l'écriture augmentée : la traduction est conçue en tant qu'augmentation du texte de départ, comme dans *Covering an Enhanced Real*, la série d'objets d'écriture augmentée produits à partir des traductions italiennes que j'ai effectuées du travail de l'écrivain français Jean-Marie Gleize. Mon projet d'une écriture augmentée, qui implique ce « gonflage » du texte, est évidemment lié à la pensée du multilinguisme. Dans la traduction comme augmentation je m'oppose au cliché traduction-trahison : la traduction se situe plutôt, ici, dans la continuité du texte de départ, afin de créer une multiplicité de liens sémantiques indissolubles qui mêlent le texte de départ et le texte d'arrivée jusqu'à une forme de superposition-indistinction. Le texte de départ et le texte d'arrivée, ainsi que le paratexte critique (la réflexion *sur*) et l'intertexte (les références indirectes que l'écriture de tel ou tel auteur ont pu exercer sur ou en dessous [hypotexte] de ma propre écriture), forment un corps et un geste scriptural unique, ils s'estompent l'un dans l'autre. Le « gonflage » 3D témoigne de la naissance de ce nouvel être qui excède la langue et la surface de la page, de même qu'il excède l'unicité du texte par rapport à ses textes « voisins » ainsi qu'au réel qui l'entoure. Le gonflage réinstalle un continuum sur la discrétisation textuelle propre à l'isolement du texte en attente de traduction, et ce, paradoxalement, par le biais d'un dispositif de traitement numérique (donc discret, basé sur la succession des 0 et des 1) qui échantillonne le matériau analogique (le geste d'écriture, le transfert mental et langagier de l'acte de traduction, etc.). La configuration du travail de traduction, de paratexte et d'intertexte en forme d'écriture augmentée mime également le processus infini du travail de traduction, son *entretien infini* plutôt que son aboutissement : d'où les parties écrites à la main ; d'où, aussi, la tentative de reproduire graphiquement la structure de la pensée.

La pratique de l'écriture augmentée est complémentaire à celle, que je mène depuis plusieurs années, de *l'environnement de lecture*. J'appelle « environnement de lecture » un espace immersif où mes textes sont montrés pendant qu'une ou plusieurs voix, élaborées, modifiées, superposées et diffusées à l'aide de logiciels de traitement sonore, les lisent. Il n'y a pas de vidéo et les moniteurs ou d'autres dispositifs vidéo ne peuvent être utilisés que pour faire défiler les textes eux-mêmes. L'*environnement de lecture* peut être *playback* ou *live* et il peut être créé comme installation et/ou performance, tout en niant en même temps, par sa définition même, l'exhaustivité de ces deux notions standard. En suivant cette démarche, un environnement de lecture peut être créé à partir de textes d'*Écriture augmentée*. Dans l'exposition d'objets AW1, par exemple, l'environnement de lecture sera composé par des voix, élaborées et superposées à l'aide de logiciels pour le traitement du son, qui proviendront à la fois de journaux télévisés repérés dans des sites internet d'émissions audiovisuelles ainsi que de ma propre voix en train de lire les textes qui composent les objets AW1 exposés.

Une deuxième réalisation performative de l'*écriture augmentée* est en train d'être conçue en collaboration avec Caroline Zekri, enseignant-chercheur, critique et traductrice. Il s'agit des *Portraits mentaux* : un interlocuteur (un artiste, un homme politique, un visiteur de l'exposition, un enseignant, un étudiant, un passant, etc.) est interviewé en public ou en privé avec des questions précises (préparées par Caroline après un dialogue avec l'interviewé(e)) sur l'intériorité, les souvenirs d'enfance, le rapport que l'interviewé(e) entretient avec la mort, la guerre, l'amour et d'autres thèmes majeurs susceptibles de varier selon le type d'interlocuteur. Il/elle ne sera pas informé(e) avant l'interview des questions qui lui seront posées. Des morceaux des réponses de l'interviewé(e) sont transcrits en temps réel sur un logiciel de graphisme textuel et les hésitations, les interruptions, les phrases tronquées, les réactions émotionnelles de l'interviewé(e) guident la disposition et la superposition des mots sur la page numérique, qui est ensuite imprimée et donnée à l'interviewé(e) avec un stylo épais, pour qu'il/elle puisse, à son gré, corriger, ajouter ou effacer à la main des parties. Le résultat scriptural issu du mélange entre l'écriture numérique et les corrections à la main de l'interviewé(e) est enfin scanné et gonflé en 3D comme tous les autres objets d'écriture augmentée. L'interview durera jusqu'à ce qu'un objet textuel d'écriture augmentée aura été créé avec les matériaux verbaux fournis en temps réel par l'interviewé(e). La totalité du processus qui mène à la réalisation d'un *portrait mental* peut être montrée au public à travers un écran visible par tous auquel l'ordinateur équipé de logiciel est connecté via VGA.*

La dernière sous-section d'*Écriture augmentée* s'appelle *Scriptbook*. Elle est la version à la fois iconoclaste et voyeuriste de Facebook, obtenue grâce aux processus de l'écriture augmentée. L'objet d'écriture augmentée de type *Scriptbook*

---

* Cette sous-section a entre-temps été clôturée dans le cadre du projet *Écriture augmentée* – n.d.a.

est fabriqué, plutôt qu'à partir de nouvelles provenant de sites web d'information (ce qui est à l'origine de la section AW1), à partir de « posts » publiés sur vos « walls » d'usagers Facebook (où je ne suis moi-même bien sûr pas inscrit, donc la mise en évidence du caractère voyeuriste de Facebook devient d'autant plus perverse), auxquels je superpose des portions d'écriture manuelle tirées de sites de réalité virtuelle ou augmentée ou de publicité de films en 3D.

Tous les objets d'écriture augmentée sont conçus pour être imprimés de multiples manières : livres, dossiers, sérigraphies, boîtes, panneaux en PVC, panneaux en plexiglas, murs, plafonds et autres surfaces. Ils peuvent faire l'objet d'expositions accompagnées éventuellement par un environnement de lecture (c'est-à-dire dans un espace sonore immersif). Les images-textes d'*écriture augmentée* n'ont pas été reproduites ici parce qu'elles requièrent des formats et des matériaux d'impression particuliers. Le site web www.augmentedwriting.com est voué à documenter le projet. De même, les *environnements de lecture* ne peuvent être réalisés, pour des raisons techniques, que dans certains contextes et la documentation visuelle et sonore sur les *environnements de lecture* réalisés jusqu'à présent se trouve dans le site www.alessandrodefrancesco.net.

La méthode compositionnelle de l'*écriture augmentée – environnement de lecture*, dans ses processus de désactivation/réactivation de la sémanticité, vise à produire une perception du monde qui ne soit pas soumise aux royaumes de l'image et de la vision ; elle vise un réel augmenté plutôt qu'une réalité augmentée, un autre réel plutôt qu'une représentation de l'altérité obtenue par les systèmes d'information et/ou par la constitution de plans de réalité seconds. Il s'agit de contribuer poétiquement et conceptuellement à des usages alternatifs de la technologie digitale, et, par conséquent, au développement d'une épistémologie de la perception. Il s'agit de mimer et de remplacer, par la concentration sémantique de l'écriture augmentée, les fictions de la possibilité qui orientent les choix du *consommateur-spectateur* et créent des produits et des individus fantasmatiques et fantasmés agissant dans des réalités idéales (peu importe qu'elles soient paradisiaques ou infernales). Tout comme la toile d'araignée était dans l'antiquité l'un des symboles de la poésie, la conception qui sous-tend la méthode de l'écriture augmentée et des environnements de lecture est celle d'une poésie qui peut être la stratégie cognitive d'un animal qui ne cherche pas ailleurs sa possibilité d'imaginer un ailleurs. C'est pourquoi la voix et l'écriture, dans mon travail, effacent l'image. Comme l'écrit Maurice Blanchot dans *L'entretien infini* : « Parler, ce n'est pas voir. Parler libère la pensée de cette exigence optique qui, dans la tradition occidentale, soumet depuis des millénaires notre approche des choses et nous invite à penser sous la garantie de la lumière ou sous la menace de l'absence de lumière ».[2]

4. Formes de la réactivation

Je mentionnais plus haut le binôme *désactivation poétique de la sémanticité codée – éclatement de l'espace figural et typographique*. Je voudrais montrer maintenant quelques exemples

CONTINUUM

$$C'ÉTAIT$$
$$\textit{issu stellaire}$$

$$CE\ SERAIT$$
$$\textit{pire}$$
$$\textit{non}$$
$$\textit{davantage ni moins}$$
$$\textit{indifféremment mais autant}$$

Fig. 1: Stéphane Mallarmé, Un coup de dés jamais n'abolira le hasard

DÉCADENCE ET DÉSACTIVATION

LE NOMBRE

EXISTÂT-IL
autrement qu'hallucination éparse d'agonie

COMMENÇÂT-IL ET CESSÂT-IL
sourdant que nié et clos quand apparu
enfin
par quelque profusion répandue en rareté
SE CHIFFRÂT-IL

évidence de la somme pour peu qu'une
ILLUMINÂT-IL

LE HASARD

Choit
la plume
rythmique suspens du sinistre
s'ensevelir
aux écumes originelles
naguères d'où sursauta son délire jusqu'à une cime
flétrie
par la neutralité identique du gouffre

autres que le mien de pratiques qui vont dans le même sens mais à travers des résultats formels totalement différents, voire opposés au mien. Certaines pratiques de désactivation de la sémanticité ordinaire et de réactivation d'autres paradigmes de sémanticité dont je traiterai sont regroupées sous le terme d'« écritures conceptuelles », mais je ferai également référence à des exemples de poésie au sens plus classique du terme. En réalité, comme on le verra, ces deux espaces ne peuvent souvent pas être distingués nettement. Les processus de *désactivation poétique de la sémanticité codée et d'éclatement de l'espace figural et typographique* incarnent souvent à la fois le but et le résultat, plus ou moins explicites, de ces différentes pratiques.

Le premier exemple, c'est le *Coup de dés* de Mallarmé (fig. 1). La forme de désactivation/réactivation mise en place par ce poème peut être qualifiée de *typographique et syntaxique par strates* (au sens anglais de *layers*). La phrase « un coup de dés jamais n'abolira le hasard » est écrite avec une police plus grande que les autres tout au long du poème, pendant que d'autres phrases et d'autres expressions, écrites dans d'autres polices, viennent se glisser à l'intérieur de cet énoncé porteur, qui donne le titre à l'ouvrage. Mallarmé concevait ce poème comme une sorte de partition (les fans de la poésie sonore se souviendront ici du célèbre titre de B. Heidsieck, *Poèmes-partitions*) et avait calculé avec une précision minutieuse tous les détails typographiques, y compris les distances des mots entre eux et avec les marges de la page. Au point où, pour résumer une histoire éditoriale assez compliquée, Mallarmé n'ayant pas trouvé un éditeur en mesure

Fig. 2, 3 et 4 : Futurisme et dada

de respecter toutes ces consignes, ce poème fut publié posthume, en 1914. Ce processus de stratification narrative et sémantique fait bien évidemment écho dans nombres de pratiques poétiques pour ainsi dire « non-linéaires », dont *Écriture augmentée*.

L'influence du *Coup de dés* dans les expériences poétiques de la modernité (y compris dans les formes poétiques vi-

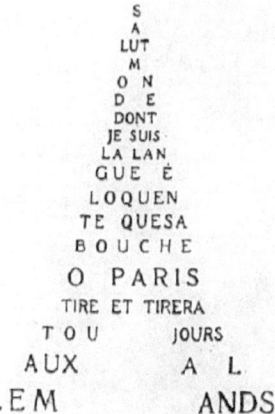

Fig. 5 : Guillaume Apollinaire, Calligrammes

suelles, concrètes et conceptuelles) a été majeure dès l'avant-garde historique, comme ces images-citations de textes futuristes et dada le montrent (fig. 2, 3 et 4). On pourrait parler, par rapport à ces pratiques, d'une forme de désactivation/réactivation toujours d'ordre typographique, mais qui concentre ses possibilités expressives sur la dimension, la couleur et la forme des caractères. Là où le *Coup de dés* utilisait des variations de police pour construire une stratification de signifiés, dans le futurisme, le dada et, plus tard, dans le lettrisme ces variations typographiques incarnent le but ultime du processus de désactivation/réactivation de la sémanticité. On pourrait donc parler de formes (de désactivation/réactivation) *typographique par échelle et onomatopéiques.*

DÉCADENCE ET DÉSACTIVATION

Grand champ obstiné

embolie.

Tout commence à la montagne inachevée, à un moment de terre perdu.

Fig. 6 : André du Bouchet

Fig. 7 : Claude Royet-Journoud

43 525

Les calligrammes (fig. 5) relèvent d'une forme de désactivation/réactivation *typographique par redondance sémantico-formelle*. Cela ne demande pas d'explication.

Dans les écritures de deux poètes français du xxème siècle, André du Bouchet (fig. 6) et Claude Royet-Journoud (fig. 7), on peut repérer une autre forme de désactivation/réactivation que je qualifierais de *typographique et syntaxique par raréfaction*. Dans la poésie de du Bouchet et de Royet-

DÉCADENCE ET DÉSACTIVATION

> Mettre ciel à côté de suicide. La violence de l'orage n'explique rien. *Ne sifflez pas.* Glissement. La disparition est dans la vitre. Autant ne pas savoir. Elle quitte son nom. Elle adosse le ciel au suicide. Nous commencerons par la première.

> diviser l'image est une erreur
> le jour s'intensifie

> 71

Journoud (mais aussi de Jean Daive, d'Anne-Marie Albiach, et d'autres encore) de rares mots jaillissent dans un climat ouaté, blanc, où les mots deviennent presque des objets, des personnages, des images ou, mieux, des ersatz des images écartés par de longues pauses représentées par les blancs typographiques. Ces écritures se distinguent de celles que l'on a vues jusqu'ici par le fait qu'elles n'utilisent pas le dispositif de changement de police ou de dimension des carac-

Fig. 8 : Aram Saroyan, « m »

tères. Je distingue ensuite entre raréfaction *a priori* et *a posteriori*. Dans la raréfaction *a priori* le blanc interposé entre les mots est conçu comme étant le résidu du silence originaire (silence de l'origine) à partir duquel la parole naît et se développe par différence ; ce qui est, pour aller vite, la conception de du Bouchet.[3] Dans la raréfaction *a posteriori* le blanc typographique est le témoignage d'une opération d'effacement progressif d'une prose originaire qui préexiste au jaillissement de la poésie, le modèle historique qui sous-tend ce processus étant celui de la *Shoah*. Le cas le plus extrême de cette pratique est représenté par cette page qui ne contient que le chiffre « 43 525 ».[4] Comme Royet-Journoud l'a expliqué *en dehors* du livre lors d'interviews et de lectures, il s'agit du nombre de chaussures qui auraient été trouvées à Auschwitz par les Américains. L'histoire qui se déroule autour de ce chiffre est effacée, non-scriptible et surtout irreprésentable, en même temps qu'elle est accueillie et fixée à jamais dans cet amas d'objets chiffrés.

lighght   eyeye

Fig. 9 : Aram Saroyan, « lighght » ; Fig. 10 : Aram Saroyan, « eyeye »

Le « m » à quatre pattes du poète californien Aram Saroyan (fig. 8)[5] est un exemple magistral de désactivation/réactivation d'ordre *typographique par décalage sémiotique*. À l'éloignement partiel du signe conventionnel correspond ici un paradigme «animal» d'intégration entre le signe et le monde. Autant cette modification de la lettre « m » peut paraître littéralement monstrueuse du point de vue typographique (presque comme une main qui aurait six doigts ou un chien à cinq jambes), autant elle a le pouvoir de transférer le signe, depuis, pour ainsi dire, son lit d'origine, vers le réel à l'intérieur duquel le processus signique lui-même s'inscrit. Un « m » à quatre jambes n'a dans le réel rien de monstrueux, étant donné que beaucoup d'animaux ont quatre pattes : il s'agit d'une lettre «animale». Saroyan pose également la question, que l'on a vue être d'ailleurs centrale dans *Écriture augmentée*, de la reproduction vocale du signe écrit : comment peut-on lire cette lettre, pourvu qu'il s'agisse d'une lettre ? Et encore : ce décalage sémiotique garde-t-il une possibilité de signification ? Si oui, quelle est sa *Bedeutung*, qu'est-ce qui est indiqué par ce signe ?

En continuant à explorer l'œuvre de Saroyan, nous découvrons une nouvelle forme de désactivation/réactivation de la sémanticité, que nous pourrions qualifier de *graphé-*

```
ordnung      ordnung
ordnung      ordnung
ordnung      ordnung
ordnung      ordnung
ordnung      ordnung
ordnung   unordn    g
ordnung      ordnung
ordnung      ordnung
ordnung      ordnung
ordnung      ordnung
ordnung      ordnung
```

Fig. 11 : Timm Ulrichs, « unordnung »
Fig. 12 : Niikuni Seiichi, « Pluie »

matique par décalage du rapport signifiant-signifié. On peut l'illustrer grâce au poème mono-parole : « lighght » (fig. 9), qui joue sur le caractère imprononçable du graphème « gh » en anglais lorsqu'il se trouve à l'intérieur d'un mot. On peut imaginer que la répétition du graphème « gh » est due à la vitesse du mot « lumière », reproduit sur une page qui, tel qu'un objectif photographique ouvert trop longtemps pour saisir les contours exacts du mot, en enregistre le passage à grande vitesse. Ou, encore, on peut imaginer un jeu sur l'autre signifié du mot anglais « light », à savoir « léger » : la légèreté est «alourdie», pour ainsi dire, par la répétition superflue du graphème « gh ». Dans tous les cas, le mot devient un objet qui s'émancipe de sa signification originaire, tout en restant en lien avec elle.

Un autre poème mono-parole de Saroyan nous permet d'illustrer celle que l'on pourrait qualifier de forme *graphématique par isomorphisme signifiant-signifié*. Comme

I am going from one side to the other.
am
going
from
one
side
to
the
other.

Sérīe psychique

Tout ce qui dans l'inconscient
a été perçu par les sens mais qui
n'a pas été enregistré consciemment
au cours de voyages à Baltimore,
au cours de l'été 1967.

Pièce pour ombres

Assemblez vos ombres jusqu'à
ce qu'elles se confondent.

Fig. 13 : Vito Acconci, « I am going from one side to the other »
Fig. 14 : Robert Barry, « Série psychique »
Fig. 15 : Yoko Ono, « Pièce pour ombres »

« lighght », « eyeye » joue sur le caractère imprononçable du graphème « ye », mais l'effet produit est presque opposé : les deux yeux, sinon même l'« idée » des yeux, sont repérables grâce au rajout du syntagme « ye », qui rend le mot originaire « eye » deux « vrais » yeux : « eyeye ». Le fonctionnement de ce poème est d'autant plus solide si l'on considère que le changement d'état du mot « eye » en « eyeye » (tout comme dans « lighght ») ne comporte pas de changement de prononciation. Un autre exemple de cette forme de désactivation/réactivation peut être observé chez le poète concret allemand Timm Ulrichs (fig. 11) : dans le désordre typographique et graphématique du mot « désordre » à l'intérieur de la répétition du mot « ordre » on peut lire un appel à l'insubordination contre les règles sociétales.[6] L'écriture idéographique se prête à cette forme de désactivation/réactivation, comme on peut le voir dans ce célèbre poème concret du poète japonais Niikuni Seiichi, *Pluie* (fig. 12), où l'idéogramme qui signifie la pluie est décomposé dans des gouttes sémiotiques, pour ainsi dire, et reproduit entièrement en bas, en guise d'un petit toit protecteur.

Grâce aux travaux d'écriture d'artistes comme Vito Acconci, Robert Barry et Yoko Ono il est possible de saisir une nouvelle catégorie de désactivation/réactivation de la sémanticité : celle qui s'opère *par performance verbale*. Dans le poème de Vito Acconci *I am going from one side to the other* (fig. 13)[7] la structure visuelle du texte continue de jouer un rôle central, tandis que dans des textes comme la *Série psychique* de Robert Barry (fig. 14) ou *Pièce pour ombres* de Yoko Ono (fig. 15) la réactivation de la sémanticité relève uniquement du plan conceptuel et se déploie notamment autour de l'irréalisabilité partielle des instructions données dans les textes. Mais je dirais que dans les trois cas on peut parler d'un *texte-performance,* d'un texte qui réalise la performance en remplaçant la personne physique du performeur. Je cite Barry et Ono en traduction française, de l'anthologie *Art conceptuel - une entologie* éditée par Gauthier Hermann, Fabien Vallos et Fabrice Reymond et publiée aux éditions Mix.[8] Je ne m'en étais pas rendu compte au départ mais, en y réfléchissant, je vois dans le texte de Barry, et plus précisément dans son essai de confier à l'écriture (et à son négatif non-scriptible) la reproduction de la pensée et de l'inconscient, un lien de continuité avec ma pratique de l'*écriture augmentée,* bien que les deux résultats formels soient complètement différents.

DÉCADENCE ET DÉSACTIVATION

Fig. 16 : Vito Acconci, City of Text

LA SURFACE CI-DESSUS REFLÉTE UNE QUANTITÉ INDÉTERMINÉE DE LUMIÈRE QUAND LE LIVRE EST OUVERT À CETTE PAGE MAIS ELLE NE REFLÉTE ABSOLUMENT RIEN UNE FOIS LE LIVRE REFERMÉ.

Fig. 17 : Douglas Huebler, « La surface »

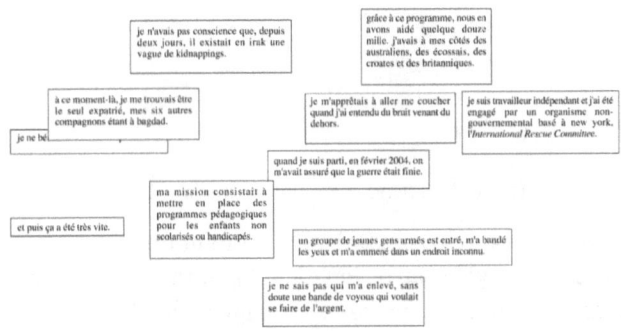

Fig. 18 : *Franck Leibovici*, Portraits chinois

Parallèlement, on peut imaginer des modalités de désactivation/réactivation de la sémanticité *par installation verbale*. En voici trois réalisations possibles, la première de Vito Acconci (fig. 16), la deuxième de Douglas Huebler (fig. 17), que je cite encore une fois de l'anthologie publiée aux éditions Mix., et la troisième du jeune artiste et écrivain français Franck Leibovici (fig. 18). Dans le premier cas, l'installation est d'ordre *analogique*, elle a lieu à travers le projet architectural d'une ville recouverte de mots.[9] Dans le deuxième, l'installation est d'ordre *effectif*, c'est-à-dire que la page elle-même est le lieu où l'installation est réalisée. Dans le troisième cas, elle s'effectue *par collage*, car Leibovici a développé une narration non linéaire en reproduisant dans les différents carrés étalés sur les pages de cet ouvrage intitulé *Portraits chinois* (2007) des portions de matériaux textuels hétérogènes autour de la question du Proche-Orient.[10]

> Dire et ne savoir.
> Chemise. Cette bouche fermée.
> Du. Les doges
> sont partis.

Fig. 19 : Jean Daive, Narration d'équilibre 4 – W

Avec ce texte de Jean Daive, le premier du quatrième volume de son cycle *Narration d'équilibre*, intitulé *W* (fig. 19), on revient aux modalités *syntaxiques* de désactivation/réactivation.[11] Je propose de parler à ce propos d'une forme *syntaxique par interruption et inversion*, qui pourrait également s'appliquer à d'autres poètes contemporains, comme par exemple Claude Royet-Journoud en France ou Giulio Marzaioli en Italie et où l'écho de Mallarmé, qui s'auto-définissait comme « profondément syntaxier », est bien évidemment présent. Il faut entendre le terme « syntaxe » à la fois au sens micro-textuel et macro-textuel, car aux interruptions phrastiques et aux enjambements à l'œuvre dans l'exemple que l'on vient de lire correspond une redéfinition radicale du paradigme compositionnel et narratif, où le récit des événements subit des processus d'interruption, de multiplication, d'inversion, de subversion, de renversement.[12] J'ai utilisé ailleurs les paradigmes scientifiques de la *complexité* et des *géométries non-euclidiennes* afin de définir le changement de perspective à la fois cognitif et rhétorique que ce bouleversement syntaxique micro-textuel et macro-textuel comporte.[13]

Çiva et sa chair de crânes danse dans la nuit crématoire, no
nt fondé Nyaya, la Philosophie de la Logique), de son chamb
N'est qu'ensemble qu'ils redeviennent sonores (ne frappez j
rica ciô che il Robertson definisce " movimente nello spazio
enfiler ainsi en hennequinant et saccadant comme font les ch
Flood Emergency Notice Marianna Arkansas February 1937 LC-US
F33-9228-M5 et plus loin Tim Wamm of the Cotten Gin Building
la dermition quand il aime la femme en dermition redevient p
assez dans ce bain que ma femme quitte, voilà de mon linge "
Leara thorefere, O Sisters, te distinguish the Eternal Human
non vi è nulla di casuale, cosî como non vi è principio né f
on s'arrête d'équerre quand la femme atteint l'orgasme et sa
sur elle en écartant les jambes et abandonne après 81 coups,
I stood among my valleys of thy mouth I told my love I told
all'imagine della morto, nello sue composizioni divampi semp
comme je fais à ton con : " va, va, va — va ah (il ne m'appe
Her wholo life is an epigram, great things are dono when mon
Lucille Burroughs Picking Cotton Halo Counry, Alabama, summo
pas d'objets liés à l'activité commerciale (des sceaux expo
penser (" ce qui est bien sacrifié " et Varuna la gauche au
mains se renforce d'un accord linguistique que les annaliste
du palais du sultan ghaznavide Masud III à Ghazni *(illustr.*
Burroughs Children playing in the Yard Hale County, Alabama,
1ère du IVe-Ve siècle à Dovnimori, près de Shalamaji (Gujar
pittura di Pollock sarà allora — a pena di non essore — il a
elle entra nous la suivions elle se mit foutativement sur le
Dora Mae Tengle (Evan's shadow in foreground comme la mienne
aime la femme en dermition redevient Purusha, homme. " C'est
agonise dans ses fiascos et la femme dans ses aspirations me
sait le corps éphémère, où serait la mort? Vive l'homme! Viv

Fig. 20 : Denis Roche, Dépôts de savoir & de technique

Fig. 21 : Cy Twombly, "Untitled" (1970), Menil Collection, Houston.

De même que l'on a pu saisir une forme de désactivation/réactivation d'ordre *typographique et syntaxique par raréfaction*, de même on peut parler d'une forme *typographique et syntaxique par prolifération*, dont le *Dépôts de savoir & de technique* de Denis Roche (fig. 20),[14] grâce aux processus d'accumulation chaotique multilingue qu'il met en place, est un exemple parfait et par ailleurs très important, comme je l'évoquais plus haut, pour le geste de l'*écriture augmentée*. L'hypertrophie proliférante de ce texte est telle que les lignes sont coupées au début et à la fin, comme si le texte imprimé sur la page n'était que le résidu d'une accumulation langagière beaucoup plus grande, située hors-page, qui ne se

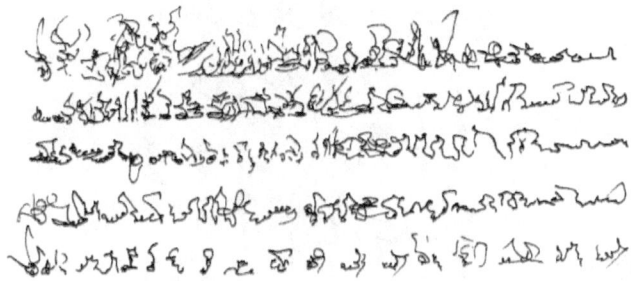

Fig. 22 : Henri Michaux

donne plus à la lecture et qui pose par ce biais de façon radicale le problème, très actuel en cette époque d'excès d'information, des limites du *lisible*.

Avec ce dessin-écriture de Cy Twombly (fig. 21) nous arrivons à la dernière série de modalités de désactivation/réactivation de la sémanticité, à savoir les écritures dites asémantiques (ou « asémiques », en traduisant de l'anglais). De notre point de vue, on peut saisir trois sous-genres d'écritures asémantiques. Une grande partie des dessins de Twombly, lorsqu'ils se rapprochent de l'écriture, peuvent être regroupés sous la forme de désactivation/réactivation que je qualifierais de *pré-alphabétique ou enfantine* : le dessin retrace l'ontogenèse du geste scriptural avant la formation de l'alphabet. La *Bedeutung*, le vouloir-dire reste pour ainsi dire à l'intérieur du geste, il préexiste à toute signification particulière, il se traduit dans son état pur d'écriture tout

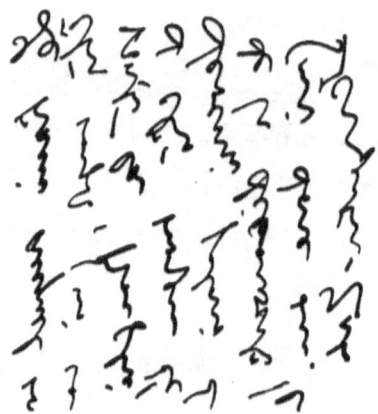

Fig. 23 : Christian Dotremont, Logogrammes

en renvoyant, dans son articulation visuelle, à la possibilité d'un alphabet futur.

Les gestes scripturaux asémantiques de Henri Michaux (fig. 22), les *Logogrammes* de Christian Dotremont (fig. 23) et les *Sibylles asémantiques* de Marco Giovenale (fig. 24), mais aussi de certains ouvrages relevant du mouvement lettriste, sont complémentaires et opposés à celui de Twombly ; ils peuvent être qualifiés de *post-alphabétiques mimétiques*. Ces écritures asémantiques miment les écritures codées sans pourtant s'y soumettre. Elles les miment afin de faire resurgir les vestiges d'une langue mystérieuse engloutie sous les codes partagés, une écriture d'avant la langue, archi-écriture derridienne peut-être, effacée et retracée *a posteriori*. Leur geste asémantique n'est visiblement pas enfantin, bien au contraire : ces écritures n'esquissent pas la possibilité

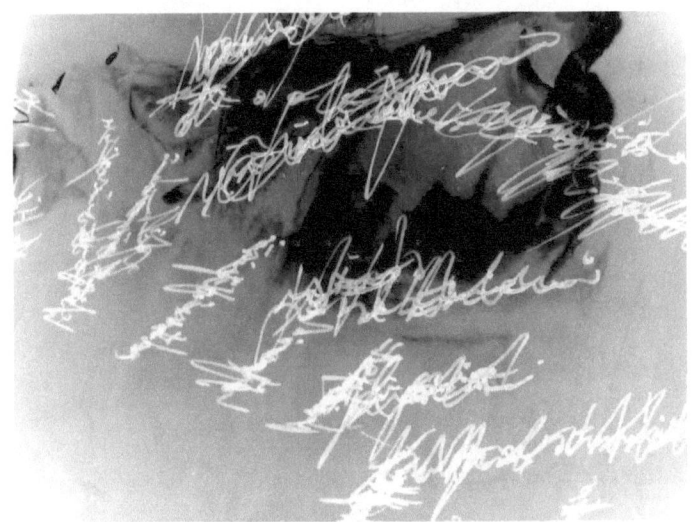

Fig. 24 : Marco Giovenale, Sibylles asémantiques

d'un alphabet futur, mais visent à montrer/créer la possibilité d'autres alphabets, passés ou imaginaires.

L'œuvre de l'artiste argentine Mirtha Dermisache (fig. 25),[15] si elle relève en partie de la forme *post-alphabétique mimétique*, nous permet de concevoir la possibilité d'une autre forme de désactivation/réactivation au sein des écritures asémantiques, possibilité qui est confirmée par exemple par l'œuvre de l'artiste française Pierrette Bloch (figg. 26-27)[16] ainsi que d'une expérience de la jeune artiste Camille Zehenne (figg. 28-29) et, du point de vue de la poésie sonore, par les performances d'Henri Chopin. Il s'agit bien et tout simplement de formes *analphabétiques* de désactiva-

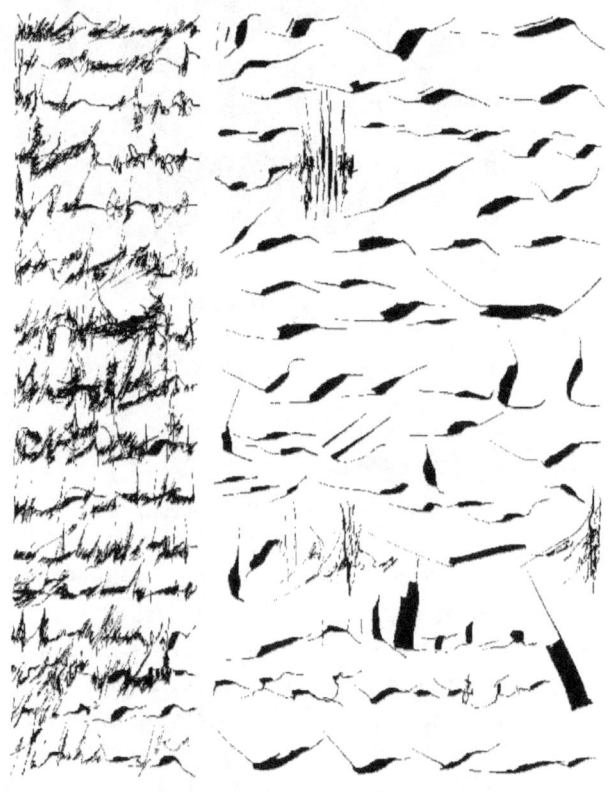

Fig. 25 : Mirtha Dermisache, Nueve Newletters & Un Reportaje

Fig. 26 : Pierrette Bloch, Sculptures de crin

Fig. 27 : *Pierrette Bloch*, Sans titre

DÉCADENCE ET DÉSACTIVATION

Figg. 28-29 : Camille Zehenne, « entre deux et trois kilomètres de temps passé » *(2010)*.

tion/réactivation, où le geste scriptural, tout en demeurant écriture, annule la possibilité d'un alphabet, qu'il soit à venir ou englouti sous l'histoire du code. Ce qui compte dans ces écritures que je qualifie d'« analphabétiques », c'est le geste scriptural pur, auto-suffisant, répété dans la jouissance de sa non-signification. Un exemple pour tous : le but de l'ouvrage de Zehenne dont je montre ici un échantillon c'était de terminer en gribouillant l'encre de son stylo bic ; d'où le titre de cet ouvrage, *entre deux et trois kilomètres de temps passé*, qui renvoie à la longueur du tracé qu'il a fallu à l'artiste afin d'accomplir sa tâche.

Comme l'écrit Francis Ponge : « A partir du moment où l'on considère les mots (et les expressions verbales) comme une matière, il est très agréable de s'en occuper. Tout autant qu'il peut être pour un peintre de s'occuper des couleurs et des formes ».[17]

Si je devais insérer *Écriture augmentée* dans ce catalogue d'expériences de désactivation/réactivation, je dirais qu'elle relève d'une modalité *typographique et syntaxique par superposition et augmentation,* ainsi que par installation verbale (et, dans les *Portraits mentaux,* par performance verbale).

Conférence prononcée à la Galerie Martine Aboucaya, Paris, 2012, publiée ensuite par la galerie sous la direction de Jérémie Gaulin

1. S. Mallarmé, *Avant-dire au « Traité du verbe » de René Ghil,* aujourd'hui in *Œuvres complètes. Tome II,* Pléiade, 2003, p. 677–678.

2. M. Blanchot, *L'entretien infini,* Paris, Gallimard, 1967, p. 38.
3. Cette page est tirée de A. du Bouchet, *Dans la chaleur vacante* [1961], désormais in *Dans la chaleur vacante suivi de Ou le soleil,* Paris, Gallimard, 2003.
4. Cl. Royet-Journoud, *Théorie des prépositions,* Paris, P.O.L., 2007, p. 70.

5. De A. Saroyan, *The Complete Minimal Poems*, New York, Ugly Duckling, 2007.
6. In E. Gomringer (éd.), *Konkrete Poesie : deutschsprachigen Autoren*, Stuttgart, Reclam, 1972, p. 144.
7. De V. Acconci, *Language to Cover a Page : The Early Writings of Vito Acconci*, éd. par Craig Dworkin, Cambridge (MA), MIT Press, 2006.
8. G. Hermann, F. Reymon, F. Vallos (éd.), *Art conceptuel : une entologie*, Paris, Mix., 2008.
9. Acconci, *City of Text*, graphisme sur ordinateur, *The Electronic Gallery, The New York Times*, Section 6, Magazine, p. 59, 28 septembre 1997.
10. F. Leibovici, *Portraits chinois*, Limoges, Al Dante, 2007.
11. De J. Daive, *Narration d'équilibre 4 – W*, Paris, P.O.L., 1985.
12. Cf. également Cl. Royet-Journoud, *Le Renversement*, Paris, Gallimard, 1972.
13. A. De Francesco, *L'écriture est un système complexe : entre « Narration d'équilibre » et « Objet bougé »*, cf. plus bas.
14. Roche, *Dépôts de savoir & de technique*, Paris, Seuil, 1980.
15. M. Dermisache, *Nueve Newsletters & Un Reportaje*, Buenos Aires : El borde, Marseille : Mobil-Home, Montpellier : Manglar, 2004.
16. P. Bloch, *Pierrette Bloch*, Paris, Éditions du Centre Georges Pompidou – Galerie d'Art Graphique, 2002.
17. F. Ponge, *Pratiques d'écriture ou L'inachèvement perpétuel*, Paris, Hermann, 1984, p. 89.

Écriture augmentée > prose augmentée

Au-delà du projet spécifique duquel est née la notion d'*écriture augmentée* comme un dispositif opérant dans le cadre des médias et des réalités numériques, la méthode de l'*écriture augmentée – environnement de lecture* peut être appliquée à beaucoup d'autres procédures. Jusqu'à présent : la traduction et la performance. L'aspect performatif d'*Écriture augmentée* peut être mis en œuvre de multiples façons, comme par exemple l'environnement de lecture avec élaboration numérique de la voix. La traduction est elle-même conçue en tant qu'augmentation du texte de départ, comme dans la série d'objets d'écriture augmentée produits à partir des traductions italiennes que j'ai effectuées de textes de Jean-Marie Gleize. Ces objets ont été reproduits dans la revue de poésie *Faire part* et quelques-uns d'entre eux ont été réalisés en panneaux de PVC pour une exposition à la Galerie du Théâtre de Privas, France.

Mon projet d'une écriture augmentée, qui implique ce « gonflage » du texte, est également lié à la pensée du multilinguisme. Dans AW1 le multilinguisme est issu d'un travail de collage de textes repérés sur internet. Dans le travail pour Jean-Marie Gleize, tout s'articule autour de la traduction et du dialogue, notamment en quatre points :
1. Ma traduction en italien des textes de Jean-Marie ;

2. Mon commentaire théorique sur le travail de Jean-Marie ;
3. Mes propres textes écrits après avoir rencontré Jean-Marie et son écriture ;
4. Le dialogue que Jean-Marie et moi avons entamé sur l'écriture, dialogue qui a abouti à des textes publiés qui ont en partie été recopiés ici.

L'acte de recopier est aussi fondamental. On trouve plusieurs fois l'expression « je recopie » dans les écrits de Jean-Marie Gleize, mais aussi de Claude Royet-Journoud. Moi aussi j'ai recopié les textes, l'acte de les recopier a été le début de ce travail. Afin de dialoguer avec une écriture il faut la recopier, la répéter jusqu'à la sentir. Il en va d'un rapprochement progressif.

L'opération de superposition, qui est propre à la fois au projet *Écriture augmentée* dans son ensemble et au travail pour Jean-Marie Gleize, est une manière de couvrir. C'est pourquoi ce projet pour Jean-Marie Gleize s'appelle *Covering en Enhanced Real*, en référence à un chapitre de *Film à venir* (Paris, Seuil, coll. « Fiction & Cie. », 2007) qui s'intitule *Covering the real*. Ils visent tous deux, à leur manière, à couvrir le réel, à coller au réel, à adhérer à cet espace extérieur, à cette surface. On y reviendra.

Remplacer, traduire, couvrir, superposer, copier, afin de mettre en relation : l'écriture avec l'écriture, l'écriture avec le réel, une langue avec une autre. Le geste est à la fois un acte d'écriture, de création d'image et d'action dans le réel. Mais comment, plus précisément, peut-on élargir le paradigme de l'écriture augmentée à la pratique de la traduction d'une part et, d'autre part, à la notion de « prose » telle que la conçoit Jean-Marie Gleize ?

On est loin du cliché traduction-trahison.

La traduction est plutôt conçue ici comme une augmentation du texte, elle se situe dans la continuité du texte de départ, jusqu'à créer une multiplicité de liens sémantiques indissolubles qui mêlent le texte de départ et le texte d'arrivée jusqu'à une forme de superposition-indistinction : le texte de départ et le texte d'arrivée, ainsi que le paratexte critique (la réflexion sur) et l'intertexte (les références indirectes que l'écriture de Jean-Marie Gleize a pu exercer sur ou en dessous (hypotexte) de ma propre écriture), forment un corps et un geste scriptural unique, ils s'estompent l'un dans l'autre. Le « gonflage » 3D témoigne de la naissance de ce nouvel être qui excède la langue et la surface de la page, de même qu'il excède l'unicité du texte par rapport à ses textes « voisins » ainsi qu'au réel qui l'entoure. Le gonflage réinstalle un continuum sur la discrétisation textuelle propre à l'isolement du texte en attente de traduction, et ce, paradoxalement, par le biais d'un dispositif de traitement numérique (donc discret, basé sur la succession des 0 et des 1) qui échantillonne le matériau analogique (le geste d'écriture, le transfert mental et langagier de l'acte de traduction, etc.).

La configuration du travail de traduction, de paratexte et d'intertexte en forme d'écriture augmentée mime également le processus infini du travail de traduction, son entretien infini plutôt que son aboutissement : d'où les parties écrites à la main ; d'où, aussi, la tentative de reproduire graphiquement la structure de la pensée, la succession rapide, superposée et parfois chaotique d'une pensée à l'œuvre, d'une pensée du texte à l'œuvre. En général, tout objet d'écriture augmentée vise à décrire graphiquement les successions, les inversions, les agglutinations, les grumeaux et les superpositions du processus de pensée, afin de le fixer en quelque sorte avant l'écriture, dans son état de langage in-organisé, organique, complexe (au sens biologique du terme).

Je reprends la question du gonflage afin d'en souligner deux autres caractéristiques importantes :

1. Dans l'écriture augmentée le texte déborde, il sort de son statut de texte et vient vers nous. La traduction est une manière d'aller-vers, de déborder, d'augmenter, encore une fois, le texte de départ. Mais aussi la prose, la prose *réeliste*, la prose en « prose » de Jean-Marie Gleize, le langage des choses, si l'on veut, est une manière de sortir du régime de la représentation, de la métaphore et de la correspondance afin d'accomplir, ou de tenter d'accomplir, le paradoxe d'une langue qui se fait corps. Le texte gonflé n'est plus seulement un texte : il devient un objet, il ajoute une dimension. Il y a là une question de proportion mathématique : en ajoutant la troisième dimension à l'écrit, bidimensionnel au départ, j'aime imaginer (est-ce une fiction ?) que l'on ajoute une quatrième et une cinquième et une sixième etc. dimension au réel, non pas à la réalité comme représentation, mais au réel perçu, de même que le texte est vu/lu : on augmente la perception par le biais de l'écriture. Traduction, paratexte et intertexte, à leur tour, augmentent la perception du texte, ses implications, son étendue.

2. Le script en 3D est étalé sur une surface. Il « cache » quelque chose, quelque chose qui, dans son être-caché, se dévoile. Ce n'est pas du tout l'être heideggérien, c'est plutôt la partie non-scriptible du réel, « Réel » lacanien si l'on veut, mais surtout : la partie cachée du langage, que le langage couvre, justement, et qui est en même temps plus visible, peut-être, grâce au paradigme « réeliste » et iconoclaste que Jean-Marie Gleize et moi partageons. Chercher le réel en fuyant les images, produire un texte-image, « remplacer l'image per le mot 'image' » (Gleize) est une manière d'en reconnaître aussi le mystère, de faire exister et de mettre en évidence (gonfler) ce qui dans le réel pose la question de l'au-delà de notre perception, de notre perspective. Mais il y a aussi une dimension politique et historique : je pense au film *Caché*, de Michael Haneke, qui active un isomorphisme inquiétant entre la culpabilité collective liée à l'histoire coloniale et le retour d'un inconscient qui a été refoulé pendant trop longtemps. Je pense également à la figure de Gilles Tautin dans le travail de Jean-Marie Gleize, à ce « communisme enfermé dans l'eau » dont il parle à maintes reprises. Quelque chose d'indéterminé est enfermé sous la « bosse » de l'écriture augmentée. Quelque chose d'indéterminé, de « tiers », qui ne passe pas par la langue, a peut-être lieu dans le processus de traduction.

Augmenter l'écriture, en somme, c'est une manière (un geste, une narration) d'augmenter la perception du réel, de donner une chance en plus de multiplier les paradigmes de lecture de ce qui nous entoure, tout comme l'usage de la lumière chez les maîtres flamands augmentait le volume des choses. La tentative de faire adhérer l'écriture à nous-mêmes (le « devenir ce qu'on est » nietzschéen, réactivé par Jean-Marie Gleize dans le mot d'ordre ontogénétique « Je deviens ») et au réel impondérable qui nous entoure dévoile ainsi un excès (Jean-Marie Gleize a écrit un essai intitulé *L'excès – la prose*), un excédent non-scriptible qui est montré (au sens également du *Zeigen* wittgensteinien) et couvert par l'écrit, par le script gonflé. La traduction comme augmentation donne une instruction, tel un script, justement, une instruction qui est à la fois pour nous-mêmes et pour notre écriture : devenir. C'est pourquoi, aussi, le texte d'écriture augmentée est stratifié et chaotique : il montre un processus à l'œuvre, qui ne peut ni ne doit être achevé. On vit dans une époque de réponses, de certitudes policières : mon écriture augmentée et la prose en « prose » de Jean-Marie Gleize ne font que poser des questions. Elles se veulent des gestes de faiblesse, des imperfections dans la narrative (au sens anglais, presque en opposition à « narration ») du réel.

Conférence prononcée en dialogue avec Jean-Marie Gleize au colloque international *Traduire la Poésie Française et Américaine des/aux XX° et XXI° Siècle*, Université de Lyon II, 12 mai 2011.

Pour une économie po(i)étique non-dualiste

Dans ma thèse de doctorat *Pour une théorie non-dualiste de la poésie* j'entends la notion de « non-dualisme » dans deux sens : l'*adhérence* de la poésie à son propre geste d'énonciation et le *rapprochement* entre le langage poétique et le *réel* qui l'entoure et le contient. Le premier aspect répond aux critères cognitifs et logiques du *rule following* wittgensteinien. Chez Wittgenstein la construction de la règle qu'implique la notion de *rule following* est une manière au fond d'échapper à la règle dogmatique du code : si, comme il le dit par rapport aux séries mathématiques, « à chaque pas une nouvelle décision est nécessaire », le *rule following* produit des règles autonomes et contingentes qui ne dépendent pas d'une décision préalable. Transposé en poésie, cela implique que l'écriture ébranle les codes langagiers au profit de cette adhérence du geste d'énonciation à lui-même. Cette adhérence est donc éminemment non-dualiste.

Le deuxième aspect s'articule à son tour en deux éléments complémentaires, ou, plutôt, j'entends la notion de « réel » en deux sens : le *réel-réel*, extériorité para-perceptuelle énigmatique et non-linguistique à laquelle la poésie tente pourtant de s'adresser ; et le *réel-monde-histoire*, à savoir les modalités spatio-temporelles, verbales et sociétales par lesquelles l'être humain organise et parcourt le réel.

L'adresse au *réel-réel* est une adresse avant tout cognitive, au sens non pas des sciences cognitives mais des possibilités de la connaissance : comme l'ont remarqué par exemple Francis Ponge (dans ses entretiens avec Philippe Sollers) et Maurice Blanchot dans *L'Entretien infini*, la poésie, dans le sillage des évolutions philosophiques mais aussi épistémologiques de la modernité (géométries n-dimensionnelles et non-euclidiennes, systèmes complexes, etc.) interroge de façon nouvelle les limites et les enjeux ontiques du rapport entre le langage et le réel. L'adresse au *réel-monde-histoire,* elle, est une adresse avant tout politique et éthique, car elle est due à l'exigence de répondre à la phrase trop citée de Th. W. Adorno selon laquelle il serait devenu « barbare » d'écrire des poèmes après Auschwitz. Plus précisément, je soutiens que l'évolution et l'expérimentation des formes poétiques de la modernité est due à deux facteurs archétypaux du *réel-monde-histoire,* qui ont en plus la propriété d'être chronologiquement contigus : la Shoah et l'introduction des médias de masse dans les familles occidentales, à commencer par la télévision justement au cours des années 1960. Le langage poétique de la modernité se mesure contre ces deux formes historiques et complémentaires d'autorité, de normalisation, de codification et d'effacement de l'humain par le biais de la technologie. Ces deux formes sont à entendre, je disais, comme archétypes : dans leur moule peuvent rentrer d'autres faits où le sens et l'humain ont été effacés et remplacés par le code. La liste est longue. Si je devais penser à des faits récents, je dirais la guerre en Syrie, elle-même médiatisée, et Facebook, sur lequel je reviendrai plus bas, qui est un grand moteur de production de l'identité et d'évidement de la perception. La réaction à l'affirmation adornienne entraîne une conception différente de la poésie, où la distinction entre esthétique, épistémologique et éthique s'estompe au sein d'un discours poétique qui s'arroge une puissance de connaissance et de modification du monde.

Dans le cas du *réel-réel* le poétique sera donc non-dualiste puisque, afin de produire ce rapprochement avec le non-verbal au sein du langage, il est impossible de passer par toute sorte de dédoublement fictionnel, métaphorique ou représentationnel, dont la *réalité*, que j'oppose au *réel* en tant qu'organisation représentationnelle et symbolique du réel, est le premier degré. De même, dans le cas du *réel-monde-histoire*, le poétique est non-dualiste car, d'une part, il choisit non pas de représenter la Shoah, mais plutôt d'utiliser les possibilités que le langage offre à la place de l'image afin de créer une re-narration fracturée de l'événement (Paul Celan, Claude Royet-Journoud, Jean Daive, etc.) ; d'autre part, il refuse les techniques sournoises de représentation et de figement d'identités et de points de vue qui sont le propre de la *société du spectacle* et de l'information.

Ce modèle place donc la poésie dans une position subversive, entre autres dans trois sens : la poésie subvertit les codes langagiers et grammaticaux, la poésie subvertit le langage de la propagande et le détournement de l'information, la poésie subvertit la représentation à la fois en tant que dédoublement du réel et en tant que figement d'identités raciales, psychologiques, sociales, etc. La poésie est donc à la fois iconoclaste, puisqu'elle déconstruit l'image comme représentation et figement de l'identité, et *grammoclaste*, car elle déconstruit les codes langagiers. La poésie n'est plus, à proprement parler, un genre littéraire, elle est un ensemble de pratiques langagières, redéfinies de façon radicale dans la modernité depuis Hölderlin, Leopardi et la poésie française du XIXème siècle, Stéphane Mallarmé étant sans doute la figure la plus significative à l'orée dans cette redéfinition du langage qui est véhiculée par la poésie et qui ne cesse de se produire et de se redéfinir ultérieurement dans certaines pratiques contemporaines. La poésie est une méthode qui nous donne à voir autrement le langage, elle produit un *alter-lisible* du texte et un *alter-dicible* du langage, en nous mettant ainsi en garde contre les leurres de la représentation. La poésie de la modernité produit donc ses propres systèmes d'énonciation (*rule following*) et cherche ainsi à rétablir un lien avec le réel en deçà de la représentation. C'est pourquoi la poésie que j'aime est non-dualiste, et c'est pourquoi aussi la poésie comme *poiésis*, selon le terme souvent employé par Fabien Vallos, à savoir comme *faire* du langage dans le réel, intéresse au plus près la question de l'économie.

Mais il faut d'abord (re)passer par la philosophie, et plus précisément par l'*émerveillement* qu'Aristote situe au commencement de la philosophie. L'émerveillement philosophique est un émerveillement pour le réel, c'est un émerveillement cognitif. L'émerveillement philosophique est suscité, comme l'a énoncé Alfonso Maurizio Iacono, par le « scandale de l'évident » (« scandalo dell'ovvio »), c'est un émerveillement qui permet de re-situer le langage humain dans l'espace de la perception et de l'expérience : le monde devient expérience, et expérience de la perception du réel, lorsqu'on s'émerveille pour chaque animal, chaque feuille, chaque rire d'enfant, chaque centimètre de peau de l'être aimé, chaque regard d'un ami, chaque bon repas. Le langage, lorsqu'il cherche des mots pour dire et connaître l'étonnement du réel, devient lui-même, quand on assume cette perspective, objet de la perception et de l'expérience. Cette perspective est *à la fois* celle de la poésie et de la philosophie : la poésie et la philosophie *adressent* le langage et la perception, le langage-perception, à l'expérience du réel. Les notions d'*alter-lisible* et d'*alter-dicible*, ce sont des manières pour moi de décrire cet espace po(i)étique où le langage, au lieu d'être le lieu d'une compréhension intellectuelle sur la base d'une *koinè* figurale et communicationnelle (« je ne comprends pas ce poème », ou bien : « ah, oui, maintenant j'ai bien interprété ce qu'il veut dire ! »), devient un fait de l'expérience perceptuelle et sensorielle. C'est comme cela que je conçois ma propre pratique poétique, qui elle aussi découle de cet émerveillement pour le réel produisant à son tour une géographie subversive. La subversion est due à ce refus d'accepter un monde forgé par la propagande et la représentation, qui tuent systématiquement la possibilité d'une expérience du réel, parce que faire l'expérience du réel est difficile et parfois douloureux, mais surtout parce que faire l'expérience du réel rend les humains libres, je veux dire intérieurement libres, et donc potentiellement dangereux. Tout être qui échappe à une *koinè* de la représentation est dangereux. Quoiqu'il en soit on pourrait dire qu'il y a, comme nous avons récemment essayé de le formuler avec le sociologue et anthropologue Yves Winkin lors d'un séminaire à l'Université de Liège, *deux formes d'émerveillement* : l'émerveillement du réel et l'émerveillement de la représentation. Ce deuxième correspond à ce que déjà Schopenhauer appelait le spectaculaire et que Guy Debord a décrit à sa façon dans *La société du spectacle*. Ce deuxième émerveillement, au lieu d'inviter à l'expérience du réel, impose des images monumentales (sur la question du monument, cf. le travail de l'artiste néerlandais Jonas Staal) et éblouissantes et des modèles sociétaux par le biais du spectacle médiatique. Ce deuxième émerveillement existe depuis longtemps, mais il a dernièrement trouvé, à la place de la propagande dictatoriale, ses moyens les plus puissants. Ces moyens je les appelle *démocratie, weekend, travail* et *interface*.

La *démocratie* n'a jamais existé. La démocratie présuppose que les personnes soient en mesure de faire des choix sans être influencées par les projections sociétales et psychologiques produites par le monde de la représentation, or c'est précisément et de plus en plus le contraire. Ce qui existe est donc une illusion de *démocratie*. L'illusion de la démocratie, que nous appellerons donc démocratie parce que de toute façon la démocratie n'existe pas, est l'outil sans doute le plus puissant pour le maintien du pouvoir et des inégalités sociales, et se sert pour cela tout d'abord des médias et du fantasme de la richesse. Si les personnes croient être dans une démocratie, elles auront l'illusion d'être libres. Elles sont donc beaucoup plus contrôlables. L'art et les événements culturels jouent un rôle central là-dedans car ils nous donnent l'impression très périlleuse de pouvoir nous exprimer librement, alors que déjà nous allons tous plutôt mal parce que nous croyons être libres sans l'être (c'est peut-être la plus grande maladie du contemporain), parce que l'art et les événements culturels dépendent souvent eux aussi, malgré tout, des règles du spectacle, et en plus parce que nous vivons dans un système où la critique est immédiatement absorbée dans celle que Claudio Magris a appelée une « dictature soft et colloïdale », qui est le propre des démocraties occidentales modernes et du potentiel critique de YouTube. Je m'arrêterai ici non sans renvoyer, sur la question de la démocratie, aux réflexions récentes, fondamentales, d'Alain Badiou, de Judith Balso et de Caroline Zekri.

Le *weekend* est le lieu spatio-temporel pendant lequel les victimes de la démocratie et des systèmes économiques dominants font deux choses : achètent et se divertissent. Mais comment ? Sur la base d'un système de représentation : nous achetons ce que nous croyons nous rendre notre identité, nous faire devenir nous-mêmes, dans une perversion abominable du devenir nietzchéen-deleuzien qui est le propre de beaucoup de publicité. Et nous nous divertissons au sens où nous détournons l'attention justement du réel. Parce que le reste du temps il y a le *travail,* qui, avec les médias et toujours sous l'égide de la richesse, est l'autre technique majeure de contrôle moderne de l'humain, développée d'abord par les dictatures et mise au point par la démocratie de façon bien plus raffinée. Afin à la fois de nous divertir et de nous faire travailler il y a l'écran télévisuel, l'ordinateur, mais aussi des dispositifs qui sont de plus en plus destinés à s'affirmer dans le monde contemporain qui réduisent la *dif-*

férence (au sens derridien, et cf. aussi la notion de « cadre » dans *La vérité en peinture*) entre le réel et l'écran par le biais de réalités virtuelles et augmentées, de cinéma 3D, etc. C'est la vieille histoire de *Matrix*, un film dont la banalité typique du cinéma hollywoodien est précisément finalisée à normaliser cette notion et surtout la critique potentielle de cette notion : nous critiquons la perte de l'écran, mais qu'est-ce que c'est *cool* en même temps ! Écran ou non-écran, on reste dans l'*interface*, dans la métaphore, dans la représentation. L'interface, cadre ou pas cadre, lorsqu'elle est mal utilisée, est une métaphore qui éloigne de l'expérience du réel.

Facebook, dans ce sens, est l'un des dispositifs les plus *dualistes* qui aient jamais été créés : non seulement il spectacularise potentiellement tous les individus en les affichant et les représentant dans la vitrine de l'interface comme des mini rock-stars (les pauvres rock-stars étant d'ailleurs elles aussi victimes de la représentation souvent sans le savoir, ou bien en le sachant et en prenant leur dose d'héroïne pour s'en sortir), mais en plus il fige cette représentation dans une *identité* qui est décidée par quelques photos et quelques goûts qui sont distribués de façon *uniforme* pour chaque individu, l'*interface* de Facebook étant toujours la même à peu près. La situation la plus infernale que l'on puisse imaginer c'est que Facebook sorte de l'écran : nous aurions de cette façon une superposition potentiellement totale entre le *réel* de la multiplicité complexe, inépuisable, splendide de l'humain et la *représentation – mise en scène – épuisement* de l'humain par le biais de l'*interface*. Facebook est une vitrine qui représente et met en scène les hommes et les femmes précisément comme les vitrines des magasins de vêtements, de plus en plus inutilement nombreuses et vulgaires, qui hantent les centres-ville du monde « civilisé ». L'*économie de la représentation* rassure les personnes en leur attribuant des identités figées et des codes de comportement, de séduction et de reconnaissabilité, en annulant ainsi leur expérience du réel, en les vidant de leur rapport au réel et donc de leur liberté, comme le feu-âme qui est enlevé par les méchants dans les films de David Lynch. Je suis d'ailleurs persuadé que l'un des signifiés ultimes du cinéma de Lynch est une critique des projections psychiques, émotives et sociétales provoquées par le spectacle, d'où ses films sur le milieu hollywoodien comme *Mulholland Drive* et *Inland Empire*.

De même que nous pouvons donc parler de deux *modes d'émerveillement*, l'émerveillement du réel et l'émerveillement du spectaculaire, de même pouvons-nous envisager *deux modes de l'économie* : l'économie de la représentation et l'économie de la *poiésis*, c'est-à-dire l'économie de l'œuvre et du texte, la *chrématistique* du projet de Fabien Vallos et Jérémie Gaulin. Qu'est-ce qu'une économie de la *poiésis* ? C'est un *engin producteur de réel*. Repenser les liens économiques sous l'égide d'une perspective non-dualiste signifie s'adresser po(i)étiquement au réel et penser la possibilité d'une redéfinition radicale du fonctionnement de l'économie ; une redéfinition *cognitive* avant même que *monétaire*, parce que la réintroduction dans le langage des possibles de l'expérience contre les métaphores dualistes de la représentation – mise en scène – spectacularisation impliquerait automatiquement une réduction radicale de la *projection psychique et sociétale* qui lie l'argent au pouvoir. Au pouvoir, pas au bonheur. Le désir de l'argent, tout comme d'autres désirs de pouvoir et de possession physique ou mentale, n'est pas un désir de bonheur, les gens au fond le savent. En termes deleuziens, il s'agirait, dans l'économie comme *engin du réel,* de viser à remplacer le pouvoir par la puissance car comme Deleuze le montre le pouvoir est une « jouissance triste », tandis que la puissance telle qu'il l'entend est la joie du possible.

Une redéfinition radicale du fonctionnement de l'économie comporte d'abord, tout comme l'émerveillement expérientiel qui est à l'origine de la poésie et de la philosophie, un *dysfonctionnement* de celle-ci, à savoir un mésusage subversif de ses dispositifs. Dans le mythe, Thalès est tellement émerveillé par la voûte céleste qu'en marchant il tombe dans un trou (c'est bien cet exemple qui est utilisé par Alfonso M. Iacono pour définir sa notion de « scandalo dell'ovvio ») : il y a dysfonctionnement du dispositif en même temps que rencontre du réel. Dans la poésie, en tout cas dans ma façon de penser et de faire la poésie, et surtout dans *Écriture augmentée,* il s'agit de faire dysfonctionner le langage (la rhétorique, la narration, la linéarité de la syntaxe, la forme même du texte, etc.) au profit de la joie provoquée par la prolifération de nouveaux possibles langagiers. Il y a *grammoclastie* là où il y a la joie des possibles de l'*alter-dicible* et de l'*alter-lisible.* Il y a iconoclastie, dans le sens poétique et artistique de ce mot, lorsque l'image ne remplace pas le réel. Il s'agit donc peut-être de penser la Chrématistique comme un modèle *poiétique* de mésusage des dispositifs économiques, en quoi la philosophie, la poésie et l'économie se rejoindraient dans la production d'engins certes dysfonctionnant, mais tout aussi subversifs. La po(i)étique telle que je l'entends est un mode de subversion du *langage-réel*, où le premier pas de cette subversion découle du souhait de ne plus séparer ces deux notions, un souhait paradoxal puisque le réel se dérobe tout d'abord au langage. Mais un langage *alter-dicible* saurait peut-être rendre à l'expérience cette unité ? C'est ce que j'appelle un *régime ontico-linguistique indépendant*, à savoir un régime de *rule following* poétique où l'expérience du réel n'est pas ontologiquement séparée de la production du langage. C'est vers quoi nous pouvons faire converger ce modèle de l'économie, de la philosophie et de la poésie, et ce serait, du moins, un espace où nous pourrions sans doute commencer à être un peu plus sincères.

—

In *Chrématistique*, exposition-archive, commissaires : Fabien Vallos et Jérémie Gaulin, www.chrematistique.fr, 2014

L'expérience des ateliers de création à l'ENS de la rue d'Ulm et à l'Université Paris-Est Créteil

Pendant les années universitaires 2009-2010 et 2010-2011 j'ai mené des ateliers de création poétique à l'École normale supérieure et pendant l'année 2010-2011 à l'Université Paris-Est Créteil également. Il s'agira ici de montrer leur fonctionnement. La question du multilinguisme, comme on le verra, y a joué un rôle central non seulement parce que les étudiants, surtout ceux de l'ENS, provenaient de plusieurs pays et de traditions linguistiques différentes, mais aussi parce que les questions de la traduction, de la lisibilité de l'écriture poétique, de l'étendue de la notion d'écriture et du rapport entre langue et langage ont été au centre des pratiques qui s'y sont déroulées.

À l'ENS, l'atelier a été conçu et fondé par moi-même en collaboration avec le Département LILA et notamment avec Michel Murat, professeur de Littérature française. Nous avions mis en place un programme d'enseignement de la poésie contemporaine où j'étais invité à animer l'atelier de création à l'ENS et à co-animer avec Michel Murat lui-même, ainsi qu'avec d'autres chercheurs et poètes invités (Maria Muresan, Jean-François Puff, Guido Mazzoni, Bertrand Badiou, Jean-Marie Gleize, Jean Daive entre autres), un séminaire de théorie qui avait lieu à la Maison de la Recherche de l'Université Paris-Sorbonne. J'avais moi-même composé l'anthologie de textes poétiques et critiques contemporains qui faisait l'objet principal du séminaire théorique et je pouvais donc me référer aisément à ceux-ci dans le cadre des ateliers afin d'exemplifier certains enjeux et pratiques. L'atelier ne prévoyait pas d'exercices d'écriture au sens du « creative writing », mais il était plutôt voué à encourager les étudiants à présenter leurs textes en public et à les discuter avec moi et avec les autres participants. Cependant, des exercices « insolites », dont il sera question plus bas, y étaient également proposés.

À l'Université Paris-Est Créteil il n'y avait pas de séminaire théorique, bien que la théorie pût rentrer par la fenêtre pendant les ateliers, qui ont été mis en place et coordonnés par Vincent Broqua et Caroline Zekri, spécialistes de poésie contemporaine, et partagés avec le poète américain Joe Ross, qui de son côté a mené un atelier principalement en langue anglaise. Dans les deux ateliers le travail fut multilingue, mais dans deux sens différents : les étudiants de l'atelier de l'Université Paris-Est Créteil étaient de langue française mais ils avaient des connaissances de langues étrangères, notamment anglais et allemand, et ils étaient donc régulièrement invités à produire des textes ou des traductions dans et vers ces langues ; les étudiants de l'atelier de l'ENS provenaient de plusieurs pays (entre autres : Tunisie, Brésil, République Tchèque, Italie, Grèce, Turquie, Canada, Suède, Finlande, Japon, États-Unis et bien évidemment France) et avaient des connaissances et des formations hétérogènes. Souvent les étudiants francophones aidaient les non-francophones à traduire leurs textes en français afin de les présenter aux autres participants. La langue de communication dans les deux ateliers restait le français.

Du fait de mes propres intérêts actuels en matière de création poétique mais aussi et surtout du fait des différents niveaux de français ou des différents domaines de recherche des étudiants une attention particulière a toujours été consacrée aux processus que l'on qualifie d'écritures asémantiques et d'écriture conceptuelle.

Les écritures dites *asémantiques* font usage du geste d'écriture sans utiliser des alphabets codifiés. Le signe et le geste y coïncident et convergent. Dans ma recherche théorique je distingue trois modalités d'écriture asémantique : pré-alphabétique, où le geste d'écriture mime une forme d'apprentissage de la langue et d'alphabets à venir ; post-alphabétique, où le geste d'écriture mime des alphabets existants sans pourtant s'y soumettre, afin de faire resurgir les vestiges d'une langue mystérieuse engloutie sous les codes partagés ; le geste scriptural asémantique de type *analphabétique*, enfin, tout en demeurant écriture, annule la possibilité d'un alphabet, qu'il soit à venir ou englouti sous l'histoire du code. Ce qui compte dans ces formes poétiques que je qualifie d'« analphabétiques », c'est le geste d'écriture pur, autosuffisant, répété dans la jouissance prolongée et réitérée de sa non-signification. À ce troisième groupe appartient *Entre deux et trois kilomètres de temps passé*, un travail d'une élève de l'atelier de création de l'ENS, Camille Zehenne, qui est par ailleurs artiste (cf. p. 119, figg. 28-29).

L'image ici reproduite correspond à la fin d'une longue séquence de feuilles attachées sur laquelle Zehenne a épuisé en gribouillant son stylo bic. Voici sa description de l'ouvrage :

> *Entre deux et trois kilomètres de temps passé* représente une tentative d'épuisement d'un stylo autour du déploiement de la ligne. Le projet sur un rouleau de papier de cinq mètres de longueur voit se déployer la ligne en une spirale, elle devient la forme d'une écriture qui ne vaut que pour elle même. Les lignes devenues circulaires donnent l'illusion de sculpter le vide de la page blanche : en réalité une seule ligne qui se démultiplie en tournoyant.
>
> La musicalité de toute langue médiée par l'écriture demeure ici strictement visuelle en ce qu'elle se réduit au rythme tournoyant du tracé. C'est un silence contemplatif mais visuellement dense qui envahit l'espace de l'écriture.
>
> L'écriture comme geste, devient un mouvement que l'on quantifie, que l'on porte en durée. C'est un temps dilaté d'entre deux et trois kilomètres, ce qui représente la longueur potentielle d'une ligne droite traçable à l'aide d'un seul stylo.

J'ai décidé de proposer ce travail pour une publication. Il vient de paraître dans l'*Anthology of Asemic Handwriting* publiée par la maison d'édition Uitgeverij, dirigée par Vincent W.J. van Gerven Oei.[1] Des textes de Zehenne elle-même ainsi que d'autres élèves de l'atelier de création de l'ENS ont également été proposés à la revue *Nioques,* dont je fais partie en tant que membre du comité de rédaction international. Ainsi les ateliers de création auront aussi été des plateformes vouées à promouvoir des jeunes écritures de qualité.

Dans les écritures *conceptuelles*, l'accent est mis sur le processus qui mène à la création d'un texte. Lors des ateliers, beaucoup de temps a été consacré à la question wittgensteinienne du *rule following,* que je transpose dans les pratiques poétiques, en interrogeant des processus d'écriture qui organisent leurs propres modes de dicibilité et leurs démarches épistémologiques au sein du langage. L'écrivain crée des règles, des jeux de langage, des stratégies qu'il/elle suit mais aussi qu'il/elle peut choisir de ne pas respecter et à l'égard desquels des écarts subversifs sont produits. Pour cela, l'anthologie d'écriture conceptuelle éditée par Gautier Hermann, Fabrice Reymond et Fabien Vallos aux éditions Mix., dirigées par Vallos lui-même, a été un texte dans lequel nous avons souvent puisé.[2] Dans ce sillage s'inscrit par exemple un travail remarquable d'une élève de l'atelier de création de l'Université Paris-Est Créteil, Sophie Lair-Wagret, qui questionne entre autres le processus de traduction. Lair-Wagret a sélectionné et réorganisé des textes en langue anglaise ou allemande repérés sur internet et traduits en français avec Google Translate, en se focalisant notamment sur des aspects de la vie quotidienne (vacances, travail, immobilier, etc.). Une narration décousue, une collection de solécismes drôles et féroces émerge à travers ce processus, comme par exemple dans ces annonces :

King Street Backpackers

Melbourne CBD trouvé; la distance marchante courte de la Station SouthenCross (l'"Aéroport Skybus, les entraîneurs entre états et la ville s"entraînent et les trams); réception de 24 heure; personnel Amicalement local; le petit déjeuner libre, le thé/café et Internet.

Urban Central Backpackers

L'Urban Central Backpackers est situé là ou l'action a lieu et est propre, avec plein d'amusements et est très amical. Notre équipe, experte dans la couleur locale, vous aidera à découvrir le vrai Melbourne, tel que vous ne pouvez l'imaginer et dont vous vous souviendrez toujours.

St Kilda Beach House

Tout personnel est local à Melbourne et sont plus qu'heureux de vous indiquer dans le bon sens, de la mode à manger, buvant hors ou la danse.

Nous avons aussi une barre tout neuve appelée « Joli Dulcie », un grand endroit pour traîner dans l'été quand les fenêtres énormes toute ouverture hors et un DJ joue quelques airs refroidis. Nous servons des repas légers y compris pizza délicieuse bon marché aussi.

Notre jardin de toit avec les vues de Plage de Kilda de St est le meilleur endroit pour dépenser un jour ensoleillé ** être bientôt ouvert ** – en dehors de la plage qui est seulement une 5 promenade minutieuse. La Rue de Acland, la Rue de Fitzroy et la Rue de Chapelle grand pour commercial, mangeant et boire est tout près.

Tout linge est inclus dans l'évaluation comme sont des impôts.

En s'inspirant des pièces d'écriture conceptuelle de Yoko Ono contenues dans l'anthologie publiée chez Mix.,[3] l'étudiant québécois Simon-Pier Labelle-Hogue, à la fois écrivain et scientifique, élève de l'atelier de création de l'ENS, a produit son propre dispositif d'instruction-action :

Dessinez un hypercube (voir schéma 1)
    faites-y entrer les textes de Bourdieu
    fermez-le

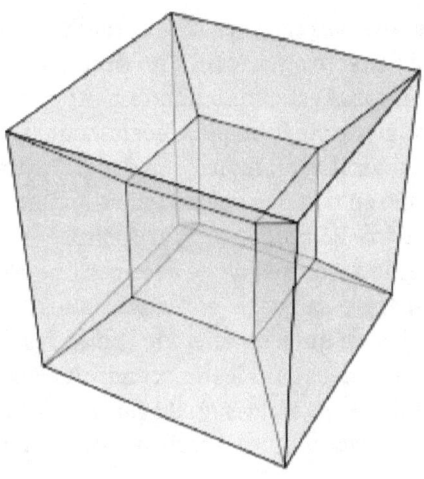

faites-le se déplacer sur le sommet de ses axes

choisissez vos plans
dressez la liste des acteurs
    et des réseaux
tracez les lignes et les vecteurs
tapissez-en votre fenêtre
établissez les paramètres de vos forces

puis
jetez le tout

passez un chiffon sur votre fenêtre

  les littéraires n'y comprennent rien de toute façon

Du point de vue de l'écriture conceptuelle, l'invitation de l'artiste et architecte américain Vito Acconci a joué un rôle important. Acconci est connu notamment pour son travail de performance, de vidéo et, plus récemment, d'architecture et de design, mais il a commencé son activité artistique dans les années 1960 en tant que poète.[4] Dans l'invitation croisée à l'ENS et au Centre Pompidou que j'ai organisée en 2010, nous avons demandé à Acconci de développer une réflexion sur l'interaction entre sa poésie et ses pratiques artistiques et architecturales, ce qui a en effet été l'objet des deux conférences qu'il a données dans les deux endroits. Acconci m'a en outre transmis des exercices qu'il avait récemment utilisés lors de ses propres ateliers d'écriture au St. Marks Poetry

Project de New York. J'ai décidé d'en proposer quelques-uns à mes étudiants, dont par exemple le suivant :

> La « vue axonométrique explosée » en architecture : le bâtiment est ouvert de tous les côtés, chaque couche du bâtiment est séparée des autres, le bâtiment est morcelé dans l'air...
> Utilisez cette technique – cette méthode de compréhension, de description, de vision, de vision à travers, de dissection – pour écrire, faire, produire, construire, simuler un poème... [5]

Certains élèves ont pris cet exercice à la lettre, comme l'étudiant franco-italien Emilio Sciarrino, qui a suivi l'atelier de création à l'ENS :

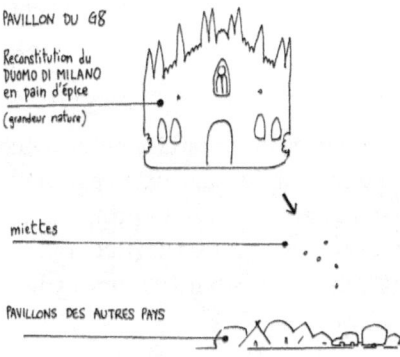

Une série de ces axonométries hilarantes a été publiée dans le numéro 9/10 de la revue *Nioques*.

D'autres étudiants, comme par exemple Matthieu Gimat (ENS), ont fait interagir l'exercice proposé par Acconci avec un autre des thèmes porteurs de notre atelier, à savoir la question des narrations *non-linéaires* et *pluri-linéaires*.[6] En voici un résultat :

Je n'ai pas la moindre idée de ce qu'il faut pour faire tenir un corps. Pas plus qu'Adrien si j'en crois ce qu'il m'a dit avant de s'allonger courbé sur sa table, occupé à dessiner quelque chose que je ne peux pas voir mais que je devine seulement. Il ne veut pas me montrer, il me le cache avec son bras, et en attendant qu'il se décide à ne pas me mentir, je me demande ce qui fait tenir, justement, ce bras au reste, ce qui m'empêche de le lui emprunter et de partir avec, de lui	Il n'est jamais question que de protéger. Un homme, c'est construit pour cela, ça tient par cela, c'est son devoir et, d'une certaine manière, son seul savoir. Protéger, bien sûr, sa femme, ses enfants, sa maison, ses biens. Seulement les choses qui lui appartiennent : protéger c'est délimiter, puis rester dans son périmètre. Ça demande un certain nombre d'habitudes qui s'apprennent péniblement, un entraînement. Il faut faire des pompes le soir avec ses bras, et la même chose avec le cerveau, tenir le rythme : « 1. Y a-t-il quelqu'un qui convoite vos biens ? — 2. Y a-t-il quelqu'un qui vous a menacé ? — 3. Avez-vous des ennemis connus ? — 4. Avez-vous des raisons d'avoir peur ? — 5. Y a-t-il une personne qui se cache dans l'ombre de la porte ? » Si la réponse à ces questions est négative et que vous avez bien suffisamment mal aux épaules, vous pouvez vous coucher en paix : même si quelqu'un s'attaque à votre maison, vous serez en sécurité, puisque vous aurez fait votre devoir. Les enfants un peu écorchés prendront feu dans leur lit, la télévision réduite en morceaux, votre femme violée — mais vous n'aurez même pas l'ombre d'un remords.	Les traits sont peu assurés parce qu'Adrien a du mal à tenir le crayon feutre bien droit dans sa main. À trois ans, qui pourrait le lui reprocher ? Papa est bien au milieu de la page, en très, très grand derrière le soleil qui est tout jaune derrière. Papa a un pantalon et une chemise, et dans sa main gauche, il y a un ballon, ou une balle. Adrien ne respecte pas bien encore les proportions, mais pourquoi lui en tenir rigueur ? Il n'y a personne d'autre sur le dessin, maman n'est pas là, la sœur d'Adrien non plus, et puis Papa n'a pas d'ombre, il n'y a pas d'arbre, pas de maison. Tant de lumière, ça rend bien sûr un peu aveugle. Mais qui pourrait lui en vouloir pour ça ?

mettre le mien à la place et de partir avec un morceau de lui au loin, peut-être sur la plage où l'on allait cet été, et de l'y planter là, le majeur levé face à la mer grisâtre.

En s'inspirant librement de l'exercice de Vito Acconci et en présentant cette page de triple narration parallèle, Matthieu Gimat a poursuivi et approfondi un projet de récit plurilinéaire qu'il a présenté aux autres participants tout au long de l'atelier 2009-2010, dans ses différents stades d'écriture.

Malgré l'attention consacrée aux pratiques expérimentales d'écriture et, plus proprement, aux processus de construction verbale que j'ai qualifiés, sous l'égide de Wittgenstein, de *rule following*, notre attention a également été portée sur des formes plus « classiques » d'écriture poétique, en admettant qu'il soit sensé, au XXIème siècle, de continuer à pratiquer cette distinction (cet aspect a d'ailleurs été questionné notamment lors du séminaire théorique à l'Université Paris-Sorbonne). Des travaux remarquables dans ce sens ont été produits entre autres par Aroua Labidi (ENS), une étudiante tunisienne travaillant notamment sur la poésie de Ghérasim Luca :

> À travers le rectangle qui fume je vois ce voile où se cache le coin de la chevelure, je vois le vent se déplacer, un rectangle dans un rectangle et ta chevelure arrondie, ton épaule se dessine dans les bulles, le coton blanc près de ta nuque se meut dans la buée, et j'oublie, l'espace m'oublie mais ne me rate jamais, cet espace qui rejette les temps au fond des plis, qui les dessine, impalpables, ce temps qui reprend l'espace et fragmente son sable, cet espace qui défigure les souvenirs, qui les polit, qui leur incorpore la fiction, virtuosité du virtuel, le temps devient rêve quand je m'éloigne, encore plus rêve que si je restais, je bouge mais le temps refuse ma valise, il n'est pas sur le quai, refuse les adieux, il tisse déjà ses propres ressorts narratifs, loin de ma conscience déchaînée... chaque matin elle met une robe différente et plonge dans tous les passages possibles, tous les possibles jusqu'à ce que tout

devienne passé, elle se dénude, échange sa robe, en déplie une autre, dans les coulisses on tisse, encore, la frange s'allonge, derrière ses neurones on tisse, la frange s'enfuit dans ses racines, des branches, rien que des branches, c'est tout ce que l'espace laisse au temps.

Ou encore, en anglais, l'étudiante auditrice américaine Kerry Alexander (ENS) a accepté de se livrer à un exercice d'ekphrasis que j'avais proposé dans le sillage du *Self-Portrait in a Convex Mirror* de John Ashbery (1975), inspiré au tableau homonyme de Francesco Maria Mazzola dit Il Parmigianino (1523-24). Alexander a décidé de se cimenter avec la peinture de Rothko :

> the body is a boxer
> strung like a frequency
> dyed like a coral reef
> he sleeps beneath the mattress
> to feel his sweetpea scratching
>
> these are the bodies that can't
> get close
> a mythology of color
> a multiform of want
> he says, "my ligaments
> treat me like tapeworms"
> he points to the blood
> in the sink

this is the body that won't
let me near you
our skin is but
a messenger
dashes and dots that speak
yellow to the brain
he points to the painting
which is a sunset rewound

he says, "I wanna get
to the heart of it"
but it's a tangled staff
a measure of malentendus

(the painter himself is an
apple transected)

I think he wants red
I think he fears the yellowing

he says, "the body is a boxer"
slammed against the wall

this is your mural, love
these are the hands inside you

I say, "go ahead
swallow the thumb tacks"
cause you've always been full
of holes

Cet entrecroisement entre des formes poétiques et narratives plus ou moins classiques ou expérimentales (je le répète : j'utilise ces termes, que j'aime de moins en moins, afin de rendre mon propos compréhensible) a été valorisé par les exercices que j'ai moi-même proposés, susceptibles d'être interprétés et exécutés de maintes façons, encore que, comme je le remarquais au début, la plupart du temps ait été consacrée à la présentation libre et à la discussion collective de textes que les étudiants avaient déjà écrits ou étaient en train d'écrire (presque tous les participants avaient d'ailleurs déjà entamé une pratique d'écriture avant de s'inscrire aux ateliers). Je distinguerais les exercices que j'ai proposés tout au long des deux ateliers en deux groupes : ceux qui, comme les processus de *rule following* ou l'*ekphrasis*, sont empruntés aux démarches scripturales d'autres poètes à partir desquelles les étudiants étaient invités à produire leurs propres versions, qui parfois, comme on le verra de suite, ont été des sortes d'imitations ou de parodies ; et ceux qui étaient conçus pour « briser la glace » et donner aux étudiants l'occasion de trouver une matière ouverte à partir de laquelle pouvoir développer de nouveaux textes et surveiller avec mon aide leur développement.

Au premier groupe appartiennent, à part le *rule following* et l'*ekphrasis*, d'autres exercices encore, comme par exemple l'invitation à tenir compte de l'importance théorique et historique du bégaiement dans l'écriture et à essayer de le réaliser dans le texte, à l'appui de Deleuze et de Ghérasim Luca bien évidemment, mais aussi de théoriciens et d'écrivains de générations plus récentes, comme Jérôme Game et Fabien Vallos. Ou encore à écrire sur la base de notions théoriques que je proposais lors du séminaire à la Maison de la Recherche et que j'ai développées dans mes articles et dans ma thèse de doctorat, comme par exemple les notions de *raréfaction* et de *prolifération*. Qu'est-ce qu'écrire en raréfiant, c'est-à-dire sous l'égide d'une réduction radicale du matériau verbal, comme par exemple chez Claude Royet-Journoud ou dans les poèmes minimalistes d'Aram Saroyan ? Et, en parallèle, qu'est-ce qu'écrire en proliférant, c'est-à-dire sous l'égide d'une saturation verbale dans l'espace de la page, comme dans les *Dépôts de savoir & de technique* de Denis Roche (Seuil, 1980) ou dans le paragraphe unique de plus de 200 pages qui compose *Le Livre* de Pierre Guyotat (Gallimard, 1984) ? Quelles sont, comme pour tous les autres exercices proposés du reste, les implications historiques, cognitives, politiques de telles démarches ?

Guyotat et Roche, de même que les écritures asémantiques, ont en outre permis d'affronter la question de la lisibilité du texte poétique, et j'ai pour cela invité les étudiants à considérer des dispositifs tels que la création d'une langue parallèle (Guyotat), d'alphabets inexistants (écritures asémantiques) ou de *cut-ups* multilingues (Roche) non pas comme des formes d'illisibilité ou d'obscurité délibérée du texte poétique, mais plutôt de ce que j'appelle désormais *alter-lisibilité* des processus poétiques de la modernité. À savoir que j'ai essayé de sensibiliser les étudiants aux modalités de changement de paradigme à la fois linguistique, cognitif et politique que comportent de telles expériences d'écriture, et je les ai invités à se les approprier librement.

L'*alter-langue* de Guyotat a inspiré de multiples textes, et les réécritures parodiques – qui étaient par ailleurs un mode tout à fait « autorisé » pour se mettre en relation avec ces types de dispositifs – n'ont pas manqué, comme par exemple dans *Ein Frühstück im Stock hundert tausend oder Ein frei'r Stock in hundert tausend Stück'* (*Un petit-déjeuner au cent millième étage ou un étage libre en cent mille morceaux*), un excellent texte de Jean-Yves Samacher, élève de l'atelier de création à Paris Est-Créteil :

> Goebbels guestapists' guest star exchange jung' mädcherin à gros derch' bulgar' usagé contre bazooka flashball ou tazer, bon très bon état ; contact : c't'enfoiré d'mafieux pisseux qu'a surnom Yatchenko, cv contrefaçon Goulag année 1961, 9, rue des Pires aînés. Groin.
>
> Rav'ssant' Adolfina, riant' dents, descendant' Ostrogoths en bretelles mit perruq' chinchilla, encul' 2 tarlouzes fabrikants' d'space tarama grecs – good mensurations 45 x 98 x 220 – cont' bisexual organs thaï version Maciste ; bonus : chair 100 % pur' enfants d'chorus à chapeaux d'porc groin.
>
> Fils à mama tendance Musso, Roberto Zucci vend bocal entier gode-michets extra frais – plastic acier mousse biodégradabl' – total destock' : 40 kopecks ; plus, vend authentic port'-jarretelle dentelle néo-classiqu' Caesar August' premier proprio, appart'nu also Attila roi des nains au XVe : 28 zatopecks ; plus, vend collier d'huîtres ed'couilles en croco ayant appart'nu putains d'cocos ed' block del' Est : 300 zlotis. Gras double. Groin. Pas Groin.

Arianna Hachemann, enfermée cage soute à bagages provenance indirek' Kazakstan via Taïpeh et détour Mossoul, passage rapid'la roum' puis short l'ital', récup' foire de Trôn', aval' direk' sans jacul' ni pression à froid : 3 édam et 2 munsters mit 12 jambonbeurks n'15 seconds ; tension visionnage : pacher si t' paies cash.

Son papa groin président Hundertigstenième Reich, ami longu' date tyran Bakbok, état encore frais pour son âge, performances tout pareil, vend gross Schloss aus Stuck, falsch rococo Styl', mit 100 000 Stock'n ; contact' moi tout d'suite au 08 69 69 69 69 ; plus, ancienn' recett' grand-mère malabar choko poir' nibars du Nicaragua ; double plus, choukrout groin d'Alsass' – 55 kilos au bas mot, prix à débattre ; plus, nuclear Tzatziki from Bikini – 3 pots 500 gram' total' hermétik' – 6 ou 7 néodrachmes zuivant arrivaz' ; plus, calbar extra large, thaï 99, beaucoup place dedans si toi tout pti ktipiti ; t'inquièt' l'est mis aux enchères sur gros Tuyau d'Boyau électronik' ; hé bonus bonus : excellent tatouage zob mit Strudel or svastika, agréé skined' 150 ans ed' pratik' : 3 couronnes de franks vichystes, euros pas trop sauf si non piercés et vaccinés.

Détail vestimentaire ed'tenue : impératif portet groin sur ta tête, compagnonnage cuir ou pitbull apprécié, humour juif... s'abstenir.

Réclamation : te d'mand' el' Klébar d' Babylone, 23 reu dé Schwitz, ou si lépala sonne 12 impasse des rats et crie Tûtût.

Au groupe d'exercices « brise-glace » appartenait par exemple le suivant, que j'ai souvent adopté avec de bons résultats : écrire afin de se mettre en relation avec un objet indéterminé, un objet dont on perçoit difficilement les contours mais que l'on ressent comme étant important, décisif, et qui nécessite d'être décrit ou tout simplement écrit. En réalité, des modèles littéraires sous-tendent également cet exercice qui a évidemment donné lieu à des réalisations très diverses : la prose-poésie de Danielle Collobert, l'écriture conceptuelle de l'artiste américain Robert Barry ainsi que ma propre production poétique cherchent à écrire cette indétermination cognitive et émotive de l'expérience. Ainsi avons-nous pu lire lors des ateliers des passages comme le suivant de Collobert :

> C'est une pâte bien friable, bien molle. Je la roule, je l'allonge entre mes paumes, je la fais glisser entre mes doigts. Je ne veux pas lui donner une apparence définitive, m'arrêter à un stade quelconque de sa transformation, aussi je continue inlassablement ce modelage.[7]

Ou encore des *statements* comme le suivant de Barry :

> December 1969:
> It seems to have these qualities:
> It cannot show itself.
> It cannot be defined, but its presence can be felt.
> It works upon me and my world.
> It exists because of me, but its nature is unknown to me.[8]

L'écriture de l'*objet indéterminé* a engendré des résultats textuels remarquables, comme par exemple cette prose poétique de Clémence Cazemajour (ENS), l'une des rares élèves qui n'avaient pas déjà entamé une pratique d'écriture avant de s'inscrire. Grâce à l'exercice de l'*objet indéterminé* Cazemajour a produit son premier texte ; un très bon début, auquel ont d'ailleurs suivi d'autres nombreux textes :

> Tous les matins j'observe la machine de biais, d'un air de ne pas y toucher. Ses mandibules froides et cassantes entament toujours le même mouvement, jamais achevé.
> Le plus souvent, je diminue très légèrement ma marche, et je saisis à la dérobée un détail de son intimité, une inclinaison molle de son tronc, une combinaison tordue, un sursaut lourd de ses articulations.
> Parfois, je ralentis davantage mon pas, mais alors je ne vois plus rien qu'un amas de ferraille rongé par l'humidité, et des piles de feuilles de gélatine.
> Je me demande parfois si je n'invente pas la machine, pour accompagner ma précipitation du matin. Peut être ne veux-je inventer que des détails pour pouvoir jouer avec l'idée de cette machine.
> C'est un plaisir coupable que le mien, que de m'adonner à la répétition d'une illusion.
> Parfois aussi les enchaînements de la machine sont contraints et brutaux, grossiers. D'un rythme saccadé elle déchire alors l'air, et je me promets de ne plus regarder de côté, que ce sont des enfantillages, que cela ne devrait pas exister.

Mais toujours j'y reviens.

Je ne sais pas si d'autres que moi voient la machine, ou ce qu'ils en feraient. A cette pensée je suis transpercée par la jalousie.

Je songe à cet attachement journalier que je possède, qui ne m'a jamais échappé. Je la vois avec horreur un jour reprendre son équilibre, se redresser le long de son axe, et commencer à moudre la gélatine, au vu et su de tous.

Peut être ai-je intérêt à ce qu'elle ne trouve jamais le repos.

Une autre élève de l'atelier de l'ENS, Margot Aufranc, a fait converger la question de l'*objet indéterminé* et celle du *bégaiement* dans un poème dense, caractérisé par une langue fortement physique et agressive, très reconnaissable, qu'elle a pu affiner et rendre plus incisive pendant l'atelier 2010-2011 grâce aux différentes discussions collectives de ses textes :

Humain s'agrippe
à un corps chaud
cherche
des bras écarquillés
pour se dissoudre
    cache-moi dans ton creux
    mange mon écorce

    je veux dormir sans moi
comme l'amputé se meurt
dans un balbutiement
    maman ?

L'atelier a également encouragé des pratiques compositionnelles allant au-delà du geste d'écriture pur et simple, mais en tenant toujours compte d'enjeux poétiques et langagiers. Le questionnement du rapport entre écriture, représentation et média a été au centre de l'atelier et a contribué à la création de vidéopoèmes (Mario Sagayama, étudiant brésilien à l'atelier de l'ENS) et de dispositifs hybrides comme celui d'Eric Lynch, poète américain participant à l'atelier de l'ENS qui a recomposé en images prélevées de Google le sonnet de Mallarmé *La vierge, le vivace et le bel aujourd'hui*. Ce travail, qui ne peut pas être montré directement ici car il ne ferait du sens que dans une reproduction intégrale, est paru dans la revue *Nioques* et est décrit par l'auteur avec les mots suivants :

> Ces images ont été prélevées en mettant chaque mot du sonnet de Mallarmé dans le moteur de recherche google images et en prenant la première image affichée dans le navigateur web. Ce processus a été répété quatre fois à intervalles de douze heures. Le dispositif vise à coller une image à un mot, puis à observer l'évolution de cette relation selon les fluctuations dans notre espace numérique.

L'œuvre de Lynch, un Américain travaillant sur la poésie française et écrivant en anglais et en français, est un cas de multilinguisme se déroulant non seulement entre deux langues mais aussi et surtout entre différentes couches expressives et différents moyens de production textuelle.

L'on ne saurait conclure ce panorama sur quelques-unes des nombreuses activités qui se sont déroulées dans ces ateliers sans mentionner les écrivains, artistes et éditeurs qui ont été invités à l'atelier de l'ENS pour partager leurs parcours avec les étudiants : Stacy Doris (USA), Jean-Marie Gleize (F), Andrea Inglese (I/F), Giulio Marzaioli (I), Jérôme Mauche (F), Ryoko Sekiguchi (JP/F), la revue multilingue *Semicerchio* (I) avec le directeur Francesco Stella ainsi que Fabio Zinelli et moi-même en tant que membres du comité de rédaction, Vincent W.J. van Gerven Oei (NL/AL) et Fabien Vallos (F).

Stacy Doris a présenté son parcours d'écriture aux étudiants, qui ont été profondément influencés par certaines de ses démarches, et a ensuite proposé aux étudiants des exercices qui auraient dû se dérouler en sa présence lors de son prochain passage à Paris. Parmi les exercices proposés par Stacy qui avaient le plus frappé les étudiants il y a le suivant : écrire tous ensemble sur un matelas, en éparpillant et en mélangeant les feuilles sur toute la surface du matelas. Mes deux matelas gonflables étaient déjà prêts pour être amenés en classe à l'ENS. Tristement, la mort de Stacy et la fin du programme des ateliers à l'ENS nous ont empêché de nous livrer à cet exercice.

Le travail de Jean-Marie Gleize, auquel, lors de mes études au Centre d'études poétiques de l'ENS Lyon, je dois entre autre l'apprentissage d'ateliers d'écriture se distinguant du « creative writing » au sens classique du terme, a joué un rôle important dans mes ateliers à l'ENS et à l'Université Paris-Est Créteil, et ce à la fois du point de vue pratique et théorique, notamment autour de la question du rapport entre écriture et réel (ce que Jean-Marie définit « réelisme » de l'écriture), en position critique à l'égard des formes de représentation métaphorique. Cette préoccupation poétologique et politique a souvent guidé nos réflexions et cela a été important pour les étudiants de rencontrer personnellement et d'écouter lire cet écrivain. De plus, Jean-Marie a continué à suivre le travail de certains étudiants grâce à la revue *Nioques*, où, comme on l'a vu, plusieurs d'entre eux ont été publiés.

Grâce à Andrea Inglese, poète italien habitant à Paris qui a présenté à la fois des textes et des vidéopoèmes, à Giulio Marzaioli, qui s'est focalisé notamment sur la partie de son travail traduite en français et publiée chez Mix., et à la revue *Semicerchio*, basée à Florence mais publiant des textes dans de nombreuses langues, les étudiants ont pu avoir une perspective sur trois expériences italiennes d'écriture et de publication de qualité orientées vers l'international.

En dialogue avec Giulio Marzaioli et avec moi-même, qui sommes deux auteurs de sa maison d'édition, Fabien Vallos a remarquablement entrecroisé sa réflexion théorique sur la poésie et une description de ses projets éditoriaux et curatoriaux à l'intérieur et à l'extérieur de Mix. Grâce à son approche transversale de l'écriture et aux multiples facettes de son travail, se déroulant entre pratique artistique, écriture, philosophie, commissariat d'exposition, enseignement et édition, les étudiants ont pu bénéficier à travers Fabien d'un panorama des possibilités de l'écriture en dehors des conventions parfois imposées par le milieu littéraire et éditorial *mainstream*.

Les connexions multidisciplinaires notamment entre pratique d'écriture et pratiques artistiques sont également au centre du travail de Jérôme Mauche et de Ryoko Sekiguchi, qui ont présenté et lu ensemble des extraits de leurs travaux, et de Vincent W.J. van Gerven Oei qui, comme Fabien Vallos, a tracé les lignes multiformes de son travail se déroulant entre art conceptuel, art vidéo, philosophie du langage, philologie, commissariat d'exposition, écriture et édition. Des figures comme Vito Acconci, Fabien Vallos et Vincent W.J. van Gerven Oei ont été fondamentales du point de vue pédagogique précisément pour cela : donner aux étudiants une perception bougeante, multiple et ouverte des pratiques de pensée et de création propres à des formes d'écriture en évolution. Un *multilinguisme* au sens à la fois linguistique, thématique, politique, disposital et disciplinaire a sous-tendu et soutenu l'esprit de ces ateliers.

—

In *Quaderna*, Paris, n. 2, 2014.

1. Cf. T. Gaze – M. Jacobson (éd.), *An Anthology of Asemic Handwriting*, Tirana/The Hague, Uitgeverij, 2013.
2. Cf. G. Hermann, F. Reymond, F. Vallos (éd.), *Art conceptuel : une entologie*, Paris, Mix., coll. « Noirs », 2008.
3. *Ibid.*, p. 305 sq. Cf. p. ex. p. 308 :

PIÈCE-SANDWICH AU THON

Imaginez mille soleils dans le ciel en même temps.
Laissez-les briller pendant une heure.
Laissez-les ensuite se fondre progressivement dans le ciel.
Préparez un sandwich au thon, mangez.

Printemps 1964

4. Cf. p. ex. V. Acconci, *Language to Cover a Page : The Early Writings of Vito Acconci*, éd. par C. Dworkin, Cambridge (MA), MIT Press, coll. « Writing Art », 2006.
5. © Vito Acconci. Ma traduction.

6. J'emprunte ce deuxième terme à Philippe Sollers, qui l'emploie dans *Logiques*, Paris, Seuil, coll. « Tel Quel », 1968, p. 13.
7. D. Collobert, *Meurtre* [1964], in Ead., *Œuvres : tome I*, Paris, P.O.L., 2004, p. 30.
8. Robert Barry, *All The Things I Know But Of Which I Am Not At The Moment Thinking – 1:36 PM; June 15, 1969*. Amsterdam, Stedelijk Museum, 1974, s.i.p.

Créer des possibles, contre la représentation

Raconter d'une certaine manière – ouverte, multidimensionnelle, non linéaire – n'est pas *raconter des histoires*. Le degré de représentation est réduit, la fiction se distingue de la narration, on s'approche du réel et on ouvre des possibles en son sein. Parce que le réel est non linéaire et énigmatique, nous y sommes immergés, nous le vivons en perspectives multiples. Philippe Lacoue-Labarthe disait que la poésie de Paul Celan est une question de perception et d'expérience plutôt que de représentation. Des dispositifs comme *Timecode* de Mike Figgis ou des œuvres comme celle de Robert Cahen et de Jacques Perconte défient la linéarité de l'image pour que nous puissions la dérober à la représentation, et raconter l'image comme un objet.

Timecode se situe magistralement à la lisière de deux conditions : la fiction et l'expérience. La fiction parce que l'histoire peut être détectée, et parce que le film est réalisé malgré tout comme une grande production hollywoodienne ; l'expérience parce que les acteurs improvisent sur la base d'un *script*, parce qu'il n'y a eu qu'un *take* pour le film qui a été tourné presque dans le même laps de temps que sa durée, et parce l'écran est partagé en quatre parties qui racontent l'histoire de quatre points de vue différents, en montrant quatre scènes ou parfois la même scène, mais quoiqu'il en soit toujours depuis des perspectives simultanées et bien distinctes. De plus, Mike donne de ce film une version *live*, sous forme de performance, à témoigner de sa possibilité de réactivation dans le présent sous des possibles toujours nouveaux, dans l'aléa de l'expérience présente.

Chez Robert Cahen et Jacques Perconte tout est perception et expérience. La notion d'*entrevoir,* qui guide toute la production de Cahen, est une manière précisément de ne pas céder au *voir* de l'image, mais plutôt de pénétrer dans l'énigme du réel et d'y créer des possibles à travers un bouleversement des coordonnées cognitives de l'image qui nie tout recours au spectacle. Chez Perconte quelque chose de semblable advient dans ses parcours dans des espaces, souvent naturels, qui se décomposent progressivement dans des lignes et des masses de couleur. On entre dans le réel, on s'y perd, et on s'abandonne aussi au hasard (un terme important pour tout admirateur de Mallarmé) car la déconstruction de l'image est souvent confiée aux choix impondérables de l'ordinateur, à son propre *script,* à des possibles inattendus qu'il trace autour de nous.

Ces trois œuvres intéressent profondément et je dirais intimement le poète et l'artiste du langage que je cherche à être, parce que je conçois le langage comme un moyen très puissant, dans l'art contemporain, pour défaire l'image, et donc la représentation, et donc la fiction, et donc le contrôle de l'opinion et de l'information, la *doxa*. Tout cela a pour moi, on le voit bien, des implications poétiques, cognitives et politiques qu'il serait artificiel de distinguer nettement. Le langage n'est pas une image mais dans le roman contemporain de même que dans le journalisme il peut souvent fonctionner de la même manière. L'inconscience et parfois la mauvaise foi de certains écrivains et journalistes plongent le langage dans le domaine du spectacle et de la *doxa* de la même façon dont le font les productions hollywoodiennes mainstream ou les journaux télévisés.

Mike, Robert, Jacques, moi et les amis avec lesquels nous dialoguons sommes conscient de cela, nous tâchons de proposer aux gens de voir ou plutôt d'entrevoir les choses autrement. Ma prose *Corps étranger en mouvement ascensionnel* propose elle aussi cette manière de voir autrement la narration à travers un traitement, comme dans tout mon travail, plastique du langage, comme si le langage lui aussi était un objet, une matière à expérience, une matière *à réel*, une matière *à possible*. Le réel et le possible sont toujours en corrélation étroite dans ce type d'approche. L'amitié entre Mike et moi a commencé précisément à partir de ce texte sur deux colonnes et de son film sur quatre écrans.

Mais il est beaucoup plus facile de déconstruire la *doxa* et le spectacle depuis le langage, parce que le langage, même dans un travail plastique du langage comme le mien, n'est pas image. L'image est le moyen le plus puissant par lequel la propagande et le pouvoir sont parvenus à créer un consensus, une véritable *koinè* de la représentation. L'image crée avec rapidité des associations symboliques et surtout elle remplace le réel – d'autant plus dans une époque HD – parfois sans que l'on s'en aperçoive. Si bien que la fiction influence et déforme la réalité. Il est beaucoup plus facile de croire à ce que l'on *voit* qu'à ce que l'on *entrevoit*, pour parler dans les termes de Robert Cahen. Tant qu'un certain type de traitement de l'image règnera, il ne pourra pas y avoir de démocratie, et je dirais même que ce que l'on nomme « démocratie » est le contraire absolu d'une autoconscience collective : la *doxa*, modelée et régie par les lois du pouvoir de l'homme sur l'homme. Mike Figgis le sait bien lorsqu'il s'attache à critiquer courageusement certaines démarches des grandes maisons de production hollywoodiennes.

Avec Robert Cahen et Matias Guerra nous avons essayé, dans *This Is An Unknown Surface* (2013), d'explorer à ce propos une voie singulière : faire un film qui ne soit basé que sur le langage, un film où le mystère du langage, entrevu et entendu, est le sujet principal de l'image en mouvement, et parvient presque à la remplacer. Les films présentés dans ce cycle de rencontres organisé par Jacques Perconte font quelque chose de peut-être encore plus difficile : élaborer l'image pour critiquer l'image est un des terrains les plus périlleux et les plus précieux de la création. Démembrer la *doxa* et la *koinè* de la représentation en développant des dispositifs filmiques comme ceux qui sont présentés dans cette série de rencontres est donc une action esthétique aussi bien que cognitive et politique, et ce, en même temps, simultanément. Il s'agit bien dans tout cela de ne pas renoncer à donner une possibilité au possible.

—

In J. Perconte, *Soleils : Cinéma d'avant-garde*, Paris, Cinémathèque Française, 2014.

Désignification, grammoclastie, alter-lisible/dicible : donner des mots à la subversion du poétique

Penser le lien entre poésie et politique signifie pour moi, et pour beaucoup d'entre nous, créer des concepts aptes à penser la subversion du poétique. Il y a deux façons dont la subversion du poétique peut être entendue : en tant que subversion opérée *par le poétique,* et en tant que subversion opérée *à l'égard du poétique.* Il sera question ici des deux sens en même temps, car il n'est pas possible au fond de séparer ces deux modalités. La raison de cela est avant tout historique et l'on pourrait dire à ce propos que *la poésie est un art relativement récent* : ce n'est qu'au XIXème siècle, à l'époque de la Révolution Industrielle, que le langage poétique est amené de façon systématique et autoconsciente à ouvrir ses formes une fois pour toutes avec le vers libre, le poème en prose, et un peu plus tard avec le premier grand poème typographique, le *Coup de dés.* Après, on ne s'est plus arrêté : l'avant-garde historique à l'époque de la première guerre mondiale, de la révolution socialiste et des grandes évolutions scientifiques a continué à « défaire les codes », selon une expression que Deleuze et Guattari emploient justement dans le champ épistémologique[1] ; la Shoah s'est ultérieurement imposée, comme on le voit chez Paul Celan peut-être plus que chez tous les autres, en tant que crime technologique archétypal qui affecte directement la forme du texte, auquel ont fait suite de nombreux autres crimes technologiques fascistes, dont une conséquence majeure est la modification radicale du langage et du rôle que le langage poétique peut occuper dans la modernité ; le changement de langage comporté par l'introduction des médias de masse, de la télévision en occident pendant les années 1960 jusqu'aux réseaux sociaux à l'échelle mondiale, marque à mon avis, avec la Shoah, l'autre grand nœud historique en lien avec l'évolution formelle de la poésie post-1945, et j'essayerai de montrer brièvement pourquoi. Cette évolution continue encore malgré plusieurs tentatives restauratrices, mais elle n'a sans doute pas non plus réussi, en 2015, à modifier à nouveau son paradigme, sauf dans quelques cas isolés. Mais un changement de paradigme n'est justement pas constitué par quelques cas isolés, c'est l'expression d'une prise de conscience généralisée de la part du langage plutôt que d'auteurs pris singulièrement.

Peut-être comme jamais dans le passé, depuis environ 200 ans la poésie s'est trouvée en dialogue avec un ensemble d'événements historiques, épistémologiques, politiques et technologiques qui ont influencé de façon assez directe la structure du texte, la prosodie, la métrique, la syntaxe, la rhétorique, et ce sans doute aussi comme réaction à l'affirmation du roman moderne en tant que genre littéraire dominant. Si le roman produisait une fiction, la poésie réagissait en se tournant vers le réel, elle se laissait secouer par le réel au lieu de le raconter, au lieu de le réorganiser dans la fiction. Mais bien évidemment d'une part avec Flaubert et plus tard avec Proust, Joyce, Musil, et d'autre part avec la disparition d'un genre « poésie » nettement identifiable justement du fait des évolutions formelles radicales par lesquelles la poésie a été affectée, cette opposition ne peut être tracée nettement, et cela serait l'objet d'une tout autre communication que de s'en occuper en détail.

Ce qui a eu lieu en poésie pendant ces 200 ans, je proposerai de l'appeler *dépassement de la distinction ontologique entre esthétique, éthique et épistémologie*. Contrairement à ce qu'affirmait Paul Valéry, à savoir que le domaine de compétence de la poésie étaient des « illusions » qui n'étaient « pas à dédaigner »[2] – Valéry qui a en même temps contribué de façon essentielle à une nouvelle théorie du rôle du langage dans la modernité –, la poésie produit des questionnements, des tentatives de modification de l'état des choses et des modalités de connaissance au même titre que d'autres processus de pensée et d'action. Mais qu'est-ce qui la distingue alors de ces autres processus ? Le fait que la manipulation du langage, un langage qui devient de plus en plus, au cours du XXème siècle, un langage-matière, est le point essentiel de ce dépassement ontologique. Que se passe-t-il dans ce langage ? Nous verrons que cette question entraîne des conséquences politiques directes sous l'égide de celle que j'ai appelée la *subversion du poétique,* dans les deux sens évoqués plus haut (subversion *du* poétique et *par le* poétique).

Il faut produire d'abord, me semble-t-il, une distinction plus nette entre l'avant et l'après 1945 voire sans doute entre avant et après 1960 car il aura fallu plus d'une décennie pour que le langage poétique fasse en sorte que le réel dans lequel il avait été immergé l'affecte au point de modifier radicalement ses coordonnées. Je proposais de considérer qu'un grand changement de paradigme poétique a été étroitement relié avec la Shoah en tant que crime technologique archétypal et avec l'introduction des médias de masse. Ce n'est pas un hasard que la poésie commence au même moment à théoriser son rôle politique de façon systématique (il suffit de penser à *Tel Quel* en France ou à *I Novissimi* en Italie) et qu'elle se dérobe, aussi, à une identification générique nette avec le surgissement des écritures dites *post-génériques* ainsi que de pratiques telles que la poésie-performance, la poésie conceptuelle et la poésie concrète, entre autres.

Je propose de nommer *désignification* et *grammoclastie* les deux processus à l'œuvre dans la subversion du poétique opérée depuis les années 1960 et encore active. La description de ces deux processus est à son tour reliée au surgissement tout à fait majeur de deux questionnements poétologiques récurrents, que je choisirai de faire interagir : celui de la lisibilité du texte poétique de la modernité et de la contemporanéité, et celui de la dicibilité des contenus avec lesquels la poésie choisit de se mesurer.

Dans ce modèle, ce que j'appelle *grammoclastie* me semble être le concept le plus général, duquel je tiens toujours compte en tant que lecteur de poésie contemporaine. Pierre Guyotat et Jean-Marie Gleize entre autres – pour ne rester que dans le domaine français et dans un champ d'écriture relevant du post-générique mais qui demeure tout de même poétique dans le sens élargi de ce terme, un sens qui est justement élargi par le changement de paradigme historique que j'essaie d'évoquer ici – ont souvent souligné le programme iconoclaste de leur écriture. Guyotat :

> Je crois que l'image n'est plus possible. Dans mon texte je me suis efforcé de supprime[r] toutes les images. Le recours à l'image oblige à dire : *comme*. Pourquoi désigner une chose par l'intermédiaire d'une autre ? On doit pouvoir l'exprimer sans sortir du mouvement normal de l'affirmation. Tel geste doit être *dit*, telle chose doit être *citée*, purement et simplement.[3]

Gleize, lui, utilise souvent l'expression « remplacer l'image par le mot 'image' ». Ce refus de l'image comme représentation et métaphorisation du réel me semble en soi être aussi une conséquence directe de la prise de conscience que la poésie devait, et doit encore aujourd'hui – comme elle fait quand elle y arrive, par exemple chez Christophe Hanna et Franck Leibovici –, réagir d'une part à la domination de la *société du spectacle* médiatique, et d'autre part rendre compte de l'irreprésentable de la violence historique. Or il me semble que quelque chose de semblable se produise au niveau non pas de la grammaire entendue au sens étroit du terme, mais au niveau du langage en tant que système codifié et politiquement hétéronormé. Je propose donc d'appeler *grammoclastie* l'ensemble des processus de perturbation, de distorsion et finalement de destruction de formes langagières codifiées (y compris vétéro-poétiques, dans le sens de la subversion *du* poétique) qui sont vouées, tout comme l'image contre laquelle l'iconoclastie poétique se dresse, à régir une *koinè* de l'imaginaire et de la représentation. De même que l'iconoclastie, la *grammoclastie* poétique est une réaction à la propagande politique, au consensus plus ou moins sournoisement imposé, à la convention télévisuelle des médias de masse, et avant celle-ci à ce que déjà Mallarmé appelait « l'universel reportage », mais avec une différence fondamentale, que je vais résumer bien entendu en la simplifiant beaucoup : lorsque Mallarmé prospectait, afin de réagir à l'universel reportage, un langage poétique séparé du langage ordinaire, les formes de grammoclastie post-1960 font un emploi récurrent de champs sémantiques relevant du langage ordinaire afin de le soumettre à un processus de destruction et de réactivation.

La *grammoclastie* contemporaine réagit elle aussi et à nouveau à la restauration récurrente, dont on fait l'expérience à tous les niveaux, d'un ordre du discours littéraire, notamment romanesque, opérée sur la base de critères commerciaux et sous le prétexte démagogique que certaines formes littéraires seraient mieux « comprises » que d'autres par la collectivité. Ce prétexte ne tient évidemment pas compte du degré d'émancipation de la masse des lecteurs (y compris de beaucoup de lecteurs « instruits ») et des mécanismes d'orientation de la *doxa* opérant non seulement dans les régimes dictatoriaux mais aussi dans les régimes appelés « démocratiques » auxquels la société occidentale est soumise depuis la fin de la Deuxième Guerre Mondiale.

Or, la *grammoclastie* est l'expression d'un processus de *désignification* à l'œuvre dans le texte poétique. J'entends par « désignification » un processus de réduction du sens mais aussi de démantèlement de la codification signique. Afin de saisir la raison d'être de cette autre notion, il faudra distinguer entre une désignification *positive*, issue du démembrement des codes du langage et de l'imaginaire opéré par le langage poétique, et une *désignification négative*, issue du manque de sens provoqué par la violence technologique de la modernité, qui trouve dans la Shoah son modèle archétypal. Dans la *désignification négative* la poésie reflète l'impossibilité de dire de façon transitive la violence de l'effacement historique originaire de la modernité en se livrant pour cela à des processus langagiers hétérogènes d'interruption, de distorsion, d'inversion, d'effacement, de réorganisation et de dé-codification de l'espace signique. Dans la *désignification positive* la poésie met en œuvre des techniques textuelles contre les codes de la doxa médiatique, contre la signification formatée de la convention partagée et véhiculée, dans la modernité, par les médias de masse. Les médias de masse sont à leur tour à l'origine d'un processus de désignification *négative*, provoquée par l'évidement et la codification du sens qui les régissent et les affirment en tant que dispositif de contrôle politique à l'ère démocratique. Cette désignification s'ajoute et se mélange à la violence « fasciste » (Judith Balso) du terrorisme – dont la persistance est soumise à sa médiatisation – et des guerres mondialisées, dont la violence désignifiante dictatoriale est liée à double fil à la désignification démocratique. On voit bien donc pourquoi, dans la perspective historique et politique que je propose ici, le changement de paradigme poétique est sans retour.

La *grammoclastie* et la *désignification* sont à l'origine de l'« obscurité » et de l'« illisibilité » dont on a souvent accusé la poésie de la modernité. Mais, depuis le point de vue théorique que je cherche à esquisser ici, cette accusation n'a pas lieu d'être. L'hypothèse que je propose en conclusion c'est de considérer qu'une redéfinition de cette question parvenant également, en quelque sorte, à son annulation entraîne des conséquences politiques majeures. Plus précisément, mon hypothèse c'est que la question de l'illisible et celle de l'indicible sont liées à double fil dans la poésie moderne et contemporaine.

L'illisibilité provoquée par la grammoclastie et la désignification puise ses racines dans une exigence historiquement connotée, celle de la subversion du poétique. Il s'agit donc d'un phénomène qui entraîne non pas une impossibilité délibérée de la lecture, mais plutôt un changement des paradigmes de lecture du fait de l'évolution des formes qui se produit sous l'égide du phénomène que j'ai qualifié de dépassement de la distinction ontologique entre esthétique, éthique et épistémologie. Ma proposition est donc celle de remplacer le mot d'illisible par celui d'*alter-lisible*, un terme qui indique justement cette modification de paradigme, cette création d'une alternative aussi bien politique que cognitive dans le langage.

La question de l'illisibilité apparente du texte poétique contemporain est liée à celle de l'indicible dans un sens qui s'éloigne du cliché métaphysique ironiquement critiqué par Christian Prigent lorsqu'il parle de l'« l'écrivain envoyé spécial dans l'Indicible ».[4] Dans le contexte de la subversion du poétique, la poésie se mesure avec l'indicible dans un autre sens, ou plutôt sur plusieurs niveaux entrecroisés. L'indicible est d'abord celui de la violence originaire du crime, comme dans la page de *Théorie des prépositions* de Claude Royet-Journoud où n'apparaît que le chiffre : « 43 525 ».[5] Ce chiffre indique le nombre de chaussures qui auraient été trouvées par les Américains à Auschwitz, mais une page blanche l'entoure, car rien d'autre, dans ce lieu, ne peut être dit à part ce chiffre, qui dit tout en même temps, par lui-même. L'indicible est aussi celui de l'absence d'information due à la fois à la manipulation médiatique de l'information et à l'hypertrophie normalisante des données dans la société technologique, comme dans les cases des *Portraits chinois* de Franck Leibovici qui restent vides.[6] L'indicible découle aussi et plus en général de la question cognitive majeure posée à mon sens par la poésie de la modernité jusqu'à nos jours : comment dire ce réel énigmatique, extra-langagier, multiple, fuyant et pourtant omniprésent, que l'on cherche en même temps à modifier, à influencer, voire justement à subvertir ?

Si la notion d'*alter-lisible* indique donc un *changement des paradigmes de lecture* du fait des évolutions et des questionnements historiques, politiques et cognitifs du langage de la modernité, la notion d'*alter-dicible* interviendra parallèlement afin d'indiquer non pas une impasse métaphysique mais plutôt un *changement des paradigmes d'écriture et d'énonciation* du fait de ces mêmes évolutions et de ces mêmes questionnements qui affectent le texte poétique.

Les notions d'*alter-lisible* et d'*alter-dicible*, qui découlent donc directement du comportement poétique *grammoclaste*, expriment la nécessité – encore active aujourd'hui et toujours sujette à des évolutions ultérieures – de créer des régimes langagiers alternatifs en tant que nouveaux possibles dans l'histoire du sens, des nouveaux possibles qui sont à la fois cognitifs et politiques, et qui affectent le champ esthétique aussi bien qu'éthique et épistémologique, du fait du dépassement ontologique de ces catégories que nous avons repéré dans le discours poétique.

Conférence prononcée lors de la journée d'études *Les Nouvelles Écritures Politiques : Le Poète Dans La Communauté*, Birkbeck – University of London, 13 février 2015, inédite.

1. G. Deleuze – F. Guattari, *Capitalisme et schizophrénie I : L'Anti-Œdipe*, Paris, Les éditions de Minuit, coll. « Critique », 1972–73, p. 392.
2. P. Valéry, *Cahiers (textes choisis) : Tome I*, éd. par Judith Robinson, Paris, Gallimard, Bibliothèque de la Pléiade, 1973, p. 684.
3. P. Guyotat, *Littérature interdite*, Paris, Gallimard, coll. « Hors série Littérature », 1972, p. 11.
4. Ch. Prigent, *Une erreur de la nature*, Paris, P.O.L., 1996, p. 37.
5. Cl. Royet-Journoud, *Théorie des prépositions*, Paris, P.O.L., 2007, p. 70.
6. F. Leibovici, *Portraits chinois*, Marseille, Al Dante, 2007, *passim*.

II.
Saggi e articoli di critica
Essais critiques et articles
Critical Essays and Articles

L'écriture est un système complexe : entre
« Narration d'équilibre » et « Objet bougé »

> « *Ou bien. 'Ou bien'.*
> *Indéfinissable modèle du temps.* »
> – J. Daive, Narration d'équilibre 7 :
> Une leçon de musique, Paris, P.O.L., 1990, p. 54

> *se placer dans la différence absolue,*
> *c'est-à-dire le séquentiel chaotique* »
> – J. Roubaud, La vieillesse d'Alexandre,
> Paris, Ivrea, 2000, p. 72

0. Introduction

Cette contribution vise à interroger l'interaction entre poésie et narration dans l'oeuvre de Jean Daive, de *Narration d'équilibre* (P.O.L., 1982-1990) à *Objet bougé* (P.O.L., 1999). Il s'agit ici de formuler des notions théoriques susceptibles de questionner le rôle de la narration, de la rhétorique et de la versification dans le travail de Jean Daive. Étant donné que la perspective adoptée est principalement orientée vers une démarche macro-textuelle, les citations directes seront relativement rares et la condition nécessaire pour la compréhension de cet article sera la lecture préalable de tous les textes pris en compte.

1. Théories

Lorsque je me suis interrogé sur les modèles possibles de description théorique du travail de Jean Daive et notamment du rôle joué par la narration dans la partie de son œuvre poétique qui se prête à ce questionnement, deux théories poétologiques se sont révélées être particulièrement pertinentes : d'une part la théorie du vers et de l'enjambement proposée par Giorgio Agamben et développée par Fabien Vallos, d'autre part la théorie émergeant de la réflexion sur W de Jean Daive articulée par Werner Hamacher dans son essai *Anataxe. Virgule. Balance.*

Agamben et Vallos ne traitent pas directement de Jean Daive et leurs théories respectives s'adressent au domaine poétique moderne tout court. Pourtant leur conception de la versification peut très bien être appliquée au rapport entre versification et narration dans l'écriture de Daive. Selon Agamben, l'enjambement, « contrairement au préjugé répandu qui voit dans la poésie le lieu d'une parfaite adéquation entre le son et le sens »,[1] incarnerait l'« intime désaccord »[2] entre le rythme et la sémantique en révélant ainsi la nature spatio-temporelle et sémiotiquement ambiguë de la poésie et, par extension, de tout discours humain. L'*Atemwende* celanien,[3] l'enjambement agambenien et le rythme selon Meschonnic,[4] en théorisant la « renverse du souffle » propre à la poésie, ouvrent un espace d'interrogation cognitive sur le rapport entre le langage, le discours et le monde : le vers est une *intermittence*,[5] un commencement et un recommencement qui trace l'entrée dans l'état du discours comme rythme de la pensée. La poésie, par conséquent, tend toujours vers la prose, et vice versa :

> L'enjambement met ainsi au jour l'allure originelle, ni poétique ni prosaïque, mais à proprement parler bustrophédique, de la poésie, et le caractère hybride de tout discours humain [...] La *versura*, dont il n'est pas fait mention dans les traités de métrique, et qui constitue cependant le noyau du vers, est un geste ambigu, tourné à la fois en arrière (*versus*), et en avant (*pro-versa*). Ce suspens, cette sublime hésitation entre le son et le sens, voilà l'héritage poétique que la pensée se doit d'assumer jusqu'au bout.[6]

C'est à partir de ces considérations d'Agamben sur la versification et l'interruption que Fabien Vallos affronte la question de l'intermittence en mettant en évidence le caractère « pervers » du poétique et, par conséquent, du langage tout court : « Le langage possède le terme pervers emprunté au latin *perversus*, ce qui est retourné, autrement dit un versus qu'on a retourné sens dessus dessous. *Pervers* signifierait donc qui regarde autrement ».[7] Il y est question d'une subversion opérée par le biais du langage poétique, une subversion exprimée ici par le décalage entre le son et le sens qui détermine un changement de paradigme, une ouverture du possible en dehors des confins génériques. Le vers relève, selon les mots de Denis Roche, d'une scansion en « modes d'alternance pulsionnels »,[8] d'une rythmicité qui va au-delà de la poésie comme genre et réactive la poésie comme épistémologie, l'enjeu étant celui du langage dans son ensemble et de son rapport au monde et à l'intériorité, à l'espace-temps et à l'émission vocale, au sens et à ce qui le précède. Le vers comme enjambement et comme perversion est une « aptitude à créer des événements *comme tels*, qui pénètrent et qui persistent »[9] : le vers décrit l'entrée dans un état. Le vers est un geste, le geste du corps du texte, l'écriture-énonciation de l'espace-temps. Le vers est un *dispositif* : il modifie l'espace-temps. Le vers est orienté, il va *vers* la prose, *vers* le monde. Or, chez Jean Daive la versification comme processus d'interruption, d'inversion et – pour utiliser le terme d'un autre poète dont le travail sur la narration pourrait en partie se prêter aux réflexions que je vais proposer ici, à savoir Claude Royet-Journoud – de *renversement* est au centre du dispositif de narration.[10] L'écriture en vers agence l'inversion, la *per-version* de la narration, ainsi que ses interruptions éventuelles et ses multiples jaillissements potentiels. Le vers implique une *discrétisation* de la narration (*Narration d'équilibre*) qui est ainsi soustraite à la fiction et ramenée vers le réel, vers la non-linéarité du réel. Parallèlement, la prose est un continuum qui suit l'événement et fait adhérer le discours au flux du réel. La fiction se « réelise »[11] dans le récit en prose : *La condition d'infini* (P.O.L., 1995-1997).

Dans *Anataxe. Virgule. Balance* de Werner Hamacher,[12] un paradigme narratif semblable peut être saisi dans le rapport entre la versification et la syntaxe. Ce rapport est contenu, déjà, dans la triade du titre, triade dont il est d'abord nécessaire de rappeler que le premier terme (« anataxe ») n'est jamais repérable dans le texte de Daive et que le deuxième terme (« virgule »), qui n'est présent ni comme mot ni comme signe typographique dans W, guide entre autres la structure de la troisième section de *Narration d'équilibre* (qui précède donc W, 4ème section), à savoir *Vingt-quatre images seconde*, un ouvrage où le signe typographique de la virgule apparaît de multiples façons, souvent comme signe isolé ou répété, beaucoup plus grand que le corps du texte écrit.[13] Le troisième terme (« balance ») est le seul à être directement présent dans W, répété à maints endroits.[14] Son origine mallarméenne nous renvoie à la question de la syntaxe comme « balancement prévu d'inversions ».[15] L'inversion, la non-linéarisation de la narration, la *condition* à laquelle la narration est *soumise* agencent une syntaxe comme anataxe : « donnant – écrit Éric Pesty – en régime versifié, à entendre une liaison syntaxique entre deux constituants, mais une liaison simultanément dédite par la non relation marquée entre ces constituants ».[16] La virgule démesurée, conceptuelle, hyper-présente dans *Vingt-quatre images seconde* et hyper-absente dans W, scande à son tour cette interruption du récit et devient la forme-objet :

,

sur laquelle le récit peut osciller, peut se balancer en avant et en arrière, au-delà des coordonnées spatio-temporelles de surface. La syntaxe de Daive fait en sorte que la narration soit toujours trouée, cryptée, renversée : « La pensée de

Daive devrait conduire à la phrase suivante : la parole ne suit qu'une demi-syntaxe, elle ne peut parler que comme demi-parole et comme *équilibre* avec son non-parler ».[17] Quelques pages plus haut Hamacher s'attache à décrire directement le processus narratif de *W* :

> Quelqu'un raconte une histoire pour établir de manière sûre que cette histoire lui obéit. La *Narration d'équilibre* de Daive raconte que sa narration ne lui obéit pas, qu'elle ne parvient pas à le tenir à distance de ce qui est narré, qu'elle et lui sont déchirés par le fait de narrer.[18]

Mais d'où vient cette négation d'obéissance, cette subversion du poétique et du prosaïque, cette inversion du récit ? Quelle est l'origine de cette « déchirure » (un mot récurrent dans toute l'œuvre de Jean Daive) ? Autrement dit : pourquoi choisir de donner ce visage à la narration ? Pourquoi la trouer, y introduire du non-écrit, de la non-parole, ainsi que des inversions, voire des incohérences spatio-temporelles et événementielles ? Nous avons déjà en partie répondu en soulignant le caractère épistémologique du fait poétique ainsi que son pouvoir de rapprochement entre le langage et le réel au moment où la narration se disperse en dehors de son organisation fictionnelle. Mais s'il est vrai que cette caractéristique pourrait être également attribuée à d'autres poètes contemporains, français et étrangers, il y a bien un autre aspect qui ne relève que de l'écriture de Jean Daive et que nous choisirons d'appeler ici « récit ontogénétique ».

2. *Le récit ontogénétique*

Tout commence par la formation du fœtus, ensuite par la naissance, et surtout par l'*enfance,* qui est un thème clé dans toute l'œuvre de Daive mais aussi d'autres poètes de sa génération, comme Claude Royet-Journoud et Anne-Marie Albiach. Qu'est-ce qui caractérise plus spécifiquement le récit ontogénétique de Daive ? Deux aspects : d'abord, l'enfant qui – comme Daive le raconte dans deux interviews avec Michèle Cohen-Halimi publiées dans le numéro du CCP qui lui a été consacré – est caché dans un *placard* – *mur* – *boîtier* et ne parle pas.[19] On se souviendra là des mots de Hamacher : « la parole ne suit qu'une demi-syntaxe, elle ne peut parler que comme demi-parole et comme *équilibre* avec son non-parler ». La narration doit être en équilibre avec l'enfant qui se tait, avec l'acte vocalique de se taire qui est présent *in nuce* dans le geste scriptural. L'autre aspect qui, si l'on veut, contient aussi le premier, c'est que l'écriture de Daive cherche à suivre le parcours de l'inconscient, à en reproduire les répétitions, les inversions temporelles, les fantasmes, les lacunes, les condensations (dont celle illustrée par l'équivalence *placard* – *mur* – *boîtier*). Les dispositifs d'inversion (y compris le choix de ramener en *vers,* d'invertir ou de pervertir la narration), de réduction, de récursivité et de multiplication de l'action découlent d'une approche épistémologique de l'écriture qui s'adresse tout particulièrement à l'histoire psychique : Daive cherche à calquer et à verbaliser l'histoire de l'intériorité, faite de souvenirs souvent refoulés ou disparus et de projections qui sont soumises aux processus de censure. Des *multiples vecteurs de l'intériorité* deviennent chez Daive les véritables personnages de la narration poétique. Un noyau sémantique qui ne relevait initialement pas du verbal devient ici le seul récit possible. C'est pourquoi l'*enfance* et l'*adolescence* sont omniprésentes dans l'œuvre de Daive, qui n'a jamais caché l'influence décisive qu'a exercée sur son écriture la méthode psychanalytique.[20] Les rôles de la subjectivité et l'ordre temporel et logique des événements peuvent être tordus, multipliés, (é)changés, parfois même violés, pourvu que l'écriture soit le véritable moteur de l'introspection, par sa capacité à ne pas formuler des reconstructions métaphoriques *a posteriori* du noyau non-verbal duquel elle dérive. Les répétitions (on parlait plus haut de la « balance » et on produira d'autres exemples plus bas), récurrentes dans *Narration d'équilibre* ainsi que dans *Objet bougé* – l'autre grand récit en vers, inversé et pervers, de Daive – jouent un rôle presque totémique d'objets obsessionnels de l'histoire individuelle, elles sont des sortes d'objets placés eux-mêmes dans le devenir ontogénétique, des *balises sémantiques*, des « *fort da* » de l'écriture. La poésie se libère ainsi, ne serait-ce qu'en partie, de ses contraintes rhétoriques, au profit d'une redéfinition psychique de la narration. Au travers de dispositifs narratifs non-linéaires qui miment les articulations par lesquelles l'inconscient élabore l'expérience, l'écriture de Daive vise aussi par ce biais à pénétrer le réel et à reproduire le chaos qu'elle y trouve lorsqu'elle choisit de donner un « visage verbal » aux moindres mouvements de l'énigme intérieure.

3. Systèmes complexes et géométries non-euclidiennes

Après avoir analysé les enjeux prosodiques, syntaxiques et sémantiques des trous et des inversions dans la narration versifiée de Daive, nous nous sommes ensuite attachés à en décrire l'une des origines épistémologiques principales : l'ontogenèse de la psyché. Un troisième passage s'impose maintenant : quel modèle peut-on proposer, de façon parallèle au double modèle Agamben-Hamacher, afin de décrire le *comportement* rhétorique et sémantique de cette épistémologie de l'écriture ? Autrement dit : à quel(s) modèle(s) épistémologiques peut-on reconduire le traitement de la narration opéré dans la versification de Jean Daive ? Comment peut-on décrire sa nécessité cognitive ? On pense d'abord à la psychanalyse, bien évidemment, à la fois en termes de modèle épistémologico-langagier (de Freud à Lacan) et d'affranchissement de la rhétorique métaphorique standard (de Charles Mauron à Francesco Orlando). Mais il ne faut pas réduire la narration poétique de *Narration d'équilibre* à *Objet bougé* à ce qui risque de devenir un véritable cliché psychanalytique de l'écriture de Daive. Il me semble que l'on peut observer un régime d'opérativité cognitive, rhétorique et épistémologique de la poésie-narration de Daive à l'extérieur aussi bien qu'à l'intérieur de la psychanalyse. Le fait que Daive souhaite déployer un récit ontogénétique en lien direct avec certaines dynamiques psychiques qui sont au centre de l'intérêt psychanalytique n'implique pas que *toute* la poésie-narration de *Narration d'équilibre* à *Objet bougé* puisse être réduite à la psychanalyse comme seul modèle cognitif, rhétorique et épistémologique à l'origine de son traitement de la narration. Comme je le fais souvent lorsque je lis de la poésie, je me suis interrogé sur le travail poético-narratif de Daive en termes de *comportement*, comme s'il s'agissait d'un organisme à analyser. Je me suis alors trouvé dans l'indécision entre deux modèles épistémologiques qui sont également présents – en proportions, qualités et formes différentes –, dans des expériences d'écriture contemporaines à celle que l'on prend en compte ici, à savoir : la *complexité* et les *géométries non-euclidiennes*.

Ces deux modèles si différents, l'un emprunté à la biologie et à la physique, l'autre d'origine mathématique, ont en commun la production jamais achevée d'un *shift* de paradigme à l'intérieur d'une *narrative* organique et/ou spatio-temporelle irréductible à un geste unique. Dans le *système complexe* chaque événement peut produire un changement d'état qui n'est jamais totalement prévisible, qui dépend d'un nombre extrêmement élevé de paramètres, souvent impondérables. Il en va d'une *perturbation* (terme technique utilisé dans la théorie des systèmes complexes) dans l'équilibre de l'organisme, car le tout n'est pas la somme des parties. Étant donné qu'il s'agit de relations non-linéaires, même une petite perturbation peut causer des états chaotiques, à savoir des variations d'état imprévisibles. Lorsque l'on analyse une variation agissant à l'intérieur d'un système donné (une population, un organisme, l'ADN, la bourse), on se rend compte, en discrétisant la variation, qu'il y a des oscillations entre un point et l'autre de l'état du système considéré. On parle à ce propos de « points de bifurcation », où le comportement du système se révèle imprévisible : la théorie de la complexité constate ainsi la présence, dans le réel (biologique, mais aussi économique et social), de « situations de chaos ». En même temps, ces perturbations qui rendent le système imprévisible garantissent sa persistance dans la chaîne évolutive : un nouvel équilibre s'instaure sur cet ensemble de bifurcations qui produisent des *shifts* de paradigme voués entre autre à assurer la subsistance de l'organisme dans la multiplicité du réel.[21] On voit bien émerger ici des termes que nous avons directement utilisés pour décrire le travail de Jean Daive : « non-linéarité », « chaos », « oscillation », « discrétisation », « équilibre » (terme emprunté à Daive lui-même). Les inversions, les oscillations et les lacunes produisent cet organisme narratif impondérable, multiple, bifurqué : *la narration d'équilibre est une narration qui perturbe l'équilibre de la narration afin d'instaurer un nouvel équilibre textuel et cognitif*. La psychanalyse et ce que l'on a qualifié plus haut de « récit ontogénétique » peuvent très bien rentrer, au fond, dans un régime complexe. Lors de l'analyse de la variation du paramètre, on s'aperçoit qu'en dessous d'une certaine valeur l'oscillation est prévisible et qu'il y a une « valeur-seuil » au-delà de laquelle, en revanche, l'oscillation ne sera plus prévisible. Le déterminisme propre à la science galiléenne disparaît : la physique ne peut pas tout dire. Au-delà de la valeur-seuil, on dira donc avec Claude Royet-Journoud que la science, comme la poésie, est un « métier d'ignorance ».[22] Et, en transférant ce modèle à la narration poétique de Daive, nous imaginons qu'au-delà de cette valeur-seuil le libre jeu entre polysémie et littéralité n'autorise plus la persistance d'une rhétorique *métaphorique-*

métonymique standard, qu'au-delà de cette valeur-seuil où un comportement imprévisible s'affirme dans l'organisme-système il n'est plus possible, pour utiliser une expression de Jacques Derrida, d'« arrêter les marges d'une rhétorique ».[23]

Dans les géométries non-euclidiennes (considérées déjà par Maurice Blanchot comme modèle des écritures modernes)[24] l'espace dépasse les trois dimensions, il est courbé, les lignes parallèles peuvent se rencontrer, la somme des angles d'un triangle est supérieure à 180°. Daive accomplit la même opération à l'égard de la narration, voire de l'écriture en général, par le biais de plusieurs méthodes poétiques qui sont agencées comme différentes modalités d'interruption et de multiplication de la perspective spatio-temporelle : « Une géométrie de la parole. / Les corps ne seraient pas là ».[25] La rhétorique standard est également annulée dans ce modèle car l'espace-temps langagier a changé, le paradigme a connu un *shift*, le seuil a été dépassé, la perception du langage et du réel a subi la *per-version*, la réorganisation, la courbure de la narration. Un bref texte de *Narration d'équilibre 2* : « Sllt » décrit méta-poétiquement cette opération en rapprochant la narration de l'organisme, le langage du réel :

> Une tonalité
> ni moins réelle, ni moins vraie
> qu'un bras qui se retranche
> de son thème
> et fonctionne à l'inverse
> de ce que peut l'événement.[26]

L'écriture versifiée (« tonalité ») n'est pas « moins réelle » que l'organisme complexe (« un bras ») car elle opère des renversement narratifs (« fonctionne à l'inverse »). L'*organisme-narration* produit le *shift* de paradigme (« se retranche de son thème »), une subversion qui peut être, comme ici, violente, car elle décrit, elle raconte l'équilibre sur le chaos (« à l'inverse / de ce que peut l'événement » et, dans *Vingt-quatre images seconde* : « J'essaie d'équilibrer / ce que nous renversons »[27]). Il faudra maintenant préciser davantage cette démarche en énumérant quelques-unes des *pratiques* textuelles qui opèrent la réorganisation épistémologique de la narration.

4. Pratiques

En parlant de pratiques, on revient aux théories : la pratique narrative par excellence adoptée par Daive afin d'opérer le *shift* de paradigme, c'est la versification. On n'y reviendra pas, sinon pour citer le début de *W*, qui est exemplaire à ce propos :

> Dire et ne savoir.
> Chemise. Cette bouche fermée.
> Du. Les doges
> sont partis.[28]

« Dire et ne savoir » : « la poésie est un métier d'ignorance ». La bouche de l'enfant est fermée, l'enfant se tait dans le *placard – mur – boîtier*, la narration se confronte à son silence.[29] « Du » : la narration s'interrompt, se renverse. « Les doges / sont partis » : le texte performe le détachement et le renversement narratif en allant à la ligne entre « doges » et « sont partis ». La « chemise », un élément sémantique répété tout au long du texte, reste isolée, indéchiffrable. Voici la deuxième *pratique,* dont il a également été question à plusieurs reprises : la *répétition.* Toute la Narration d'équilibre, et notamment W et America Domino, est habitée par un tissu épais de répétitions de mots : « chemise », « paquet », « balance », « neige », « fin », « réveil », « porte », « enfant », etc. ; et d'actions : « fermer la bouche », « dormir », « descendre », etc. La répétition participe du processus de renversement spatio-temporel et de multiplication des points de vue : souvent la même scène est répétée car elle est comme observée plusieurs fois par de multiples points de vue. Un exemple : l'acte de « mettre W dans un paquet », récurrent tout au long de *W.*

Une autre pratique que l'on a évoquée, c'est la *syntaxe.* On pourrait distinguer plus précisément entre deux fonctions syntaxiques majeures dans le traitement poétique de la narration : une fonction *micro-textuelle* et une fonction *macro-textuelle.* La première agit au niveau de l'interruption locale de la phrase, de façon parallèle à la versification ; l'utilisation des points dans W en est un exemple évident. La deuxième agit au niveau de l'agencement global du *macro-texte* (le livre) et du *macro-macro-texte* (le cycle Narration d'équilibre) : c'est une syntaxe renversée des sections et des thématiques, une syntaxe structurelle plutôt que phrastique, qui produit la non-linéarisation de la narration.

À ces différentes pratiques il faut en ajouter deux autres, extrêmement importantes, que l'on n'a pas encore évoquées directement. Je les nommerai *rhizome* et *troisième personne impersonnelle*. La première découle directement de l'agencement de la syntaxe macro-textuelle ainsi que des modèles épistémologiques proposés plus haut. Le rhizome, conçu au sens deleuzien d'un réseau de rapports sans hiérarchies,[30] nous semble décrire parfaitement, en dernière instance, la complexité du récit daivien. Pas de hiérarchies temporelles, car la temporalité est souvent inversée dans le récit ontogénétique et les répétitions interviennent régulièrement afin de confirmer le comportement non-linéaire de la narration. Pas de hiérarchies spatiales, car la spatialité de la narration s'étend dans une multidimensionnalité non-euclidienne sans bornes. Pas de hiérarchies rhétoriques, car la valeur-seuil de la métaphore a été dépassée au profit d'un renvoi sans solution de continuité entre polysémie et littéralité. Pas de hiérarchies ontogénétiques, car l'enfant et l'inconscient engendrent et guident le déploiement du récit. Pas de hiérarchies politiques non plus dans le potentiel subversif de cette écriture. Pas de hiérarchies cognitives possibles, enfin, dans le *shift* de paradigme, bien au contraire : toutes les coordonnées subissent une sorte de *réinitialisation*. L'absence de hiérarchies et le processus de réinitialisation des coordonnées cognitives sont également repérables dans le traitement poético-narratif du sujet : la subjectivité du récit est extériorisée dans l'utilisation massive de pronoms à la troisième personne, masculine et féminine, plus souvent singulière, parfois plurielle. Cette réduction de la subjectivité, que je qualifie de *troisième personne impersonnelle* (TPI dorénavant), objectifie et réifie le rapport entre la narration et le réel dans lequel elle cherche à s'incruster. L'*objet bouge* comme un sujet. Dans *Narration d'équilibre et* encore plus dans *Objet bougé* les deux troisièmes personnes impersonnelles, masculine et féminine, se positionnent à la place des personnages, dans un mouvement ultérieur d'éclatement de la polarisation du récit, ce qui n'exclue pourtant pas la cohabitation avec le couple *je-tu*, également présent :

> Il est amoureux. Il est mélancolique.
> Un meurtrier.
> Elle
> la victime pense se marier avec lui.
> Il dort dans une couverture.
> Sur la berge. Souffle la bougie.
> Deux jours. Une nuit.
> Pourquoi le crime est-il nécessaire
> à la structure du monde ?
> Casse-toi.[31]

La TPI contribue au *shift* de paradigme car elle ouvre le sujet à la polysémie, elle confère à l'espace d'action des personnages un caractère multidimensionnel et ouvert, elle confond les identités et la temporalité des actions de différents personnages hypothétiques, qui sont tous regroupés, sans distinction, sous l'égide du pronom. La TPI fait éclater la représentation et la subjectivité en mettant l'accent sur l'action, elle déconstruit la psychologie au profit de l'intériorité, elle fait taire *un* individu pour dire *l'*individu, elle cache l'autobiographie dans le placard et crée un réseau rhizomatique de rapports entre des individus-pronoms. De même, la TPI réduit l'écart entre la grammaire et le réel en rendant le pronom un sujet polysémique et donc collectif. La TPI, ainsi que la présence de la thématique du crime, que l'on retrouve dans les vers que l'on vient de citer et qui est propre à la fois au travail de Jean Daive et de Claude Royet-Journoud, relèvent de la question de l'*illisibilité*.

5. *Le récit à déchiffrer*

Dans son essai *On Difficulty*, George Steiner distingue quatre modalités de difficulté textuelle : « contingente » (due à un manque de connaissance à l'égard du texte lu, qui peut être comblé en dissipant la difficulté) ; « modale » (due au domaine de figuralité d'un texte, qui peut être déchiffré en dissipant la difficulté) ; « tactique » (due au choix délibéré de l'auteur de rendre son texte difficile à déchiffrer) ; « ontologique » (due au caractère intrinsèquement obscur de certaines formations langagières, dont évidemment la poésie).[32] Cette articulation de Steiner comporte plusieurs problèmes : elle est schématique, elle risque d'affirmer une identité fictive entre difficulté et illisibilité, elle veut se référer à la poésie de tous les temps, sans distinctions, elle exclut d'autres formes possibles de difficulté ; mais elle a le mérite d'attirer notre attention sur le fait que la difficulté de la poésie de Jean Daive ne pourrait être dite que « tactique » et « ontologique », ce en quoi elle pose le problème de sa lisibilité. Les inversions temporelles, spatiales et logiques, les lacunes dans la narration, l'oscillation entre polysémie et littéralité, l'éclatement de la subjectivité, toute la complexité de l'anti-système narratif daivien est d'ordre tactique, car elle vise, comme on l'a vu, a narrer l'ontogenèse de l'intériorité, mais elle est aussi ontologique, car elle « colle « à des espaces langagiers, comme justement l'inconscient, qui sont intrinsèquement complexes : « je pardonne tout. Les intrigues./Les enfants. Les vieillards./La police. Les cures de sommeil./Les murs chimiques. L'aphasie./Avez-vous mis le temps dans/votre énumération ? ».[33] Mais s'agit-il vraiment d'une forme d'illisible ? La difficulté de la narration poétique de Jean Daive pose plutôt la question du déchiffrement – le chiffre étant d'ailleurs une thématique clé dans le travail de la poésie dite « blanche » – de contenus rendus difficiles par les multiples façons dont, comme on a pu le voir, Daive opère un *shift* de paradigme cognitif, émotionnel, rhétorique, spatio-temporel. Les lecteurs et les critiques sont eux aussi appelés à redéfinir leurs outils théoriques, à produire ce *shift* de paradigme, ces changements de coordonnées spatio-temporelles qui sont opérés à l'intérieur du texte. L'illisibilité peut se dissiper dans le « changement de paradigme », dans la réorganisation de la narration en vue d'une intégration entre le texte, le monde extérieur et le réel psychique.

Il en va également du rapport entre illisibilité et polysémie illustré par le binôme *individuel – collectif* : le récit ontogénétique ne saurait se produire sans son corrélat phylogénétique ; la TPI renvoie à une multiplicité subjectale indéfinie ; l'enfant qui se tait héberge dans son intériorité individuelle une histoire collective non-scriptible qui est pourtant écrite. À ce propos, une dernière remarque concernant la polysémie du texte daivien : l'illisible renvoie à un indicible qui, pourtant, émerge de la complexité lacunaire du texte et témoigne d'une autre catégorie de difficulté, une difficulté « historique » du texte poétique confronté au passé et au présent de violence qui l'habite secrètement. En première instance : la *Shoah*, non-scriptible et pourtant présente en tant que traumatisme historique originaire, et ensuite les *médias*, non-scriptibles et pourtant présents en tant qu'image complexe du présent, se déroulant en temps réel et envahissant l'espace de l'intériorité. Voilà l'importance du mot « crime » dans la narration poétique de Jean Daive. L'Histoire pénètre l'histoire, elle la sous-tend et la soutient : « La menace est/en premier lieu,/visuelle, toute l'intrigue ».[34] Daive agence un *polyrécit* complexe, où l'illisible s'estompe dans la polysémie, l'individu dans l'histoire, le sujet dans l'impersonnalité multiple de ses manifestations, le non-scriptible dans l'écrit, l'événement dans l'imprévisibilité de son origine et de sa possibilité.

—

Conférence prononcée au colloque *Jean Daive : Narration sous condition*, ENS Lyon, puis publiée in E. Dayre (éd.), *Jean Daive, la partition*, Paris, Hermann, 2013]

1. G. Agamben, *Idée de la prose* [1988], Paris, Christian Bourgois, 1998, p. 23.
2. *Ibid.*
3. Cf. P. Celan, *Atemwende*, [1967], désormais in *Id., Die Gedichte*, op. cit.. Tr. fr. par Jean-Pierre Lefebvre : *Renverse du souffle*, Paris, Seuil, coll « Points », 2006.
4. Cf. par ex. H. Meschonnic, *Critique du rythme*, Lagrasse, Verdier, 1982, p. 457 : « La prose n'a cessé d'entrer dans le vers, le vers, d'aller à la prose ».

5. Cf. Th. W. Adorno, *Parataxe*, in Id., *Notes sur la littérature*, Paris, Flammarion, 1984, p. 319 et F. Vallos (éd.), *Inchoation & Immédiateté*, Paris, Mix., 2011.
6. G. Agamben, *Idée de la prose*, op. cit., p. 24.
7. F. Vallos, *Le poétique est pervers*, Paris, Mix., 2007, p. 9.
8. D. Roche, *Leçons sur la vacance poétique*, in Id., *Éros Énergumène* [1968], désormais in *La poésie est inadmissible. Œuvres poétiques complètes*, Paris, Seuil, coll. « Fiction & Cie. », p. 288.
9. F. Vallos, *Le poétique est pervers*, op. cit., p. 9.
10. Cl. Royet-Journoud, *Le Renversement*, Paris, Gallimard, 1972.
11. J'emprunte ce terme à Jean-Marie Gleize.
12. W. Hamacher, *Anataxe. Virgule. Balance : Notes pour W de Jean Daive*, trad. de Michèle Cohen-Halimi, Marseille, Éric Pesty Éditeur, 2009.
13. J. Daive, *Vingt-quatre images seconde*, in *Narration d'équilibre 1,2,3 : Antériorité du scandale, « Sllt », Vingt-quatre images seconde*, Paris, Hachette – P.O.L., 1982, pp. 335 sq.
14. J. Daive, *Narration d'équilibre 4 : W*, Paris, P.O.L., 1985. Cf. p. ex. pp. 110 et 118.
15. S. Mallarmé, *Le Mystère dans les Lettres*, in Id., *Œuvres. Tome II*, Paris, Gallimard, Bibliothèque de la Pléiade, p. 232–33.
16. E. Pesty sur J. Daive, *Insincère, très*, http://www.ericpestyediteur.com/insincere.htm.
17. W. Hamacher, op. cit., p. LXXXVI.
18. *Ibid.*, p. XLV.
19. Interviews avec Michèle Cohen-Halimi, in Collectif, *Cahier Critique de poésie n. 14 : Jean Daive*, Marseille, Centre international de poésie, 2007.
20. Pour cela cf. encore W. Hamacher, op. cit. notamment pp. XXXIX sq. Hamacher écrit : « Le texte de Daive ne laisse aucun doute sur le fait qu'il entretient la plus profonde sympathie avec la pratique nommée psychanalytique mais qu'il a peu à faire avec ses doctrines scientistes » (p. XXXIX). Bien que Hamacher se réfère d'abord à *W*, sa réflexion vise toute la *Narration d'équilibre*, voire toute l'oeuvre de Daive.
21. Cf. p. ex. S. Kauffmann, *At Home in the Universe*, Oxford University Press, 1995.
22. Cl. Royet-Journoud, *La poésie entière est préposition*, Marseille, Éric Pesty Éditeur, 2007, pp. 7 sq.
23. J. Derrida, *La Dissémination*, Paris, Seuil, 1972, p. 274. Derrida soutient cette impossibilité d'« arrêter les marges d'une rhétorique » en relation à la poésie de Mallarmé. Il nous semble qu'elle est encore plus appropriée pour définir certains traitements textuels en ère moderniste, dont justement (et d'abord) le travail de Jean Daive.
24. Cf. M. Blanchot, *L'entretien infini*, Paris, Gallimard, 1967, p. 80 et surtout p. 115.
25. J. Daive, *Narration d'équilibre 2 :* « *Sllt* », in *Narration d'équilibre 1,2,3*, op. cit., p. 312.
26. *Ibid.*, p. 241.
27. *Ibid.*, p. 341.
28. *Id., W*, op. cit., p. 9.
29. Hamacher parle à ce propos de « balancement entre logophobie et logeuphorie » (op. cit., p. XVIII).
30. Cf. G. Deleuze – F. Guattari, *Capitalisme et schizophrénie II : Mille Plateaux*, Paris, Minuit, 1980.
31. J. Daive, *Objet bougé*, Paris, P.O.L., 1999, p. 50.
32. G. Steiner, *On Difficulty*, Oxford University Press, 1978.
33. J. Daive, *Objet bougé*, op. cit., p. 196.
34. *Id., Une leçon de musique*, op. cit, p. 25.

« retour à aussi muet que de la pierre »

> « *Au loin, ce qui est ici, j'ai dû le chercher loin* »
> – A. du Bouchet, *L'emportement du muet*, p. 136

Quatre paradigmes poétiques

Dans cette étude je souhaiterais poursuivre ma recherche autour du matériau verbal d'André du Bouchet en m'interrogeant sur les thèmes, étroitement reliés, du geste scriptural, de la réduction de la signification sémantique-sémiotique et de l'origine.[1] Ces thèmes, qui habitent tout le parcours poétique d'André du Bouchet, sont explorés, surtout à partir des années 1980, à travers un questionnement de plus en plus récurrent des rapports entre écrit et non-écrit, parole et mutisme. Du Bouchet tend progressivement à concevoir une pratique poétique où le geste scriptural se dé-sémantise dans la matérialité du support de la page et la parole poétique est alors retrouvée dans le passage entre une dimension langagière pré-verbale et le processus d'apprentissage de la langue. Du Bouchet répond poétiquement à la nécessité d'interroger la constitution du discours, l'articulation phonétique et sémantique de la parole, la naissance du sens. Sa poésie-prose est en bonne partie vouée à questionner les origines du langage et de l'écriture, les passages par lesquels la parole parvient à son articulation. Pour ce faire, du Bouchet choisit souvent une méthode assez radicale : afin de questionner la naissance de l'écriture, il faut revenir, en écrivant, au moment où l'écriture n'était pas (encore) ; afin de questionner la naissance de la parole, il faut redevenir muet, c'est-à-dire qu'il faut revenir avec l'écriture à l'instant qui a précédé le jaillissement de la parole. Il s'agit d'une méthode cognitive pratique agissant à l'intérieur de la poésie à la fois en termes formels et thématiques.

Plusieurs figures clé, ou, si l'on veut, plusieurs *paradigmes poétiques* sont employés par du Bouchet, de manière récurrente : le *muet*, l'*enfant*, la *tache*, la *peinture*. Le muet est une sorte d'alter ego de l'écrivain : en renonçant à l'énonciation, le muet contient la parole de l'origine qui ne s'est pas encore manifestée comme parole. L'*enfant* est un deuxième alter ego de l'écrivain : il incarne ontogénétiquement l'apprentissage de la langue. La *tache*, elle, est une sorte d'alter ego de l'écriture elle-même : la tache est le produit, pour ainsi dire, d'un *geste d'encre*, à savoir d'une articulation scripturale qui précède l'écriture comme construction du sens, car elle n'est pas soumise aux règles de l'articulation du discours et du code alphabétique. La *peinture* est également un alter ego de l'*écriture* et sûrement l'un des thèmes qui ont le plus caractérisé le parcours poétique et critique de notre poète : la peinture est issue d'un geste sémantique accompli qui n'obéit ni à la codification de la langue ni à un système de notation (ce qui est le cas de la musique, le plus souvent).[2] La peinture est aussi la première forme d'expression sémiotique de l'être humain, une modalité expressive qui précède et fonde l'écriture sans passer par la parole : un signe sans alphabet.

La phrase « faisant, via la langue peinture, retour à aussi muet que de la pierre », que j'ai reprise dans le titre de cette étude, se trouve dans *Peinture*, un ouvrage post-générique de 1983 qui se situe à cheval entre poésie, prose et essai.[3] Elle contient deux figures clé de la quête dubouchettienne de l'origine. La *peinture*, conçue en tant que modèle de la langue (poétique), permet, grâce aux propriétés sémantiques que l'on vient d'esquisser, d'atteindre un degré non-verbal de la langue, l'état de *mutisme* qui a dû précéder la naissance de la parole. Le peintre et l'écrivain produisent un geste commun de création, et l'écrivain, afin d'interroger le surgissement de sa propre langue, afin d'interroger cette « mort à l'œuvre dans les signes »[4] à laquelle aucun processus langagier n'échappe, doit écrire comme s'il peignait, c'est-à-dire qu'il doit produire poétiquement, ne serait-ce que sous une forme fictionnelle, le tracé originaire qui a précédé le geste d'articulation des signes. On fait retour, dans l'écriture aussi bien que dans la peinture, à cet être-muet qui dissout le sujet dans le monde (« aussi muet *que de la pierre* »), voire dans un réel qui, en tant que réel, ne relève pas de la syntaxe du code discursif. Le réel, chez du Bouchet, est atteint par le biais de la négation scripturale de l'articulation entre parole et représentation : « perdu dans des mots, le réel, mais ce sont les mots mêmes dans lesquels il a été perdu ».[5] On voit bien ici quel est l'enjeu anti-métaphysique de la méthode dubouchettienne : la quête de l'état pré-verbal, voire de l'origine du langage tout court, coïncide chez du Bouchet avec le désir de

« percer le mur du signifiant »[6] afin de retourner, par le biais de l'écriture, à un réel innommable en tant que réel.

Je voudrais maintenant articuler davantage cet enjeu théorique en me concentrant d'abord sur un autre ouvrage des années 1980 : *Une tache.*

La tache et la langue

Presque au début du livre, c'est encore une fois la peinture qui s'impose en tant que paradigme majeur du travail d'écriture :

> je me suis confié à un défaut de support.   rien
> n'aura manqué.
>
>   on peut peindre
> le support.   le support, lui, par le travers de la peinture,
>   prononcera.
>   laissé à soi momentanément,
> et sa matière comme primant, comme matière -
> indépendante alors, de mot, et qui éclairera.
>
> le jour : une tache.   distinct,
>   dans le temps où il perce, du sens passager toujours.
>   ce qui ne se figure pas
> est peint.
>
>   parler peint.

tout support sera figure déjà. [...]

« peindre contre la peinture ».[7]

Trois expressions retiennent en particulier notre attention : « matière – indépendante, alors, de mot, et qui éclairera », « parler peint » et « «peindre contre la peinture» ». Dans la première, du Bouchet montre son intérêt pour le caractère matériel, voire matérique (au sens, justement, de la *pittura materica*) et objectal de la parole qui, « par le travers de la peinture », précède la construction du processus d'articulation des mots : « indépendante, alors, de mot », « prononcera ». « Parler peint » condense l'assimilation du geste langagier au geste pictural en tant que geste non-verbal. « «Peindre contre la peinture» » exprime la conception anti-représentationnelle de la peinture comme condition de compréhension de sa valeur de modèle pour l'écriture : du Bouchet, comme il l'énonce clairement, s'intéresse à la valeur matérielle et objectale du « support », à cet acte muet de « peindre le support », non pas à l'image qui en découle. « Peindre contre la peinture », c'est écrire afin de retrouver la matière du réel, perdue dans la structuration du sens et des signes, dans l'imposition des conventions, des symboles et des grammaires. De même, l'acte d'écrire doit toujours se penser en relation au support, le support étant justement l'espace du réel qui précède et qui donne lieu à l'articulation de la langue, comme du Bouchet le rappelle vers la fin du livre : « mots qui, replacés dans la page, eux-mêmes auront été page avant d'être mots ».[8] Voici l'une des raisons principales de la disposition des mots et de l'agencement des blancs sur la page-support, mis au point très tôt et jamais quittés par le poète.

« Peindre contre la peinture » se transforme évidemment, quelques pages plus bas, en « peindre contre la parole ».[9] Sous l'égide de la conclusion anti-sémantique et anti-représentationnelle que « parler alors, c'est l'espace »,[10] se dessine ensuite une page décisive :

>   la langue sans parler.   aveuglément, peinture.
>
>   ponctuellement
>   le plan muet parle au travers de ce qui est dit, comme accent ou lumière.
>
>   matière de parole plus loin comme dehors.
>
>   matière de parole,
>   se dissociant de la parole, plus loin comme dehors   c'est l'espace de la parole.[11]

L'acte d'écriture est un acte muet : on ne parle pas pendant qu'on écrit. Il faut se taire en écrivant et penser l'écriture comme une « matière de parole » habitant le réel contre l'« ordre du discours »[12]; penser le paradoxe d'une langue muette avant l'articulation de la parole, une langue qui, telle que l'*archi-écriture* derridienne, produit un paradigme alternatif au *logocentrisme* occidental[13] et nous permet d'« apprendre à parler » autrement.[14] Cet apprendre-à-parler-autrement est incarné, chez du Bouchet, par la pratique poétique aussi bien que par la pratique picturale : « ponctuellement le plan muet parle au travers de ce qui est dit, comme *accent* ou *lumière* ».[15] De même que l'écriture (poétique) doit se taire afin de changer la langue, afin de pouvoir se dire en tant que matière du réel plutôt que comme un élément parmi d'autres de l'ordre du discours, de même le paradigme pictural va-t-il de pair avec l'aveuglement de celui qui regarde et de celui qui peint. De même que la langue de la poésie peut échapper au logocentrisme grâce, entre autres, au paradigme de la peinture, de même la peinture elle-même doit-elle échapper, pour ainsi dire, à l'*iconocentrisme* en refusant le découpage du réel imposé par les lois de la représentation. La figure de la *tache* réunit ainsi cette double intention de l'écriture et de la peinture : *la tache est le produit d'un geste scriptural qui n'aboutit pas à la formation d'un signe ; la tache est le produit d'un geste pictural qui n'aboutit pas à la formation d'une image.*

Les choses ne parlent pas

On retrouve le même motif dans un autre ouvrage (duquel nous avons tiré notre exergue) intitulé significativement *L'emportement du muet* :

> le trait momentanément sans nom ayant en retour, et avant de faire image – sur la terre qui obstrue et doit éclaircir, lui-même alors le pas.[16]

La tache est un « trait sans nom » qui se produit « momentanément », dans le réel (« sur la terre qui obstrue »), « avant de faire image ». *L'emportement du muet* constitue un moment central dans l'interrogation du rapport entre l'écriture et ce réel « sans nom », dérobé aux lois de la représentation et du *logos* :

> ... pour peu que je sois dans la langue – moi, non la personne de l'autre – invariablement je suis dans la langue le muet. et, à l'égal des choses sans parole, dans la langue par instants, qui est aussi celle des autres, alors même que je parle, en déplacement silencieux.
>
> ... une langue – *la langue que parlent les choses* (Leiris) – dans la langue fera tache.   ou rien.
>
> [...]
>
> ... *le langage des choses muettes* (Baudelaire) dans le registre autobiographique, tache où sur-le-champ un déplacement de substance l'emportant, l'esprit alors sans saisie se découvre lui-même passager.[17]

Deux aspects sont particulièrement significatifs ici : d'abord être muet signifie être « dans la langue » et « à l'égal des choses sans parole », à savoir que le réel, en tant que réel ineffable et soustrait à la représentation et au *logos*, ne parle pas. Le réel est muet et silencieux, car les choses et les objets qui le peuplent se taisent et ne font tout simplement qu'être là. Afin de les atteindre, afin de pouvoir mettre le langage en relation avec eux, avec leur persistance et leur origine, la langue doit elle-même, par le biais de l'écriture poétique, être muette. Être muet signifie donc avant tout mettre le langage en relation avec le réel, avec un réel dont on ne peut pas parler et qui ne parle pas. D'où, encore une fois, la figure de la *tache* : la « *langue que parlent les choses* » qui « dans la langue fera tache » est cette langue sans mots de l'écriture poétique, une langue qui précède et qui questionne le jaillissement de la parole et son agencement dans le monde extérieur. Et, voici le deuxième aspect, cette condition d'être-muet appartient non seulement à ma situation, mais aussi à celle des *autres* : chez du Bouchet le réel ineffable, traversé par le « déplacement silencieux » de la poésie sous forme de tache sur la page (écriture-support, écriture-matière), peut se faire espace, véhicule, conducteur du message entre deux ou plusieurs altérités distinctes et éloignées spatialement et temporellement, pourvu que le rapport au *logos* et à la représentation, aux codes et aux règles grammaticales, aux conventions et aux symboles, soit radicalement redéfini. Voilà une autre raison à l'origine de la structure visuelle des bribes d'écriture et du blanc chez du Bouchet, ainsi que de la syntaxe très souvent inversée, interrompue, bouleversée par l'écart que le poète instaure dans la langue.

Cet écart et cette redéfinition, qui ne peuvent bien évidemment advenir qu'à travers la poésie et qui sont avant tout d'ordre *éthique* et *cognitif*, attestent de la nécessité de s'interroger, depuis la poésie elle-même, sur l'origine du *logos* et de la représentation, à savoir sur la naissance du langage, de ses codes, de ses images et de ses règles, afin de pouvoir les re-parcourir et, en l'occurrence, les subvertir.

Apprendre à écrire, contre le discours

C'est dans ce cadre poétologique que la figure de l'*enfant*, parallèle à celle du *muet*, revêt un rôle indispensable dans la poétique dubouchettienne. Nous parlions plus haut, en faisant référence à *Peinture*, de la nécessité exprimée par du Bouchet d'« apprendre à parler » autrement. Voici la citation complète :

> « il en va de même, ici, pour les enfants de l'esprit que pour les enfants de la chair auxquels la croyance des premiers Romains faisait toucher la terre, pour qu'ils apprennent à parler. »
> ....
> ....
> ....[18]

Apprendre à parler et « toucher la terre », à savoir re-parcourir l'origine de la parole et chercher le réel, ce sont chez du Bouchet deux conditions étroitement reliées. Apprendre à parler signifie ici d'abord apprendre à écrire avant et contre la parole, avant et contre l'organisation du discours « adulte ». Être muet en écriture signifie aussi redevenir le fœtus et puis l'enfant qui ne parle pas ou pas encore ; être muet en poésie et en peinture signifie aussi retourner dans la matière du ventre maternel, où l'on ne peut ni parler, ni voir. Voici pourquoi il y a des guillemets et deux lignes de points dans le passage que l'on vient de citer : la lacune dans l'énonciation intervient après la phrase « pour qu'ils apprennent à parler » et l'écriture continue, telle une syntaxe de taches asémantiques, son geste sans mots. Comme du Bouchet l'écrivait déjà dans *Image parvenue à son terme inquiet* : « poésie, rien du coup ne la distingue d'une réalité dont elle continue de tirer, sans en conserver de trace toujours reconnaissable, le pouvoir rudimentaire qui aveuglément nous a engagés ».[19] Ou encore : « Poésie. Déjà, ce n'est plus d'elle qu'il s'agit. Sa force est dehors, dans la plénitude qui l'entame ».[20] Cet engagement aveugle de l'origine, c'est aussi l'engagement dans le réel sans nom qui nous entoure et qui est au commencement du geste premier : la sortie. L'aveuglement rappelle que le geste de l'artiste est d'abord une manière d'affirmer les pulsions les plus « rudimentaires » et donc les plus profondes qui nous poussent à exister et à agir, presque malgré nous, et qui se situent chronologiquement et ontologiquement avant la constitution du *logos* et l'organisation des moyens de représentation. La poésie va au-delà des lignes de partage générique (« ce n'est plus d'elle qu'il s'agit ») afin de tendre à cet espace qui l'entoure et qui l'engendre, « la plénitude qui l'entame », « trait sans nom » et « sans mots » du réel, noir et blanc de l'origine.

La parole du poète, écrit ailleurs André du Bouchet, est une « parole enfant ».[21] Et dans *L'emportement du muet* du Bouchet souligne la portée éthique et cognitive de cette prise de conscience :

<blockquote>

à un enfant
parole accordée comme par dérogation à la règle qui veut qu'elle ne lui soit pas accessible – et à laquelle, parfois, il atteindra cependant : *presque*.

ou même : *tout à fait*,
l'enfant alors, aussi bien que celui qui accumule les années, disparu tout à fait.[22]

</blockquote>

La parole est accordée à l'enfant « comme par dérogation à la règle », parce que sa parole est elle-même une dérogation à la règle, elle est une *presque-parole*. Lorsque la règle est atteinte « *tout à fait* » dans la parole, l'enfant, aussi bien que le poète (« celui qui accumule les années »), disparaît « tout à fait ». La répétition du « tout à fait » indique le lien de correspondance tautologique, sans issue, entre la conquête de la parole du logocentrisme et la disparition de l'origine, entre l'articulation du code du discours et la fin de la poésie, entre l'organisation du pouvoir et l'oubli de soi.

Le geste commun

Le geste commun au peintre, au poète et à l'enfant produit une tache qui est la trace sans nom du réel, à laquelle s'ajoute le geste d'écrire une matière qui se dérobe à toute métaphysique de la représentation. Du Bouchet, qui était, comme Daniel Guillaume le rappelle,[23] un grand lecteur de Wittgenstein, connaissait certainement ce passage du *Tractatus* qui évoque la figure de la tache en relation à la question de la description langagière du monde :

> Représentons-nous une surface blanche couverte de taches noires irrégulières. Et nous dirons : Quelle que soit l'image qui en résulte, je puis toujours en donner la description approximative qu'il me plaira, en couvrant la surface d'un filet fin adéquat à mailles carrées et dire de chaque carré qu'il est blanc ou noir. De cette manière j'aurais donné une forme unifiée à la description de la surface. Cette forme est arbitraire, car j'aurais pu tout aussi bien me servir d'un filet à mailles triangulaires ou hexagonales et obtenir un résultat non moins satisfaisant. [...] À ces différents filets correspondent différents systèmes de la description de l'univers.[24]

On peut établir d'autres parallèles philosophiques entre le travail du matériau verbal mis au point par du Bouchet et la tradition phénoménologique française, notamment Maurice Merleau-Ponty :

> Si nous voulons comprendre le langage dans son opération d'origine il nous faut feindre de n'avoir jamais parlé, le soumettre à une réduction sans laquelle il nous échapperait encore en nous reconduisant à ce qu'il nous signifie, le *regarder* comme les sourds ceux qui parlent, comparer l'art du langage aux autres arts de l'expression […] tenter de le voir comme l'un de ces arts muets. […] Commençons par comprendre qu'il y a un langage tacite et que la peinture parle à sa façon.[25]

Sourds, aveugles, muets, le penseur et le poète avancent vers l'origine en soumettant le langage à une réduction radicale, par le biais du geste pictural. C'est un geste commun au sens également du « comme-un » de Michel Deguy : on compare les mots et les choses,[26] ainsi que, dans notre cas, la poésie et la peinture en créant un espace d'identité fictionnelle, afin de mettre en évidence le terrain cognitif et figural que partagent ces différents domaines langagiers. Il s'agit d'une micro-fiction rhétorique illustrée par le passage de la comparaison à l'identité, de la différence à l'unité, et justifiée par ce geste de sortie originaire vers le réel.

Le terme « geste » n'est pas anodin, bien au contraire : ce sont le geste et sa trace (la tache) qui ouvrent l'espace de l'identité, le comme-un de l'écriture et du réel, de la poésie et de la peinture. Merleau-Ponty, encore :

> La parole n'est pas un moyen au service d'une fin extérieure, elle a en elle-même sa règle d'emploi, sa morale, sa vue du monde, *comme un geste quelquefois porte toute la*

vérité d'un homme. Cet usage vivant du langage, ignoré du formalisme aussi bien que de la littérature à « sujets », est la littérature même comme recherche et acquisition.[27]

Chez Wittgenstein, comme Antonia Soulez le remarque, « le «geste» renvoie avant tout au mouvement de l'œuvre d'art ».[28] Soulez voit en cela l'affirmation d'un *paradigme constructif* à partir duquel nous pouvons produire sans prédétermination nos processus de connaissance et d'action. Le geste de création permet un rapprochement phénoménal du réel, un « réel » qui est, écrit Soulez, « conquis par la construction, sans commune mesure avec une Nature qu'on aurait cru donnée sous le voile du langage ».[29] Le geste est la tache et la trace, l'espace ontologique éphémère à l'intérieur duquel l'art peut se fondre au réel, avant la constitution du sens. Comme l'écrit Denis Roche : « Le geste est là dans toute intervention écrite. Qu'il paraisse évidemment là, mais surtout qu'il ne se trahisse jamais autrement que sous la forme d'un tracé disparu ».[30]

On ne saurait clore ce bref panorama théorique qui soustend ce *geste commun* sans faire référence à Francis Ponge, qui se prononçait dès les années 1950 en faveur des processus de *dé-sémantisation* et de *matérisation* de l'écriture. Il faut – écrivait-il – « briser [...] les formes actuelles du langage » afin d'« en inventer des nouvelles »[31] en faisant « jouer les expressions presque en dehors de leur signification »[32] et en considérant les mots « non plus comme signes, ni tout au contraire comme idées mêmes », mais « comme chacun un objet, une trace noire sur le papier, une suite de sons dans le vent, en pensant le moins possible à ce qu'ils 'veulent dire' ».[33] Ainsi Ponge proposait-il une véritable opération de *réduction de la parole à la matière* par le biais de la peinture : « A partir du moment où l'on considère les mots (et les expressions verbales) comme une matière, il est très agréable de s'en occuper. Tout autant qu'il peut être pour un peintre de s'occuper des couleurs et des formes ».[34] Pour Ponge aussi la peinture a une valeur matérielle, plutôt que représentationnelle. Autrement dit, l'image et le texte, au lieu d'être des points de convergence de la représentation, deviennent les traces du geste de l'artiste. À ce propos, la meilleure manière de conclure provisoirement une réflexion qui ne peut ni ne doit être conclue est peut-être celle de citer et de commenter brièvement des mots écrits par Ponge sur du Bouchet au cours des années 1980. Ponge y reconstruit les bribes d'un dialogue eu avec du Bouchet :

« Aujourd'hui, a-t-il conclu, chacun de nous est seul, isolé : il lui faut inventer non seulement ses moyens de communication, mais encore la cible à atteindre. » Il ne me souvient plus si telle fut à la lettre sa réplique, mais j'en approuvai totalement l'esprit, ajoutant que la mise en archipel des vocables sur la page, en même temps qu'elle provoquait leur intensification, amenait à une transgression, et non seulement de la syntaxe mais... « Oui, m'a-t-il interrompu, cela bouscule le langage. »

Que dire encore des effets de cette importance (quantitative) donnée aux blancs dans la page ? Eh bien [...], c'est que, justement, cela laisse, comme par magie, surgir,

objet ni sujet : « cela » *ce qui n'est pas tourné vers nous, ce Tout (qui) existe si fort !*
Voilà, qui m'oblige à me taire.[35]

Le poète se tait avec le blanc et dans un réel « *qui n'est pas tourné vers nous* », un réel que l'enfant découvre comme existant en dehors de sa propre position dans le monde. Le poète se tait pour préparer la « *transgression* » à l'œuvre dans l'écriture, transgression « de la syntaxe mais » aussi du « langage » tout court, face à ce qui « *existe si fort* » et qui doit pénétrer l'écriture en traces muettes, en « déplacements silencieux », avant et contre la tyrannie du discours. « Intensification » vs. Représentation.

Conférence prononcée au colloque de Cerisy-la-Salle *Présence d'André du Bouchet*, puis publiée in M. Collot – J.P. Léger (éd)., *Présence d'André du Bouchet*, Paris, Hermann, 2012.

1. Cf. prochain essai « Contact, interstice, supplément : modalités d'écriture prégrammaticale chez André du Bouchet »,
2. Du Bouchet aurait aussi pu prendre en considération certaines expériences d'improvisation musicale, comme par exemple le *free jazz*. Je n'ai pas retrouvé de références directes au free jazz dans son œuvre, mais je n'ai à présent pas tout analysé sous cet angle.
3. André du Bouchet, *Peinture*, Fata Morgana, Montpellier, 1983, p. 160.
4. Jacques Derrida, *La voix et le phénomène*, PUF, 1967, p. 44.
5. André du Bouchet, *Annotations sur l'espace non datées (carnet 3)*, Fata Morgana, Montpellier, 2000, p. 105.
6. Cf. Gilles Deleuze, séminaire à l'Université de Paris VIII – Vincennes (1975), http://www.youtube.com/watch?v=WxrpTwJ5_iY&feature=related
7. André du Bouchet, *Une tache*, Fata Morgana, Montpellier, 1988, s.i.p.
8. *Ibid.*
9. *Ibid.*
10. *Ibid.*
11. *Ibid.*
12. J'emprunte cette expression, au-delà de ses nombreuses implications, à Michel Foucault, *L'ordre du discours*, Gallimard, 1971.
13. Cf. Jacques Derrida, *De la grammatologie*, Minuit, 1967.
14. André du Bouchet, *Peinture*, op. cit., p. 168.
15. Je souligne.
16. André du Bouchet, *L'emportement du muet*, Mercure de France, 2000, p. 62.
17. *Ibid.*, p. 100.
18. André du Bouchet, *Peinture*, op. cit., p. 168.

19. Id., *Image parvenue à son terme inquiet* [1961], désormais in Id., *Dans la chaleur vacante* suivi de *Ou le soleil*, Gallimard, 2003, p. 111.
20. *Ibid.*, p. 112.
21. André du Bouchet, *Annotations sur l'espace non datées, op. cit.*, p. 60.
22. Id., *L'emportement du muet, op. cit.*, p. 121.
23. Daniel Guillaume, « Déplacement des glaciers : récit d'entretiens avec André du Bouchet », *Poétiques et poésies contemporaines*, sous la direction de Daniel Guillaume (dir.), Cognac, Le temps qu'il fait, 2002, p. 128.
24. Ludwig Wittgenstein, *Tractatus logico-philosophicus* [1921], tr. fr. in *Tractatus logico-philosophicus* suivi de *Investigations philosophiques*, Gallimard, 1961, prop. 6.431.
25. Maurice Merleau-Ponty, *Signes*, Gallimard, 1960, p. 75.
26. Cf. Michel Deguy, *La poésie n'est pas seule*, Seuil, coll. « Fiction & Cie. », 1987, p. 71.
27. Maurice Merleau-Ponty, *Signes, op. cit.*, p. 124. Je souligne.
28. Antonia Soulez, « La phrase-geste. Valéry et Wittgenstein », *Valéry, la logique, le langage : La logique du langage dans la théorie littéraire et la philosophie de la connaissance*, sous Nicole Celeyrette-Pietri et Antonia Soulez (dir.), Université de Paris XII, 29.11.1986, p. 135.
29. *Ibid.*, p. 147.
30. Denis Roche, *Leçons sur la vacance poétique*, in Id., *Éros Énergumène* [1968], désormais in Id., *La poésie est inadmissible : Œuvres poétiques complètes*, Seuil, coll. « Fiction & cie. », 1995, p. 287.
31. Francis Ponge, *Pratiques d'écriture ou L'inachèvement perpétuel*, Paris, Hermann, 1984, p. 97. Remarque de 1951.
32. *Ibid.*, p. 15.
33. *Ibid.*, p. 16.
34. *Ibid.*, p. 89.
35. Francis Ponge, *Pour André du Bouchet* [1982], in Id., *Nouveau nouveau recueil*, Paris, Gallimard, 1992, pp. 150–51. Italiques de l'auteur.

Contact, interstice, supplément : modalités d'écriture pré-grammaticale chez André du Bouchet

> « *poésie, rien du coup ne la distingue d'une réalité dont elle continue de tirer, sans en conserver de trace toujours reconnaissable, le pouvoir rudimen-taire qui aveuglément nous a engagés.* »
> – A. du Bouchet, *Image parvenue à son terme inquiet*

Le supplément et l'interstice

L'écriture d'André du Bouchet est souvent étudiée par le biais de l'emploi spatial de la page, de l'utilisation des blancs, de la disposition des mots. Cependant, les conséquences théoriques issues de l'étude de ces méthodes formelles se limitent souvent à montrer l'héritage mallarméen (on pense notamment au *Coup de dés*) ou « post-métaphysique » et heideggerien propre aux solutions typographiques de la poésie « blanche ». Tout en tenant compte de ces influences indéniables, je souhaiterais en même temps contribuer à la création d'une terminologie théorique alternative qui rende compte de l'actualité des méthodes dubouchettiennes dans le panorama de la poésie contemporaine.

À travers l'étude de l'œuvre de du Bouchet à partir des années 1980 et notamment de son ouvrage *Peinture* (1983)[1] – un véritable livre multi-genre au sens contemporain du terme – j'ai cru saisir deux modalités complémentaires utilisées par du Bouchet afin de décrire son approche de l'écriture ainsi que les enjeux poétiques de sa technique d'agencement des mots sur la page. Il s'agit des notions d'*interstice* et de *supplément*. Le mot « interstice » revient souvent dans les écrits de du Bouchet et constitue même le titre d'une partie d'un autre ouvrage multi-genre, *Matière de l'interlocuteur*[2] : « *interstice élargi jusqu'au dehors toujours l'interstice* ». En outre, l'interstice engendre chez du Bouchet un véritable champ sémantique où l'on pourrait inclure d'autres termes récurrents tels que : « écart », « vide », « intervalle », « interruption », « soustraction », « encoignure ». En revanche, le terme « supplé-ment » provient plutôt de Jacques Derrida, mais il me paraît synthétiser deux champs sémantiques très présents dans la poésie de du Bouchet : d'une part celui de l'« excès », ou « excédent », ou encore « en trop » (P, p. 30) qui définirait le rôle du sujet comme origine de l'œuvre d'art ; d'autre part celui, polysémique, du « surcroît »[3] et de l'« épaisseur »,[4] sur lequel on reviendra plus tard.

La présence d'une subjectivité dans la création, qu'il s'agisse de peinture ou d'écriture, excède l'œuvre. Les intentionnalités du créateur et de l'observateur obscurcissent l'objet : « la substance de la peinture se confond avec celle de la main [...] main porteuse du pigment à l'égal de regard dépourvu, a pu en être approché, alors que pour ma part aussi je me découvre en trop » (P, p. 30). En même temps, elles ne peuvent pas être évacuées : « cet en trop à quoi je ne peux rien » (*ibid.*). En revanche, l'espace intentionnel qui peut être, dit ici du Bouchet, « annulé », ou, comme il écrit dans plusieurs autres passages, « élargi », est celui de l'interstice. Le problème, posé par du Bouchet de façon originale, est celui de toujours : la distance entre le langage et le monde que les méthodes poétiques modernes cherchent à réduire entre autre par le biais de la réduction du « je » et de ses hyposthatisations. L'interstice, chez du Bouchet, signifie beaucoup de choses. On peut en évoquer notamment trois, à l'aide de *Peinture*, de *Matière de l'interlocuteur* et d'un troisième ouvrage, les *Annotations sur l'espace non datées (Carnet 3)*[5] :

— l'espace ontologique vide qui sépare la production de langage de l'extérieur du monde, i.e., pour utiliser le mot de du Bouchet, du « dehors » ;
— les espaces blancs qui séparent les mots et les lignes les uns des autres ;
— l'écriture elle-même en tant que sillon tracé dans la page et, en parallèle, la trace du dessin sur la toile du peintre.

Deux questions se posent alors : pourquoi et comment élargir l'interstice jusqu'à tendre à l'annuler ? On a déjà partiellement répondu à la première question : afin de réduire l'écart entre le langage et le monde, pour faire sortir l'écriture dans le « dehors ». Mais il faut évoquer un autre élément : élargir l'interstice signifie produire un espace de possibilité événementielle, espace que du Bouchet nomme tout simplement « futur » ou « avenir », comme par exemple dans le passage suivant :

> avenir,
> où il se dessine, comme inscrit.
> ce départ, couvert largement,
> c'est – indifférent de son point d'arrivée, l'espace.
> interstice
> élargi.

(P, p. 62)

S'inscrire dans l'interstice et, en même temps, l'élargir jusqu'à atteindre un espace à la fois cognitif et temporel : le dehors et le futur comme possibilité (« dehors – l'interstice élargi – l'interstice toujours » (MI, p. 29)). De ce point de vue, un autre nom donné à l'interstice, à savoir le « vide », se révèle important. Le « vide », chez du Bouchet, ne doit pas être seulement interprété au sens privatif du terme : la notion de « vide », à l'instar de celles, plus connues et parcourues, de « blanc » et de « page », représente un espace neutre de possibilité ouverte[6] où l'écriture peut s'approcher de l'événement. Nous ne sommes pas loin de la conception d'*ensemble vide* comme espace ontologique de possibilité de l'événement développée par Alain Badiou dans sa théorie des mathématiques.[7] Du Bouchet écrit dans *Matière de l'interlocuteur* : « le vide – futur et déréliction confondus, moteur du mot » (MI, p. 34). Élargir l'interstice, augmenter la quantité de blanc et de vide dans la page, signifierait accroître le possible à la fois en termes spatiaux, temporels et cognitifs. Parallèlement la parole ne se donnerait qu'à partir d'un espace vide, à savoir pré-linguistique (« moteur du mot »), où puisse se concevoir un langage qui n'est pas soumis aux codes grammaticaux : « la langue, idiome établi » (P, p. 160).

Mais ce n'est qu'en abordant la deuxième question, à savoir celle de *comment* élargir l'interstice, qu'il est possible d'approfondir les enjeux du paradigme dubouchettien.

Insérer le supplément dans l'interstice

L'interstice est élargi par l'insertion du supplément. Ce processus caractérise le supplément comme « épaisseur » et comme « surcroît » et tend à réduire le résidu pour ainsi dire *subjectuel* ainsi que la distance langage-monde grâce à la génération d'espace produite à l'intérieur de l'interstice :

> surcroît de l'air, et, de même que nous, espaçant, pour tout d'un coup s'y reconnaître espace dans l'espace
> (C3, p. 102)

Le *je* d'une part, l'écriture de l'autre, sont espacés, deviennent espace dans l'espace : « je me suis espacé » (C3, p. 69), mais aussi : « tout s'éclaircira où je me dissipe » (P, p. 155). Le supplément comme « *en trop* » du sujet tend à s'annuler dans le « surcroît », à savoir dans l'élargissement de l'interstice. Tendance asymptotique, mais tendance quand même. Cela signifie aussi accroître la quantité de blanc dans la page, élargir les espaces entre les mots, donner au corps du texte le *layout* propre à la plupart des ouvrages dubouchettiens.

À leur tour, l'interstice et le supplément tendent presque à s'identifier dans la notion d'épaisseur : une épaisseur est un espace interstitiel à l'intérieur duquel un autre espace, un espace en plus, est engendré. La notion d'épaisseur nous ramène à la peinture et éclaire davantage les modalités d'insertion du supplément dans l'interstice :

> un surcroît de substance de nouveau précipité par la touche rejoint le vide initial éclairant – le vide que peindre, en y prenant appui, a comblé [...] sur un interstice, quelle que soit l'épaisseur, cela se peut.
> (P, p. 18-19)

Le « vide initial », l'ensemble vide de départ, contenu dans l'interstice, est « comblé » par le « surcroît ». La matière qui rend cette opération possible est la « substance » utilisée par la peinture. De même que le surcroît de blanc espace le sillon tracé par l'écriture, de même un surcroît de couleur élargit l'interstice du dessin que la peinture avait comblé : c'est comme si du Bouchet regardait un tableau non pas frontalement, mais de côté, comme s'il nous invitait à observer non pas l'image, mais le volume de matière, l'épaisseur, justement, qui est formée par les couches de couleur étalées sur la toile. Ainsi, par ce débordement de substance, les deux dimensions de la toile et de la page devient-elles trois. Ainsi l'œuvre, grâce au supplément de matière, se penche-t-elle vers l'extérieur, tend à atteindre le dehors, se mêle au réel, sort du cadre, sort d'elle-même. Le supplément, vu de côté, se fait interstice ; la matière produit et sature une épaisseur par laquelle l'objet peut tendre au monde : « le surcroît se laisse traduire par une soustraction » (P, p. 75). C'est pourquoi il n'est pas question, ici, d'un dépassement métaphysique, ou, du moins, ce dépassement est interrogé sans cesse, en négatif : tout advient à l'intérieur de l'interstice et, en même temps, quelque chose sort, va au-delà. Mais cet *au-delà*, c'est le réel dans son énigme : *um mir Wirklichkeit zu entwerfen*, selon les mots de Paul Celan.[8]

L'écriture avant la langue

La peinture constitue un modèle pour l'écriture, car elle permet d'évoquer la nécessité de concevoir, d'une part, un espace non-verbal où pouvoir représenter ce mouvement de retour au réel et, d'autre part, un espace vide de possibilité qui n'est pas soumis aux règles de la langue. Du Bouchet écrit très clairement dans les *Annotations sur l'espace* : « perdu dans des mots, le réel, mais ce sont les mots mêmes dans lesquels il a été perdu » (c3, p. 105). Afin que l'écriture puisse se pencher vers le réel en sortant de son cadre, il faut qu'elle ait comme modèle la peinture : « faisant, via la langue, peinture » (P, p. 160) ; à savoir : afin que le réel ne se perde pas, il faut concevoir un espace de possibilité langagière qui relève du non-verbal. Avec le paradigme de la peinture, du Bouchet imagine le paradoxe d'une écriture avant la langue, une écriture issue de ce qui n'est pas écrit, une écriture adhérente et identique, presque, à l'interstice blanc qui la précède :

les blancs déserts. *âme*
de la parole qui en retour isolera la parole sitôt imprimée,
lui conférant hors-texte le surcroît de durée qui en avant
de soi dans l'inécrit l'éclaire jusqu'au sol, où elle rentrera,
des *blancs déserts*.
(MI, p. 25)

Le risque d'une métaphysique négative contenu dans cette approche est réduit grâce à plusieurs aspects entrecroisés. D'abord parce que le supplément se forme dans le microcosme de l'interstice (ce qui reste problématique ici, c'est plutôt la question du dualisme évoquée par l'interstice comme membrane de séparation ontologique entre langage et monde[9]). Ensuite, la conception d'une écriture avant la langue est, encore une fois, à tendance asymptotique. Parallèlement, il s'agit d'un modèle, non pas d'une réalité du langage : « faisant, via la langue peinture, retour à aussi muet que de la pierre » (P, p. 160). De plus, le but n'est pas d'envisager une écriture originaire, mais de ne pas inscrire la langue, pour utiliser une métaphore musicale, dans un système de notation traditionnelle (« notation » est aussi un mot de du Bouchet).

Mais, surtout, le paradigme de la peinture permet à du Bouchet de saisir l'écriture à l'état brut, comme processus sémantique avant l'organisation du sens, comme objet d'une interrogation perceptive « hors-texte » (MI, p. 25) plutôt que comme système de signification. L'écriture elle-même devient ainsi espace, et tend parallèlement à se détacher de sa *subjectualité* : « moi-même je me dissipe [...] un mot, morceau d'espace » (C3, p. 76). De même, « la pensée se perdra comme espace » (P, p. 126) et deviendra « une pesée » (P, p. 153) : l'écriture et la pensée, saisies dans le poids de leur statut objectuel, occupent l'espace du réel.

Du Bouchet, tout en partant de présupposés poétologiques différents de Francis Ponge, fait donc recours à la peinture[10] en tant que modèle linguistique non-signique opéré dans un cadre qui est à la fois poétique et théorique. Ainsi le modèle pictural se révèle-t-il interstice et supplément : la peinture ouvre la possibilité d'un espace qui, par son statut non-signique, se soustrait au continuum du système de références mondain (le rapport entre interstice et supplément ne peut être conçu que comme un rapport discret) et crée en même temps la possibilité d'une « compacité » (mot de du Bouchet) entre l'écriture et les objets. Le non-signique et le pré-logique (la pensée comme espace), conçus grâce au modèle pictural, sont des conditions de possibilité de la poésie illustrées par le rapport entre l'interstice et le supplément. C'est pourquoi « la parole détruite est intacte » (P, p. 167) et « le vide – futur et déréliction confondus, [est le] moteur du mot » (MI, p. 34).

Ceci implique que la tendance asymptotique vers un modèle linguistique pré-signique se traduise dans une vision pré-grammaticale de la langue, comme un enfant qui apprendrait à parler :

> « il en va de même, ici, pour les enfants de l'esprit que pour les enfants de la chair auxquels la croyance des

premiers Romains faisait toucher la terre, pour qu'ils apprennent à parler. »
(P, p. 168)

Apprendre à parler, et, par la suite, à écrire, c'est placer le manque, découvrir le possible, élargir l'interstice du signifiant pour découvrir le monde. Du Bouchet parle même de « parole enfant » (C3, p. 60). C'est une conception que du Bouchet partage avec son contemporain italien Andrea Zanzotto, bien que les résultats formels qui en découlent soient assez différents chez les deux poètes : chez Zanzotto, la poésie mime l'apprentissage et casse la grammaire par le biais du bégaiement, de l'utilisation de champs sémantiques enfantins et de l'insertion de dessins et de signes non alphabétiques ; chez du Bouchet, tout se joue au niveau de la syntaxe interrompue et démembrée ainsi que de l'agencement graphique lacunaire de ses portions de vers ou de prose. En outre, chez du Bouchet, la réflexion au second degré sur le statut pré-grammatical de l'écriture est intégrée au sein de l'écriture même, ce qui produit un circuit métapoétique sans solution de continuité. La métapoésie est largement présente chez Zanzotto aussi, mais elle est, je dirais, moins fréquente quand il s'agit de la question du langage enfantin (à laquelle Zanzotto consacre cependant de nombreux paratextes),[11] alors qu'elle se manifeste à nouveau autour de la question du rapport entre le sujet, le langage et le monde.

Le contact : élargissement, réduction, vent

L'élargissement-annulation de l'interstice par le biais du supplément, un processus qui, avec tout ce qu'il comporte, est si bien décrit par le paradigme pictural, implique un phénomène parallèle, que du Bouchet évoque maintes fois dans *Peinture* : l'élargissement-annulation de la relation. De même que l'écriture est en tension vers le dehors et le possible au fur et à mesure que l'interstice est élargi, de même la *relation*, au sens d'un ensemble de rapports dualistes rigides entre langage et monde, signifiant et signifié, mot et objet, sujet et œuvre, tend à disparaître : « ayant élargi la relation [...] alors il peut être avéré sur l'instant que la relation a, pour l'instant, disparu » (P, p. 23). Tout comme pour l'interstice, l'élargissement de la relation est un processus en acte dans la poésie, alors que sa disparition ne peut être que provisoire, asymptotique. Du Bouchet écrit aussi : « monde n'étant que relation portée à un absolu, il est net aussi bien de toute relation » (*ibid.*). Il faut entendre « absolu » au sens latin de *absolutus*, sans lien : discret qui vient interrompre le continuum.

Dans la relation, l'élargissement est en même temps une réduction. On se souviendra de la phrase : « le surcroît se laisse traduire par une soustraction » (P, p. 75). L'élargissement de la relation soustrait le lien au monde (produit, encore une fois, un interstice où a lieu le supplément comme accroissement de la matière) et tend à une réduction de la différence ontologique entre l'écriture et le monde. Il recrée, pour ainsi dire, le continuum à l'intérieur du discret (dans l'interstice). La question de la *subjectualité* du langage est ici centrale. Le « je », on l'a vu, « s'espace » et « se dissipe ». De façon parallèle à l'interstice et à la relation, le « je » est élargi et tend à être annulé. Mais ce n'est évidemment pas le sujet qui peut être effacé. Plutôt, c'est la *subjectualité* en tant que relation dualiste entre le « je », l'énonciation et le monde (les logiciens parleraient de « sujet intensionnel ») qui est réduite : la dissipation du « je » dans l'espace est une réduction transcendantale au sens phénoménologique du terme, une condition de possibilité de la connaissance du monde :

> insistant   existant
>   ce qui, retenu alors, comme saisi,
> le serait pour ne plus être perdu – trouvant, de surcroît,
> confirmation dans son dessaisissement, doit être dit
> hors-sujet   sujet pourtant, de loin alors, éclairé
> (c3, p. 113)

Le paradigme du *contact* résume et éclaircit ces processus. Il s'agit d'un paradigme poétique qui, étonnamment, peut être saisi dès le premier du Bouchet, notamment dans son ouvrage de 1961 *Dans la chaleur vacante*. L'élargissement de l'interstice et de la relation, qui provoque une réduction de la distance entre la page et les objets, entre l'écriture et le dehors, advient grâce à ce que l'on pourrait appeler *l'abstraction d'un contact à la fois cinétique et inerte entre le poète et le paysage*. Ce *contact* a lieu grâce à un moyen de transport : la *motocyclette*. *Dans la chaleur vacante* est un livre qui naît précisément du souhait d'abstraire et de faire agir poétiquement l'expérience du paysage faite depuis la motocyclette. Le contact est donc cinétique parce qu'il décrit le déplacement du sujet dans le paysage, et il est inerte parce que ce n'est pas le sujet qui bouge directement, le sujet ayant le rôle de conduire sur la « route » (terme récurrent, ce n'est pas un hasard, tout au long de l'ouvrage) le dispositif qui le fait bouger. Le sujet « s'espace » grâce au dispositif qui l'amène à s'annuler, à se fondre dans le réel. La *vitesse* à laquelle ce contact s'accomplit est très importante, parce que la vitesse permet un changement de perception du paysage qui modifie radicalement le rapport entre le sujet et le monde : une barrière ontologique est réduite, un espace de possibilité est ouvert, un « surcroît de l'air » est produit à grande vitesse, « pour tout d'un coup s'y reconnaître espace dans l'espace » (C3, p. 102). Ainsi « les nuées volant bas, au ras de la route » peuvent-elles « illumin[er] le papier » (DCV, p. 12).

Ce n'est pas par hasard qu'une section de *Dans la chaleur vacante* s'intitule *Le moteur blanc* (cf. DCV, p. 57 et s.) : le moteur qui permet à la moto de bouger et de se déplacer dans le monde est blanc comme la page, comme l'ensemble vide, comme l'espace pré-verbal qui constitue la condition de possibilité du mot et de l'événement. Apprendre à parler, apprendre à écrire, apprendre à se déplacer en moto, apprendre le contact avec le monde. L'acte d'écriture devient ainsi, dans *Le moteur blanc*, un acte de sortie dans le réel :

Je sors
dans la chambre

comme si j'étais dehors

parmi des meubles
immobiles

dans la chaleur qui tremble

toute seule

hors de son feu

il n'y a toujours
  rien

le vent.

(DCV, p. 64)

La chambre est le lieu où l'acte d'écriture s'accomplit. Les meubles de la chambre sont immobiles, mais l'espace envisagé par l'écriture, l'espace du dehors, est en mouvement cinétique. La chaleur de la cheminée est « hors de son feu » comme le sujet est « hors-sujet » et l'écriture est « hors-texte ». Le rien du blanc de la page n'est plus un rien, il y a « le vent » que l'on perçoit depuis la moto, le vent du paysage, du dehors, le vent produit par le frottement à grande vitesse entre l'écriture, la perception et le réel : « Je ne vais pas plus loin que mon papier. Très loin au-devant de moi, il comble un ravin » (DCV, p. 65).

Le *contact* est le produit et la synthèse encore une fois pré-linguistique, pré-grammaticale, purement perceptive, de l'insertion du supplément dans l'interstice. Cette synthèse n'advient pas sans effort, sans trouble. Il faut, disait-on, apprendre à parler, à écrire, à percevoir, il faut accepter de s'espacer, de se dissiper dans le réel. De même que l'enfant apprend à parler, de même il apprend sa finitude, sa dissipation potentielle, il apprend, dirait Derrida, « la mort à l'œuvre dans les signes ».[12] Ainsi le parcours du motocycliste, rencontre, à grande vitesse, la difficulté du vent :

Le courant force

se risquer dans le jour
comme dans l'eau
froide et blanche

dure
pour le motocycliste

comme un couteau déplacé par le souffle

(DCV, p. 33)

Le « jour » est ici un autre nom du « dehors ». L'écriture du dehors est espacée avec effort, mais l'espacement a lieu : le vide de la possibilité, « moteur du mot » (MI, p. 34), est allumé et se déplace à grande vitesse dans le paysage. Au fond, l'écriture de du Bouchet n'est-elle pas animée par un optimisme profond, insolite ?

—

Conférence prononcée à l'« International Convention of 20th /21st Century French and Francophone Studies », 2010, Toronto, Canada, et publiée ensuite en ligne dans PuntoCritico.eu.

1. A. du Bouchet, *Peinture,* Montpellier, Fata Morgana, 1983. « P » par la suite.
2. *Id., Matière de l'interlocuteur,* ibid., 1992. « MI » par la suite.
3. Cf. aussi *Le surcroît,* in *Id., Axiales,* Paris, Mercure de France, 1992.
4. Ce terme est présent dans la plupart des ouvrages de du Bouchet depuis *Dans la chaleur vacante,* Paris, Mercure de France, 1961. Aujourd'hui in *Dans la chaleur vacante suivi de Ou le soleil,* Paris, Gallimard, 2003. « DCV » par la suite.
5. A. du Bouchet, *Annotations sur l'espace non datées (carnet 3),* Montpellier, Fata Morgana, 2000. « C3 » par la suite.
6. L' « ouvert », terme d'origine rilkienne et heideggerienne, est également présent dans le lexique dubouchiettien.
7. Cf. notamment A. Badiou, *L'être et l'événement,* Paris, Seuil, 1988 et *Id., Théorie du sujet,* Paris, Seuil, 1982.
8. Cf. P. Celan, *Allocution de Brême,* in *Le Méridien & autres proses,* Paris, Seuil, 2002, p. 57.
9. C'est peut-être suite à cela que du Bouchet souhaite non seulement « élargir » l'interstice, mais aussi l'« annuler », comme on pu le lire dans *Peinture.*
10. Pour Ponge, cf. *Pratiques d'écriture ou L'inachèvement perpétuel,* Paris, Hermann, 1984.
11. Cf. par exemple les notes finales dans *La Beltà,* désormais in *Id., Le poesie e prose scelte,* Milan, Mondadori, 2000 et le recueil d'essais *Prospezioni e consuntivi,* ibid.
12. J. Derrida, *La voix et le phénomène,* Paris, P.U.F., 1967, p. 44.

Le possible dans le monde :
pour une lecture italienne de Michel Deguy

Lors de mon travail de traduction italienne de *Ouï Dire* (1966) de Michel Deguy et suite à plusieurs entretiens avec l'auteur, j'ai cru pouvoir saisir certaines « techniques d'illisibilité » (on verra par la suite que cette expression n'est en réalité pas apte à décrire les procédés poétiques que l'on observera) propres à *Ouï Dire* mais aussi, peut-être, à une bonne partie de l'œuvre poétique deguyienne. Mon intention serait de montrer, à l'aide non seulement de la réflexion poétologique de Michel Deguy elle-même, mais aussi d'autres lectures « italiennes » menées sur son travail et de certaines poétiques qui peuvent être rapprochées de la sienne, la nécessité de ces techniques par rapport à une dimension langagière, conceptuelle et politique qui va aussi bien au delà de la problématique de la réception et de la traduction italienne du travail de cet auteur.

La première « technique d'illisibilité » s'est manifestée dès mes premiers essais de traduction. Il s'agit de ce que l'on pourrait appeler, en reprenant un terme que Michel Deguy a employé lors d'un de nos entretiens, un *léger glissement* du poème par rapport au langage, à la syntaxe et à la grammaire ordinaires. Il s'agit, pourrait-on dire en suivant une suggestion de Jean-Marie Gleize, d'une opération « post-mallarméenne », car le glissement par rapport au langage ordinaire, bien que présent, se produit de façon inédite : la poésie de Michel Deguy donne parfois l'impression d'employer des expressions courantes qui en réalité ne le sont pas, ou bien effectue de légers changements grammaticaux et/ou syntaxiques dans une image et/ou une expression de départ qui devient ainsi à la fois familière et étrangère, proche et glissée. On se trouve donc face à *deux formes de glissement* : l'une qui « mime » le langage ordinaire tout en rendant sa perception problématique, l'autre qui éloigne la familiarité grammaticale et syntaxique d'une expression langagière donnée.

Voici quelques exemples de la première forme : « Qui t'a fait ruine ? » (*Chant-royal*),[1] « Rien avec rien jouant à / S'envoyer la belle apparition » (*Épigrammes*, OD, p. 36), « En poulpe les veines sur le divan jusqu'à l'anus » (*Épigrammes*, OD, p. 39), « L'hameçon de l'épi » (*Diérèses*, OD, p. 45), « Un enfant sous les paupières était pris de recul » (*Procès verbaux*, OD, p. 54), « les fleuves hantés de forme héroïque » (*Parataxes*, OD, p. 82). Qu'est-ce que « faire ruine » ? Qu'est-ce que s'envoyer une « belle apparition » ? Qu'est-ce que des veines « en poulpe » ? Emploie-t-on couramment l'expression « hameçon de l'épi » ? Qu'est-ce que signifie « être pris de recul » ? Ou encore « être hanté de forme héroïque » ? Ces expressions semblent appartenir au langage courant ou plutôt à plusieurs domaines de langage technique, mais en réalité elles ne s'y trouvent pas comme telles. Elles sont autre chose, elles relèvent d'un domaine autonome et unique, recréé dans la langue du poème, et c'est évidemment au moment de la traduction, surtout du difficile processus de traduction dans une langue proche du français comme l'italien, que l'on s'en aperçoit davantage. La « compréhension » (il faudrait peut-être employer un autre mot) est bien sûr possible, mais elle est soumise à la nécessité d'un effort intellectuel désarçonnant : il s'agit ainsi d'un *glissement* effectué par une *recréation grammaticale et de champ sémantique*. Ce n'est pas un hasard si les titres de plusieurs sections du livre emploient des termes appartenant au champ sémantique grammatical et de la linguistique (*Diérèses, Procès verbaux, Parataxes*). Ce sont les fonctions signifiantes de la grammaire qui se trouvent mises en question.

On pourrait faire des remarques semblables à propos de la deuxième *forme de glissement*. En voici quelques exemples : « fleur d'être » au lieu de « fleur d'eau » (*Épigrammes*, OD, p. 24), « Tout vient nuisible » au lieu de « tout devient (ou est) nuisible » (*Épigrammes*, OD, p. 34), « rapide au cœur » au lieu de « droit au cœur » (*Diérèses*, OD, p. 48), « 'Un ange passe' une plume à la main » (*Blasons*, OD, p. 72), où l'expression imagée courante « Un ange passe »[2] est littéralisée par une caractéristique effective attribuée à l'ange (c'est-à-dire le fait d'avoir une plume à la main), et encore : « Canots et canaux se prêtent rime forte » (*Blasons*, OD, p. 73), où la substitution de « main forte » par « rime forte » fait écho à la prononciation identique des mots « canots » et « canaux ». Parfois cette seconde forme de glissement, que l'on pourrait appeler *glissement par substitution*, s'approche du néologisme et rencontre ainsi la première forme, celle qui se construit par recréation grammaticale et de champ sémantique. C'est le cas de « trembleraie » au lieu de « peupleraie » (*Épigrammes*, OD, p. 42) et du participe passé « siamoisé » au lieu de l'adjectif « siamois » (*Parataxes*, OD, p. 84 et *Madrigaux*, OD, p. 102).

Mais peut-on vraiment parler ici d'illisibilité et même, comme on l'a fait au début, de « techniques d'illisibilité » ? Dans la première forme de glissement, s'il est vrai qu'il est très difficile de saisir la référence d'expressions telles que « En poulpe les veines sur le divan jusqu'à l'anus » ou « les fleuves hantés de forme héroïque », il n'est certainement pas impossible de saisir l'origine d'expressions telles que « l'hameçon de l'épi » (l'épi appartient à la même classe de référence que l'hameçon, puisque les deux sont des objets pointus et allongés, qui peuvent piquer) ou « être pris de recul » (il est assez évident dans le poème que c'est la maladie d'un enfant qui empire), d'autant plus si l'on les situe dans le contexte du poème. Dans la deuxième forme de glissement comme aussi dans le cas des néologismes, l'objet de la substitution est saisissable et fait même partie de la figure utilisée (on s'en souviendra : « fleur d'être » pour « fleur d'eau », « trembleraie » pour « peupleraie », etc.). Il y a donc très peu d'illisibilité dans ces derniers cas, surtout dans le glissement par substitution et néologisme. Il y a plutôt la nécessité d'une lecture réfléchie et répétée afin de saisir les objets et les raisons des recréations et substitutions que le poème met en place.

Afin d'éclaircir davantage cette question, on peut considérer une autre « technique d'illisibilité » (continuons, pour l'instant, à l'appeler ainsi) qui, bien qu'étroitement liée à la technique des glissements par recréation et substitution que l'on vient d'esquisser, pourrait plutôt être qualifiée de *déplacement de la géographie de l'image poétique*. Cette technique est moins clairement saisissable et définissable que les deux précédentes et elle relève plus évidemment de l'illisibilité au sens propre du terme. Elle a d'ailleurs posé, en tant que telle, plusieurs problèmes lors du travail de traduction. Dans le déplacement de la géographie de l'image poétique, non seulement la grammaire, mais aussi l'image et la *kinésis* des images et des actions dans le poème peuvent être déplacées et recréées au delà de leur géographie originaire, de leurs mouvements typiques et, en dernière instance, de leur *logique ordinaire*, en vue de l'expression d'un changement de regard jeté sur le réel et obtenu par le biais du langage poétique. En voici quelques exemples :

— « [Le poète] décroît pour accorder l'herbe au zodiaque » (*Chant-royal*, OD, p. 11), sorte de mouvement rituel de très grande importance et en même temps de lecture difficile car l'acte accompli par le poète est caractérisé par une *kinésis* et une destination géographique qui ne relèvent d'aucune codification.

— « la vie déserte à quelques mètres de hauteur » (*Chant-royal*, OD, p. 12) : la vie est-elle déserte ou bien est-ce la vie qui déserte (au sens du verbe) ? Michel Deguy m'a expliqué que c'est le deuxième cas. Mais pourquoi la vie déserte, et pourquoi « à quelques mètres de hauteur » ? Et comment faut-il imaginer le mouvement de cette action ?

— « Un géomètre le soleil reprend les verticales » (*Épigrammes*, OD, p. 19) : géographie déplacée, référence insaisissable.

— « Je prends le masque de la terre sous la peau » (*Épigrammes*, OD, p. 20) : c'est le masque qui appartient à la terre (génitif) ou bien le masque est-il pris de la terre (provenance géographique) ? En italien, il y a deux prépositions différentes : « della terra » ou « dalla terra ». Il fallait choisir dans la traduction, tout en sachant que cette sorte d'acte « rituel » aurait pu se colorer de deux signifiés bien différents selon le choix.[3]

— « Les nuages montent/Cherchant la surface des sols » (*Diérèses*, OD, p. 45) : l'acte de monter accompli par les nuages est dû à la recherche de la surface des sols !

— « Atteignant l'arbre comme des branches/Montant vers le gui en nageurs » (*Diérèses*, OD, p. 47) : selon la description que l'auteur m'a donnée de cette image, les nageurs semblent des branches par rapport à la mer parce qu'ils y sont « insérés » en diagonale, comme les branches dans l'arbre (c'est pourquoi les branches « atteignent » l'arbre). Ici, comme dans beaucoup d'autres cas, la complexité, voire la « non-linéarité » de la référence dépend aussi de l'utilisation des prépositions : « le gui en nageurs ».

— « Samson alors que dans l'espace obsède une étroite langue/de terre astreint à droite et gauche réclame comme les/bras d'un phare » (*Procès verbaux*, OD, p. 53) : la force poétique de ce passage est due à l'impossibilité de saisir la référence réelle de l'image et, parallèlement, la structure grammaticale exacte de la phrase.

— « les clochers fusent comme des otaries » (*Procès verbaux*, OD, p. 56) : selon ce que l'auteur m'a expliqué, dans l'imaginaire correspondant à cette expression les clochers

passent très vite, comme des otaries, et, en bougeant vite, ils fusent : cinétique déplacée, logique recréée.
— « La bulle du ciel chavire au hublot ; éclipse rapide sur les champs ; le vent canne un siège de houles » (*Procès verbaux*, OD, p. 58) : ce triple mouvement (comme presque tout le texte duquel cette citation est extraite) se caractérise par une géographie manifestement déplacée et indéfinissable par rapport à n'importe quelle forme codifiée de l'imaginaire.
— « Le saurien terre émerge et lève mâchoire / vers la lune, les années rêveuses sortent des grottes / et rôdent tendrement autour de la peau épaisse Falaise se redresse, Victoire reprend son âge pour la nuit. Les nuages / même s'écartent, les laissant » (*Procès verbaux*, OD, p. 64) : encore un acte « poétique-géographique-rituel » de très grande intensité et complexité. La terre est un type de saurien, l'acte de « lever mâchoire » est ici ritualisé et en même temps rendu ordinaire (d'où l'absence de l'article pour « mâchoire »). Victoire c'est, comme l'auteur me l'a révélé, la montagne peinte par Cézanne (d'où le choix de laisser le mot en français dans la version italienne).

Et encore : « Ainsi les fleurs traversent la terre : provenant de sous, elles se prennent au passage à l'ocre au rouge en leur souche, au noir à l'or, au vert et à l'orange profonds : un travesti de minerais sur l'invisible » (*Procès verbaux*, OD, p. 62), « Marche qui déplie l'espace plié comme un livre d'enfant disjoint l'aplat et le droit la mare et son talus la mer et sa falaise » (*Blasons*, OD, p. 68), « Le taillis d'eau arrête la maison devant les nuages » (*Blasons*, OD, p. 69), « le ciel comme un enfant monte en haut des arbres » (*Blasons*, OD, p. 71), « Les oignons pendent comme les continents » (*Blasons*, OD, p. 72), « lente la douceur d'une action bonne ou d'un coude de Loire et Loir » (*Madrigaux*, OD, p. 93), « Il est besoin de baies dans le château / Y compris des lacets sur les murs » (*Madrigaux*, OD, p. 95 ; les lacets, m'a expliqué l'auteur, indiquent des images de routes serpentines qui sont dessinées sur un tableau accroché au mur ; c'est pourquoi ils se trouvent « sur les murs »), « Le visage s'enfuit en rasant les terres » (*Madrigaux*, OD, p. 100), « Bruit de guerre lasse au ciel / Proche mais déviée comme les routes nouvelles » (*Madrigaux*, OD, p. 102).

Ces géographies déconstruites, reconstruites et constamment déplacées, ces effets de signifié dont la compréhension n'est pas supportée par des codes préalables, ces prépositions qui multiplient la perception d'une action, ces mouvements de l'imaginaire qui produisent un changement radical et permanent de notre perspective sur le réel découlent directement de la conception deguyienne du *comme*, qui a accompagné et accompagne toute sa réflexion poétologique. « Le poème – écrit Deguy vers la fin de *Ouï Dire* avec un jeu de mot – commue » (OD, p. 102), à savoir il change, il modifie (*commue*), en créant des analogies (*comme*) qui ne relèvent d'aucune codification. Le *comme* de la poésie permet d'avancer dans l'enquête cognitive sur le réel tout en générant des relations, des analogies (encore une fois, la présence de Mallarmé est importante) inattendues et alternatives. On trouve des réflexions particulièrement significatives à ce propos, me semble-t-il, dans *La poésie n'est pas seule*, dont on ne s'occupera pas ici.[4] Mais déjà dans *Ouï Dire* on lit : « Ma vie/Le mystère du comme // Puis l'ombre se fait lumière » (OD, p. 37).

On pourrait continuer à donner d'autres exemples de glissements logiques, syntaxiques, grammaticaux, géographiques, cinétiques et rhétoriques découverts dans *Ouï Dire* lors du travail de traduction. Mais ce que l'on a observé jusqu'ici peut suffire à comprendre que l'on est en train de poser une question qui va bien au-delà d'un ouvrage singulier et affecte toute l'œuvre de Michel Deguy, voire une certaine poésie contemporaine dans son ensemble. Il s'agit ici, de fait, de *nouvelles logiques* mises en place par la poésie afin d'essayer d'approcher le monde tout en le réinterprétant, tout en proposant des formes autres de langage qui multiplient, réactivent et articulent le sens, le sens du monde dans le langage et l'emploi du langage dans le monde. C'est ainsi qu'à la manière du *comme*, l'autre grand concept de la poétique deguyienne, à savoir le *logos*, s'avère actuel : la poésie de Michel Deguy vise à générer des logiques alternatives pour la connaissance du monde tout en restant à l'intérieur du *logos* : *logos* comme *logique*, mieux, comme *logiques* alternatives générées par la poésie. Ces logiques sont à leur tour, bien sûr, intérieures au langage, le langage étant l'unique instrument dont on dispose pour entamer tout processus cognitif.

Mais alors, c'est une hypothèse, il faudrait peut-être substituer au mot « illisibilité » l'expression d'*ouverture des possibles*. La poésie de Michel Deguy ne crée pas des réalités parallèles, ne cache pas exprès des signifiés seconds et inaccessibles, elle n'est pas obscure : elle change nos perspectives d'observation tout en produisant des logiques langagières autonomes. La poésie de Michel Deguy multiplie les possibilités de perception de l'intérieur du langage, de l'intérieur de la syntaxe, des champs sémantiques, des formes rhétoriques, des modes d'expression langagière d'un ou de plusieurs imaginaires qu'elle recrée ou réactive. Ce faisant, un changement de perspective sur le monde se produit, sur ce monde dans lequel il nous faut nous exprimer par le biais de la langue. Aucun monde parallèle n'est créé dans le poème. De nos perspectives sur ce monde la poésie peut et doit (c'est un devoir éthique, voire « politique ») fournir des visions alternatives, des autres possibilités. Ces possibilités peuvent être infinies : infinité d'une polysémie ouverte au sein du poème, polysémie dont les couches de signifié se perdent dans la profondeur de la langue. Mais l'on ne peut pas dire que chez Michel Deguy, comme chez Mallarmé selon Jacques Derrida, le sens soit « indécidable ». Le sens, dans la poésie de Michel Deguy, est multiple, stratifié, ouvert par le processus cognitif propre au poème. C'est par là que j'entends cet affirmation « baudelairienne » tirée de son essai *De la « fable mystique »* : « Le poème propose une possibilité. Il étend le possible sur et dans le monde – expansion des choses infinies ».[5] La poésie propose d'autres possibilités sans créer une *autre* réalité : elle reste dans le monde, c'est-à-dire qu'elle se produit dans le réel, et c'est « sur et dans » le réel (les prépositions sont ici décisives) qu'elle produit son discours, son *logos*, ses logiques.

Ce possibilisme de la poésie dans le réel, qui est donc, en même temps, une alternative d'ordre langagier, cognitif, logique et politique, a été bien saisi par ceux qui se sont occupés de faire connaître l'œuvre de Michel Deguy en Italie : à savoir, notamment, Andrea Zanzotto, qui a préfacé l'édition italienne de *Gisants*,[6] Gérard Genot, qui a traduit *Gisants* en italien, et Martin Rueff, qui a préfacé la récente anthologie italienne *Arresti frequenti*.[7] Ces auteurs ont largement mis en évidence les aspects du possibilisme et du réalisme chez Deguy. Andrea Zanzotto écrit par exemple dans sa préface à l'édition italienne de *Gisants* :

> Il [Deguy] creuse, jusqu'à la limite du sens, dans la matière qui constitue le véhicule verbal de la communication. Et l'écriture, afin d'atteindre sa tâche, doit être portée à la marge sur laquelle elle risque de s'interrompre et de déborder dans le champ de tension qui la définit dans un genre, un ton, une attitude mentale, un ordre rythmique-syntaxique et un domaine lexical identifiés.[8]

Gérard Genot lui fait écho dans sa note à la traduction, contenue dans le même volume. Genot, dans un passage sur les rapports entre le *logos* et l'utilisation a-grammaticale de certaines constructions, fonctions syntaxiques et prépositions chez Deguy, parle de :

> tournures savamment ambiguës, gaucheries voulues, oxymores syntaxiques (jusqu'à la *lisière* du solécisme), qu'il faut poursuivre, dans la lecture « difficile », dans la transposition dans une autre langue ; langue qu'il faut aussi forcer, en tant que version alternative du logos.[9]

Martin Rueff met en évidence le pouvoir politique du possibilisme logique et analogique de la poésie de Michel Deguy quand il écrit dans sa préface à l'édition italienne de l'auto-anthologie *Arrêts fréquents* :

> La poésie critique est critique en trois sens : parce qu'elle cherche à diviser ce qui est donné de ce qui est construit, parce qu'elle est une théorie de la différence, parce qu'elle intègre la réflexion critique à l'intérieur de la poésie même.[10]

D'où la question qu'il pose, et que l'on est en train de poser nous-mêmes : « pourquoi la poésie de Michel Deguy est-elle difficile ? » (AF, p. 11). La poésie de Michel Deguy, selon Martin Rueff, est « âpre parce qu'elle pense [...] C'est une poésie en pensée » (AF, p. 13). C'est par là que la poésie de Michel Deguy trouve sa nécessité, sa génération, son origine, sa tâche. Cette tâche relève de l'éthique, voire du politique : « la poésie a la tâche d'inventer un texte qui puisse *différencier* dans notre époque *identifiante* [...] la poésie est la seule qui peut dénoncer » (AF, p. 16).

Des soucis langagiers, rhétoriques, logiques, sémantiques et politiques du même ordre ont intéressé les auteurs des néo-avant-gardes italiennes ainsi que la production d'Andrea Zanzotto. Si les écritures de Michel Deguy et Andrea Zanzotto sont très différentes (la confrontation entre les deux écritures devrait constituer un sujet à part), il est vrai en même temps que leurs intérêts théoriques peuvent s'entrecroiser profondément. Un exemple pour tous peut être pris du recueil d'essais zanzottiens intitulé *Prospezioni e consuntivi* [Prospections et compte-rendus] :

> Je crois que la poésie ne doit ni créer des mondes obliques par rapport au nôtre, ni répéter une réalité que l'on imagine comme marbrée et codifiée une fois pour toutes : la poésie me paraît plutôt comme une incrustation, comme une broderie continue : de l'invention («du néant») à la découverte (de l'être-*fieri*) et vice-versa, dans une synthèse dynamique qui a tout ce qu'il lui faut pour apparaître comme miroir de la réalité et, à la fois, comme sa composante «en éruption», pendant que cet au-delà donne toujours un sens nouveau et plus profond à l'origine et à tout l'ensemble.[11]

On retrouve ici le souci d'une langue qui cherche un contact avec le monde à partir du langage poétique, un contact, écrit Zanzotto ailleurs, « qui soit réel en tant que cause de la réalité, tout en restant une donnée langagière ».[12]

La recherche d'une multiplication langagière du possible a été également partagée par tous les écrivains faisant partie du groupe de « néo-avant-garde » *I Novissimi* (Alfredo Giuliani, Elio Pagliarani, Antonio Porta, Nanni Balestrini et Edoardo Sanguineti). Plus proche de l'opération de Deguy est, me semble-t-il, celle d'Antonio Porta, bien que d'une perspective extrêmement différente. Ce n'est peut-être pas un hasard, car le travail d'Antonio Porta échappe à beaucoup de canons propres à la néo-avant-garde elle-même. D'autre part, les deux résultats poétiques de Antonio Porta et Michel

Deguy, bien qu'engendrés par le même souci logique et plurilogique, par le même désir esthétique et politique de proposer, à partir du langage du poème, des grammaires alternatives et des possibilités cognitives inédites, ne peuvent ni ne doivent, bien sûr, être confondus. À peu près pendant la même période où Michel Deguy écrivait *Ouï Dire*, Antonio Porta a composé des vers tels que les suivants :

> Vedeva solo una spilla, disteso sul divano,
> labbra moltiplicate, ascoltandola, dietro la
> tenda, con le gambe lunghissime, chiara e
> incomprensibile, gesticolando, sorretta dalla parete,
> con i confini perduti, le mani a pezzi,
> verso occhi di gelo, su labbra dilatate, scivolando,
> nel linguaggio dimenticato, all'ombra delle ciglia[13]

On pourrait, à titre d'exemple, proposer la lecture suivante de ces vers de Porta : la langue poétique ne dépend pas du principe de non-contradiction ; elle est à la fois « claire » et « incompréhensible ». Ainsi les « lèvres » qui profèrent la parole sont-elles « multipliées » et « dilatées » au-delà des confins langagiers et des contraintes logiques : *con i confini perduti*. Mais cette perte de confins est douloureuse, comme on peut le percevoir sensiblement dans le texte ; d'autant plus quand l'ouverture linguistique est réalisée dans l'écriture : « les mains en morceaux », que l'on peut imaginer comme les mains de l'écrivain, dans la recherche d'un « langage oublié ». L'expression *linguaggio dimenticato* indique ici l'essai de faire ressortir, à travers le poème, une dimension poétique profonde, éloignée du langage ordinaire mais proche du monde parce que connectée à une autre possibilité, à une autre possibilité de *logos*, à une autre forme de logique : logique, ou, plutôt, encore une fois, *logiques* que l'on peut presque identifier ici avec une forme poétique donnée au langage de l'inconscient. À cette forme font écho, comme dans *Ouï Dire*, la non-linéarité de la structure syntaxique et de la succession des images du texte.

Les problématiques théoriques que l'on vient d'esquisser, ainsi que les comparaisons avec des auteurs italiens concernés par le contexte littéraire dans lequel Michel Deguy a composé *Ouï Dire*, ont dû être considérées lors du travail de traduction, ont dû être intégrées dès les choix lexicaux, sémantiques et syntaxiques qui ont été faits : il a fallu, d'un côté, embrasser le processus et le projet du *comme*, du *logos*, du possibilisme, de la polysémie, de la multiplication des logiques pour pouvoir tendre (c'est bien sûr une tendance « asymptotique ») à restituer en italien l'« essence » de cette poésie ; et, de l'autre côté, il a fallu trouver un point où le transfert de la poésie de Michel Deguy dans le contexte italien, tout en se référant à certains choix sémantiques et théoriques propres à ses contemporains, n'efface pas, en même temps, l'originalité de l'opération deguyenne ni la différence de contexte littéraire et linguistique dans laquelle elle s'inscrit. Ainsi, le problème de l'illisibilité s'enrichit, me semble-t-il, grâce à la confrontation suscitée par le travail de traduction, tout en restant un problème ouvert.

—

Conférence prononcée en 2008 au colloque international *Liberté, licence, illisibilité poétiques*, University Point Loma Nazarene, San Diego (CA), puis publiée in B. Gorrillot – A. Lescart (éd.), *L'illisibilité en questions*, Lille, Presses Universitaires du Septentrion, 2014]

1. M. Deguy, *Ouï Dire*, Paris, Gallimard, 1966, p. 13. À partir de maintenant j'utiliserai l'abréviation OD pour indiquer cet ouvrage dans le texte.
2. « 'Un ange passe' se dit lorsqu'un silence gêné ou ironique interrompt une conversation ». Définition citée du *Trésor informatisé de la langue française* : http://atilf.atilf.fr/dendien/scripts/tlfiv5/search.exe?23;s=3710040900;cat=1;m=un+ange+passe.
3. Suite aux indications de l'auteur, j'ai traduit « della terra ».
4. Cf. M. Deguy, *La poésie n'est pas seule*, Paris, Seuil, 1988, et en particulier p. 53, 64, 68 et toute la quatrième section, à partir de p. 95.
5. M. Deguy, *De la « fable mystique »*, in *Id.*, *La raison poétique*, Paris, Galilée, 2000, p. 46.
6. Cf. M. Deguy, *Gisants – Statue giacenti*, Gênes, San Marco dei Giustiniani, 1999.
7. Cf. *Id.*, *Arresti frequenti*, Rome, Sossella, 2007.
8. A. Zanzotto, préface à M. Deguy, *Gisants, op. cit.*, p. 8.
9. G. Genot, postface à *Gisants*, *op. cit.*, p. 128.
10. M. Rueff, préface à M. Deguy, *Arresti frequenti, op. cit.*, p. 9–10 ; à partir de maintenant j'utiliserai l'abréviation AF pour indiquer cet ouvrage dans le texte.
11. A. Zanzotto, *Oltre Babele*, in *Id.*, *Prospezioni e consunivi*, désormais in *Id.*, *Le poesie e prose scelte*, Milan, Mondadori, coll. « I Meridiani », 2000, p. 1133–34.
12. Cf. *Id.*, *Una poesia, una visione onirica?*, in *Id.*, *Prospezioni e consuntivi, op. cit.*, p.1299.
13. « Il ne voyait qu'une broche, étendu sur le canapé, / lèvres multipliées, en l'écoutant, derrière le / rideau, ses jambes très longues, claire et /incompréhensible, gesticulant, soutenue par le mur, / les frontières perdues, les mains en morceaux, / vers des yeux de glace, sur des lèvres dilatées, s'enfonçant, /dans le langage oublié, à l'ombre des cils" » in A. Porta, *Les Rapports*, trad. fr. par C. Zekri, intr. par A. De Francesco, postface de Judith Balso, Caen, Nous, 2015.

Narrations multi-linéaires et épistémologies poétiques chez Jean-Marie Gleize et Claude Royet-Journoud

> « *l'animalité des postures écarte la douleur* »
> – Claude Royet-Journoud, *Théorie des prépositions*

Épistémologie et poésie

Nombre d'expériences de poésie contemporaine, pas seulement française, après 1945, visent à dépasser les limites du domaine esthétique au sens propre du terme. Une des réponses à la célèbre question adornienne sur l'impossibilité d'écrire des poèmes après Auschwitz est donnée par la redéfinition poétique du champ esthétique au profit d'une vision plus largement épistémologique. Le but de la poésie n'est plus ou plus seulement celui de produire des poèmes (*Gedichte*) répondant à des critères rhétoriques et figuraux plus ou moins partagés, mais plutôt des objets textuels voués à interroger le réel en produisant des démarches d'écriture qui puissent informer le domaine de la connaissance. De façon contraire aux théories d'un Paul Valéry, selon lequel la poésie se construit à partir d'« illusions qui ne sont pas à dédaigner »,[1] ou d'une Ingeborg Bachmann, selon laquelle la poésie et l'art tout court pourraient s'arroger le droit de dépasser les limites du langage que la philosophie post-wittgensteinenne devrait par contre respecter,[2] beaucoup de poétiques issues notamment des expériences artistiques et politiques des années 1960-70 se sont attachées à considérer la poésie comme un moyen cognitif ; c'est-à-dire comme l'un des moyens dont l'intellect humain dispose afin de dévoiler les illusions langagières au profit d'une re-configuration du réel. De même, en mettant l'accent sur le processus plutôt que sur la forme, sur l'épistémologie plutôt que sur l'esthétique, la question de la poésie comme genre fort est posée de façon radicale. Poésie et prose, image et narration peuvent s'entrecroiser jusqu'à produire des dispositifs post-génériques voire anti-génériques, ce qui est le cas notamment de Denis Roche, d'Emmanuel Hocquard, de Jean-Marie Gleize, de Jean Daive, pour ne citer que quelques auteurs majeurs de celle que Hocquard lui-même qualifie de « modernité négative ».[3]

Selon Henri Meschonnic, l'approche épistémologique de l'écriture jetterait une lumière nouvelle sur le statut historique de la littérature. Meschonnic, dont la poétique est pourtant extrêmement différente de celle des auteurs dont on s'occupera ici, parvient à envisager l'intégration de paradigmes épistémologiques dans la poésie comme un passage de l'instance « littérature » à l'instance « écriture ». Dans l'*écriture* on ne saurait distinguer la « forme » du « sens », l'approche épistémologique étant définie par une « réflexion *dans* » plutôt que par une « réflexion *sur* », alors que la *littérature* au sens traditionnel du terme serait caractérisée par l'« idéologie » et par le dualisme transcendantal de la « réflexion sur », et notamment sur l'écriture.[4] Ailleurs Meschonnic a-t-il développé la notion de « monisme matérialiste » comme antidote aux résidus « méta- » (métalinguistiques, métaphoriques, métaphysiques) et aux dédoublements transcendantaux des poétiques de la « réflexion *sur* » :

> MONISME (matérialiste). Homogénéité et indissociabilité de la pensée et du langage, de la langue et de la parole, de la parole et de la graphie, du signifiant et du signifié, du langage et du métalangage, du vivre et du dire [...]. Le monisme matérialiste se définit la condition de production des formes-sens.[5]

Approche épistémologique, approche cognitive, désir de « percer le réel » avec l'écriture, déconstruction des codes, des genres et de l'idéologie littéraire, réduction des dualismes et des métalangages. Si ces approches, qui sont liées de façons à la fois étroites et complexes, font partie, à l'échelle internationale, des principales préoccupations poétiques et poétologiques depuis l'après-guerre (du *Méridien* celanien, en passant par l'avant-garde telquelienne et par la néo-avant-garde italienne, jusqu'à l'Objectivisme et à l'expérience L=A=N=G=U=A=G=E aux États-Unis), il est vrai, bien évidemment, qu'elles se trouvent déjà in nuce dans la poésie et dans la prose du XIXème siècle français. On pense notamment à Mallarmé et à Rimbaud, mais aussi à Stendhal et à Flaubert. Or, Jean-Marie Gleize et Claude Royet-Journoud s'approprient l'approche épistémologique en traversant ces deux héritages : l'héritage de la poésie et de la prose française du XIXème siècle et le panorama poétologique international tel qu'il s'est esquissé depuis l'après-guerre. Le premier, dont le travail est beaucoup plus ancré dans la tradition et dans l'avant-garde françaises, développe de façon parallèle un travail d'écriture et une approche théorique. C'est Gleize des deux qui donne corps, par exemple, aux notions de « littéralité » et de « post-poésie ».[6] Le deuxième, tout en tâchant, contrairement à Gleize, de redéfinir le genre « poésie » *de l'intérieur* et tout en étant, semble-t-il, celui qui a employé pour la première fois la notion de « littéralisme », refuse les prises de position et les approches théoriques discursives. De plus, l'héritage littéraire le plus présent chez Royet-Journoud provient de l'autre côté de l'Atlantique. De même, leurs écritures se distinguent nettement l'une de l'autre pour des raisons stylistiques ainsi que pour certains enjeux et préoccupations dont il sera question ici. Néanmoins, elles se rencontrent d'une façon que je dirais « radicale » au sein du domaine épistémologique, au sens d'une interrogation cognitive du langage, du désir de « percer le réel » avec l'écriture, de l'entreprise de déconstruction des codes, des genres et de l'idéologie littéraire, de la réduction des dualismes et des métalangages dans le cadre de l'écriture poétique.

Parmi les nombreux procédés et points d'intersection qui pourraient illustrer et permettre d'approfondir ce véritable partage de méthode, j'en ai choisi un qui me paraît tout à fait significatif et peut-être moins étudié que d'autres : l'exigence de redéfinir le paradigme narratif. Les résultats formels de cette exigence commune sont, comme on le verra, encore une fois très différents les uns des autres, mais ils découlent cependant de la même intention : s'éloigner des conceptions linéaires et romanesques de la narration au profit de la création d'autres paradigmes d'intervention de l'écriture dans le réel.

L'histoire animale

L'écriture de Jean-Marie Gleize, animée à la fois par le « motto » ontogénétique « je deviens »[7] et par le fort potentiel de critique politique dégagé par toute son œuvre (de plus en plus dans ses derniers livres, comme un ouvrage récent, *Tarnac*, le montre très bien[8]), est caractérisée par l'emploi récurrent de répétitions qui se manifestent notamment à l'échelle phrastique (plutôt que sémique). Gleize emploie les répétitions et les récursivités afin d'orienter son dispositif de narration *multi-linéaire* de l'expérience. L'écriture gleizienne ne se sert que rarement du paradigme de l'inversion, dans le sens à la fois du récit et des formes versifiées, en quoi il se distingue nettement, comme on le verra, de Claude Royet-Journoud. À partir notamment des années 1990, Gleize arrête d'écrire en vers. Son écriture prend la forme d'une prose post-générique semi-narrative dont le noyau central est constitué par les livres publiés au Seuil dans la collection « Fiction & Cie. ». Cette série d'ouvrages, qui commence précisément en 1990 avec *Léman* et se poursuit encore aujourd'hui,[9] est composée par de multiples histoires parallèles entrecroisées et réitérées, par une narration multi-linéaire complexe, articulée et lacunaire. Mais les propriétés multi-linéaires et lacunaires de cette histoire ne se traduisent que rarement dans des inversions temporelles et logiques. Chez Gleize, pourrait-on dire, la *non-linéarité* ne se superpose pas à la *multi-linéarité*. Chaque section des « proses en prose »[10] de Gleize ajoute un morceau à sa narration multiple et *en devenir*. Dans *Film à venir*, le livre de Gleize que je choisirai d'utiliser ici à titre d'exemple, on peut trouver une section sur l'histoire d'un jeune Esquimau, une autre sur la lutte ouvrière à l'usine Renault de Flins, un journal de voyage (lacunaire) sur le lac d'Orta en Italie, une série photographique, etc. Le dispositif gleizien joue sur la multiplicité plutôt que sur le bouleversement des liens temporels ou de cause à effet.

Ces spécificités du paradigme narratif gleizien ont une visée épistémologique bien précise : si chez un Jean Daive l'écriture se construit à partir de l'histoire intérieure et de l'inconscient, chez Gleize la narration est entièrement vouée à développer la méthode littéraliste, c'est-à-dire à raconter les modalités par lesquelles l'écriture peut tendre asymptotiquement à adhérer au réel, à « couvrir le réel », selon le titre de la section photographique de *Film à venir*, *Covering the real*.[11] Il s'agit pour Gleize de *rendre* écriture le réel tel qu'il se présente à notre expérience dans son irréductibilité, afin de pouvoir le modifier depuis le texte. L'écriture de Gleize, comme la *poésie-action* de Bernard Heidsieck ou la *Poésie action directe* de Christophe Hanna,[12] *devient* un geste d'intervention sur le réel et l'histoire : « faire de chaque page un poste de tir / faire de chaque phrase un poste de tir ».[13] Il est aussi question, et c'est une question récurrente chez Gleize, de confronter l'écriture au non-verbal et à l'énigme, mais sans solution de continuité entre l'intérieur et l'extérieur. La psychanalyse cède la place à une procédure cognitive, individuelle et politique que Gleize nomme « réeliste ».[14] Le « réelisme » s'oppose selon Gleize au « réalisme », de même que le concept de « réel » s'oppose à celui de « réalité », car l'approche littéraliste refuse de décrire le réel par le biais de modalités représentationnelles et métaphorisantes. L'écriture tend à coïncider, voire à s'identifier avec la multiplicité du monde : ce que nous avons appelé avec Meschonnic « dualisme transcendantal » est absorbé par un récit incrusté dans l'histoire individuelle et collective, un récit qui s'ajoute au réel de l'intérieur afin de le modifier.

L'approche de Gleize est anti-réflexive, intransitive et intransigeante, littérale et anti-littéraire : c'est une approche animale de la narration. Ce n'est pas un hasard si cet adjectif apparaît à la fois sur la quatrième de couverture de *Film à venir* (« *Animale* est le nom de cette aventure. Un film à venir ») et dans le titre de la deuxième section du livre, *L'histoire animale*.[15] Cette section a une fonction que l'on pourrait qualifier de « liturgique », elle est une parabole et une application de l'approche réeliste et littérale. Dans cette *histoire animale*, qui est une des *infra-histoires* qui habitent le macro-récit gleizien, il est question d'un jeune Esquimau nommé Ivik qui voit le squelette de son père exposé au Muséum d'histoire naturelle de New York. L'auteur y illustre, par le biais d'une expérience radicale, l'identité ontologique entre l'homme et son origine animale, en réduisant ainsi la distance langagière entre l'objet et sa représentation :

> Pendant ce temps l'animal,
> Pendant ce temps l'animal se bat dans l'eau avec le kayak et le brise. L'enfant apprend à chasser en kayak. J'apprends à chasser en kayak. Je lui apprends à chasser en kayak. Je lui apprends à chasser. Il apprend à chasser.
> [...]
> L'histoire de l'enfant et l'histoire du père de l'enfant et l'histoire du morse font partie de la même histoire, l'histoire 1955, l'histoire du kayak et de l'eau glacée, l'histoire de la hutte et de l'igloo ou de la cabane, l'histoire de la maison nue comme celle d'un mariage, la hutte, l'igloo, l'histoire animale[16]

On remarquera, dans la première partie de cette citation, la multiplication de la narration du même événement, comme si l'acte de chasser en kayak était observé par plusieurs caméras placées à des endroits différents. Dans ce même chapitre Gleize insère une page uniquement composée par le mot « IMAGE », écrit en majuscule et en police plus grande. Cela répond au programme de la narration *animale*, car la représentation tend à être réduite à l'objet, l'écriture vise à s'identifier au réel qu'elle décrit et calque. Ce paradigme a été synthétisé par Gleize lui-même avec la formule: « remplacer l'image par le mot image ».[17] Tout comme l'histoire animale, les répétitions ont la fonction, que j'ai qualifiée de « liturgique », de confirmer l'approche littéraliste à travers des mots-images paradigmatiques. Mais plus que de « mots-images » il s'agit de « phrases-images », d'interventions micro-narratives qui soutiennent dans leur diversité le flux multi-linéaire du récit littéral. Chez Gleize, les répétitions sont un véritable collant conceptuel non seulement à l'intérieur de chaque livre ou de certains passages comme celui que l'on vient de citer, mais aussi et surtout du cycle publié au Seuil voire de l'œuvre de Gleize dans sa totalité. On peut citer à titre d'exemple quelques répétitions récurrentes dans la quasi-totalité de l'œuvre gleizienne[18] : « j'utilise pour écrire les accidents du sol » ; « boire un oiseau » ; « altitude zéro » ; « naître encore » ; « écrire à mort » ; « manger un poisson de source » ; « puis il décrit cet arbre » ; « couler, gagner le fond » ; « je recopie » ; « il faut construire des cabanes » ; « communiste est ce mot enfermé dans l'eau » ; « je deviens ».

Macro-macro-textes et inter-inter-textes

Comme on l'a vu, une partie significative de l'œuvre de Gleize est constituée par un cycle de livres qui dialoguent entre eux. Claude Royet-Journoud (mais aussi Jean Daive) procède exactement de la même façon. Sa « tétralogie » est un cycle de quatre livres étroitement liés entre eux et publiés au cours de vingt-cinq ans dans la collection « blanche » de Gallimard.[19] Cette méthode, que l'on pourrait qualifier de « macro-macro-textuelle », permet à ces auteurs de déployer davantage la multi-linéarité du (des) récit(s) : à partir de dispositifs micro-narratifs et itératifs et/ou de chapitres ou même de textes apparemment isolés, le matériau verbal parvient à s'étaler et à se multiplier jusqu'à guider l'agencement du macro-texte (le livre) et du *macro-macro-texte* (le cycle).

Le macro-macro-texte, à son tour, est le lieu final du développement de la multi-linéarité. Il est une sorte de synecdoque du réel complexe, articulé et multiple dans lequel ces écritures tentent de se situer.

De même que l'on peut parler de macro-macro-texte en relation à la narration multi-linéaire, de même, dans certains cas, on rencontre des cas d'*inter-inter-texte*. Par « inter-inter-texte » j'entends deux ou plusieurs textes, écrits respectivement par deux auteurs vivant à la même époque, qui renvoient les uns aux autres par le biais d'expressions très proches sans que l'on puisse établir lequel des textes est au commencement de l'échange. Cette impossibilité de repérer le texte à l'origine de l'intertextualité persiste même si l'un des textes a été publié précédemment par rapport aux autres, parce que les auteurs en question, se connaissant et travaillant ensemble, ont pu entamer leur dialogue textuel avant la phase de publication. L'inter-inter-textualité tend parfois vers l'œuvre commune. On observe ce phénomène notamment entre Claude Royet-Journoud et une auteur qui n'est pas directement concernée par cette étude (bien que présente en sourdine), à savoir Anne-Marie Albiach, mais aussi entre Royet-Journoud et Jean-Marie Gleize. On se contentera de rappeler ici un seul exemple, très récent, d'inter-inter-textualité entre *En face latérale,* une section de *Tarnac* publiée aussi comme plaquette à part chez La Camera Verde,[20] et *Kardia*, une plaquette de Royet-Journoud parue en 2009 chez Éric Pesty Éditeur.[21] Le titre *En face latérale,* déjà, se trouve dans un vers de Kardia : « en face latérale / les points de reconnaissance s'estompent ».[22] Un autre texte de

Kardia est intitulé *Vue latérale*.[23] De plus, dans les deux livres est présente l'expression presque méta-narrative « une histoire de la poussière ».[24] L'histoire est morcelée et multiple comme des grains de poussière, mais elle est aussi cyclique, telle que le motto biblique « tu es poussière et tu retourneras en poussière ». Une répétition phrastique comme « je recopie » n'est pas seulement gleizienne. *En face latérale* commence par : « Je recopie le lavoir ».[25] Mais Royet-Journoud lui fait écho (ou est-ce Gleize qui fait écho à Royet-Journoud ?) : « Une étendue blanche que je recopie ici pour mieux apprendre ».[26] L'*enfance*, enfin, est un terme clé à la fois chez Gleize, Royet-Journoud et Daive. Presque tous les livres de Daive et de Royet-Journoud ainsi que beaucoup de textes de Gleize contiennent le mot « enfance » (dans nombre de textes de tous les trois auteurs on repère également les mots « père » et « mère ») et déploient un discours (et un récit) sur ce stade de la vie humaine.

L'inter-inter-textualité n'implique pas, pourtant, que les textes en dialogue suivent partout la même intention ou tendent à être identiques. Au contraire : les écritures peuvent et doivent même garder leur spécificité afin que l'inter-inter-textualité puisse se déployer et, par conséquent, afin que la multi-linéarité du récit puisse être pleinement développée *en dehors du livre et de l'auteur pris isolément*. Pour expliquer ce mouvement, Jean-Marie Gleize a utilisé, dans un mail qu'il m'a envoyé, la similitude suivante : « ces textes 'communiquent' entre eux (comme les pièces d'un appartement), sont ouverts les uns sur les autres ». Si l'on voulait poursuivre la similitude gleizienne, on pourrait dire que cette communication s'effectue sans que les murs qui séparent les pièces soient abattus, elle passe par les portes, c'est-à-dire par des canaux bien tracés et conçus qui n'entament pas l'autonomie des textes et, parallèlement, augmentent la multiplicité du récit et le pouvoir d'action cognitive du projet scriptural.

L'histoire enterrée

Au-delà des processus macro-macro-textuel et inter-intertextuel, Claude Royet-Journoud a développé une technique narrative multi-linéaire qui ne tient qu'à son œuvre. Comme Royet-Journoud l'explique lui-même dans le seul livre de poétique qu'il ait publié à présent, *La poésie entière est préposition*, sa méthode d'écriture depuis la tétralogie est toujours celle d'écrire des longs textes en prose et de sélectionner ensuite des parties qui forment le poème :

> J'écris d'abord de la prose sans aucun intérêt littéraire. Le poème ne vient pas de la prose, mais il n'arrive pas non plus à son terme sans elle. Elle n'est qu'un « nettoyage », une possibilité de voir.[27]

Loin d'être un « nettoyage de la situation verbale » d'héritage valéryien, la méthode de Royet-Journoud n'est pas, à proprement parler, un « enlèvement ». Plutôt, le poème se forme à l'intérieur de la prose, il est nourri par elle. C'est ce que semble suggérer Royet-Journoud lui-même dans un interview avec Jean Daive :

Je pars de prose. J'attends qu'il y ait un certain amas de feuilles, etc. Je dactylographie et j'obtiens une certaine surface de prose et je la travaille. Mais quand tu dis ça, on pense que tu travailles à partir de prélèvements. Que tu as une prose et que tu prélèves tel mot, telle chose, parce que ça te plaît. Non. C'est quelque chose d'autre. C'est simplement réussir à trouver cette espèce de verticalité, que le résultat soit poème en vers ou en prose. Comment faire pour trouver cette verticalité à partir d'une chose sans vie, inerte que j'appelais dans « L'amour dans les ruines » : *fumier négatif*.[28]

« L'amour dans les ruines », le texte auquel Royet-Journoud se réfère dans cette réponse à Daive, est un chapitre métapoétique de *Les objets contiennent l'infini* qui est écrit en brefs paragraphes de prose alors que presque toutes les autres sections du macro-macro-texte de la tétralogie contiennent des courts textes en vers ou des bribes de prose distribués avec soin dans une page qui, pour la plupart, reste blanche. L'opposition entre une pratique du prélèvement et une pratique de la *verticalité* montre ici que le « nettoyage » opéré par Royet-Journoud héberge un paradigme d'inversion et de *de-linéarisation* du récit en prose duquel jaillit la poésie, une poésie dont la versification traverse l'*in*version des histoires et refuse, contrairement à Gleize, de se livrer entièrement à la pratique post-générique. Bernard Noël parle également de Royet-Journoud comme « interrupteur » de la matière verbale.[29] Ailleurs j'ai parlé de « raréfaction *a posteriori* » afin de décrire l'état dans lequel se trouve la page après avoir subi le processus de nettoyage du matériau narratif.[30]

Mais quelles sont les raisons profondes de cette façon de procéder, et, encore une fois, comment peut-on en saisir les enjeux cognitifs ? Dans sa récente plaquette *Kardia*[31] Royet-Journoud a choisi de montrer entre crochets quelques-unes des proses dans lesquelles sa poésie trouve son commencement : elles sont loin d'être « sans aucun intérêt littéraire ». On peut certes imaginer que Royet-Journoud ait choisi les meilleures proses ou qu'ils les ait améliorées pour la publication, mais le théoricien est forcément amené à douter que la raison de cette recherche d'une « possibilité de voir » par le biais du processus de « nettoyage » – ou, si l'on veut, de *raréfaction a posteriori* du matériau verbal de départ – se limite à une volonté psychologique ou esthétique d'amélioration du texte ; car, s'il en était ainsi, on ne saurait en aucune manière expliquer la raison pour laquelle le processus de nettoyage est poussé souvent jusqu'aux lisières de l'effacement du texte. C'est en creusant dans cette direction que l'on parvient à déterminer une double origine plus profonde, encore une fois individuelle et collective, de cette stratégie scripturale. Si la dimension individuelle de l'écriture de Gleize est résumée dans les derniers mots de *Film à venir* (« je deviens », cf. *supra*) et la dimension collective peut être repérée, toujours chez Gleize, dans le potentiel de critique politique auquel on a fait référence, chez Royet-Journoud l'écriture poétique jaillit d'un *crime* originaire[32] ou, si l'on veut, d'un traumatisme à la fois individuel et collectif dont l'existence même nie au départ toute possibilité de description et d'écriture.

Assez loin de la tradition poétologique heideggérienne du *silence,* Royet-Journoud s'attache plutôt à produire un récit poétique troué, inversé et multiple qui côtoie, voire imite l'inscriptible et le vainc, en même temps, dans l'interstice de différence produit par les mots qui restent après l'histoire, après l'effacement de l'histoire.

On pourrait reprendre des notions utilisées par Alain Badiou en relation à Mallarmé et parler ici aussi de *clinamen* des atomes qui tracent la verticalité oblique de l'événement et le font exister grâce à une « différence faible » entre la possibilité comme vide et inexistence et l'événement lui-même en tant qu'existence contingente, entre l'histoire et sa négation.[33] Chez Royet-Journoud l'événement à la fois effacé et écrit dans la verticalité du texte poétique ou dans l'horizontalité du récit lacunaire consiste plus précisément en une multiplicité de traumatismes, individuels et collectifs, qui peuvent être articulés autour de deux notions-guide : l'*enfance* (« voix suspendue dans l'enfance [...] le père [...] épouse un mannequin de cire et se jette par la fenêtre »[34]), que l'on a déjà considérée en tant que dénominateur commun entre les pratiques textuelles de Gleize et de Royet-Journoud ; et la *Shoah,* crime archétypal de la modernité, effacement et réécriture de l'histoire à laquelle, contrairement à ce qu'avait cru Adorno, la poésie choisit encore aujourd'hui de se confronter. Les mots de la poésie de Royet-Journoud sont eux-mêmes les survivants de l'effacement du texte, les rescapés du processus d'ensevelissement du récit, comme une page de *Théorie des prépositions* (2007) le montre très bien : cette page ne contient qu'un chiffre, « 43 525 ».[35]

Comme Royet-Journoud l'a expliqué *en dehors* du livre lors d'interviews et de lectures, il s'agit du nombre de chaussures qui auraient été trouvées à Auschwitz par les Américains. Cette information *doit* se trouver hors du livre, et le chiffre doit habiter lui seul la page, le « fantasme » rhétorique qui sous-tend ce chiffre étant celui d'une réduction du dualisme entre signe et représentation, d'une littéralité et d'une objectalité du signe pratiquées jusqu'à parvenir à l'identité, ou à la *fiction identitaire* entre le signe et l'objet, la subversion du code et le monde, la narration et l'événement : le chiffre « 43 525 » *devient* et *est* les chaussures trouvées à Auschwitz. L'histoire qui se déroule autour est effacée, non-scriptible, en même temps qu'elle est accueillie et fixée à jamais dans un amas d'objets chiffrés. Écrire des poèmes après Auschwitz, la poésie le sait, c'est d'abord un problème de représentation et d'agencement de la narration : l'*histoire enterrée* de Royet-Journoud coïncide, après tout, avec l'*histoire animale* de Gleize, car les deux visent à mettre en place des dispositifs narratifs atypiques dont le but essentiel est celui de raconter le réel dans son devenir ineffable, de faire émerger la douleur dans ses manifestations multiples.

Le blanc de la page de Royet-Journoud, loin de toute résurgence métaphysique, est un *blanc sémantiquement dense*, engendré par un programme cognitif de prise en compte du réel à l'intérieur de l'écriture, une écriture qui se voue à réactiver de façon lacunaire le bruit de fond de l'histoire individuelle et collective, une double histoire enterrée dans l'indicibilité du traumatisme. Comme l'écrit Michèle Cohen-Halimi :

> Les interstices, les intervalles prolifèrent. Mais le discontinu ne l'emporte pas sur le continu. C'est comme si la décomposition, le démembrement des mouvements du poème avaient toujours formé sa puissance réelle de continuité. Il n'y a plus succession (antécédent/conséquent) mais distinction dans la simultanéité. Un meurtre a eu lieu, un meurtre a lieu, un meurtre va avoir lieu. [...] L'intrication de tous les temps présents s'enroule à l'intérieur des articulations pour tenir la vie à la pointe de chacun de ses ligaments.[36]

Ainsi la sémantique de la *terre* contenue dans cette définition que nous avons choisie pour le travail de Royet-Journoud, « histoire enterrée », ne renvoie-t-elle pas seulement à la narrative de la mort, mais aussi à la pratique littéraliste conçue comme une écriture dont la discontinuité tend asymptotiquement vers la continuité d'un réel in(de)scriptible qui n'admet ontologiquement aucune résurgence métalangagière. Dans cette continuité anti-représentationnelle le geste scriptural adhère à lui-même et se produit à l'intérieur du monde, dans la terre, à « altitude zéro », comme l'écrit Gleize à maints endroits, « au niveau de la mer », aurait dit autrefois Ludwig Wittgenstein. L'échec du récit de cette histoire enterrée se métamorphose dans un geste de vie, dans l'affirmation de la vie qui sous-tend la création de nouveaux paradigmes de connaissance du monde et de l'histoire ; des paradigmes narratifs où la temporalité et les hiérarchies mêmes de l'histoire subissent un processus de bouleversement, au profit d'une plus grande proximité entre la poésie et ce qu'il y a, qu'il y avait et qu'il y aura autour d'elle, autour de nous.

—

Conférence prononcée à l'University College London, puis publiée in *Poetic Practice and the Practice of Poetics in French since 1945*, « French Forum », vol. 37, nn. 1–2, University of Pennsylvania – University of Nebraska Press, 2012

1. P. Valéry, *Cahiers (textes choisis) : Tome I*, éd. par Judith Robinson, Paris, Gallimard, Bibliothèque de la Pléiade, 1973, p. 684.
2. Cf. I. Bachmann, *Sagbares und Unsagbares – Die Philosophie Ludwig Wittgensteins*, Munich, Piper, 1978.
3. E. Hocquard, *Ma haie*, Paris, P.O.L., 2001, p. 25.
4. H. Meschonnic, *Pour la poétique II*, Paris, Gallimard, Le Chemin, 1973, p. 25.
5. Id., *Pour la poétique I*, Paris, Gallimard, Le Chemin, 1970, p. 177.
6. Cf. p. ex. J.-M. Gleize, *Sorties*, Paris – Lyon, Questions Théoriques, 2009.
7. Id., *Film à venir : conversions*, Paris, Seuil, coll. « Fiction & Cie. », 2007, p. 150.
8. Id., *Tarnac (un acte préparatoire)*, Paris, Seuil, coll. « Fiction & Cie. », 2011.
9. Cf. Id., *Tarnac, op. cit.*
10. Cette expression est proposée par Gleize lui-même. Cf. p. ex. *Sorties, op. cit.*, p. 28, ou encore Id., *L'excès – la prose*, in Gräf, De Francesco, *Gleize e la post-poesia*, « Semicerchio », n. XL, Florence, février 2010 et http://www.poetenladen.de/lyrikkonferenz-jean-marie-gleize.htm.
11. Cf. J.-M. Gleize, *Film à venir, op. cit.*, pp. 139–46.
12. Ch. Hanna, *Poésie action directe*, MArseille, Al Dante, 2002.
13. J.-M. Gleize, *Tarnac, op. cit.*, p. 105.
14. Cf. p. ex. Id., *L'excès – la prose, op. cit.* et Collectif, *Jean-Marie Gleize : la poésie n'est pas une solution*, in « Faire part » n. 26–27, Mariac, 2010, passim.
15. Id., *Film à venir, op. cit.*, pp. 13–19.
16. Ibid., p. 26.
17. Cf. p. ex. J.-M. Gleize, *Simplifications / Conversions*, in *Forme & Informe dans la création moderne et contemporaine*, « Formule », n. 13, 2009.
18. Vue la récurrence de ces expressions tout au long de l'œuvre gleizienne, il est inutile d'en citer les références bibliographiques. Je cite la plupart des expressions verbales à l'infinitif, mais elles peuvent changer de conjugaison et subir des variations selon les contextes dans lesquels elles sont employées.
19. *Le Renversement*, 1972 ; *La notion d'obstacle*, 1978 ; *Les objets contiennent l'infini*, 1983 ; *Les natures indivisibles*, 1997.
20. J.-M. Gleize, *En face latérale – In vista laterale*, Rome, La Camera Verde, 2010, trad. italienne de Michele Zaffarano et *Tarnac, op. cit.*, pp. 137–152.
21. Cl. Royet-Journoud, *Kardia*, Marseille, Éric Pesty Éditeur, 2009.
22. Ibid., p. 16.
23. Ibid., p. 13.
24. Ibid., p. 15 : « ce livre contient l'histoire de la poussière » et J.-M. Gleize, *En face latérale, op. cit.*, p. 139 : « ce fragment de mémoire intitulé «une histoire de la poussière» ».
25. J.-M. Gleize, *En face latérale, op. cit.*, p. 139.
26. Cl. Royet-Journoud, *Kardia, op. cit.*, p. 19.
27. Id., *La poésie entière est préposition*, Marseille, Éric Pesty Éditeur, 2007, p. 12.
28. J. Daive – Cl. Royet-Journoud, *Un système latéral*, in « Fin », n. 13, Paris, Pierre Brullé, 2002, p. 24.
29. B. Noël, *L'interrupteur*, in Collectif (éd. par Michèle Cohen-Halimi et Francis Cohen), *je te continue ma lecture : mélanges pour Claude Royet-Journoud*, Paris, P.O.L., 1999, p. 135.
30. Cf. prochain essai A. De Francesco, *Afin de caraméliser il faut mettre du sucre dans la poêle...ou pas*.

31. Cl. Royet-Journoud, *Kardia, op. cit.*, pp. 18 sq.
32. Cf. J. Daive – C. Royet-Journoud, *Un système latéral, op. cit.*, où Daive met Royet-Journoud devant à la nécessité incontournable d'évoquer cette notion en relation à son œuvre.
33. Cf. A. Badiou, *Le sujet sous les signifiants de l'exception*, in *Théorie du sujet*, Paris, Seuil, 1982, pp. 69–128.
34. Cl. Royet-Journoud, *Théorie des prépositions*, Paris, P.O.L., 2007, pp. 51–52.
35. *Ibid.*, p. 70.
36. M. Cohen-Halimi, *Figuren*, Marseille, Éric Pesty Éditeur, 2009, p. 17.

Afin de caraméliser, il faut mettre du sucre dans la poêle... ou pas

Introduction

Je vais commencer par une histoire vraie.

Quand Fabien Vallos m'a parlé pour la première fois du thème de cette publication et de la journée d'étude qui l'a précédée, je n'ai quasiment rien compris. Quand il m'en a parlé la deuxième et la troisième fois, j'ai continué de ne rien comprendre. La quatrième fois, des doutes ont commencé à s'installer dans mon cerveau autour de la notion d'« inchoation ». « Peut-être – me disais-je – faudrait-il commencer par les mots. La raison pour laquelle je n'y comprends rien c'est parce que j'ai oublié le signifié du mot 'inchoation' ». J'ai donc demandé à Fabien de me l'expliquer. Il a essayé de me l'expliquer et, oui, effectivement, je n'ai rien compris, mais après, toujours au téléphone avec lui, la révélation est arrivée. À l'époque j'étais en train de déménager et en plus il y avait des travaux chez moi qui, comme toujours, se sont prolongés après notre installation dans l'appartement à cause de plusieurs fautes de la part de l'entreprise qui a fait les travaux car eux aussi, ils comprenaient très peu de choses. Par conséquent je n'arrêtais jamais de nettoyer, d'absorber une poussière blanche qui continuait de se former partout et qui a sévèrement menacé l'état de mes poumons et de ceux de mon amie. Cette itération obsessionnelle de l'acte de nettoyage s'opposait à l'immédiateté et à la finitude d'un acte de nettoyage normal : j'étais entré dans la modalité de nettoyage inchoatif. Fabien, de l'autre côté du fil, était enthousiaste et rigolait: « Oui, c'est ça ! Tu as enfin compris ! ». J'étais ravi.

Or, en fait, non, ce n'est pas ça, l'inchoation, ce qui m'amène à douter que Fabien lui-même ait compris jusqu'au bout le signifié du thème qu'il a proposé, doute qui se dissipe face à la conscience de son amitié et gentillesse, mais aussi de son désespoir dû à ma façon inchoative de ne pas comprendre. Fabien m'a donc fait croire que le processus de nettoyage réitéré dans mon appartement était bien la mise en pratique de l'inchoativité. Persuadé d'avoir compris, j'ai commencé à écrire mon intervention en me concentrant notamment sur la spécificité des techniques de nettoyage, mais après, pris par des doutes que tout chercheur sérieux comme moi devrait avoir, je suis allé consulter, comme tout chercheur sérieux, Wikipédia. En descendant sur la page web de l'article *Aspect inchoatif*, j'ai découvert, juste après la photo de Jimmy Wales, fondateur de Wikipédia, que :

> L'aspect inchoatif [...] s'est dit initialement de l'aspect d'un verbe propre à indiquer soit le commencement d'une action ou d'une activité, soit l'entrée dans un état. Ce terme est également appliqué à diverses constructions verbales et éléments non verbaux susceptibles de conférer à l'énoncé cette même valeur (adverbes, particules etc.) [...]

Il est difficile de restreindre l'inchoation à l'expression du début d'un procès par opposition à l'entrée dans un état. Dans les deux cas est mis en jeu le passage d'un état initial (absence de propriété ou de procès) à un autre : il y a passage de « rien » à « quelque chose ». Ce traitement permet de rendre compte des relations existant entre les formes à valeur inchoative et la transitivité. La différence entre inchoation et aspect progressif (pour une action «en train de» s'accomplir) est, de fait, plus complexe qu'il n'y paraît. On constate que « être en train de », lorsqu'il introduit être + adj. tend à prendre une valeur inchoative. Ex. : « Là, tu es en train d'être désagréable ».

Ce qui doit être exactement ce qu'est en train de penser Fabien en ce moment, à chaque fois qu'il lit cette introduction.

En allant voir le même article dans d'autres langues, je découvre que l'inchoation est décrite à peu près de la même façon en allemand et en anglais. Puis je tombe sur l'article italien, dont le titre n'est pas, comme on pourrait s'attendre: *Aspetto incoativo*, mais *Aspetto verbale*, c'est-à-dire « Aspect verbal ». Cet article s'occupe de parler des différentes formes de durée temporelle d'une action exclusivement (et inexplicablement) dans les verbes italiens, grecs anciens et slaves. En activant la fonction « *Find* », je découvre rapidement que les termes « incoativo », « incoativa », « incoatività », etc. ne s'y trouvent même pas. Très perplexe, je reviens sur Google et je tape *Verbi incoativi*. Le premier lien renvoie à un article de Wikipédia intitulé justement *Verbi incoativi*, où l'on explique qu'en italien les verbes appelés improprement inchoatifs sont ceux de la troisième conjugaison (c'est-à-dire les verbes qui se terminent en -*ire*) qui présentent l'interfixe « -isc », notamment à la troisième personne plurielle. Ce qui est intéressant même à partir de Wikipédia, c'est que ces verbes indiquent souvent l'entrée dans un état, mais, encore plus souvent, la continuité d'une action en train d'être produite : « finire » (finir) > finiscono, « ammorbidire » (addoucir) > ammorbidiscono, « inaridire » (rendre aride) > inaridiscono, « scalfire » (éclabousser) > scalfiscono, etc. Bien évidemment, d'autres verbes italiens peuvent être dits inchoatifs au sens français. Par exemple, « caramellare » (caraméliser), qui n'est pas inchoatif au sens italien. De même, un verbe de la troisième conjugaison qui ne présente pas l'interfixe « -isc », comme par exemple « morire » (mourir), ne peut pas être dit inchoatif au sens grammatical même s'il décrit l'entrée dans la continuité (continuité par excellence !) d'un état.

Le changement d'état

Parmi les bonnes actions accomplies par Fabien lorsqu'il a choisi de m'inviter à donner cette contribution, il y a un texte et un mail d'explication qu'il m'a envoyés, où il me suggère d'aller voir *L'origine du drame baroque allemand* de W. Benjamin et surtout le concept d'« intermittence » dans le texte *Parataxe* contenu dans les *Notes sur la littérature* de Th. W. Adorno afin de m'éclaircir les idées autour du rapport entre immédiateté et inchoation en théorie littéraire. Ce que j'ai bien évidemment fait, sans arriver, hélas, à bien saisir le concept d'intermittence dans le texte *Parataxe* mais en découvrant heureusement dans la méthodologie de ces deux textes, même au-delà de leur contenu, que Fabien voulait que je produise des objets théoriques à partir de ces deux concepts, l'un (immédiateté) para-philosophique, l'autre (inchoation) para-linguistique. Ravi de cette découverte et pris par un sentiment de liberté et d'euphorie, j'ai mis de côté Wikipédia en bafouillant machinalement l'interfixe « -isc », je suis allé voir d'autres sources plus sérieuses (pas beaucoup) et je me suis d'abord demandé, à partir de ma double et difficile position de poète et de théoricien de la littérature, quels enjeux communs à ces deux notions sont à mon avis les plus significatifs en relation à l'écriture. Je me suis tout de suite rendu compte de quelque chose d'assez évident, c'est-à-dire que les notions d'immédiateté et d'inchoation impliquent une réflexion sur la *temporalité* et sur la spatialité du texte et, dirait Fabien Vallos, de l'*œuvre*. J'y reviendrai plus tard et ce sera même l'objet principal de mon intervention.

J'ai également constaté qu'il fallait s'interroger sur la *corporéité* de l'acte scriptural, et ce d'un point de vue bien précis, qui a trait au *changement d'état*, à savoir : l'immédiateté d'une action, son unicité dans le temps, son pouvoir de troubler l'état de choses et le cours des événements, comporte un changement d'ordre *physique*. Immédiateté, par exemple, d'une force appliquée à un corps une seule fois, pendant un temps limité. L'inchoativité, en revanche, relèverait plutôt, à mon sens, de la chimie, c'est-à-dire de la modification circonscrite, permanente ou répétée d'un état : vaporiser, glacer, liquéfier, *caraméliser*, etc. Mais, de même qu'une force appliquée à un corps change à jamais l'état de choses, et ce même si les choses devaient rentrer dans leur état précédent après l'expérience de l'immédiateté, ou que le *clinamen* des atomes a lieu en trajectoire oblique – par « différence faible », dirait Alain Badiou –, de même l'immédiateté n'est pas étrangère à l'inchoation, car il y a pour ainsi dire un *après*, à savoir un changement permanent d'état provoqué après et par l'immédiateté. De la même manière, l'inchoation, afin de se mettre en place, qu'il s'agisse d'un *continuum* ou d'un processus de *répétition*, a besoin d'un commencement qui se termine en tant que commencement, qui finit *parce qu*'il est commencement, c'est-à-dire que l'inchoation a besoin d'un instant d'immédiateté afin que l'entrée dans un état ait lieu. Un mouvement des atomes, pour ainsi dire, est à la base de la modification des molécules. Ou, si l'on veut, il n'y a pas de différence sans répétition, pas de continuum sans discret.

Une réflexion sur les notions d'*inchoation* et d'*immédiateté* ne saurait être séparée d'une réflexion sur la temporalité et sur la spatialité : temporalité du changement d'état, du continuum et du discret, du commencement et du recommencement, de la différence et de la répétition ; spatialité modifiée par l'immédiateté de l'événement physique ou par la modification de la substance, par le *panta rhei* qui affecte l'immédiateté ou par le devenir liquide, solide ou vaporeux (ou caramélisé) d'une substance. J'écrivais plus haut que ces problématiques spatiales, temporelles et corporelles liées aux notions d'« immédiateté » et d'« inchoation » sont à mon avis particulièrement significatives en relation à la théorie de l'écriture et notamment, j'ajouterai maintenant, de l'écriture poétique et de ses débordements. Je vais consacrer le reste de ma communication à essayer de montrer l'un des possibles angles d'attaque de cette question.

Je proposerai un modèle en deux parties composées à leur tour d'une double sous-partie, où la dialectique immédiateté – inchoativité assume plusieurs rôles clé. Ce modèle est constitué par l'opposition et le dialogue entre deux notions poétologiques que j'essayerai d'esquisser : la *prolifération* et la *raréfaction*. Afin d'exemplifier ma démarche, je choisirai de citer des auteurs contemporains devenus des classiques de la poésie de la deuxième moitié du $xx^{ème}$ siècle. C'est une opposition qui peut être plus facilement tracée, me semble-t-il, dans le cadre de la poésie française, mais je tâcherai de faire également référence à d'autres aires linguistiques.

Écritures de la « raréfaction »

Je qualifie de « raréfiées » des écritures poétiques ou post-génériques à tendance réductive, synthétique, concentrative et lacunaire. Les écritures de la raréfaction, très fréquentes dans la poésie « post-mallarméenne », se concentrent sur le pouvoir de chaque mot et, parallèlement, sur la valeur des blancs, des espaces, des pauses, des silences contenus dans le proféré poétique. Dans la raréfaction scripturale de la poésie d'un André du Bouchet, d'un Jean Daive ou d'un Claude Royet-Journoud, de rares mots jaillissent dans un climat ouaté, blanc, où la corporéité de l'écriture est non pas

Fig. 30 : André du Bouchet, Dans la chaleur vacante

Cette calotte sauvage,
                       sans air, sans arbres, qui se calque sur la terre grossière, approximation grossière de la terre.

La partie claire et blanche où le nuage se déchire, où nous allons. Le genou contre la porte de bois, et cette gorgée de terre,
                       cette toux.
A l'endroit du champ vide, je me suis plusieurs fois déchiré.

Ce mur qui suffit pour tenir le soir. Quelques brins du souffle serrés contre le front.

AFIN DE CARAMÉLISER

Grand champ obstiné

embolie.

Tout commence
à la montagne inachevée, à un moment de terre
perdu.

décimale blanche

                                        au   bord   de   l'espace

Fig. 31 : Jean Daive, Décimale blanche, p. 1.

réduite, mais plutôt confiée à chaque mot et à la dialectique entre la page et l'écriture : les mots deviennent presque des objets, des personnages, des images ou, mieux, des ersatz des images. En voici quelques exemples significatifs: Du Bouchet (fig. 30)[1] et Royet-Journoud (p. 100-101, fig. 7).[2]

On reviendra sur les textes. Ce qui est important pour l'instant, c'est de visualiser l'agencement typographique et visuel du texte. On a parlé à ce propos d'*écritures blanches*. Le premier livre de Jean Daive, publié en 1967 au Mercure de France, s'intitule *Décimale blanche* et suit ce parcours à la fois thématiquement et typographiquement (fig. 31).

Le *clinamen* des atomes de la poésie blanche est à la fois lent et saccadé ; les « molécules sémantiques » s'étalent sur la page de façon irrégulière et transforment la vision, la narration, la perception, la cognition. La vision est transformée parce qu'à la place des images se trouvent des mots dont le régime objectuel, à la fois ultra-sémantique et anti-sémantique, en tout cas iconoclaste, vise à absorber l'icône dans le langage, ce qui est également le cas dans une certaine poésie visuelle ou concrète. Jean-Marie Gleize dirait : « remplacer l'image par le mot 'image' »[4]. Cette conception est présente dès *Un coup de dés jamais n'abolira le hasard* de Mallarmé, avec une différence fondamentale, qui se perpétue par ailleurs dans le domaine de la poésie visuelle, à savoir le changement de police et de caractères typographiques, tout à fait absent dans les écritures « blanches » (p. 93-94, fig. 1).[5]

L'artiste belge Marcel Broodthaers en a donné une interprétation célèbre, où chaque ligne est effacée par un trait noir afin justement de mettre en évidence de façon a-sémantique la dimension objectale et l'agencement visuel de cette écriture (fig. 33).[6]

Chez Mallarmé, la disposition des caractères sur la page et la gestion des polices répondait à une construction close, à une expérience poético-typographique circonscrite et bien précise, alors que chez du Bouchet, Daive ou Royet-Journoud

Fig. 33 : Marcel Broodthaers, *Un coup de dés jamais n'abolira le hasard*

AFIN DE CARAMÉLISER

on peut parler de « raréfaction » parce que la disposition des mots est issue d'une véritable méthode d'écriture.

La raréfaction est une démarche scripturale, une approche de la poésie qui revient au-delà d'ouvrages singuliers. D'où l'absence de changements de police et d'autres dispositifs formels extérieurs au traitement du langage. La raréfaction vise à modifier la narration et sa temporalité par le biais d'inversions et de lacunes ainsi qu'à travers l'étalage du texte. La perception et la cognition sont à leur tour modifiées par une approche du langage qui, d'une part, met en crise les logiques du texte et les rhétoriques partagées, et, d'autre part, lui accorde une sortie ontologique radicale vers l'image et sa négation permanente, mais aussi vers le réel, étant donné que les mots ont ici tendance – tendance asymptotique, mais tendance quand même – à influencer l'espace. Le choix d'écrire en raréfiant – mais aussi, comme on le verra, d'écrire en proliférant – contient une approche épistémologique et présuppose, par le biais du traitement de la temporalité, de la sémanticité et de la spatialité de l'écriture, que la poésie ait vraiment le pouvoir de modifier radicalement nos modalités de perception et de cognition du monde.

Le terme de « raréfaction » me semble particulièrement apte à décrire ce genre d'expériences, tout en nous permettant d'en garder les différences et les spécificités qui ne sauraient être réduites à aucune catégorisation. Je vais essayer de clarifier cette perspective encore très abstraite en distinguant entre deux modalités principales de raréfaction, par lesquelles je pourrai revenir à l'interaction entre inchoation et immédiateté. Je distingue donc entre raréfaction *a priori* et raréfaction *a posteriori*.

La raréfaction « a priori »

Dans la raréfaction *a priori*, les blancs, les réductions scripturales et les distances typographiques sont un préalable au texte, qui émerge par différence sur un fond pré-verbal originaire, tout en tendant à s'identifier à ce silence primaire duquel il jaillit. C'est la méthode notamment d'André du Bouchet ou de Paul Celan, qui commencent au cours des années 1960 à opérer dans le climat post-métaphysique et, somme toute, philo-heideggérien de la revue *L'Éphémère*. Grâce à la *praxis* poétique et, dans le cas de du Bouchet, à la proximité de la pensée de Ludwig Wittgenstein, les résidus vétérométaphysiques de la philosophie de Heidegger sont plus ou moins consciemment ébranlés au profit d'un questionnement permanent de l'origine du langage. Chez du Bouchet, la parole ne saurait exister qu'à partir d'un espace vide, à savoir pré-linguistique (« le vide – futur et déréliction confondus, moteur du mot »[7]), où puisse se concevoir un langage de la possibilité qui n'est pas soumis aux codes grammaticaux : « la langue, idiome établi ».[8] Le blanc dubouchettien est un blanc vide, pur, pré-sémantique, vers lequel tend l'écriture ; la peinture est chez du Bouchet le modèle par excellence de cette conception, car la peinture est un geste expressif nonsignifiant, une expression alternative à la langue, un modèle expressif non-communicationnel qui fait taire la langue en la ramenant à son état pré-verbal : « faisant, via la langue peinture, retour à aussi muet que de la pierre ».⁹ L'écriture de du Bouchet est l'autre face, beaucoup plus classique, beaucoup plus poétique (aussi au sens négatif du terme), d'expériences d'écriture a-sémantique telles que les griffonnages glossolaliques de Cy Twombly (p. 112, fig. 21).¹⁰

Au départ, les blancs « purs » de la raréfaction a priori relèvent d'une conception immédiate, ou, plutôt, *immédiatique* de l'œuvre. Il y a un vide sur lequel le geste scriptural se construit par différence, une origine insaisissable et un supplément, pour utiliser un terme derridien qui convient tout à fait à la poésie du Bouchet. Il y a un geste unique, une « épaisseur » (terme dubouchettien) qui distingue le vide de l'événement, la page de l'encre, le blanc du noir, l'absence originaire de la présence contingente. Mais cette présence scripturale tend à s'identifier à son origine, tend à se réduire à son état pré-verbal afin d'illustrer l'origine, tend à rentrer sous le blanc de la page duquel elle provient, d'où cette grande présence d'espace qui semble vouloir engloutir les mots : « tout commence à la montagne inachevée, à un moment de terre perdu ». Cet inachèvement, c'est l'itération permanente du geste scriptural vers son vide originaire, vers l'espace de possibilité qui a été perdu dans le surgissement du langage. C'est un geste *inchoatif* parce qu'il est asymptotique, parce qu'il est inachevé et inachevable et toujours recommencé, parce qu'il s'agit d'une tension pré-grammaticale qui indique l'entrée permanente dans l'état d'écriture poétique.

La raréfaction « a posteriori »

Si, dans la raréfaction *a priori*, l'immédiateté du geste scriptural ainsi que le mouvement inchoatif issu de la tendance inachevée vers le blanc décrivent la temporalité d'un processus d'émergence des signes, la raréfaction *a posteriori* est le produit d'un mouvement d'effacement progressif qui laisse des traces sur la page et dans le texte : chez des poètes comme Anne-Marie Albiach, Jean Daive ou Claude Royet-Journoud le blanc est issu d'un processus d'ensevelissement de contenus indicibles ou « non-plus-dits » confiés au départ au geste scriptural.

Le blanc de la raréfaction *a posteriori*, pour ainsi dire, « fait du bruit », car il contient des mots ensevelis qui « sont déjà advenus », alors que le vide de la raréfaction a priori peut être qualifié de « bruit-blanc », car il s'agit là d'un blanc de la possibilité, qui contient en puissance toutes les fréquences, tous les événements, tous les mots à venir. Dans la raréfaction *a posteriori* le blanc de la page héberge des concentrations sémantiques qui sont présentes mais qui ne sont en même temps pas rendues à l'écriture. Royet-Journoud, dont je prendrai le travail à titre d'exemple, décrit sa méthode d'écriture de la façon suivante :

> J'écris d'abord de la prose sans aucun intérêt littéraire. Le poème ne vient pas de la prose, mais il n'arrive pas non plus à son terme sans elle. Elle n'est qu'un « nettoyage », une possibilité de voir.[11]

On revient donc aux techniques de nettoyage et à leur pertinence incontestable. En même temps, Royet-Journoud nous donne raison ailleurs de douter que toutes les parties écrites et ensuite effacées soient, comme lui-même le dit, « sans aucun intérêt littéraire ». Le contenu verbal que je qualifiais plus haut de « non-plus-dit » peut être enseveli sous la page pour des raisons qui ont trait à la question même de la *dicibilité*. Le cas le plus évident se trouve dans la page de *Théorie des prépositions* (2007) qui ne contient qu'un chiffre : « 43 525 ».[12] C'est, comme Royet-Journoud l'a révélé lors d'une lecture à laquelle j'ai assisté, le nombre de chaussures que les Américains auraient trouvées quand ils sont arrivés à Auschwitz. Le fait d'isoler ce chiffre à l'intérieur d'une page a deux conséquences majeures :

— D'abord, le lecteur est amené à se poser la question sur ce qu'il y a autour, sur l'histoire cachée autour de ce chiffre, histoire cachée dans un non-écrit qui devient ici « non-scriptible ». Ceci est confirmé par la récurrence obsessionnelle du thème du « crime » dans toute l'œuvre de Royet-Journoud, mais aussi des deux autres auteurs cités (Daive et Albiach).

— Ensuite, on est obligé de se poser une autre question : est-ce que nous avons besoin de savoir à quoi correspond ce chiffre afin de pouvoir comprendre les enjeux de la raréfaction *a posteriori*, et, même, afin de comprendre ce texte ? Question ouverte, à laquelle je répondrais ainsi : ce qui est important, ce que nous n'avons pas besoin de lire dans le texte même ce à quoi ce chiffre se réfère, car c'est le fait que ce chiffre se présente à nos yeux dans sa

nudité obscure qui nous donne la possibilité d'en saisir le renvoi direct à l'événement, renvoi qui, par ce biais, évite les lois de la représentation et du dédoublement logico-sémantique, renvoi dont le mimétisme refuse toute rhétorique. C'est la démarche du livre dans son ensemble. Les réductions, les interruptions, les lacunes et les inversions narratives devraient nous permettre de comprendre que ce chiffre n'est que l'extrémisation d'un processus à l'œuvre (fig. 34).
La temporalité du processus d'effacement relève évidemment de l'inchoativité, car ce sont la continuité de la raréfaction *a posteriori* et sa permanence dans la structure du texte qui définissent les modalités d'écriture et de lecture. En même temps, la démarche crypto-narrative du processus d'effacement résulte dans une succession d'interruptions spatiales et temporelles à l'intérieur du texte, comme Bernard Noël le fair remarquer dans un texte consacré à l'œuvre de Royet-Journoud intitulé justement *L'interrupteur* :

> On a trop parlé du blanc – de poésie blanche ; en fait, sous la visibilité très superficielle de cette apparence-là, il y a un art de l'interruption, et Claude Royet-Journoud en est l'ordonnateur. Interrompre, c'est savoir couper net, mais de manière à créer un manque assez abrupt pour que la cassure rayonne alentour en diffusant un appel qui change la nature de la page.[13]

On retrouve donc un paradigme d'immédiateté dans la permanence de structures versifiées et, surtout, dans la disposi-

Fig. 34 : Claude Royet-Journoud, Théorie des prépositions

le chiffre est à gauche de la construction
ils surgissent
dans l'inquiétude du mouvement
ils ont la légèreté pour espace

AFIN DE CARAMÉLISER

la répétition est déplacement
du bord visible

la voix dissimule
un état d'apesanteur

elle ne saurait interrompre son trajet

autour de cette tache
le jour du chiffre, de l'étranglement
le poignet brûle l'ancienne manière
lèvres posées sur le nom
ils s'ajointent

tion typographique et dans la structure narrative lacunaire et non-linéaire issues de la raréfaction *a posteriori*. Immédiateté de l'interruption abrupte, coupure de la temporalité et de l'espace, « per-version », pour citer Fabien Vallos,[14] et occultation du rythme à la fois poétique et narratif. On reviendra sur la question de la narration. Ce qui est important à remarquer ici, c'est que, encore une fois, inchoation et immédiateté, chimie et physique, molécules et atomes, sont, en écriture, les deux faces d'un unique processus.

La raréfaction « per se »

J'avais annoncé la bipolarité entre raréfaction *a priori* et *a posteriori*. Or, il s'agit d'une bipolarité tripartie, car je suis récemment parvenu à la formulation d'une troisième modalité de raréfaction : celle dont la réduction est propre au texte dans son ensemble ; une raréfaction, par conséquent, qui n'est ni issue du traitement des blancs et de l'espace de la page, ni d'interruptions, de lacunes, d'effacements, d'inversions, de coupures, etc. Je propose d'appeler cette forme de raréfaction, en continuant d'utiliser une terminologie philosophique d'origine latine, « raréfaction *per se* ». Ce type de raréfaction appartient par exemple à beaucoup d'écritures à régime épigrammatique, jusqu'à la poésie minimaliste. Voici un poème performatif de Vito Acconci[15]:

I am going from one side to the other.
am
going
from
one
side
to
the
other.

Ou, encore, deux poèmes minimaux de Aram Saroyan[16] :

eyeye

Et :

lighght

Dans les trois cas, il s'agit de textes dont les processus de synthèse et de réduction se trouvent à l'intérieur d'un objet parfaitement auto-suffisant et clos. Il n'y a pas de processus macro-textuel à l'œuvre. Il s'agit d'objets textuels auto-alimentés. D'où mon choix de l'expression *per se*. Dans les poèmes de Saroyan, il n'y a plus d'inchoation au sens d'un processus de raréfaction à l'œuvre dans la démarche poético-narrative et dans l'espacement entre les mots. Dans le cas du poème d'Acconci, il y a inchoation grâce à l'entrée dans un état à la fois dynamique et permanent, voire éternel, parce que fixé dans la langue et dans le *page design*. Il en va d'une action à la fois objectale et grammaticale, qui mime et « couvre » le réel de façon peut-être encore plus adhérente que le chiffre de Royet-Journoud.

De même, le premier poème de Saroyan exaspère la relation d'isomorphisme objectal de la parole poétique : les deux yeux, sinon même l'« idée » des yeux, sont repérables grâce au rajout du syntagme « ye », qui rend le mot originaire « eye » deux « vrais » yeux : « eyeye ». Le fonctionnement de ce poème est d'autant plus solide si l'on considère que le changement d'état du mot « eye » en « eyeye » ne comporte pas de changement de prononciation. Ce qui est aussi le cas du poème « lighght », qui joue davantage sur un paradoxe : le caractère imprononçable du syntagme « gh » en anglais lorsqu'il se trouve à l'intérieur d'un mot. Le comportement sémantique et la temporalité du poème « eyeye » sont clairement « immédiatifs », au sens d'une synthèse verbale extrême produite par l'isomorphisme langage-objet. La temporalité du poème « lighght » est pareille, mais l'isomorphisme entre sujet, action et objet qui caractérise les deux autres poèmes cités est moins présent, bien que pas tout a fait absent : on peut imaginer que la répétition du syntagme « gh » est due à la vitesse du mot « lumière », reproduit sur une page qui, tel qu'un objectif photographique ouvert trop longtemps pour saisir les contours exacts du mot, en enregistre le passage à grande vitesse. Ou, encore, on peut imaginer un jeu sur l'autre signifié du mot « light », à savoir « léger » : la légèreté est « alourdie », pour ainsi dire, par la répétition superflue du syntagme « gh ». En regardant de plus près, chez Saroyan on peut également relever la présence d'un aspect inchoatif grâce justement à l'ajout du syntagme « ye » et surtout dans l'itération du syntagme « gh » : ces processus de répétition sont à la base des deux textes, ils donnent à ces poèmes leur raison d'être, ils déterminent, par le biais de la répétition, l'entrée dans un nouvel état sémantique qui modifie la temporalité de l'œuvre et son intervention dans le réel.

Écritures de la « prolifération »

J'en viens maintenant à la question de la prolifération. Je qualifie de « proliférantes » des écritures poétiques ou postgénériques caractérisées par une sémantique corporelle et physique, et/ou par des démarches accumulatives, multiplicatives, hypertrophiques, allitératives ou « néologisantes ». Après l'avant-garde historique, on retrouve des approches proliférantes (dans le sens que je viens d'esquisser) notamment chez Ezra Pound aux États-Unis, Andrea Zanzotto en Italie, Denis Roche, Pierre Guyotat et Christian Prigent en France, ainsi que, bien sûr, dans la poésie sonore et performative, de Bernard Heidsieck à Chris Mann, dont je ne traiterai pas ici.

J'ai identifié deux sous-groupes d'écritures de la prolifération, qui pourront exemplifier, j'espère, les enjeux théoriques de cette approche. Je distingue principalement entre prolifération *effective* et prolifération *non-écrite* ou *cachée*, mais je ferai également référence à plusieurs autres formes secondaires et limitrophes de prolifération. Dans la première typologie la prolifération est « performée » par la longueur et par l'hypertrophie structurelle du texte, alors que dans le deuxième cas elle peut être présente même si la construction du texte ne satisfait apparemment pas les caractéristiques accumulatives, multiplicatives, etc. propres à l'écriture proliférante.

La prolifération « effective »

Voici deux exemples de prolifération que je qualifie d'« effective » (de *ex-facto*) qui me semblent particulièrement aptes à poursuivre notre discours théorique : D'abord, les premières pages de Le Livre de Pierre Guyotat (fig. 35).[17] Comme deuxième exemple, un passage des *Dépôts de savoir & de techniques* de Denis Roche (fig. 36).[18]

Dans les deux cas, les mots et la forme explosent dans un mouvement hypertrophique, excédent. Dans les deux cas, il y a une forte présence du corps et du sexe. Dans les deux cas, il y a le souhait de redéfinir la langue, voire de créer une sorte de langue parallèle. Dans les deux cas, le modèle historique qui sous-tend ces démarches d'écriture est, avant tous les autres, Rabelais. Dans les deux cas, le problème de la lisibilité est posé de façon radicale, ou, plutôt, on est face à deux illisibilités très bien maîtrisées. De ce point de vue, Guyotat se concentre sur la langue, le lexique et les néologismes. Roche se concentre sur le montage, les coupures et les incohérences logiques.

Il paraît déjà assez clair, à partir des deux exemples que je viens de montrer, que pour ce qui concerne la prolifération effective le geste inchoatif est repérable dans la pro-

∞ sōs amauroz' par excès kief, bras conchiassé jusqu' deltoïd' à l'axterpation hors pluss profond trō d' tōt l'îlot Yatchenko l'ukrānniann' qu', evadé dexsaptann' parriçid', crân' tondu Quarant' Quatr' femm' UFF qu' desput't aux putāns rast' d' sa creniàr' blond' sur preau bagn' d'Anian', detend son deux màtr'soixant'dexsapt non-homologué sarré culott' fillett' Oradōriann' dentell' carbonesée pōr cancan d' campagn' sōs marronnier limousin ō, menuit, en caban' inachevée fourrée liàvr' d'ō saut't impubar' guetteurs pubàr' FFI, les brad' aux mâchoir' alsaçiann' qu' sōs cils, sōrcils, mōstach' grillées delayés pleurs grimaj' lui seç't à son fanon dilaçéré, son sang parriçid' changé sōs lun' equinoxiann' en lait qu' mont' l'Haubsturbahnführer ss tetter jusqu'à dilicul' tōrn' en sang qu'en Ardenn' lui coll' au feldgraü qu'enculée truie ac baisers bouch' à groin pōr prix d' sa vie son goret pōr prix d' çall' d' son vié liachée meroitée soue sans rian r'cracher pōr prix d' sa langu', procès-verbal segné bōrgmastr' poignets leïés, e ced' pōr prix d' sa lebarté, qu'y taill't sapt veuv' wallonn' en casaqu' pōr sapt amant' à la tont', qu' r'prend sōs pans' Porc Royal ac qu' bivacqu' sōs gel en soues ō māntiant son droit d' cuissaj' jusqu' l'eté ō sur rast' d' faubourg d'Hambourg,

Fig. 35 : Pierre Guyotat, Le Livre

creniàr' dōblée nu, queue Royal' en raie, groin putresçent sanglé faç', sabots sanglés chevill' poignets, band' anus vié royaux laçés sur sians, poumons trip' en vessie sespendue à l'epaul' marchand', dabōt, son dōbl' etat qu' pard automn' en putrefactions, sepplement bât' reduit au groin en squelett' d' quā sur langu' humān' saccad' l' jus d'apras-guarr' d' qu' nuit d'hevar legotté en sonj' d'Anian', sans pauz', nu, sauf sabots qu' dandin't lourd l'exçès d' poids d' sonj' allegé jusqu' dilicul' ō rast' dissous sōs etrill', doit, sōs fōet à qu' doit rauquer, plāndr', recasser, boir' la litrée à sapt series d' sapt viés bian nōrris faufilés hauteur bouch' en trōs garnis cuir noir à cloison qu' criss' sōs sapt pōssées adult' d' qu'Yatchenko crach' chaqu' geclée en flacon numeroté jusqu'au saptçentsoixantdexsaptiàm', radrassé bras femell', vendu son poids sur bascul' à betail, ō pesés lots Sudèt', Saxons, Lettons, Pollacks vendus par poids d' trois tât', EROS BAR Düsseldorf ō nu sarré short peau bretell', assis sofa reps sōs Jungfrau, fāt des jamb' pōr son prmiar claïent en pied jusqu'au saptiàm', cart' numero saptçentsoixant'dexsapt NSDAP jattée au Rhin, qu' lui bāz' la gorj' au sang en svastika, e mont' sarvir les macs gros seins nus meroitant Diana, gros plissé abdomen palpetant trois kelogs d'eïsbahn, gorj' bleutées methylèn' rauquant tarifs, temps d' priz', qual montant pōr Jochen, Manfred, Achim bloqués Köln Stazion ac sondeur, qual prix l'amphetamin' pōr Adam, Milovan, Jeannot qu' syncop't au vié all'mand, qual poids d' hero pur' pōr Bulent sōs-mac non-libr' d' Sall' Sapt qu' chaq' nuit conchie schlagu' les sapt faç' d' son lot, limer canin' Karlheinz qu'à seç' bless' trop gros viés, bromur' vergetièr' pōr Django qu' décharj' tōt' sa quanteté au slip qu' s'enfl' pōr l' caler, imitation chār butée rectum pōr Casamanç' au trefonds trop loantān qu' fāt peur aux plus longs viés, levrāson barriq' sang cru bœuf pōr coulos,

AFIN DE CARAMÉLISER

l' litr' par sapt geclées pŏr Trinidad, achat Yasha ANTINOÜS CLUB comptant, circonçis Maïdanek, terer rast' peau sur gland ō Mengele greffer prepuç', vendr' à credit saptuplés eskimos, detail o lot, fŏrrur' o sans, piqués o pas, Sissi, seçeur, pŏr pluss d' trent' ans passer coulo pŏr moins d' seiz' ans, quart d' litr' d' sang cru d' geniss', sōtiangorger natur' o synthetiqu', classiq' o fantāsie, natur' o sleper noir o roz' dentell' clitoris arrivé à term', Eva fŏattéfŏatteur qu'au saptiàm' cōp fāt d' la tarr' jaun' au reps, jatter en sac o à cru piàrr' au cō Rhin o Ruhr o vendr' entiàr o detail membr' organ' ERZATZ FISCH FABRIK, Jonas, seizann' pomeranniann' battue jusqu'agonie ō l'achèv' Bulent ciseau carotid' par enculeur trepanné Stalingrad qu' quenōïll' à son vié tortueux creniàr' blond' qu' s' piétin' sōs talon favorit' des sapt macs en quā, poux happés rats, gît mort' en cagibi ō va Yatchenko apras qu' varsée l'alt bier, barriq' aux dents bleutées sōs grāss', detaillé son montant, pied coulo sapt mill' marks la pair' jarret trois mill', peroné sapt mill' femur rotul' trochanters edem sternum sacrum rectum dexsapt, vié vangt, cuiss' quanz' fess' edem, croup' vangtsapt, nombril dōz', abdomen ac plis d'aîn' edem, pōmons trent' trois, tors' pluss bras, poignats, doigts, ongl', lign' de la mān quatorz', seins çanq la pār', gorj' epaul', menton, jōes vangt çanq, cœur, vein', sang, lymph' trent' trois, làvr' ac saliv' edem, narin' ac crottan trent', yeux ac larm', sōrcils, cils çanquant', front ac plis quarant' quatr', creniàr çanquant', oraill' pluss cérumen trent' trois, abats edem, poil edem, dents edem, por' edem, sueur çanquant', dehanché chié edem, eclat œil dent trent' çanq, jus çanquant' çanq, voix edem, pets rots trent', çarveau edem, halein' edem, urin' edem, langu' çanquant' çanq, lir' trent', ecrir' edem, compter quarant', seçer edem, cueuillir çanquant', enculer çent, sōlever sarpelliàr' collée

Titre :

Fig. 36 : Denis Roche, Dépôts de savoir & de technique

1) Bandes vidéo " *Numéro 2* ", *moi aussi ici Echanges Rotors, Cripat. Machiniques autant de déroulem. Casset. Rouleaux Harmoniques* Pollock, *Maurizio Taddei sur Sri Lanka et l'Inde mais son texte n'est pas bon sauf période post-Kouchans ; Khajuraho* man buy it buy it you " *uncle roupie* " no? *à ma grande fureur poings fermés me traînant à toute vitesse pour rattraper, après le marché, la ligne du chemin de fer,* " *Taprobane ?* " — " *Comme s'ils émergeaient, le jour même, du barattement de l'océan.* " *Et aussi* Finnegans Wake *une seule ligne je crois bien ça suffit parce que ça colle nulle part, photos de Walker Evans (les inondations,* Burroughs!, *les inondations...)*, L'anti-Justine *(malheureusement sans son incroyable agilité ingouvernable de prote exalté et que l'édition dont je dispose fort heureusement respecte orthographes et dynamiques quand est-ce qu'on en parle ?), la biographie de Pollock par Friedman achetée dans Soho, New York (en mai ?) avec Denise Green et où il faisait tellement chaud qu'elle sortait de temps en temps de la boutique pour regarder les types qui coupaient le haut de la rue (Broadway South ?) avec de grands filins de nylon blanc. Dans des pages plus loin qqs phrases sans intérêt excessif de Diane Arbus, mais pas tout de suite. Blake aussi :* Complete Writings, *à quoi se référer toujours, en ayant grand soin* " *de n'avoir jamais les lèvres pincées* " *(note ds* Louve basse *au fond pourquoi ?* je laisse ouvert

Çiva et sa chair de crânes danse dans la nuit crématoire, no
nt fondé Nyaya, la Philosophie de la Logique), de son chamb
N'est qu'ensemble qu'ils redeviennent sonores (ne frappez j
rica ciô che il Robertson definisce " movimento nello spazio
enfiler ainsi en hennequinant et saccadant comme font les ch
Flood Emergency Notice Marianna Arkansas February 1937 LC-US
F33-9228-M5 et plus loin Tim Wamm of the Cotten Gin Building
la dermition quand il aime la femme en dermition redevient p
assez dans ce bain que ma femme quitte, voilà de mon linge "
Leara thorefere, O Sisters, te distinguish the Eternal Human
non vi è nulla di casuale, così como non vi è principio né f
on s'arrête d'équerre quand la femme atteint l'orgasme et sa
sur elle en écartant les jambes et abandonne après 81 coups.
I stood among my valleys of thy mouth I told my love I told
all'imagine della morto, nello sue composizioni divampi semp
comme je fais à ton con : " va, va, va — va ah (il ne m'appe
Her wholo life is an epigram, great things are dono when mon
Lucille Burroughs Picking Cotton Halo Counry, Alabama, summo
pas d'objets liés à l'activité commerciale (des sceaux expo
penser (" ce qui est bien sacrifié " et Varuna la gauche au
mains se renforce d'un accord linguistique que les annaliste
du palais du sultan ghaznavide Masud III à Ghazni *(illustr.*
Burroughs Children playing in the Yard Hale County, Alabama,
tère du ive-ve siècle à Dovnimori, près de Shalamaji (Gujar
pittura di Pollock sarà allora — a pena di non essore — il a
elle entra nous la suivions elle se mit foutativement sur le
Dora Mae Tengle (Evan's shadow in foreground comme la mienne
aime la femme en dermition redevient Purusha, homme. "C'est
agonise dans ses fiascos et la femme dans ses aspirations me

lifération elle-même, par l'entrée dans un état d'écriture hypertrophique et par l'explosion permanente et toujours nouvelle du sens et des structures linguistiques. Dans le cas de Guyotat, l'immédiateté de son geste scriptural est, me semble-t-il, le produit d'un programme, qui habite une grande partie de sa production, de réduction des instances de censure à la fois historico-politique (*Le Livre* revient sur la question de la Shoah, et, plus en général, des dictatures et de la violence) et sexuelle qui l'amène vers la création d'une langue parallèle. Ce genre de *shift* sémantique est en mesure de présentifier le texte et le geste d'écriture dans leur immédiateté primaire, voire brutale. Dans le cas de Roche, la réduction des instances de censure est également présente, mais l'immédiateté est produite aussi par des dispositifs d'interruption et de coupure qui ne sont après tout pas si différents de la raréfaction *a posteriori*, car le résultat est le même : déconstruction de la narration, dispersion du sens au profit d'une approche poétique du réel. La méthode de Roche, en même temps, se distingue de toutes les autres par le fait que l'immédiateté de son geste d'interruption advient au début et à la fin de chaque ligne, et ce tout au long des *Dépôts de savoir & de techniques* mais aussi dans *Le Mécrit*, un texte de 1972. C'est une immédiateté qui requiert un recommencement permanent.

La prolifération « non-écrite »

La méthode de coupure conçue par Roche produit un débordement sémantique qui est situé « hors-texte » mais aussi

« hors-page », dans un espace qui n'est pas non plus contenu dans les blancs sémantiques de la raréfaction *a posteriori*, mais tout simplement dans le monde, en dehors du livre. La page et le livre ne suffisent plus à contenir le sens, dont l'affabulation est tellement incessante, tellement organique qu'elle déborde de façon permanente. Il faut s'imaginer une sorte de hyper-page virtuelle dans laquelle les lignes ne seraient plus coupées et où la cohérence serait réactivée, mais ce sont justement l'impossibilité et la virtualité de cette hyper-page qui donnent lieu à l'écriture, c'est la prolifération hors-texte qui fait exister l'écriture de Roche.

Par ce biais, Roche nous permet de glisser de la prolifération effective à la prolifération *non-écrite* ou *cachée*. La prolifération effective du texte de Roche s'accompagne d'une prolifération externe au texte écrit dont on ne peut en même temps avoir l'intuition qu'à travers le texte lui-même, une prolifération hors-texte à laquelle le texte renvoie tout en la cachant. La prolifération hors-texte qui sous-tend et alimente cette écriture est immanente au texte grâce au dispositif de coupure des lignes. Chez d'autres auteurs, comme par exemple Michel Deguy, on peut retrouver des formes de prolifération encore plus cachées que la prolifération « hors-texte » (fig. 37)[19]:

Le premier vers décrit performativement le mouvement que je qualifie de prolifération *non-écrite* : une prolifération qui n'est ni physiquement présente dans le texte (ce qui serait le cas de la prolifération *effective*) ni immanente au texte (prolifération *hors-texte*). La synthèse apparente de ce texte pourrait faire penser à une forme modérée de

> Toute une ville dans les toits du village...
> Manger revenait bien souvent
> Ce champ est à moi disaient les pauvres enfants
> Le mauvais temps   le mauvais cœur
>   le mauve   le vae
> « Un ange passe » une plume à la main
>   Ils critiquaient les pommes
> Mot de la fin il n'y a pour le corps
>   qui revient comme le vent
> La faute originelle : un lavement
>   qui nous évide et nous faisons le dictionnaire
>
> Les oignons pendent comme les continents

Fig. 37 : Michel Deguy, Ouï Dire

raréfaction *per se*. En réalité, les nombreux sauts logiques et élisions qui se succèdent sans l'intervention d'espaces typographiques montrent que les mots écrits ne sont à chaque fois que la pointe d'un « iceberg » de renvois, de références, d'intertextes, d'événenents, tout comme les toits d'une ville montrent la présence de maisons mais ils couvrent, en même temps, toutes les actions et les situations qui y ont lieu. Ce processus produit deux effets majeurs :

— d'une part, une réactivation de la *polysémie,* presque au sens derridien de « dissémination », c'est-à-dire de multiplication de références qui empêchent, écrit Derrida à propos de Mallarmé, d'« arrêter les marges d'une rhétorique »,[20] ou, en d'autres termes, une ouverture de signifiés tellement grande que la reconstruction du tissu des références est ôtée ;

— d'autre part, une redéfinition logique : ces « effets de signifié » dont la compréhension n'est pas supportée par

> Phases événements demi-voltes
> Ellipses centaures prolepses cercles voltes
> Élisions masques détails fuites instantanés
> Comparaisons déplacements hyperboles explosions
> Pointes quatre-coins passages câbrements
> Colin-maillards figements torsions aspotrophes
> Équerres saute-moutons voilements ocelles
> Véroniques thmèses écarquillements mimétisme
> Pointes glissements synecdoques pas-de-deux
> Grands-soleils jeters saluts quartes moues
> Quart-de-tour supposition premiers-quartiers métonymie
> Septimes paris grands-écarts bluffs ombres chinoises
> Qui tendent à l'orateur sous son silence la figure
>
> Vous appelez ça comparaison?

Fig. 38 : Michel Deguy, Ouï Dire

des références clairement repérables découlent directement de la conception deguyienne du « comme », qui accompagne toute sa réflexion poétologique. « Le poème – écrit Deguy vers la fin de *Ouï Dire* avec un jeu de mot – commue », à savoir il change, il modifie (commue), en créant des relations (comme) qui ne relèvent d'aucune codification. Le *comme* de la poésie permet d'avancer dans l'enquête cognitive sur le réel grâce à la génération de relations et d'analogies en décalage permanent.

On pourrait également parler, par rapport à Deguy, d'une prolifération *arrêtée* ou *modérée*, c'est-à-dire d'une forme de prolifération qui tendrait à être *effective* mais qui s'arrête avant de le devenir parce qu'elle n'est pas auto-suffisante, elle a un but, une nécessité formelle et rhétorique bien précise, comme dans le texte de *Ouï Dire* qui ouvre une section intitulée, peut-être avec une référence à Adorno et à sa réflexion sur la temporalité de l'œuvre, *Parataxes* (fig. 38).[21]

Fig. 39 : Michel Deguy, Jumelages

Disney-World

Le tourisme, forme virulente de la pollution; fléau mondial; mondialisation par le fléau. Je ne fais pas que m'esbaudir au fait que les Japonais restent une seule nuit à Paris (témoignage du portier de l'hôtel du Louvre, février 1974 : arrivée à Orly; bagages à l'hôtel; musée l'après-midi; Blanche-Pigalle, mousseux chaud à minuit; sieste, départ à Orly), puisque nous en avons fait autant avec dizaines d'autres villes. Réciproquement : pourquoi n'en voudrais-je pas aux *Thaïs* (par exemple), à tous les « autres » que tous les autres sont pour les autres, co-responsables donc, dans la symétrie impeccable de toute relation, de la monstrueuse inégalité entretenue par le tourisme : ils ont leur part dans le tort car ils se désintéressent de la différence, se donnent à leur destruction. Asie du Sud-Est : voyez leur prévenance, ils convertissent leur ville en Disney-Land, et d'eux-mêmes travaillent à ce que, par exemple, le Bangkok-sur-pilotis mime le Disneyland US qui mime l'équatorial (entre autres momeries) : petits éléphants remontés au sucre par les fournées de Japo-Saxons, ou cochons mouillés entre les bananiers devenus made-in-Thailand; et leur anglais de prothèse de polyomendiant, leur servilité rentable, la pacotille électrifiée de la superstition, l'empire fabuleux de la religion. (Quelques pays encore résistent au tourisme, voyez l'Algérie; sans refuser l'hospitalité...?

Disneyland : abomination de la désolation, noire métropole d'où la singerie renversée en modèle, l'anthropomorphisme crétinisant mué en originalité rayonnent pour *naturaliser* le terrestre; la contagion de la grévinade mondiale, de l'embaumement planétaire, le temple de la pestifère ressemblance inversée; la parousie du simili, l'antifable infantile, l'apocalypse du pseudo, *plastiquant*, mieux que la bombe à partir de sa désintégration « américaine », le mondial; d'où se propagent à vitesse de transistor les happychristmasbirthday, les hyperréalismes, et non pas la zoophilie mais la bêtomanie des mémères à chienchats embrenneuses des villes, Circés d'assistance publique, variqueuses analphabètes mutant le paseo en merdier à bassets, la blancheneigisation du séjour, la bonbonnièronanification de l'architecture hotdogs, la bébéfication de l'espace, la dessinamimation du monde, la gagamignoturisation des formes et des formules, la deluxecoloration des couleurs pour robes, films, voitures à mamies climatisées, le miniaturisagrandissement de toute chose zoomée en spectacle vitrifiévitriné, la photofantasmisation de toute ci-devant activité peu à peu glicérinexhibée pour l'enjoyment des pépégranies cortisonendraculés aux sécurits de leur cytiramacarfrigidaire phantomomifié, optiqueurs de la séance permanente de l'ex-apparition, le stérilsousvideempaquetement de l'artisonolocal, la sonoluminationfolklorineutralisation des natifs devenus hippo de carton, mickey-plutomousse; l'aseptisation, le pilulement, la funeralhominisation néonée de l'ex-mort tandis que la superstipuérilisation geignée des daddymamies satine ses faveurs aux oreilles fardées de ses toutoumomies, depuis le crématoire hollywodien à caniches milliardaires jusqu'au tombeau à Staline, sans oublier le caquetkaka des godemichetoneuses à greens...

À cent mètres de l'autoroute, le sentier silencieux. A mille mètres de l'axe des deux-Mers, le Lauraguais infréquenté; à Panama (ou ailleurs), à côté de l'aérodrome, la jungle : fable du Boeing *et* de la brouette; est-ce pour un surplus de jouissance du schizoccidental, ou quelque phénomène d'équilibre durable?

Une mise en scène du thème du comme explique le dispositif en apparaissant à la fin du poème sous forme de question. Dans *Jumelages*, la prolifération néo-logisante d'un texte sur Disneyland est vouée à renforcer rhétoriquement l'instance critique (fig. 39)[22]

Mais c'est la prolifération *non-écrite* qui nous donne encore une autre perspective sur la question du temps de l'œuvre, car la modalité élusive et fortement symbolique propre à cette technique d'écriture concentre dans un espace verbal et dans un imaginaire très synthétique une énorme quantité d'information. Parallèlement, l'ouverture polysémique et dispersive, toujours présente en poésie mais exaspérée par cette démarche, relève d'une approche inchoative, car un autre état et presque un autre niveau langagier sont constitués, de même qui la lecture ne cesse de recommencer à la recherche de références qui semblent ne jamais s'épuiser.

Conclusions

Je souhaiterais en passant rappeler le caractère peut-être même fictionnel, en tout cas partiel et oscillant de ces catégories, qui ne visent pas à faire rentrer telle ou telle écriture dans des compartiments étanches, mais plutôt à questionner certains enjeux théoriques de l'écriture poétique au-delà de l'analyse textuelle ou de catalogations plus codifiées.

Il est plus fréquent, me semble-t-il, que de multiples formes de prolifération puissent être pratiquées par le même écrivain, alors qu'aux deux formes de raréfaction sous-tendent deux conceptions radicalement différentes de l'écriture. L'une plus « poétique » au sens premier du terme, l'autre littérale.

Mais l'on pourrait aussi voir les choses autrement, à savoir que dans les deux cas on se trouverait face à deux approches, métaphysique ou post-métaphysique dans les cas de la raréfaction *a priori* ou de la prolifération *non-écrite* ou *cachée*, littérale et objectale dans les cas de la raréfaction *a posteriori* ou de la prolifération *effective*. Dans la prolifération *non-écrite* ou *cachée* et dans la raréfaction *a priori* on confie aux mots et à leur horizon de référence historico-sémantique un pouvoir de concentration du sens, même si toujours interrogé et « ouvert », alors que dans la raréfaction *a posteriori* c'est le blanc qui assume paradoxalement le rôle de « collant sémantique » et dans la prolifération *effective* le sens est dispersé dans l'expansion verbale, donc dans la réduction du pouvoir évocateur de la parole.

Ce qui unit en revanche tous ces cas de figure, c'est la recherche de changement de paradigme par le biais de l'écriture poétique. Cette recherche se manifeste, comme a pu le voir, de multiples façons : linguistiques, rhétoriques, logiques, typographiques, temporelles et spatiales. Le rapport à la dialectique immédiateté-inchoation s'y inscrit : le temps, l'espace et la conception de l'œuvre sont ébranlés et puis réactivés par cette vision éminemment cognitive de l'écriture poétique où l'instant et l'état, la chimie et la physique, cohabitent de façon paradoxale dans un questionnement toujours ouvert sur le geste scriptural et ses conséquences. D'où le titre que j'ai choisi de donner à cette intervention, qui laisse également sous-entendre que même les relations « cause-effet » sont mises en crise par cette recherche permanente de changement logique, linguistique et cognitif.

Le fait que les modalités de coupure, d'interruption, de multiplication, d'explosion et d'effacement du tissu textuel que l'on a décrites relèvent d'une redéfinition permanente de la temporalité, de la spatialité et, par conséquent, de la dialectique entre immédiateté et inchoation nous renvoie à deux questions parallèles, que je souhaiterais poser en conclusion après les avoir annoncées à plusieurs reprises.

D'abord, la question de la narration. Les modalités décrites mettent en place des dispositifs narratifs où la temporalité du récit est inversée, effacée, interrompue, démultipliée en même temps que l'espace de la page. Le modèle qui sous-tend cette conception est d'abord le modèle joycien de *Finnegans Wake*, cité d'ailleurs par Denis Roche et traduit partiellement en français par André du Bouchet. Ceci a par ailleurs une relation étroite avec la conception de l'écriture poétique comme « bégaiement » et « per-version » exprimée de façon complémentaire par Giorgio Agamben et par Fabien Vallos.

L'autre question est celle, aussi évoquée à plusieurs reprises, du *réel*, et notamment du rapport entre les modalités de changement de paradigme et le rapport entre langage et réel. Je lance ici une autre piste, qui a trait à celle que je qualifie d'« aporie de la poésie moderne » : d'une part, toutes les écritures que l'on a parcourues souhaitent récupérer une relation étroite, presque d'identité sémantique, avec la multiplicité et la complexité du réel, sans passer par les dédoublements logico-sémantiques imposés par la rhétorique standard. Pour cela, elles mettent en place des stratégies très différentes entre elles, qui tendent toutes, néanmoins, vers ce mouvement de sortie des contraintes de la représentation. D'autre part, il y a chez ces mêmes auteurs une tentative systématique et réitérée de renforcer la tendance classique de la poésie vers la production de langages alternatifs aux langages codifiés, vers la création d'un régime, pour ainsi dire, « ontico-linguistique » autre. Si, d'une part, pour résumer, la poésie moderne et contemporaine s'inscrit dans le réel en réduisant le potentiel d'éloignement et de dédoublement logico-sémantique propre originairement au langage poétique, d'autre part elle procède à la fois par codages polysémiques de ses horizons référentiels et par génération de procédés langagiers éloignés des logiques ordinaires. Les modalités de coupure, d'interruption, de multiplication, d'explosion et d'effacement du tissu textuel, de même que la question des écritures à tendance pré-verbale ou objectale, a-sémantiques ou ultra-sémantiques, témoignent de cette aporie et peut-être de sa résolution potentielle.

Conférence prononcée à l'École des Beaux-Arts de Bordeaux, puis publiée dans F. Vallos (éd.), *Inchoation & Immédiateté*, Paris, Mix., 2011.

1. A. du Bouchet, *Dans la chaleur vacante*, Paris, Mercure de France, 1961, désormais in *Id.*, *Dans la chaleur vacante* suivi de *Ou le soleil*, Paris, Gallimard, 2003.
2. Cl. Royet-Journoud, *Théorie des prépositions*, Paris, P.O.L., 2007.
3. J. Daive, *Décimale blanche*, Paris, Mercure de France, 1967.
4. Cf. p. ex. J.-M. Gleize, *Simplifications/Conversions*, in *Forme & Informe dans la création moderne et contemporaine*, « Formule », n. 13, 2009.

5. S. Mallarmé, *Un coup de dés jamais n'abolira le hasard*, Paris, NRF, 1914.
6. M. Broodthaers, *Un coup de dés jamais n'abolira le hasard*, Galerie Wide White Space, Anvers et Galerie Michael Werner, Cologne, 1969.
7. A. du Bouchet, *Matière de l'interlocuteur*, Montpellier, Fata Morgana, 1992, p. 34.
8. *Id., Peinture, Ibid.*, 1983, p. 160.
9. *Ibid.*
10. Cy Twombly, *Untitled*, 1970, Menil Collection, Houston.
11. Cl. Royet-Journoud, *La poésie entière est préposition*, Marseille, Éric Pesty Éditeur, 2007, p. 12.
12. *Id., Théorie des prépositions*, Paris, P.O.L., 2007, p. 70.
13. B. Noël, *L'interrupteur*, in Collectif (éd. par Michèle Cohen-Halimi et Francis Cohen), *je te continue ma lecture : mélanges pour Claude Royet-Journoud*, Paris, P.O.L., 1999.
14. Cf. F. Vallos, *Le poétique est pervers*, Paris, Mix., 2006.
15. Cf. V. Acconci, *Language to Cover a Page : the Early Writings of Vito Acconci*, Cambridge, MIT Press, 2008.
16. Cf. A. Saroyan, *The Complete Minimal Poems*, New York, Ugly Duckling, 2007.
17. P. Guyotat, *Le Livre*, Paris, Gallimard, 1984.
18. D. Roche, *Dépôts de savoir & de technique*, Paris, Seuil, coll. « Fiction & Cie. », 1980.
19. M. Deguy, *Ouï Dire*, Paris, Gallimard, 1966.
20. J. Derrida, *La Dissémination*, Paris, Seuil, 1972, p. 274.
21. M. Deguy, *Ouï Dire, op. cit.*
22. *Id., Jumelages* suivi de *Made in USA*, Paris, Seuil, coll. « Fiction & Cie. », 1978.

Le corps du réel : quelques remarques théoriques à partir des *Extraits du corps* de Bernard Noël et de *Meurtre* de Danielle Collobert

La question des modalités de traitement du corps dans la poésie de la modernité[1] montre en filigrane celle du degré *d'adhérence* du poème au réel et à son négatif non-scriptible et irreprésentable. Bernard Noël et Danielle Collobert posent cette question de façon complémentaire. En regardant de près, ces deux écritures, notamment celles du Noël des *Extraits du corps* (1956) et de la Collobert de *Meurtre* (1964), sont rapprochées par un aspect bien précis : la présence récurrente d'un corps sans forme, un corps dont l'unicité et la structure se dissolvent progressivement dans des masses de tissu et d'organes indéfinies. Au lieu de dissoudre la langue et la page, comme certains écrivains l'ont fait à la même époque afin de bouleverser les codes langagiers et cognitifs auxquels ils s'opposaient, Noël et Collobert dissolvent directement le corps. Le corps écrit par Noël et Collobert sort de sa représentation et s'étale sur le texte, il se dérobe à sa propre forme afin d'adhérer au texte et de faire adhérer le texte au réel. Ce mouvement de dilatation et d'adhérence organique est un modèle très puissant d'écriture multiple, sans codages génériques. Ces deux livres sont écrits dans une prose-poésie difficilement reconnaissable du point de vue générique, une prose-poésie dont l'appartenance générique est dissoute tout comme le corps qu'elle cherche à dire. Soient d'abord trois passages d'*Extraits du corps* :

> .... les mots crèvent au ras de ma peau. Le regard est fixe. Le buste est un assemblage d'éléments mobiles et d'éléments immobiles. Les gestes se poursuivent à l'intérieur de la poitrine, comme les cercles sur l'eau. Et le cou se prolonge dans le corps [...] Ma tête se penche vers un lac d'argent lisse, qui tout à coup s'éparpille dans l'espace comme un bac de mercure.[2]

Ce texte ouvre le livre. Le deuxième texte contient les mots suivants : « Il n'y a plus ni squelette ni nerfs. Je vois sans voir. La souffrance gîte dans les lézardes qui traversent ce lent éboulement, mais elle ne fait pas mal. »[3] Quelques pages plus bas on lit :

> les organes deviennent pâtée-------------------------------
> et mon squelette essaie vainement d'armer cette purée
> de viande--[4]

Voici maintenant deux fragments de *Meurtre* de Collobert :

> S'il venait à quelqu'un l'idée de me mettre debout, sur pieds, je me répandrais comme une énorme goutte d'un liquide quelconque, sans forme. Une masse. C'est une sensation à partir du cou [...] Aucun vide manifeste – aucune

douleur. [...] Il n'est pas impossible que je sois en train de survivre à un mal plus profond que cet émiettement lui-même. Pourtant je sens encore mon corps – non pas distinctement, mais d'une manière diffuse, impalpable.[5]

Quelques pages plus haut la masse informe est modelée par la volonté du « je », au lieu d'être l'espace de son propre corps :

> C'est une pâte bien friable, bien molle. Je la roule, je l'allonge entre mes paumes, je la fais glisser entre mes doigts. Je ne veux pas lui donner une apparence définitive, m'arrêter à un stade quelconque de sa transformation, aussi je continue inlassablement ce modelage.[6]

La question posée par le biais du corps est celle du geste et de la redéfinition poétique du rapport langage-monde : « les mots crèvent au ras de ma peau » ; « les gestes se poursuivent à l'intérieur de la poitrine » ; « Je la roule, je l'allonge » etc. Comment mettre en relation le corps et ses gestes avec le langage ? La réponse donnée par Noël et Collobert est la suivante : en rendant le texte un corps, un corps sans forme, « pâte » (Collobert) ou « pâtée » (Noël) multiple, multidimensionnelle, indéterminée, critique, qui « s'éparpille dans l'espace », traverse le « sentir » (« pourtant je sens encore mon corps ») et la douleur du monde, de l'histoire et du langage pour aller au-delà (« elle ne fait pas mal », écrit Noël ; « aucune douleur », écrit Collobert). L'absence de douleur témoigne de cette réduction du sujet dans le geste et de la (dis) solution du corps propre dans le corps total du réel, corps du réel sans forme ni direction, corps du réel, non distingué ni distinguable de son esprit, et pour cela d'autant plus réel. Les *traits asémantiques* tracés par Noël montrent que le corps organique et le corps du texte s'interpénètrent, s'informent, s'étalent dans un geste indéfini : sans genre, détruits, nouveaux. L'espace est le temps, l'écriture est le corps ; le corps traverse le monde, et vice versa.

Le poète italien Antonio Porta accomplit pendant les mêmes années, dans sa série intitulée *La palpebra rovesciata* (« La paupière renversée »), un geste textuel qui peut être rapproché de ceux de Noël et de Collobert et qui demeure tout de même à l'intérieur d'un processus de rythmicité versificatoire. Voici l'incipit à titre d'exemple :

> Il naso sfalda per divenire saliva il labbro
> alzandosi sopra i denti liquefa la curva masticata
> con le radici spugnose sulla guancia mordono
> la ragnatela venosa, nel tendersi incrina la mascella,
> lo zigomo s'impunta e preme nella tensione dell'occhio
> contratto nell'orbita dal nervo fino alla gola
> percorsa nel groviglio delle voci dal battito incessante.[7]

Dans ces vers de Porta le « battement » rythmique et l'« enchevêtrement des voix » renvoient à un battement physique, corporel. L'écriture trace un corps dont la géographie anatomique (nez, lèvre, joue, mâchoire, zygoma, œil, orbite, nerf, gorge, voix) est éparpillée et décousue ; la forme cède sous le « battement incessant » de la parole dans un va-et-vient sans solution de continuité entre le corps, le rythme, la voix et le texte.

On peut retrouver dans ces trois écritures une forte proximité avec la notion de *Corps sans Organes* (CsO) que Deleuze et Guattari développent à partir d'Artaud et de Burroughs. Ce que l'on pourrait qualifier de *paradigme organico-corporel* est une configuration qui met en question la fonction représentationnelle du *signe* dans la *réalité*. C'est sous cet angle, me semble-t-il, que l'on peut voir dans le Corps sans Organes (CsO) un modèle théorique relevant du même contexte dans lequel baignent les expériences d'écriture dont il est question ici. Le théâtre de la cruauté d'Antonin Artaud, on le sait, est à l'origine du concept même de CsO[8] et il influence aussi en profondeur la néo-avant-garde poétique italienne à laquelle Antonio Porta participe pendant les années 1960. Comme Deleuze et Guattari le rappellent, « le vrai programme d'un théâtre de la cruauté » est « la mise en scène d'une machine à produire le réel »,[9] et le CsO est un dispositif « pour être partout où du réel est produit ».[10] Il s'agit, pour Deleuze et Guattari comme pour Noël, Porta et Collobert, de réinstaller et d'amplifier un paradigme anti-dualiste qui passe par la dissolution de l'articulation du corps et par l'adhérence conséquente de celui-ci au réel : « Le corps sans organes n'est pas le témoin d'un néant originel, pas plus que le reste d'une totalité perdue »[11] ; « Rien ici n'est représentatif, mais tout est vie et vécu ».[12] De plus, dans le paradigme poétologique issu du CsO se manifeste le paradoxe d'une pensée qui adhère au réel tout en visant à le modifier violemment : « Le corps sans organes se referme sur les endroits quittés. Le théâtre de la cruauté, nous ne pouvons pas le séparer de la lutte contre notre culture ».[13] Ou encore, chez Edoardo Sanguineti, la « littérature de la cruauté » « non è al servizio della rivoluzione, ma è la rivoluzione sopra il terreno delle parole ».[14]

De même que la douleur de la privation des organes est apaisée chez Noël et Collobert, de même la douleur provoquée par la violence entre le langage et le réel, chez Deleuze et Guattari, est « un plaisir pour l'œil qui la regarde », un œil qui est le « seul apte à saisir le rapport subtil entre le signe gravé dans le corps et la voix sortie d'une face – entre la marque et le masque ».[15] Le vieux concept de *mimesis* qui sous-tend de nombreuses théories de la poésie est radicalement déconstruit par ce paradigme, parce que la dissolution du corps implique directement la dissolution du langage dans le monde et, par conséquent, la possibilité de modifier le monde que le langage de la modernité s'arroge de modifier le monde. Le démembrement du corps ne provoque donc aucune douleur, ni chez Noël ni chez Collobert, non seulement à cause de la réduction de la subjectivité, mais aussi parce qu'il va de pair avec la jouissance de la subversion du langage qui émancipe le texte et l'individu au lieu d'être soumis à l'idéologie. Et enfin, bien sûr, parce qu'il rend compte, dans l'apathie que l'absence de douleur comporte, de la perte d'une projection dialectique, c'est-à-dire de la dissolution, après les deux guerres mondiales, d'un rapport, pour faire bref, « romantique » entre l'homme et le monde. Dans les deux cas, la poésie remplace la philosophie de l'histoire. La lecture que Henri Meschonnic donne de Collobert lorsqu'il parle de « texte imitation du corps » et de « rêve de l'origine », sur la base du principe théorique que « dans l'historicité du langage, le mot n'a aucune frontière commune avec les choses »,[16] ne saisit donc pas tout à fait l'intention contenue dans ces différentes formes d'*écritures-corps* (plutôt que d'écritures corporelles), parce que la frontière commune avec les choses est recréée, bien que de façon certes paradoxale et asymptotique, dans le mouvement de dissolution du corps. Il y a, dans la modernité poétique, des écritures qui, pour des raisons aussi historiques que cognitives, requièrent la création d'un lexique théorique en mesure de rendre compte des implications poétologiques qui découlent d'un programme de rapprochement entre le langage et le réel.

Comment théoriser le fonctionnement textuel et rhétorique d'ouvrages qui décrivent la possibilité d'une adhérence entre le corps, l'écriture et le réel dans une langue qui ne répond pas aux critères de la *mimesis* et de la représentation ? C'est une question très vaste, qui est au centre de ma recherche actuelle. Je tâcherai d'en esquisser l'une des directions possibles, qui consiste à considérer les notions de Corps sans Organes et de rhizome comme des sortes de figures rhétoriques. Le CsO, en réduisant les organes dans l'espace moniste d'un seul orifice, exprime un paradigme d'indistinction qui n'admet aucun transfert, aucun dédoublement symbolique, aucune projection psychique ou représentationnelle. Le rhizome, en annulant les hiérarchies et s'étalant horizontalement, lui aussi, comme le corps de Noël et de Collobert, montre la possibilité d'une multiplication du sens, d'une polysémie infinie qui n'est pas sujette au dédoublement métaphorique. Du point de vue de la poétologie et peut-être de la théorie du langage en général, le CsO et le rhizome peuvent être conçus comme de nouvelles figures, pour ainsi dire, *alter-rhétoriques,* de la polysémie infinie et de la littéralité, à savoir de nouvelles configurations linguistiques et conceptuelles vouées à redéfinir le « plan d'immanence » (Deleuze) dégagé par un rapport non-dualiste au monde à la fois en termes cognitifs et rhétoriques.

Du fait de leur nature non-dualiste, le CsO et le rhizome reconcilient la littéralité et la polysémie infinie. Ces deux notions dépassent le dualisme pour faire coïncider la surface de la lettre et l'ouverture infinie de la signification. Comme l'écrivent Deleuze et Guattari :

> Il faut à chaque fois des correcteurs cérébraux qui défont les dualismes que nous n'avons pas voulu faire, par lesquels nous passons. Arriver à la formule magique que nous cherchons tous : PLURALISME = MONISME, en passant par tous les dualismes qui sont l'ennemi, mais l'ennemi tout à fait nécessaire, le meuble que nous ne cessons pas de déplacer.[17]

La possibilité d'une rhétorique non-dualiste, où la multiplicité du sens et la surface de la lettre s'uniraient contre la *mimesis*, la représentation et, en fin de comptes, contre la métaphore, est à méditer longuement et il n'est pas possible de développer ici une véritable argumentation, ce que je me réserve de faire dans d'autres études.[18] Je n'ai que commencé ici, tout simplement, à faire entendre, en quelques mots, le lien direct pouvant être tracé entre la dissolution du corps-texte chez Noël et Collobert et les implications poétologiques multiples qui peuvent en découler. Un corps-texte sans organes est à la fois une surface qui se répand et une substance qui contient une quantité infinie et mystérieuse de matière. La subjectivité est aussi réduite dans cette réduction du corps à une masse sans forme. Ce que dans la subjectivité psychologiste relevait d'une intention et d'une téléologie historique est ici réduit à l'*hic et nunc* d'un corps qui, selon les mots de Bernard Noël, « s'éparpille dans l'espace ». Le corps dissous est un corps sans sujet et sans figure ; le corps dissous est surface et profondeur, espace et réel, vie organique sans médiation symbolique.

—

In Littéralité.com, 2012.

1. J'entends par « modernité » un modernisme étendu à toutes les formes poétiques qui, indépendamment des courants auxquels elles appartiennent, questionnent, après 1945, la possibilité de créer de nouvelles configurations langagières et cognitives. Toute poésie de la « modernité » est celle où, au cours de la deuxième moitié du XXème siècle, l'esthétique et l'épistémologie fusionnent dans l'expérimentation inlassable sur les modes du langage et de la connaissance.
2. B. Noël, *Extraits du corps* [1958], Paris, Gallimard, 2006, p. 21.
3. *Ibid.*, p. 22.
4. *Ibid.*, p. 43.
5. D. Collobert, *Meurtre* [1964], in *Id.*, *Œuvres : tome I*, Paris, P.O.L., 2004, p. 39.
6. *Ibid.*, p. 30.
7. « Le nez fend pour devenir salive la lèvre /en remontant au-dessus des dents liquéfie la courbe mâchée /avec les racines spongieuses sur la joue mordent / la toile d'araignée veineuse, en se tendant fêle la mâchoire, / la pommette bute et appuie dans la tension de l'œil / contracté dans l'orbite du nerf jusqu'à la gorge / parcourue dans l'enchevêtrement des voix au battement incessant ». In A. Porta, *Les Rapports*, trad. fr. par C. Zekri, intr. par A. De Francesco, postface de J. Balso, Caen, Nous, 2015..
8. Cf. G. Deleuze – F. Guattari, *Capitalisme et schizophrénie II : Mille plateaux*, Paris, Les Éditions de Minuit, 1980, p. 186.

9. G. Deleuze – F. Guattari, *Capitalisme et schizofrénie I : L'Anti-Œdipe*, Paris, Les Éditions de Minuit, 1972–73, p. 104.
10. *Ibid.*, p. 103.
11. *Ibid.*, p. 14.
12. *Ibid.*, p. 26.
13. *Ibid.*, p. 102.
14. E. Sanguineti, *Per una letteratura della crudeltà*, in *Ideologia e linguaggio*, Milan, Feltrinelli, 2001, p. 110. Je traduis : « n'est pas au service de la révolution, elle est la révolution sur le terrain des mots ».
15. G. Deleuze – F. Guattari, *L'Anti-Œdipe*, *op. cit.*, p. 224.
16. H. Meschonnic, *Critique du rythme*, Lagrasse, Verdier, 1982, p. 328.
17. G. Deleuze et F. Guattari, *Mille plateaux*, *op. cit.*, p. 31.
18. Je renvoie également à l'essai de François Zourabichvili *La question de la littéralité*, in *Id.*, *La Littéralité et autres essais sur l'art*, Paris, P.U.F., 2011, où Zourabichvili souligne le caractère non-métaphorique des concepts deleuziens et l'approche littérale de la littérature que le philosophe défendait.

Vers un paradigme poétique : de Heidegger à Wittgenstein

Introduction

Je vais considérer Wittgenstein et Heidegger comme deux paradigmes de pensée de la poésie, sans aucune prétention d'exhaustivité par rapport aux relations et aux influences historiques que leurs théories ont exercées sur l'écriture poétique (et viceversa). Même au-delà de ce que Wittgenstein et Heidegger ont affirmé à propos de la poésie, leurs philosophies, par ailleurs exactement contemporaines vu d'ailleurs qu'ils sont nés la même année (1889), peuvent jeter une lumière sur les développements théoriques et pratiques de la poésie contemporaine.

Il s'agira notamment de considérer, par le biais de leurs pensées, le rapport langage-monde et la question du dualisme au sein du discours poétique.

Quelques remarques préliminaires

D'abord, il faut rappeler que, pendant que Heidegger a partiellement ou entièrement consacré de nombreux ouvrages à la poésie, Wittgenstein ne s'y est presque jamais intéressé directement, ses réflexions sur l'art étant beaucoup plus souvent consacrées à la musique (on verra néanmoins qu'il y a des exceptions).

Un deuxième aspect très important c'est que l'influence de la pensée de Heidegger au cours, du moins, de la première moitié du XXème siècle est beaucoup plus importante que celle de Wittgenstein, notamment en France ; tandis que, grâce aussi (mais pas seulement) à la philosophie analytique, la pensée wittgensteinienne est aujourd'hui finalement en train de s'imposer de plus en plus. En réalité, le phénomène de l'influence de l'un ou de l'autre sur la pensée et la poésie occidentales est très complexe. La France en est un point de vue privilégié, car dans aucun autre pays, probablement, l'interaction entre poésie et philosophie n'a été si forte au cours du XXème siècle et jusqu'à présent, finalement même plus qu'en Allemagne. Surtout aujourd'hui, car la nouvelle génération des poètes allemands a essayé de se libérer, avec des résultats différents par ampleur et qualité mais souvent très intéressants, du poids de l'héritage de la poésie philosophique, pour ainsi dire, hölderlinienne-celanienne. Je pense notamment à Dieter M. Gräf, Thomas Kling, Durs Grünbein, Michael Lentz, etc.

Mais revenons à la France, car il faut mettre en évidence un phénomène unique : pendant que, au cours de la deuxième moitié du XXème, la philosophie de Heidegger augmentait son influence en France jusqu'au point où Wittgenstein, dont la pensée était en train de se répandre énormément, depuis plusieurs décennies, en Allemagne, en Italie et aux États-Unis, ne commencera à être étudié en France que par Jacques Bouveresse et Henri Meschonnic vers la fin des années 1970, la poésie française, et notamment la poésie expérimentale, avait entrepris un dialogue étroit avec la pensée wittgensteinienne au moins dès les années 1960. À côté de la lignée heideggérienne Char-Celan-Deguy, des auteurs comme Jacques Roubaud, Jean Daive, Emmanuel Hocquard, Jean-Marie Gleize, Anne-Marie Albiach et Claude Royet-Journoud lisaient Wittgenstein et certains d'entre eux intégraient sa pensée dans la formulation de ce qu'aurait été appelé « littéralisme », ou « littéralité », une approche du texte qui constitue l'un des principaux objets d'étude du Centre d'études poétiques de l'ENS Lyon.

Celui-ci est un premier parcours historique-théorique que je souhaiterais (et que je ne pourrai que) esquisser. Parallèlement, je pense que la question de la littéralité elle-même ne peut être comprise que si l'on se réfère à trois autres circonstances théoriques que je tâcherai de montrer. Elles tournent toutes les trois autour d'un point fondamental : il s'agit de positions théoriques et poétiques que je dirais *inconsciemment wittgensteiniennes*.

— La première concerne la proximité surprenante entre la pensée de Wittgenstein et celle de Paul Valéry, notamment autour de la critique du langage et de la métaphysique. Comme Louis Miguel Isava le remarque :

it does not seem likely that Wittgenstein had read Valéry's essays and it is almost impossible that he knew of the existence of the *Cahiers*. By the same token, Valéry never mentions Wittgenstein and there is no reference to the latter's philosophical ideas in his works. This would not be surprising were it not for the fact that they were making almost the same claims with regard to philosophy and language roughly during the same period of time, that is, the first half of the twentieth century.[1]

— La deuxième concerne le « potentiel wittgensteinien » de la poésie de Paul Celan. Comme Bertrand Badiou, secrétaire de la Société Paul Celan (ENS Ulm), me l'a confirmé, il paraît que Celan ne connaissait pas, ou presque pas, la philosophie de Wittgenstein. Par conséquent, cet aspect n'a pas été, à mon avis, assez analysé jusqu'à présent. En revanche, on a beaucoup parlé de son rapport très controversé à Heidegger, témoigné notamment par le célèbre poème *Todtnauberg*. Je ne vais pas rentrer dans la question.
— La troisième concerne le renouvellement de la pensée heideggérienne qu'a été conçu par des auteurs français issus du Déconstructionisme, dont un poète-philosophe : Michel Deguy ; et un philosophe-écrivain : Jacques Derrida. Ce renouvellement est caractérisé par la réduction de l'élan métaphysique de la pensée heideggérienne, du structuralisme et de la phénoménologie au profit de la déconstruction, justement, de la pensée dualiste. Or, un tel procédé rapproche étonnamment le déconstructionisme de Wittgenstein, ce dont ces penseurs ne sont d'ailleurs pas toujours conscients. Des études ont commencé, depuis quelques années, a interroger ce sujet.[2]

La première de ces positions théoriques est inconsciemment wittgensteinienne pour des raisons géographiques et chronologiques, les deux autres sont inconsciemment wittgensteiniennes tout en étant, au départ, heideggériennes, ce qui est encore plus impressionnant.

Avant de considérer de plus près certains aspects de cette constellation poétique, historique et théorique, je vais essayer de décrire le rôle de la poésie en relation à la philosophie heideggérienne et à la théorie du langage wittgensteinienne.

Heidegger et la poésie

Martin Heidegger a donc consacré une partie importante de son œuvre à l'étude du langage poétique. Un bon point de départ afin donner un aperçu de sa conception de la poésie est la notion de *différence ontologique*.

La différence ontologique pourrait être définie comme une différence irréductible entre l'être et l'étant. La métaphysique traditionnelle, issue de la pensée religieuse occidentale, a attribué une valeur de présence et de manifestation de l'être dans l'étant. Heidegger, par le biais de la différence ontologique, introduit une perspective critique à l'égard de la métaphysique de la présence et ouvre un autre espace pour l'ontologie : l'être de la différence ontologique serait en « soustraction » permanente, ne se donnerait que dans un état de non-présence (que Heidegger définit parfois *épochè*, dans un sens donc bien différent de l'*épochè* phénoménologique-transcendantale). La présence de l'étant montrerait et cacherait à la fois l'être, qui ne serait définissable qu'en négatif, à savoir *en tant que* différence par rapport à l'étant. Ainsi l'être se trouverait-il sur un plan ontologique toujours différent et privatif, jamais réductible à la présence de l'étant et défini en même temps par différence, par non-présence, par négation de l'étant. L'étant, à son tour, ne serait pensable comme existant que par rapport à l'être, mais l'être ne serait pas contenu ontologiquement dans l'étant ; l'être donnerait vie à l'étant, pour ainsi dire, tout en n'étant pas là.

Ce qui nous intéresse en relation à notre sujet, c'est que, comme Heidegger l'écrit dans *Unterwegs zur Sprache* et dans le *Brief über den Humanismus*, « le langage est la maison de l'Être »,[3] c'est-à-dire que la condition privative de l'être trouve un abri, trouve une possibilité dans le langage, et se définit, même, par le biais du langage. Le langage, conçu au sens ontologique, non pas comme moyen communicationnel, nommerait la différence (*Unter-Schied*), montrerait comment la différence est l'espace où les choses, donc l'étant, donc le monde, émergent de la « soustraction » de l'être :

> La Dif-férence mesure, comme milieu pour le monde et les choses, le mètre de leur essence [*Innigkeit*]. Dans l'invite qui appelle chose et monde, ce qui est à proprement parler enjoint c'est : la Dif-férence.[4]

Or cet acte de nomination de la différence requiert un acte langagier originaire, un départ ontologique qui, au sein de la différence, réaliserait l'essence : c'est ce que Heidegger nomme *Ruf*, à savoir l'Appel originaire. Dans cette conception s'inscrit la poésie, car le langage poétique est la réalisation la plus haute et la plus pure du potentiel ontologique du langage. La parole poétique exprimerait la différence en conférant aux choses leur existence. Ainsi Heidegger interprète-t-il deux vers célèbres de Stefan George, qui terminent le poème *Das Wort, La parole* :

> *So lernt ich traurig den verzicht:*
> *Kein ding sei wo das wort gebricht.*

Commentaire de Heidegger :

> Nous devons souligner : Aucune chose n'est, là où le mot, c'est-à-dire le nom, fait défaut. Le mot seul confère l'être à la chose.[5]

Les choses ne peuvent pas exister sans le langage et en particulier sans le langage poétique parce que la poésie réalise au plus haut degré la différence ontologique, elle abrite, elle incarne l'être en privation et l'amène vers l'acte originaire de l'étan. C'est pourquoi, écrit Heidegger à plusieurs reprises, la parole poétique naît du *silence* : le silence est le silence originaire de l'*épochè* de l'être dans la différence, il est le lieu langagier de soustraction de l'être. La poésie est en quelque sorte l'instance de rétablissement d'une nouvelle forme de métaphysique négative, car elle donne un statut ontologique absolu au langage, elle révèle l'être grâce au langage.

De même le *Was aber bleibet stiften die Dichter* hölderlinien. Les poètes fondent ce qui reste, accomplissent l'acte ontologique originaire, confèrent l'existence par la parole du silence de l'être. C'est en quelque sorte la réponse que

Heidegger donne à travers Hölderlin à la célèbre question posée par Hölderlin lui-même : *wozu Dichter in dürftiger Zeit* ? Selon Henri Meschonnic, la réponse de Heidegger pourrait être résumée ainsi : « pour chanter l'essence de la poésie ».[6]

Il apparaît assez clair, aujourd'hui, que, par le biais de l'exaltation du langage poétique comme fondation originaire de l'être, la philosophie heideggérienne reste une pensée essentialiste. Bien que l'être ne soit pas présentifié dans l'étant, il reste vrai tout de même que la réactivation de l'origine au sein de la différence, opérée par le langage poétique, pose de sérieux problèmes conceptuels. Dans *Identität und Differenz*, où le concept de différence (ici *Differenz*, non plus *Unter-Schied*) est confronté au problème de la métaphysique comme onto-théo-logie, Heidegger poursuit d'une part sa critique de la métaphysique positive et d'autre part il parvient à affirmer que le problème onto-théo-logique doit rester un problème ouvert en ce qui concerne la « logie », le *logos*, le verbe, donc, encore une fois, le langage. Lorsque Heidegger s'interroge sur le langage, il laisse transparaître le caractère irréductiblement métaphysique de son argumentation.

La critique des résidus métaphysiques dans la pensée de Heidegger par rapport au langage a été formulée de plusieurs façons et je ne vais pas m'y attarder. Je renvoie en particulier, en relation au langage poétique, au cinquième volume de *Pour la poétique* de Henri Meschonnic, intitulé *Poésie sans réponse*. Je voudrais en revanche me concentrer sur un aspect précis de la conception de Heidegger, à savoir les *mots*. La poésie et la philosophie sont d'abord une question d'emploi de mots et les concepts sont toujours liés aux mots et aux codes que l'on utilise. Deux citations de Heidegger montrent très bien sa position. La première est tirée de *Acheminement vers la parole* :

> La poésie proprement dite n'est jamais seulement un mode (*Melos*) plus haut de la langue quotidienne. Au contraire, c'est bien plutôt le discours de tous les jours qui est un poème ayant échappé, et pour cette raison un poème épuisé dans l'usure, duquel à peine encore se fait entendre un Appel.[7]

La deuxième citation est tirée de *Identité et Différence*. Heidegger l'emprunte à son tour à Hegel :

> Quelqu'un désire acheter des fruits et entre dans une boutique où il demande des fruits. On lui offre des pommes, des poires, on lui présente des pêches, des cerises, du raisin. Mais l'acheteur refuse tout ce qu'on lui offre. Il veut à toute force avoir des fruits. Pourtant ce qu'on lui offre, ce *sont* bien chaque fois des fruits et néanmoins il apparaît qu'il n'y a pas de fruits à vendre. L'impossibilité est infiniment plus grande lorsqu'on veut se représenter « l'être » comme l'universel opposé à n'importe quel étant.[8]

Dans le premier cas le résidu métaphysique du langage est donné par l'existence unique du langage poétique, langage de fondation originaire duquel le langage ordinaire serait issu : si cette authenticité du langage poétique pouvait être découverte, on rejoindrait l'essence du langage comme *Ruf*, comme Appel originaire. Dans le deuxième cas l'être est irreprésentable car il se trouve sur un autre plan ontologique par rapport à l'étant et il n'est pas concevable, il est en *épochè*, en privation permanente. Mais, tout en étant en privation – voici, encore une fois, la différence ontologique – l'être confère l'existence à l'étant, *par différence*, voire par opposition. Or, il se trouve que la théorie du langage wittgensteinienne découle du souhait de montrer comment les hypostatisations métaphysiques de la philosophie traditionnelle sont essentiellement un problème de langage. Wittgenstein montrerait ici que le mot « fruit », exactement comme le mot « être », n'a en réalité aucun statut grammatical, et, par conséquent, aucun statut conceptuel, au-delà du sens particulier des attributs.

Wittgenstein, Valéry et la critique de la métaphysique

Dans ses *Philosophische Untersuchungen*, Wittgenstein affirme :

> Lorsque les philosophes usent d'un mot – « savoir », « être », « objet », « moi », « proposition », « nom » – et qu'ils aspirent à saisir l'essence de l'objet, il faut se demander toujours : « Ce mot a-t-il effectivement ce sens-là dans le langage qui est son pays d'origine ? » – Nous ramenons les mots de leur usage métaphysique à leur usage quotidien.[9]

Valéry, *Cahiers* : « Un problème philosophique est une difficulté qui naît entre les mots ».[10]

Ceci implique que la pensée du langage s'interroge sur la fonction des mots, leurs usages, les contextes dans lesquels ils sont employés. Par ce biais, il est possible de saisir les modalités par lesquelles la pensée, et notamment la pensée philosophique, risque de produire des hypostatisations métaphysiques dues à un mauvais emploi du langage. La philosophie traditionnelle n'a pas assez considéré que les mots sont issus de grammaires contingentes, produites dans des contextes à l'intérieur desquels ils sont employés. Wittgenstein appelle ce phénomène qui intéresse le langage tout court « jeux de langage dans une forme de vie ». Par cette prise de conscience, la pensée du langage peut se constituer comme une thérapie contre les hypostatisations de la philosophie :

> Ce n'est pas de chaque formation propositionnelle que nous saurions tirer quelque chose, ce n'est pas chaque technique qui trouve son utilisation dans notre vie, et si nous sommes tentés en philosophie de compter parmi les propositions quelque chose de tout à fait inutile, cela tient souvent au fait que nous n'avons pas suffisamment réfléchi à son application.[11]

Valéry, parallèlement, affirme :

> L'erreur dont vit et par quoi se multiplie toute la philosophie consiste à prendre pour des choses, ou pour des

objets de sa méditation, pour des problèmes ou pour des entités, les mots séparés des phrases – sans lesquelles ils sont d'ailleurs – impossibles.[12]

C'est pourquoi, et là on s'approche directement de la question du langage poétique, Wittgenstein et Valéry considèrent les mots comme des instruments et le langage comme une « boîte à outils ».[13] Wittgenstein : « Le langage est un instrument. Ses concepts sont des instruments ».[14] Valéry : « le langage est un instrument, un outil, ou plutôt une collection d'outils et d'opérations formée par la pratique et asservie à elle ».[15] Le langage, dit Wittgenstein, a donc la tâche de réfléchir à son propre usage et de produire des paradigmes de description voués à opérer sa mise en relation avec le réel, contre les constructions essentialistes qui tendent à le détourner vers des faux problèmes. Le langage s'inscrit ainsi dans le monde non pas parce que, comme chez Heidegger, il en détermine l'essence en tant qu'abri de l'être, mais parce qu'il produit des modalités, des techniques, des pratiques d'action dont les règles et les paradigmes sont décidés de fois en fois par ceux qui les conçoivent et par les contextes dans lesquels ils sont conçus. Comme Aldo Giorgio Gargani l'écrit, « Il linguaggio non dice come sta la realtà, ma prospetta le modalità alternative possibili secondo cui parlarne ».[16] Ceci comporte un refus inconditionné de la pensée métaphysique, refus que Wittgenstein avait déjà exprimé dans le *Tractatus logico-philosophicus* : « *Les limites de mon langage* signifient les limites de mon propre monde » (5.6)[17] et, bien sûr : « Ce dont on ne peut parler, il faut le taire » (7).[18]

Quel est le rôle de la poésie en tout ça ? Dans quelle mesure cette conception du langage et de la philosophie peut nous aider à produire une théorie du langage poétique autrement que comme lieu ontologique originaire, autrement que comme lieu de l'être post-métaphysique d'origine heideggérienne ?

La littéralité et les procédés poétiques wittgensteiniens

C'est sur ce point, précisément, que Valéry et Wittgenstein s'éloignent. Valéry reste lié à une conception de la poésie comme élévation, purification et ontologisation du langage ordinaire que l'on a également vue, *mutatis mutandis*, chez Heidegger et que Valéry hérite de Mallarmé. Valéry parle de la poésie comme « langage intransitif » et « réflexif » : ces propriétés la distingueraient du langage ordinaire, qui ne peut être que « transitif », c'est à dire toujours finalisé à un but utilitaire.[19] Il récupère en somme une vision essentialiste du langage au sein de sa conception de la poésie. Pensons également à sa célèbre distinction entre la marche et la danse. Cette vision est bien résumée par la formulation suivante :

> *Nous pouvons formuler (assez bien) tout ce que nous pouvons faire. L = F. Mais nous ne pouvons pas faire tout ce que nous pouvons formuler. L > F.*[20]

La poésie serait autorisée, selon Valéry, à s'occuper d'un domaine ontologique qui est interdit à la philosophie. Ailleurs

Valéry parle même d'« illusions qui ne sont pas à dédaigner ».[21] Ces illusions occuperaient l'espace de l'imaginaire poétique.

Wittgenstein, peut-être justement parce qu'il n'est ni un poète ni un théoricien de la poésie, nous autorise à voir les choses autrement. Une conception réflexive et intransitive du langage est, chez Wittgenstein, inacceptable tout court, car elle implique encore une forme d'hypostatisation métaphysique qui découle de ce qu'il appelle *logic of the double*.[22] La *logic of the double* est, pour ainsi dire, une « maladie philosophique » d'ordre méta-linguistique : elle résume toute attitude de pensée qui est portée à considérer que la compréhension du signifié d'un énoncé est due à une réalité externe, à un niveau « autre » de langage, à une réflexion au second degré, justement, de l'énoncé sur lui-même. « Le contenu de l'énoncé est *dans* l'énoncé », écrit Wittgenstein.[23]

Il y a chez Wittgenstein comme une *adhérence* permanente du langage à lui-même qui n'autorise aucune forme d'auto-miroitement « méta » : métalangagier/métaphysique. Cette adhérence se transfère également dans le procédé connu comme *rule following* : tout jeu linguistique dans une forme de vie est issu d'une série de règles *contingentes*, qui sont donc en même temps sujettes à être modifiées – voici l'aspect important ici – par le biais du jeu linguistique lui-même, c'est-à-dire *de l'intérieur* du jeu *pendant* qu'il est en train de se produire. Le langage ne se détermine ni sur la base d'un système extérieur et absolu de normes ni en tant qu'expression d'une nécessité ontologique (ce qui est le cas pour Heidegger), mais à l'intérieur de ses propres procédés d'énonciation et d'expression. Même une série mathématique, comme Wittgenstein le montre, est produite sur la base d'une règle qui n'est invariable que dans le contexte de la forme de vie dans laquelle elle est établie. Il n'y a pas de nécessité ab-solue qui impose au langage son comportement. Dans une succession n, n_1, n_2, ..., n_n les pas ne sont pas ontologiquement préétablis par la règle. C'est pourquoi, écrit Wittgenstein, « une nouvelle décision est nécessaire en chaque point ».[24] Ou encore : « rien, dans la sémence, ne correspond à la plante qui en naît et croît ».[25]

Henri Meschonnic saisit le potentiel poétique de cette conception :

> un poème fait les règles de sa lecture à mesure qu'on avance, et [...] elles se modifient à mesure qu'on avance. Par la notion de jeu, Wittgenstein énonce un rapport de créativité entre la philosophie du langage, l'art et la poésie...[26]

Ce point de vue, me semble-t-il, corrobore théoriquement l'approche poétique d'un certain nombre d'auteurs français contemporains. D'abord la formule littéraliste selon laquelle « la poésie dit ce qu'elle dit en le disant », que l'on retrouve par exemple dans le livre que Jean-Marie Gleize a consacré à Anne-Marie Albiach,[27] est tout à fait une forme de *rule following*. En passant, il faut rappeler qu'en 2001 un *Cahier du Refuge* du CIPM a été consacré à Wittgenstein et il a justement été intitulé, *Wittgenstein à la lettre*. On reviendra sur cette expression, « à la lettre ». Ce cahier est issu d'une journée d'études avec : Jean-Pierre Cometti, Jean Daive, Jean Fremon, Marjorie Perloff, Jacques Roubaud, Emmanuel Hocquard, Siegfried Plümper-Hüttenbrink.

Jacques Roubaud, par exemple, se réfère explicitement (et ironiquement), dans un de ses livres les plus importants, *Quelque chose noir*, aux propositions sur la mort qui se trouvent à la fin du *Tractatus*.[28] Son livre ∈, publié en 1967, donc presque vingt ans avant *Quelque chose noir*, procède par de textes numérotés d'une façon qui renvoie très évidemment au *Tractatus*.[29]

Jean Daive, qui cite Wittgenstein plusieurs fois dans le *Cahier Critique de Poésie* qui lui a été consacré,[30] a publié dans les années un cycle d'ouvrages intitulé *Narration d'équilibre*, cycle qu'il qualifie lui-même de « profondément wittgensteinien ». Pour faire un exemple, en 1985 Jean Daive publie un livre à l'intérieur de *Narration d'équilibre* qui est intitulé, peut-être avec une référence au nom de Wittgenstein, *W*. Le processus compositionnel de cet ouvrage est, au niveau macrotextuel, une forme très personnelle et très poétique de *rule following*. Le texte est en quelque sorte modifié par son propre processus et les coordonnées expressives sont bouleversées à la fois du point de vue sémantique et temporel par l'avancement non linéaire de la narration poétique. Il faudrait citer le livre en entier pour illustrer ce que je viens de dire, ce qui est forcément impossible.[31] En revanche, j'ai demandé à Jean Daive de m'écrire un paragraphe sur son rapport à Wittgenstein en faisant, si possible, référence à *W*. En me répondant que son œuvre entière engage un dialogue avec la pensée de Wittgenstein, il m'a envoyé une préface qu'il est en train d'écrire sur un texte d'André Malraux. Dans cette préface se trouve un passage, qui, selon les mots de Daive lui-même, peut être reconduit au rapport profond que son œuvre a engagé avec le penseur autrichien. Je le cite :

> Nous sommes des êtres perforés. Nous sommes les instruments de la perforation [...].Il y a en nous la manifestation d'un état de choses laissant supposer la présence d'un mécanisme mental qui imposerait les phénomènes de conscience propres à représenter la mémoire sous forme d'images. Des combinaisons de signes permettent de se transformer en schèmes presque continus parce que toutes sont entraînées par notre propre mouvement.
>
> Les mécanismes sont au nombre de deux et peuvent être comparés à la fonction des deux serpents de *Laocoon* : deux serpents au nombre variable de nœuds jusqu'à l'infini. Ces deux mécanismes relèvent du savoir et de la géographie dont les rapprochements ou combinaisons constituent autant de perforations par lesquelles passent des éléments de la mémoire, de l'inconscient sous la forme d'une phrase, d'un mot, d'une image, d'un son. Ces perforations sont celles qui font avancer la bande sonore du pianola, écrit Ludwig Wittgenstein [...].« Une image nous vient : celle d'un mécanisme qui ressemblerait à celui du pianola. Nous voyons clairement comment fonctionne cet appareil, et la façon dont le mouvement des marteaux est guidée par la forme des perforations de la bande. »[32]

Le langage poétique, pour Daive, est comme un pianola où les perforations de la surface laissent entrevoir et résonner des séquences de réalité et de mémoire. D'après ce texte, on pourrait dire que pour Daive le langage poétique est un modèle cognitif du réel et de la mémoire, un modèle contingent, arbitraire et non-linéaire mais qui est en même temps susceptible de produire une « géographie », des suggestions, une connaissance. Ceci renvoie, Jean Daive lui-même m'a confirmé la pertinence de cette intuition, à la proposition 6.341 du *Tractatus*, où Wittgenstein synthétise dans une image très efficace cette conception du langage comme modèle contingent, partiel et troué jeté sur le réel et en mesure, en même temps, d'agencer une approche descriptive et cognitive[33] :

> Représentons-nous une surface blanche couverte de taches noires irrégulières. Et nous dirons : Quelle que soit l'image qui en résulte, je puis toujours en donner la description approximative qu'il me plaira, en couvrant la surface d'un filet fin adéquat à mailles carrées et dire de chaque carré qu'il est blanc ou noir. De cette manière j'aurais donné une forme unifiée à la description de la surface. Cette forme est arbitraire, car j'aurais pu tout aussi bien me servir d'un filet à mailles triangulaires ou hexagonales et obtenir un résultat non moins satisfaisant. Il se peut que la description au moyen d'un filet à mailles triangulaires eût été plus simple : c'est-à-dire que nous pourrions décrire la surface à l'aide d'un filet plus grossier à mailles triangulaires avec plus d'exacti-

tude qu'à l'aide d'un filet plus fin à mailles carrées (ou inversement), etc. À ces différents filets correspondent différents systèmes de la description de l'univers.[34]

Claude Royet-Journoud, pour sa part, écrit dans *La poésie entière est préposition* : « Il faut aller jusqu'au bout du littéral. J'affectionne Aristote et Wittgenstein [...] Si l'on pousse le littéral à l'extrême, comme l'a fait Wittgenstein, on tombe dans la terreur ».[35] Et, dans le même ouvrage :

> « Il n'y a rien d'étonnant à ce que je ne puisse jamais expliquer la poésie que par elle-même, autrement dit à ce que *je ne puisse pas l'expliquer.* » (Pseudo-Wittgenstein).[36]

« Pseudo-Wittgenstein » parce que le *rule following* et l'immanence du langage à lui-même sont transférés par Royet-Journoud de la philosophie à la poésie. C'est cette immanence qui fait que Wittgenstein soit allé « jusqu'au bout du littéral ».

De même, cette immanence du langage à lui-même, cet acte d'aller « jusqu'au bout du littéral », met en question la fonction de la *métaphore* comme figure primaire du texte poétique. Royet-Journoud cite une phrase de Wittgenstein à ce sujet : « Il y a autant de choses dans une phrase qu'il y en a derrière »[37] ; et lui-même il écrit :

> Fonder un *réel* sur du métaphorique ! Je préfère la surface, le plat et pour tout dire la platitude puisqu'elle seule met le monde en demeure de nous répondre.[38]

Ou encore, en se référant, indirectement, à l'atomisme wittgensteinien :

> Ce qui fait problème, c'est la littéralité (et non la métaphore). C'est mesurer la langue dans ses unités « minimales » de sens.[39]

Lui fait écho Jean-Pierre Cometti dans un essai, consacré à Emmanuel Hocquard et Wittgenstein :

> Garde-toi de la métaphore ! Ne crois pas qu'au-delà ou en deçà du langage – c'est-à-dire des mots ou de leur usage –, réside quelque instance originaire du sens qui pourrait t'être miraculeusement restituée ! Évite de lui subordonner ce que tu nommes *poésie* ![40]

La fonction *thérapeutique* dont Wittgenstein parle à propos de la philosophie serait également transférée par Hocquard à la poésie. Dans ce sens, remarque très justemenet Cometti, la figure du *privé à Tanger* est une figure thérapeutique, son investigation est vouée à dévoiler le risque d'illusion langagière contenue dans une conception métaphorique de la poésie. Cometti rappelle le passage suivant, tiré de *Ma haie* :

> Je demeure convaincu que la poésie est avant tout une affaire d'organisation logique de la pensée. Ou, pour paraphraser Wittgenstein, que « le but de la [poésie] est la clarification logique de la pensée ».[41]

Parfois, la référence à Wittgenstein, chez Hocquard, passe de la théorie à la pratique, c'est-à-dire qu'il y non seulement un dialogue théorique ou une architecture wittgensteinienne au niveau des procédés macrotextuels, mais aussi une influence stylistique évidente. On le voit bien, par exemple, dans *Le Commanditaire* :

> 5. Tu dis : *je me vois dans un miroir*. Et tu dis : *je me vois sur une photographie*. Est-ce que, dans les deux phrases, *voir* a le même sens ?
>
> 6. N'y a-t-il pas une intention différente ?[42]

En dernière instance, la question posée par l'approche littéraliste en relation à Wittgenstein est double : d'une part, il s'agit de déterminer quel est le *domaine cognitif* accordé à la poésie, d'autre part d'agencer une *critique de la pensée dualiste*.

Le littéralisme poétique refuse la distinction venant de Valéry – mais aussi de Ingeborg Bachmann – selon laquelle la formule wittgensteinienne « ce dont on ne peut pas dire, il faut le taire » ne s'appliquerait pas à l'art, car l'art aurait le droit de dépasser cette limite ne serait-ce qu'en forme de fiction, d'illusion. L'art, selon Valéry, nous autoriserait à dire « ce que nous ne pouvons pas faire ». Par contre, le littéralisme prend Wittgenstein, justement, *à la lettre*, en conférant, de cette façon, une valeur cognitive à la poésie à l'égal d'autres processus de pensée. Le *domaine cognitif* de la poésie est au plus haut point – mais c'est un point « plat » – le dévoilement de l'illusion métaphysique. Prendre Wittgenstein *à la lettre* signifie faire de la célèbre remarque (une des rares directement centrées sur le langage poétique) selon laquelle la philosophie il faudrait la faire *dichten*, « en poésie », un critère d'action langagière dans le réel :

> Je crois avoir bien saisi dans son ensemble ma position à l'égard de la philosophie, quand j'ai dit : La philosophie, on devrait, au fond, ne l'écrire qu'*en poésie* (*nur dichten*). Cela doit montrer, me semble-t-il, jusqu'où ma pensée appartient au présent, à l'avenir ou au passé. Car je me suis reconnu du même coup comme quelqu'un qui n'est pas tout à fait capable de ce dont il souhaite être capable.[43]

Gleize, Royet-Journoud, Hocquard souhaitent en somme accomplir ce dont Wittgenstein ne se considérait pas capable, à savoir réaliser en poésie les conquêtes théoriques auxquelles il a donné une contribution si radicale. Rendre poésie sa pensée de la philosophie.

Cela va de front avec un refus des ordres meta-langagiers et de la métaphore comme figure poétique par excellence. Il s'agit d'une entreprise de *déconstruction de la pensée dualiste*. Dans cette perspective dualiste est également comprise, bien sûr, la différence ontologique, sur la base de laquelle Heidegger construit sa conception de la poésie. La différence ontologique entre l'étant et l'être ne pourrait pas être acceptée par l'écriture « plate » et anti-métaphorique propre au littéralisme, qui ne saurait pas accorder au langage le statut d'un au-delà ontologique, bien que privatif, du monde. Le littéralisme, en somme, accomplit en poésie le programme de déconstruction des illusions conceptuelles exprimé par Wittgenstein dans un paragraphe comme le suivant, tiré des *Investigations philosophiques* :

> Nous sommes dans l'illusion que ce qui constitue le caractère particulier, profond, essentiel pour nous, de notre investigation, résiderait dans le fait qu'elle s'efforce de comprendre l'essence incomparable du langage. C'est-à-dire l'ordre qui existe entre les concepts de proposition, de mot, de conclusion, de vérité, d'expérience, etc. Cet ordre constitue un super-ordre entre des super-concepts, pour ainsi dire. Alors que les mots : « langage », « expérience », « monde », s'ils ont bien une application, doivent en avoir une aussi humble que les mots « table », « lampe », « porte ».[44]

Ce programme a des conséquences, en philosophie comme en poésie. En poésie, le résultat direct de cette vision plate et anti-métaphysique est une réduction du lyrisme et de l'apport émotionnel du texte, ne serait-ce qu'au niveau de la perception stylistique immédiate. Ce que Wittgenstein affirme, dans le *Big Typescript*, à propos du renoncement émotionnel impliqué par sa philosophie pourrait être facilement référé à la conception littéraliste de la poésie :

> Comme je l'ai dit souvent, la philosophie ne m'amène à aucun renoncement, car je ne m'empêche pas de dire quoi que ce soit, mais j'abandonne, plutôt, une combinaison

de mots en tant que dépourvue de sens. Mais dans un autre sens la philosophie exige un renoncement, mais il s'agit d'un renoncement du sentiment, et non de l'intellect. C'est pourquoi, peut-être, un grand nombre de personnes la trouvent si difficile. Cela peut être difficile de ne pas utiliser une expression de même que c'est difficile de retenir les larmes ou une explosion de colère.[45]

Je m'arrêtereai là sur le dialogue entrepris avec Wittgenstein par la poésie française contemporaine. Il faudrait également voir l'effet de Wittgenstein dans la poésie américaine. D'autant plus qu'aux Etats-Unis l'influence philosophique de Wittgenstein a été beaucoup plus précoce qu'en France.[46]

Inconsciemment wittgensteiniens : quelques pistes de réflexion

Je voudrais, pour conclure, me concentrer brièvement sur celles que j'ai défini au début comme des positions « inconsciemment wittgensteiniennes ». La poésie de Paul Celan me paraît très wittgensteinienne sans le savoir. Certes, le parallélisme est moins frappant qu'avec la théorie du langage de Valéry, mais il y a tout de même chez Celan une approche du langage de la poésie qui est profondément immanentiste.

Dans l'*Allocution prononcée lors de la réception du prix de littérature de la Ville libre hanséatique de Brême*, Celan écrit :

C'est dans ce langage que, durant ces années et les années d'après, j'ai essayé d'écrire des poèmes : pour parler, pour m'orienter et apprendre où je me trouvais et où il me fallait aller pour que quelque réalité s'ébauchât pour moi.[47]

« Pour que quelque réalité s'ébauchât pour moi » traduit l'allemand *um mir Wirklichkeit zu entwerfen*. Cet acte de *jeter* et *pro-jeter* la réalité, d'ébaucher la réalité par l'acte d'écriture a quelque chose de profondément littéraliste et wittgensteinien. D'autant plus que chez Celan ce mouvement assume des caractéristiques historiques bien précises. La rencontre du réel advient dans une langue qui est passée à travers l'horreur de l'histoire, une histoire elle-même « du réel ». « Blessé par la réalité et cherchant la réalité », écrit encore Celan dans *l'Allocution*. Dans *Le Méridien* Celan se pose la question suivante : « devons-nous avant tout – disons – penser Mallarmé jusque dans ses dernières conséquences ? ».[48] En annotant cette question dans ses esquisses préparatoires, Celan écrit : « ce n'est pas non plus dans le poème qui se donne comme une 'deuxième' réalité qui serait l'élévation symbolique du réel ».[49] Et, comme Philippe Lacoue-Labarthe l'écrit à propos de Celan : « L'acte poétique consiste à percevoir, non à représenter ».[50] Il ne s'agit donc pas de produire un régime métaphorique, mais, plutôt, de mettre en relation le langage à la réalité en le faisant passer par la poésie. La thèse de Lacoue-Labarthe, cependant, tend à souligner le dialogue entrepris par la poésie de Celan avec la philosophie de Heidegger : « on peut avancer, je crois, que la *poésie* de Celan est tout entière un dialogue avec la *pensée* de Heidegger ».[51] Par conséquent, il interprète le thème celanien de la « rencontre », que cela soit la rencontre de la réalité exprimée par la citation de l'*Allocution* que je viens de rappeler ou la rencontre avec l'autre grand interlocuteur celanien, le « tu », comme un acte de projection du langage vers l'être : « la rencontre [...] n'ouvre à rien d'autre qu'à l'expérience de l'être : du rien d'étant – que Celan désigne [...] comme l'"ouvert", le 'vide', le 'libre' ».[52] Ou encore : « Le poème (l'acte poétique) [...] est [...] pensée du né-ant (de l'être) ».[53] Ce sont des références évidentes à la rencontre de l'être en privation opérée par la poésie au sein de la *différence ontologique*. Cette perspective est partagée par beaucoup de commentateurs et elle a bien sûr sa profonde véridicité, étant par ailleurs donné que Celan connaissait très bien la philosophie de Heidegger.

Il est vrai en même temps qu'une conception privative et négative de l'être ne correspond pas non plus totalement à la pensée perceptive et « réeliste » de la poésie avancée par Celan, une position qui est également reconnue par ses commentateurs, même par ceux qui, comme Lacoue-Labarthe, lisent son œuvre du point de vue philosophique. Je ne peux que laisser cette question ouverte. J'aimerais juste faire retentir, à la lumière de ce que l'on vient de rappeler, le potentiel profondément *anti-dualiste* et *réeliste* de la célèbre image du *méridien* :

> Je trouve le lien qui, comme le poème, mène à la rencontre.
> Je trouve quelque chose – comme la parole – d'immatériel, mais de terrestre, quelque chose de rond, qui revient sur soi en passant par les deux pôles et faisant même sur

son trajet, qu'on s'en amuse, une croix sur les tropes des tropiques – : je trouve...un méridien.[54]

Le méridien est la rencontre du langage avec le réel à travers la poésie. Son immatérialité est physique, est « terrestre », comme celle de la « parole ».

Il me reste très peu d'espace pour développer une véritable réflexion sur le rapport entre la pensée wittgensteinienne et la déconstruction du point de vue de la poésie. Je renvoie donc à nouveau au volume *The New Wittgenstein* et je me limiterai à deux courtes remarques respectivement sur Jacques Derrida et Michel Deguy.

Dans *La Dissémination* Derrida consacre de nombreuses pages à la poésie de Mallarmé, en montrant l'impossibilité de lire Mallarmé à travers des modèles dualistes et métaphoriques du texte poétique :

> *plus* de métaphore, *plus* de métonymie. Tout devenant métaphorique, il n'y a plus de sens propre et donc plus de métaphore. Tout devenant métonymique, la partie étant chaque fois plus grande que le tout, le tout plus petit que la partie, comment arrêter une métonymie ou une synecdoque ? Comment arrêter les *marges* d'une rhétorique ?[55]

C'est pourquoi Derrida propose de parler de *dissémination* plutôt que de *polysémie* du texte poétique :

> S'il n'y a donc pas d'unité thématique ou de sens total à se réapprocher au-delà des instances textuelles [...] le

texte n'est plus l'expression ou la représentation [...] de quelque *vérité* qui viendrait se diffracter ou se rassembler dans une littérature polysémique. C'est à ce concept herméneutique de *polysémie* qu'il faudrait substituer celui de *dissémination*.[56]

Le concept de *dissémination* est en dialogue avec celui, plus connu, de *différance*. Il s'agit de deux modalités critiques de la pensée dualiste opérées par l'élimination, pour ainsi dire, d'une dialectique signe-référent, signifiant-signifié, langage-monde, être-étant. La différance derridienne n'est plus, à proprement parler, une différence ontologique, car elle découle d'une conception identitaire, « adhérente » et auto-immanente du langage. C'est d'une perspective critique à la fois à l'égard de Heidegger, de la rhétorique et du structuralisme, une perspective qui est donc, au départ, très différente de celle de Wittgenstein, que Derrida épouse en quelque sorte une conception wittgensteinienne. Ce n'est, bien sûr, que l'ouverture d'un chemin très complexe.

J'en ouvre un autre, le dernier. Chez Michel Deguy, à côté de concepts post-heideggériens tels que l'*être-comme* et le *logos* de la poésie, on trouve celui du *seuil*, issu d'une perspective clairement déconstructioniste et anti-dualiste : « '*Seuil* ?' Un nom commun : nom commun à la chose et au mot, pour le comme-un de la chose et du mot ». L'*être-comme* devient ici un concept unifiant, en deçà de l'analogie et de la rhétorique : « La 'moitié' chose et la 'moitié' mot s'échangent passant l'une dans l'autre en tout point de l'anneau du symbolon ». D'où une conception identitaire et adhérente du langage : « Il n'y a pas de métalangage parce que la théorie n'est pas une métavue ».[57] À travers de telles affirmations Deguy semblerait avoir embrassé, ne serait-ce que pendant les années 1980, un paradigme anti-dualiste qui – je la lance comme hypothèse pour une autre étude – le rapprocherait peut-être de la pensée déconstructionniste en même temps que de la critique de la « logic of the double » exprimée par Wittgenstein.

Conférence prononcée en 2009 au Centre d'études poétiques de l'École normale supérieure de Lyon et publiée en ligne la même année dans *Anteremedizioni.it*.

1. L. M. Isava, *Wittgenstein, Kraus and Valéry. A Paradigm for Poetic Rhyme and Reason*, New York, Lang, 2002, p. 95.
2. Je renvoie notamment à M. Stone, *Wittgenstein on Deconstruction*, in *The New Wittgenstein*, Londres – New York, Routledge, 2000, pp. 84–117.
3. M. Heidegger, *Lettre sur l'Humanisme*, Paris, Aubier, 1957, p. 25.
4. *Id.*, *Acheminement vers la parole*, Paris, Gallimard, 1976, p. 29. J'ai légèrement modifié la traduction.
5. *Ibid.*, p. 148.
6. H. Meschonnic, *Pour la poétique V : Poésie sans réponse*, Paris, Gallimard, 1978, p. 27.
7. M. Heidegger, *Acheminement vers la parole*, *op. cit.*, p. 34–35. J'ai légèrement modifié la traduction.
8. *Id.*, *Identité et Différence*, in *Id.*, *Questions I*, Paris, Gallimard, 1968, p. 301.
9. L. Wittgenstein, *Investigations philosophiques*, in *Id.*, *Tractatus logico-philosophicus* suivi de *Investigations philosophiques*, Paris, Gallimard, 1961, § 116 p. 166.
10. P. Valéry, *Cahiers (textes choisis) : Tome I*, éd. par Judith Robinson, Paris, Gallimard, 1973, p. 588.
11. L. Wittgenstein, *Investigations philosophiques*, *op. cit.*, § 520, p. 272.
12. P. Valéry, *Cahiers (textes choisis) : Tome I*, *op. cit.*, p. 580.
13. L. Wittgenstein, *Investigations philosophiques*, *op. cit.*, § 11, p. 120.
14. *Ibid.*, § 569, p. 282.
15. P. Valéry, *Propos sur la poésie*, in *Id.*, *Variété*, in *Œuvres. Tome I*, Paris, Gallimard, Bibliothèque de la Pléiade, 1957, p. 1365.
16. A.G. Gargani, *Wittgenstein: dalla verità al senso della verità*, Pise, Plus, 2003, p. 80.
17. L. Wittgenstein, *Tractatus logico-philosophicus*, *op. cit.*, p. 86.
18. *Ibid.*, p. 107.
19. P. Valéry, *Les droits du poète sur la langue*, in *Id.*, *Pièces sur l'art*, in *Œuvres. Tome I*, *op. cit.*, pp. 1262–65.
20. *Id.*, *Cahiers (textes choisis) : Tome I*, *op. cit.*, p. 466.
21. *Ibid.*, p. 684.
22. L. Wittgenstein, *Preliminary Studies for the « Philosophical Investigations »: Generally Known as the Blue and Brown Books*, Oxford, Blackwell, 1975.
23. *Ibid.*
24. L. Wittgenstein, *Investigations philosophiques*, *op. cit.*, § 186, p. 196.

25. Id., *Zettel*, Oxford, Blackwell, 1981.
26. H. Meschonnic, *Sur Wittgenstein. Philosophie du langage et poésie*, in Id., *Pour la poétique V. Poésie sans réponse, op. cit.*, p.57.
27. Cf. J.-M. Gleize, *Le théâtre du poème : vers Anne-Marie Albiach*, Paris, Belin, 2000.
28. Cf. J. Roubaud, *Quelque chose noir*, Paris, Gallimard, 1986, pp. 66–67.
29. Cf. Id., 図, Paris, Gallimard, 1967.
30. Cf. *CCP*, n. 14, Marseille, Centre international de poésie, 2007.
31. Cf. J. Daive, *Narration d'équilibre 4 – W*, Paris, P.O.L, 1985.
32. Le texte auquel je faisais référence en 2009 a entre-temps été publié : il s'agit de *L'Exclusion*, Paris, Galerie Jean Fournier, 2015 (n.d.a.). La citation est tirée de L. Wittgenstein, *The Blue and Brown Books, op. cit.*
33. Il faut préciser que par « cognitif » j'entends ici « producteur de connaissance », « gnoséologique », sans référence aucune aux sciences cognitives.
34. L. Wittgenstein, *Tractatus logico-philosophicus, op. cit.*, 6.341.
35. C. Royet-Journoud, *La poésie entière est préposition*, Marseille, Éric Pesty Éditeur, 2007, p. 12–13.
36. *Ibid.*, p. 22.
37. *Ibid.*, p. 40.
38. *Ibid.*, p. 22.
39. *Ibid.*, p. 13.
40. J.-P. Cometti, *Emmanuel Hocquard et les rhinocéros de Wittgenstein*, in « Critique » 735–36, août–septembre 2008, p. 675.
41. E. Hocquard, *Ma haie*, Paris, P.O.L., 2001, p. 22.
42. Id., *Le Commanditaire* (avec Juliette Valéry), Paris, P.O.L, 1993.
43. L. Wittgenstein, *Remarques mêlées*, Paris, Flammarion, 2002, p. 81. J'ai légèrement modifié la traduction de Jean-Pierre Cometti.
44. Id., *Investigations philosophiques, op. cit.*, § 97, p. 161–62.
45. Id., *The Big Typescript*, Oxford, Wiley-Blackwell, 2005. Cit. par A.G. Gargani, *op. cit.*, p. 73.
46. Sur les influences de Wittgenstein dans la poésie américaine, cf. M. Perloff, *Wittgenstein's Ladder : Poetic Language and Strangeness of the Ordinary*, University of Chicago Press, 1996.
47. P. Celan, *Allocution prononcée lors de la réception du prix de littérature de la Ville libre hanséatique de Brême*, trad. par Maurice Blanchot, cit. par Philippe Lacoue-Labarthe in *La poésie comme expérience*, Paris, Christian Bourgois Éditeur, 1986 et 1997, p. 56.
48. Id., *Le Méridien*, in Id., *Le Méridien & autres proses*, Paris, Seuil, 2002, p. 68.
49. *Ibid.*, p. 106.
50. P. Lacoue-Labarthe, *La poésie comme expérience, op. cit.*, p. 99.
51. *Ibid.*, p. 50.
52. *Ibid.*, p. 98.
53. *Ibid.*, p. 96.
54. P. Celan, *Le Méridien, op. cit.*, p. 84.
55. J. Derrida, *La dissémination*, Paris, Seuil, 1972, p. 274.
56. *Ibid.*, p. 319.
57. M. Deguy, *La poésie n'est pas seule : court traité de poétique*, Paris, Seuil, 1987, p. 71.

Grammaires de la subversion

Dans les années 1960-70, le potentiel subversif de la poésie devient un véritable thème, une approche compositionnelle et théorique, en Italie comme en France. Le souhait, typique de la poésie de ces années, de définir une poétique autour du rapport entre le langage et le réel, un rapport interactif, problématique et problématisé, parfois contrastant, souvent voué à produire des paradigmes de modification radicale, est très lié à une prise de conscience du potentiel à la fois théorique et politique de l'écriture poétique dans la modernité. Le refus que certains auteurs ont manifesté à l'égard des poétiques et même de la poétique d'avant la poésie, n'a pas su limiter cette exigence pressante. Cette question s'est installée dans le langage, à savoir dans l'exigence de définir une géographie langagière subversive, de produire une, ou, plutôt, de multiples *grammaires de la subversion*.

Il faut faire d'abord des distinctions entre plusieurs orientations différentes bien que communicantes entre elles. Le travail poétique de Pier Paolo Pasolini, par exemple, représente une intention subversive conçue à partir d'un langage fortement orienté vers la tradition. Pasolini confie au contenu de ses constructions poématiques la possibilité d'un renversement politique, tout en dépassant et à la fois en intégrant l'héritage hermétique dans des modalités que l'on pourrait qualifier d'engagées, voire parfois demoralistes et de didactiques, là où le contrôle équilibré de ce que l'on pourrait appeler son « néo-classicisme expérimental » diminue. Si la critique, aujourd'hui, a tendance à souligner la composante expérimentale de l'écriture pasolinienne, ce qui est sans doute nécessaire, ce n'est tout de même guère possible de nier l'influence profonde de la tradition, surtout si l'on lit la poésie de Pasolini en la confrontant au contexte européen. Cette « dette » à l'égard de la tradition empêche en quelque sorte Pasolini (bien qu'il s'agisse d'un choix conscient) d'accompagner son programme subversif de la création d'une grammaire poétique autonome, d'un programme poétique où la subversion soit également produite au niveau du langage. Ce même rapport à la tradition, en revanche, permettra à Pasolini de concevoir un langage cinématographique, narratif et iconographique novateur, ce dont on ne pourra pas s'occuper ici.

Or, bien que plusieurs critiques, dont Pasolini lui-même, aient montré que l'influence de la tradition conditionne également la production de la néo-avant-garde italienne (tant que Alfonso Berardinelli préfère parler d'*anxiety of influence*, en reprenant le terme de Harold Bloom, plutôt que de classicisme),[1] il reste vrai que le programme des *Novissimi* et du *Gruppo 63* propose des solutions compositionnelles tout à fait inédites qui souhaitent ramener le potentiel subversif de la poésie dans le langage pour ne le transférer qu'après coup dans l'engagement politique. Comme Stefano Giovannuzzi le rappelle en citant la préface de Alfredo Giuliani à l'anthologie *I Novissimi* :

Quelle dei « novissimi » sono presentate come 'acquisizioni linguistiche' : persino il processo di « riduzione dell'io », uno dei luoghi per eccellenza della mistificazione borghese, « dipende piú dalla fantasia linguistica che dalla scelta ideologica ».[2]

Giovannuzzi ne manque pas, en même temps, de formuler sa perplexité vis-à-vis de cette déclaration en montrant comment d'une part le rapport à la tradition et d'autre part l'engagement politique des néo-avant-gardistes ne peuvent pas permettre de leur accorder une véritable distance par rapport au programme qui avait déjà été entamé par Pasolini.[3] Mais Giovannuzzi ne prend pas en compte les dispositifs compositionnels et textuels « concrets » qui sont employés par la poésie de la néo-avant-garde et qui permettent en effet de voir jusqu'à quel point le premier effet subversif de cette poésie est du moins situé dans le langage, le langage étant conçu comme matériel « à bouleverser », à mettre en cause et à redéfinir de façon à montrer son potentiel d'action *à l'intérieur* du réel. Chaque auteur relevant de la néo-avant-garde a son dispositif, ou plutôt ses dispositifs, ses grammaires privilégiées. Au-delà des expériences de poésie sonore et visuelle il suffit pour l'instant de se rappeler, par exemple, du *plurilinguisme* qui anime une bonne partie de la première phase de la production poétique d'Edoardo Sanguineti : dans ce procédé réside un mouvement subversif intérieur au langage poétique, car il s'agit d'un dispositif qui bouleverse « objectivement » la langue, dans le sens où il la rend « objet », il l'objectifie, la réifie, l'installe dans la pluralité de l'histoire et du réel par le biais de la multiplicité de l'expression. On pourrait également se rappeler des *pratiques d'interruption syntaxique* du jeune Nanni Balestrini. Des nombreux textes poétiques de Balestrini s'interrompent, comme s'ils étaient inachevés, comme si le poème pouvait « coller » au réel en en intégrant des morceaux, en reproduisant des bribes du discours, de même que dans le *zapping* télévisuel ou dans les dialogues d'un quotidien dépersonnalisé, complexe et chaotique.

J'utilise donc le mot « grammaires » au sens large du terme, pour définir un espace de recréation poétique à partir du langage et de ses structures expressives, syntaxiques et, justement, grammaticales, de base. Il est vrai, cependant, que dans beaucoup de productions poétiques nées de la néo-avant-garde et se poursuivant dans les années 1970, il y a un lien qui se veut identitaire, voire « ontologique », entre le bouleversement des structures langagières et la conception d'un potentiel subversif de la parole poétique *au sens politique du terme*. Flavio Ermini en donne une description très précise en parlant justement de Balestrini dans un article de 1977 publié sur le *Quotidiano dei lavoratori* :

> Balestrini propone questi parallelismi : se lo scrittore è un restauratore, sceglie la vie del « bell'ordine » linguistico ; se è un riformista, la via razionalizzatrice della spinta eversiva che proviene dal basso in un nuovo ordine linguistico ; se è un rivoluzionario, infine, la via di « portare lo sfasciamento (delle istituzioni e linguistico, n.d.r.), sempre piú avanti » passando « dalla distruzione

del linguaggio (praticata dalla vecchia neo-avanguardia, n.d.r.) al linguaggio della distruzione ».[4]

Quelques lignes plus tard Flavio Ermini ajoute :

È vero che le nuove strutture linguistiche il potere può fagocitarle, ma solo esse. Il potere non può ricuperare il potenziale desiderante in esse contenuto. Nel caso di Balestrini : la ribellione.[5]

Le programme « langagier », les « acquisizioni linguistiche », comme on a pu le lire chez Giuliani, engendrent de plus en plus, pendant les années 1960-1970 et notamment dans le travail de Balestrini, une relation de continuité entre le potentiel subversif de la grammaire et un programme politique de destruction du pouvoir. Chez Sanguineti le discours serait plus compliqué, car son programme subversif est lié à la gestion du pouvoir dans le contexte d'une classe dirigeante communiste s'opposant entre autres aux mouvement soixante-huitards, comme Sanguineti lui-même l'a souvent souligné.[6] Ce qui n'exclut pas, cependant, la constitution d'un lien ontologique entre l'agencement de la langue et la conception de l'action politique.

Ermini, en 1977, était déjà bien conscient d'un aspect qui était en train de devenir clair à l'époque et qui deviendra encore plus clair dans les années suivantes : « L'arte – écrivait-il – può conservarsi sovvertitrice solo se mantiene la propria identità di portatrice di creatività, di realtà-altra ».[7] Les écritures qui « résisteront » pendant les années 1970 et, d'autant plus, pendant les années 1980, sont les écritures poétiques qui seront en mesure de faire valoir leur potentiel subversif aussi lorsque la contingence historique et politique aura sensiblement changé ; à savoir les écritures hybrides, les poétiques qui demeurent conscientes de leur potentiel politique et qui desserrent en même temps le lien ontologique entre le bouleversement de la grammaire et la destruction du pouvoir ; les écritures qui mettent en jeu de façon subtile le renversement des logiques ordinaires au profit d'autres logiques, recréées au sein du poème. Cela peut vouloir dire, pour certains, retourner à Pasolini, mais aussi et surtout chercher d'autres directions parallèles où le potentiel subversif de la langue puisse rester au centre du procédé compositionnel. Je pense à la poétique objectuelle et corporelle d'Antonio Porta (qui était un avant-gardiste *sui generis*) et, en partie, à l'évolution que les œuvres balestriniennes et sanguinetiennes elles-mêmes ont connue au fil des années. Je pense également aux productions d'auteurs qui s'étaient éloignés de la néo-avant-garde : je pense au contraste entre la nature et la culture, le paysage et l'histoire chez Andrea Zanzotto, à l'autonomie expérimentale et internationale d'Amelia Rosselli, à la phénoménologie critique de Vittorio Sereni.

Ce *desserrement ontologique,* je dirais, s'est vérifié chez Balestrini notamment dans son œuvre romanesque. Grâce, en partie, aux influences de la littérature expérimentale française, la production romanesque de Balestrini met en place des techniques de narration non-linéaire et de juxtaposition identitaire entre les genres littéraires. Il s'agit de techniques fortement novatrices et aujourd'hui encore très actuelles. Sanguineti conçoit pour sa part, après le plurilinguisme, un dispositif de « fausse normalisation » de la langue, comme Niva Lorenzini l'illustre à propos de l'ouvrage *Scartabello*, paru en 1980. « Esercitazione linguistica e metalinguistica su una disperata, perentoria volontà di adeguamento al banale », écrit-elle, « infedeltà alle regole del discorso perpetrata a piccoli passi »,[8] et, juste après, elle remarque :

> se davvero il normalizzato eloquio, linguisticamente omogeneo, della produzione recente di Sanguineti è tutt'altro che resa mimetica all'appiattimento, se anzi, a ben guardare, normalizzato non lo è per niente [...], si ha la sensazione precisa [...] di una « praticabilità » della poesia, nella lucida scelta di un discorso come « strumento d'azione », pratica, appunto, « sociale ».[9]

Néanmoins, les parcours d'Antonio Porta et d'Andrea Zanzotto me semblent encore plus significatifs pour ce passage de la parole à ce que j'aimerais bien définir comme une action *subversive indirecte* (ou « perpetrata a piccoli passi », comme on vient de le lire chez Niva Lorenzini) opérée au sein de l'écriture poétique.

On a souvent tendance à considérer « deux Antonio Porta » : celui de la néo-avant-garde et celui du « retour à l'ordre ». En réalité, la position de Porta, bien qu'elle se soit modifiée dans le temps, a été toujours articulée en dehors des groupes et des schémas. L'évolution diachronique de deux procédés compositionnels le montre assez bien : il s'agit de l'*emploi des pronoms et des personnes* et de la *multiplication du regard à travers la césure ou coupure du vers*. Dans les vers suivants, écrits au début des années 1960, ces deux procédés sont employés en même temps :

> Vedeva solo una spilla, disteso sul divano,
> labbra moltiplicate, ascoltandola, dietro la
> tenda, con le gambe lunghissime, chiara e
> incomprensibile, gesticolando, sorretta dalla parete,
> con i confini perduti, le mani a pezzi,
> verso occhi di gelo, su labbra dilatate, scivolando,
> nel linguaggio dimenticato, all'ombra delle ciglia[10]

On ne sait pas qui accomplit l'action. Puisque la langue italienne le permet, même les pronoms sont absents. C'est l'action elle même qui compte, l'action dans le réel, représentée par la succession des verbes. C'est non seulement le « je lyrique », mais aussi le sujet qui se perd dans l'objet, dans une langue qui devient elle-même objet du réel, qui « adhère » à l'événement et en modifie la perception. Cette modification est accomplie par une multiplication du regard sur l'action qui se vérifie après chaque virgule, à chaque césure, et, parallèlement, à chaque « accent tonique » marqué par la virgule. C'est comme si la perspective d'observation changeait de façon permanente, comme si la succession du rythme permettait de saisir des aspects du réel par d'autres points de vue, des aspects qui n'auraient pas été susceptibles d'être connus si la poésie n'avait pas fait irruption dans le monde. Encore une fois, et de façon particulièrement efficace chez Porta, *le potentiel subversif du langage est étroitement lié à l'essai de rendre ce même langage un objet du réel*, de « coller » la poésie à la réalité. Dans *Passeggero*, un ouvrage composé plus que dix ans plus tard, les virgules disparaissent, mais le résultat est le même. Lisons le début :

> se allunga la mano sulla foto di un'età
> curvato al centro di una stanza curva
> invece di esplodere sul vetro l'uovo si restringe
> di molte precauzioni circondata è l'uscita
> zampette raggrinziti muove i suoi passetti
> capisce che accadono spostamenti mutazioni nell'aria
> saluta gli uccelli alzando la parrucca s'incammina[11]

Il est vrai que dans la production des années 1980 le langage de Porta change sensiblement tout en suivant la tendance générale du retour au lyrisme. Mais dans son cas il s'agit d'un *lyrisme subversif*, car certains dispositifs propres au lyrisme sont « pliés » et, je dirais, « reconnotés » en faveur de la subversion. On le voit bien dans une forme typique du dernier Porta, la *lettre-poème*, déjà pratiquée dans le roman *Il re del magazzino* (1978), un autre exemple d'hybridation entre les genres littéraires, et poursuivie dans *L'aria della fine*. Dans ces lettres-poèmes, Porta caractérise le rapport entre le « je » et le « tu » de façon tout à fait inédite, en lui conférant un potentiel de *perception multiple et de modification critique du réel, jusqu'aux marges de l'impossibilité de la parole* :

> Ora che ti sto scrivendo tutto
> si va rimescolando e la notte
> comincia a bucare,
> piccole isole si uniscono nell'aria, preparano
> la pioggia di domani,
> germi nuovi neri salgono e scendono nella tersezza
> e una ragazza alza un lenzuolo bianco, si spalanca
> ventre di pesce aperto, bocca senza lingua....
> (ora smetto di scrivere, manca il respiro...)
>
> [...]
> La Cheirasca, 4.7.1980[12]

Ce que l'on pourrait appeler la *multidimensionnalité perceptive* d'Antonio Porta est une approche subversive car elle ouvre un espace de possibilité langagière *à l'intérieur* du réel. Le maintien d'un potentiel politique subversif du langage poétique caractérise également la production d'Andrea Zanzotto. Dans *La Beltà*, paru en 1968, le rapport lyrique entre le « je » et le « tu » – que l'on vient de voir chez Porta – est au centre de ce jeu, car il détermine, à l'intérieur d'une relation entre deux instances réduites à leur fonction pronominale, une sortie vers la réalité. *Dans le signifiant se trouvent les prémisses pour une intervention poétique dans le réel.*[14] C'est ce que Zanzotto appelle un « monologo di autorispecchiamento che prelude all'apertura ».[15] Lisons quelques vers significatifs à tel propos :

> Imprevisto ritorno al tu
> durante un'eclisse solare
> [...]
> E come sento e attendo
> e picchio di taglio e di punta
> e l'abile detto rinverdisco e vendo:
> azzurro
> piú azzurro sui monti, ricche
> d'infinito le colline dove
> cercavo te sbavavo scalciavo.
> E mi torni con spessori
> di nascite e d'amori, nel terrore
> del tuo svanire, che non è terrore.[16]

Le retour au « tu » coïncide avec un retour au réel, représenté dans le poème par la description du paysage. C'est un mouvement qui, se déroulant paradoxalement au sein du signifiant, correspond à une recherche douloureuse : « cercavo te, sbavavo, scalciavo », « terrore del tuo svanire », etc. Toujours dans *La Beltà,* Zanzotto utilise l'image du baron de Münchhausen, qui sort des sables mouvants en se tirant lui-même par les cheveux, précisément afin de décrire ce mouvement de retour au « tu » et au réel. À ce dispositif s'en ajoute un autre, très caractéristique de l'écriture zanzottienne du point de vue « expérimental ». Il s'agit de ce que Stefano Agosti appelle « balbettio afasico ».[17] Cela va de pair avec un essai de recréation poétique du langage des enfants, qui est souvent évoqué par Zanzotto à travers le mot dialectal trévisan *petèl*. Il en va de la formulation d'une parole poétique vocalisée et dans un statut enfantin et bégayeur qui tend à la dimension pré-structurale, voire pré-verbale du langage même. La fluidité de la parole poétique « ordinaire », qui reste malgré tout dans plusieurs passages, paraît en définitive comme décomposée, le rythme est souvent interrompu et multiplié et le sens du poème est restitué à un niveau de signification tout à fait *autre*. Zanzotto met en place une stratégie poétique finalisée à la recherche d'une donnée originelle du langage, sous l'égide du rapport entre les interlocuteurs poétiques. Il recherche – dans une dimension de dissémination langagière, de perte de signification et d'affaiblissement du statut ontologique du « je » et du « tu » (voire, encore une fois, du sujet) – une condition originelle qui apparaît comme un rapprochement à la fois ontogénétique et phylogénétique entre le langage et le monde. Ce rapprochement est « véhiculé » par la poésie et, en tant que tel, il s'agit d'un geste extrême, puisque le marge entre le langage et la réalité est décomposé dans une parole poétique qui s'éloigne du langage ordinaire d'une manière radicale :

> in quale in quale in quale in quale,
> in che in che in che in che,
> o su quale dolce calesse bellamente guidato
> dal babbo con la mami-mammina
> su una lunga via volta al mirabile tu stesso mirabile
> per il tuo: ecco, per il tuo: ora, per il tuo: sì,
> Ego-nepios
> autodefinizione in infanzia
>   (teoricamente)
> da rendere effabile in effabilità[18]

À contre courant du parcours des *Novissimi* et de beaucoup d'autres auteurs italiens de ces années, Zanzotto radicalise de plus en plus son langage en s'approchant des années 1980. On le voit bien dans la trilogie composée de *Il Galateo in Bosco* (1978), *Fosfeni* (1983) et *Idioma* (1986). Dans *Il Galateo in Bosco*, pour ne citer que le premier ouvrage de la trilogie, le poète, en même temps qu'il radicalise ses dispositifs formels, insère davantage le poème dans le réel par le biais d'un contraste : celui entre le paysage et l'histoire, ou, plus généralement, entre la nature et la culture. Le titre de l'ouvrage, déjà, établit une équation : galaté = culture / bois = nature. Mais ces deux « catégories » ne sont pas séparées l'une de l'autre, au contraire : elles se mêlent jusqu'à s'identifier. Le bois est celui du Montello, où Monsignor della Casa aurait écrit son célèbre *Galateo*. A cette anecdote « culturelle » s'ajoute une donnée historique tragique : par le bois du Montello passait la ligne des ossuaires de la Première Guerre Mondiale. L'élément historique intervient dans le paysage comme la stratification et la codification interviennent dans le développement de la langue. Dans ce contexte, *la poésie assume une position critique en engendrant des espaces langagiers et logiques « autres » d'où elle puise son potentiel d'action dans le réel.* Comme dans le texte suivant, qui renvoie au thème de la guerre :

> E quelli, folli, ridevano
> senza ridere, era il puro fatto di vivere
> fin dentro il rogo in cui dolori e dolori
>   intonano i loro cori divenuti corolle d'alberi

> in disamore   disagio malevolenza
> fin dentro un madore tossico di acquaforte
> nell'andatura furiosa ma
> militarmente precisa nell'andatura di
> lluvias ||||||||||| chuvas   a
>   bacini bacinelle
>   in cui primavera si scioglie   HCl
>   con demoni ventosi, ventriloque
>   promesse e minacce   HCl
>   di cremazioni lasciate a metà e cosí interramenti –
>   e la bacinella con verdure verzure aizzate in HCl[19]

Dans notre parcours, enfin, il ne faut pas oublier deux ouvrages très significatifs écrits dans la même période par deux poètes de la génération suivante : *Somiglianze*, par Milo De Angelis (1976), et *Ora serrata retinae*, par Valerio Magrelli (1980). Chez De Angelis la subversion est une subversion intime et existentielle, une incitation au changement de regard sur les grands thèmes de l'humanité, souvent produite par l'irruption d'un quotidien abstrait et tragique. Le dispositif principal employé par De Angelis dans *Somiglianze* (et dans une bonne partie de sa production postérieure) pourrait être défini ainsi : *saut logique et élision spatio-temporelle*. Le regard jeté sur le monde par *Somiglianze* est un regard inédit, où la poésie fournit des descriptions du monde dans lesquelles de nombreux événements et images sont rassemblés dans des espaces très condensés, au détriment de la linéarité et de l'exhaustivité. La poésie de *Somiglianze* raconte le monde à travers des particuliers choisis à l'intérieur d'un univers beaucoup plus grand, toujours présent et pourtant caché par l'élision antilogique et spatio-temporelle de l'événement. La subversion découle justement de cette redescription inédite du monde et des phénomènes opérée par le langage poétique. Les textes de *Somiglianze* doivent être lus « à grande vitesse », afin de percevoir le rassemblement rapide de plusieurs réalités à l'intérieur de la succession des vers :

[...] Poi (piangevi
ed era legittimo) dalle vie respiratorie microbi
invaderanno
e cosa pretende un pensiero servo
che vuole sistemare il fenomeno, questo,
che annulla
schiacciante
   Carlo
andiamo in cortile con le maglie
e i compagni : e tu disegni sul muro
le porte.
Non bastava esistere
dove improvvise
vicende sono beffa all'analisi ; e lo sapevi.
Ma cosí, senza logica
finire
quando meno hai voluto
ricordato per qualcosa
che non era neanche tuo. Noi non capiremo.[20]

Les « improvvise vicende » sont également celles par lesquelles le poème se laisse pénétrer et qu'il cherche à décrire « senza logica », étant situé dans un réel incohérent et inconnu auquel il essaie pourtant, encore une fois, de « coller », en mimant l'incohérent et l'inconnaissable par un entrecroisement élusif et « troué » des événements, des pensées, des souvenirs. Valerio Magrelli, pour sa part, donne, dans *Ora serrata retinae*, une « vie poétique » à un dispositif qui est à l'origine de la pensée philosophique : l'*étonnement pour les phénomènes du monde*. Comme Magrelli lui-même me l'a confirmé lors d'un interview qu'il m'a récemment accordé, « lo stupore è la mia modalità di apertura al mondo ».[21] L'approche poétique qui en découle est subversive puisque la poésie de Magrelli oblige le lecteur à reconsidérer le réel à partir de phénomènes qui ont été normalisés par la répétition et l'aliénation de l'ordinaire. Le langage de Magrelli, dans ce sens, est à l'opposé de celui de De Angelis, car il tend, conformément à son intention, à une clarté et à une évidence du regard pour les choses du monde que je dirais « post-phénoménologique ». On le voit dès le premier texte du livre :

> Molto sottrae il sonno alla vita.
> L'opera sospinta al margine del giorno
> scivola lenta nel silenzio.
> La mente sottratta a se stessa
> si ricopre di palpebre.
> E il sonno si allarga nel sonno
> come un secondo corpo intollerabile.[22]

Ce procédé, d'ailleurs, est très bien expliqué par un poème évidemment « poétologique » :

Foglio bianco
Come la cornea di un occhio.
Io m'appresto a ricamarvi
un'iride e nell'iride incidere
il profondo gorgo della retina.
Lo sguardo allora
germinerà dalla pagina
e s'aprirà una vertigine
in questo quadernetto giallo.[23]

Les exemples de De Angelis et de Magrelli nous montrent deux façons dont les générations postérieures à Zanzotto et à la néo-avant-garde ont essayé de préserver un espace poétique subversif tout en étant concernées par le mouvement de « retour à l'ordre » dont on a parlé à propos de la dernière production de Porta. Dans ce sens, la date de publication de *Ora serrata retinae* (1980) assume une valeur symbolique et l'approche langagière de De Angelis et de Magrelli (parmi un grand nombre d'auteurs de leur génération), bien qu'elle ne puisse pas être seulement qualifiée de « lyrique », n'autorise peut-être plus à appeler leurs dispositifs des « grammaires de la subversion », car la subversion ne se vérifie ici que dans le regard, dans la description du monde, et non plus dans le bouleversement de la langue. Cependant, au-delà de cette distinction, *toutes* les pratiques de poésie que l'on a analysées, de Porta à Magrelli, de Zanzotto a De Angelis, etc., sont vouées à produire des *paradigmes logiques et perceptifs alternatifs engendrés par l'écriture poétique* et c'est dans de tels paradigmes qu'elles peuvent (re)découvrir leur potentiel subversif.

Plus généralement le problème encore très actuel ouvert par les expériences d'écriture que l'on a parcourues pourrait être décrit ainsi : le langage poétique, en étant subversif à l'égard des codes et des langages ordinaires, est également *anti-politique*, c'est-à-dire que la poésie peut aussi devenir *subversive contre la subversion*. On le sait : le poète n'écrit pas en pensant à l'effet politique de son écriture sans se placer en même temps contre ce même effet, ou, mieux, au-delà du résultat visible de cet effet. On peut essayer d'en donner une explication théorique. Le rapport entre le langage poétique et le réel peut bien être conflictuel : d'une part, le projet de modification du réel est « interrompu » par le déchirement ontologique de la parole poétique face au monde ; d'autre part, le déchirement et la dichotomie sont eux-mêmes à l'origine du mouvement subversif du langage. Mais on peut, comme on a cru le faire, proposer une lecture parallèle de la poésie italienne des années 1960-1970 (il faudrait probablement ramener cette analyse à la poésie de toute l'aire euroaméricaine, en faisant, bien sûr, des distinctions), une lecture où cette dichotomie et ce déchirement, bien qu'objectivement présents, sont dépassés à leur tour grâce à une attention renouvelée pour l'objet et le réel, ou plutôt grâce à une synthèse logique et ontologique entre le langage et le réel. Les modalités de subversion que l'on a décrites par rapport à la poésie des années 1960-1970 donnent à penser qu'une subversion non seulement du langage mais aussi *de la logique* et *de l'ontologie* a eu lieu. On a parlé, entre autres, d'*objectivisation*, de *multidimensionalité perceptive*, de *paradigmes logiques et perceptifs alternatifs engendrés par l'écriture poétique* et d'*adhérence de la poésie au réel*. L'hypothèse, pour résumer, est donc que la poésie, indirectement liée au contexte historique dans lequel elle se produit, est en mesure de faire vaciller les dichotomies métaphysiques propres à la pensée occidentale au profit d'une autre perspective ontologique. Dans cette perspective, le réel et le langage, le sujet et l'objet, en étant *redécrits* à partir d'une approche logique et ontologique alternative, peuvent coïncider dans un espace où l'expression poétique est susceptible d'affirmer son potentiel d'action. Par ailleurs c'est peut-être dans une telle constellation théorique que, pour ainsi dire, le contre-pouvoir subversif de l'écriture de ces années est en mesure de proposer une démarche à la recherche poétique contemporaine.

—

Conférence prononcée en 2008 à l'Université de Grenoble dans le cadre du colloque *Littérature et temps de révoltes* et publiée en 2009 dans les actes en ligne : http://colloque-temps-revoltes.ens-lyon.fr

1. Cf. A. Berardinelli, *Effetti di deriva*, in A. Berardinelli – F. Cordelli, *Il pubblico della poesia*, Lerici, Cosenza, 1975 et H. Bloom, *The Anxiety of Influence* [1973], Oxford University Press, 1997.
2. S. Giovannuzzi, *Una poetica prima della poesia*, in S. Giovannuzzi (éd.), *Gli anni '60 e '70 in Italia. Due decenni di ricerca poetica*, I Quaderni della Fondazione Giorgio e Lilli Devoto, Gênes, San Marco dei Giustiniani, 2003, p. 338. Cf. A. Giuliani, introduction à *I Novissimi. Poesie per gli anni '60* [1961], Turin, Einaudi, 2003.
3. Cf. *Ibid.*, en particulier p. 340.
4. F. Ermini, *L'arte può conservarsi sovvertitrice solo se mantiene la propria identità creativa*, in « Quotidiano dei lavoratori », vendredi 28 octobre 1977.
5. *Ibid.*
6. En 1978, par exemple, dans un interview avec Alberto Moravia et Alberto Arbasino sur la chaîne télévisée Rai Tre.
7. *Ibid.*
8. N. Lorenzini, *Il presente della poesia*, Bologne, Il Mulino, 1991, p. 177.
9. *Ibid.*, p. 178.

10. A. Porta, *Rapporti umani, III,* réédité in *Id.*, Quanto ho da dirvi, Milan, Feltrinelli, 1977, p. 41.
11. *Id., Passeggero,* réédité in *Id., Quanto ho da dirvi, op. cit.,* p. 171.
12. *Id., L'aria della fine,* 57, éd. Niva Lorenzini, Gênes, San Marco dei Giustiniani, 2004. Le livre contient d'ailleurs des nombreuses références ouvertes à l'actualité politique de l'époque, avec une attention particulière pour le néo-nazisme.
13. N. Lorenzini, *Il presente della poesia, op. cit.,* p. 197. La citation interne est de A. Porta, *Il progetto infinito,* Rome, Ed. « Fondo Pier Paolo Pasolini », 1991.
14. Cf. S. Agosti, *L'esperienza di linguaggio di Andrea Zanzotto,* introduction à A. Zanzotto, *Le poesie e prose scelte,* Milan, Mondadori, coll. « I Meridiani », 2000.
15. A. Zanzotto, *Qualcosa al di fuori e al di là dello scrivere,* in *Id., Prospezioni e consuntivi,* in *Id., Le poesie e prose scelte, op. cit.,* p. 1223.
16. *Id., Profezie o memorie o giornali murali, XI,* in Id. *La Beltà,* in *Id., Le poesie e prose scelte, op. cit.,* p. 332–333
17. Agosti, *op. cit.,* p. xxvi.
18. A. Zanzotto, *Profezie o memorie o giornali murali,* IX, in *Id., La Beltà, op. cit.,* p. 330.
19. *Id., Stati Maggiori contrapposti, loro piani,* in *Id., Il Galateo in Bosco,* in *Id., Le poesie e prose scelte, op. cit.,* p. 567.
20. M. De Angelis, *La riunione,* in *Id., Somiglianze,* Milan, Guanda, 1976, désormais in *Id., Poesie,* Milan, Mondadori, 2008.
21. V. Magrelli, interview du 18.11.2008 avec Alessandro De Francesco, http://cle.ens-lsh.fr.
22. V. Magrelli, *Ora serrata retinae,* Milan, Feltrinelli, 1980, désormais in *Id., Poesie (1980-1992) e altre poesie,* Turin, Einaudi, 1996, p. 7.
23. *Ibid.,* p. 25.

Interlocution et réalité entre *Vocativo* et *La Beltà*. Je et Tu dans la poésie de Andrea Zanzotto

Dans son essai *Autoritratto* (*Auto-portrait*), appartenant au recueil de proses *Prospezioni e consuntivi* (*Prospections et compte-rendus*), Andrea Zanzotto décrit ainsi la façon dont il a été amené vers l'écriture poétique :

> Sentivo che promanava, quasi, da una foglia, da un albero, da un fiore, da un paesaggio, da un volto umano, da una presenza qualsiasi e più tardi anche da un libro, una corrente di energia, un sentimento di corrispondenza da me attesa; c'era una specie di circolazione tra la mia interiorità e questo mondo esterno tutto fatto di « punti roventi », vette o pozzi, preminente in ogni caso. Di là sono venuti per me i fantasmi più insistenti che mi hanno spinto in direzione della poesia. E a questo punto debbo ribadire che a mio parere la poesia è, prima di tutto, un incoercibile desiderio di lodare la realtà, di lodare il mondo « in quanto esiste ».[1]

Cette existence avec laquelle la poésie se met en relation, cette réalité et ce monde dont la poésie fait l'éloge, ne sont pas à considérer, chez Zanzotto, comme des vérités sorties d'une genèse autonome du signifié. Ils sont plutôt les produits du geste signifiant de la parole poétique, qui – écrit Zanzotto – « réceptionne la réalité ».[2] Ce geste est réglé par une fonction poétique fondamentale dans l'écriture zanzottienne: le Je. La poésie de Zanzotto est, comme lui-même l'a écrit, une « poésie de la persistance du Je »,[3] parce que le Je poétique est l'élément d'organisation de la signification, l'instance qui permet ce qu'on pourrait appeler, en se souvenant d'une célèbre expression de Maurice Merleau-Ponty, « *un dépassement du signifiant par le signifié que c'est la vertu même du signifiant de rendre possible* ».[4] Si l'on poursuit la lecture des écrits de poétique de Zanzotto réunis dans *Prospezioni e consuntivi*, on y trouve une définition tout à fait pertinente du rapport entre le Je poétique, la signification et la réalité :

> Collegata a quell'IO come principio e quindi riprincipio, ricominciamento, appariva inoltre una forza di deriva interna al dire come rivalsa sul mondo, il desiderio di un dire che arrivasse a qualcosa di situato oltre la lingua, che fosse reale in quanto efficiente di realtà, pur rimanendo un dato linguistico. Un'ombra del *fiat* da cui, per la religione, venne la realtà?[5]

Le Je est le lieu originel de la signification (« ce JE conçu en tant que commencement et donc re-commencement ») qui illustre en même temps un désir de dépassement des limites du langage (« le désir d'un Dire qui puisse atteindre quelque chose de situé au-delà de la langue »). Il crée ainsi la réalité tout en restant à l'intérieur du signifiant, et illustre un processus, si l'on veut emprunter encore une expression à la phénoménologie husserlienne, de « transgression intentionnelle » – à savoir, dans notre cas, de dépassement de la perspective langagière mise en place par le sujet poétique (« qui soit réel en tant que cause de la réalité, tout en restant une donnée langagière »). Stefano Agosti a écrit à propos de la relation entre le signifiant, le signifié et le sujet dans le recueil *La Beltà* (*La Beauté*, 1968) :

> Due sono comunque gli eventi capitali che, da lì [da *La Beltà*], intervengono nell'universo mentale di Andrea Zanzotto [...] : 1. il principio saussuriano di arbitrarietà del segno e, di conseguenza, del sistema linguistico, che da tale principio ricava le proprietà di autonomia e coerenza interne della propria struttura ; 2. la nozione, discesa dal principio di Saussure, di egemonia o di priorità (non di autonomia) del significante rispetto al significato, promossa da Lacan, che sul significante – e precisamente sul significante primario – fonda la struttura stessa del Soggetto.[6]

Mais on peut déjà retrouver les effets de ces principes dans plusieurs passages poétiques du recueil *Vocativo* (*Vocatif*, 1957), précédant *La Beltà* de plus de dix ans. Lisons par exemple les premiers vers de la composition *Prima del sole* :

> Ancora lo stupore, io me stesso
> parlo a me stesso e la valle rilevo
> e i profondi suoi veri.[7]

La réalité (« e la valle rilevo/e i profondi suoi veri ») est le resultat d'une sorte de «court-circuit» à l'intérieur de la figure poétique du Je (« io me stesso/parlo a me stesso »), qui se présente sous la forme de l'« interlocution ». Le Je « parle ». Certes, la réalité est ainsi nommée mais elle est aussi fictive, parce qu'elle est générée par le signifiant : le Je communique avec une réalité qui est créée à l'intérieur du langage, et qui est, à la fois, concrète et saisissable. On le constate dans les vers suivants, tirés d'un autre poème de *Vocativo*, au titre déjà parlant de *Colloquio* (*Dialogue*) :

> Improbabile esistere di ora
> in ora allinea me e le siepi
> all'ultimo tremore
> della diletta luna,
> vocali foglie emana
> l'intimo lume della valle. E tu
> in un marzo perpetuo le campane
> dei Vesperi, la meraviglia
> delle gemme e dei selvosi uccelli
> e del languore, nel ripido muro
> nella strofe scalfita ansimando m'accenni.[8]

L'existence est « improbable » parce qu'elle est donnée d'une façon non-absolue, parce qu'elle est dépendante du langage, qui la nomme. Cela permet d'« aligner moi et les haies », puisque ces deux instances proviennent toutes deux du proféré poétique. Ainsi les «voyelles» peuvent prendre la même fonction que les « feuilles ». Ainsi parle le Tu en disant la

« merveille » de la réalité, ce Tu qui est ici la réalité même, retrouvée dans le signifiant poétique : « nella strofe scalfita ansimando m'accenni ». Le "Je" poétique a son "Tu" dans la réalité «puisqu'elle existe» et fait en même temps exister la réalité. Cela grâce à un geste de nomination arbitraire mais signifiant qui apparaît - écrit Zanzotto - comme un « monologue » qui «aspire à s'ouvrir à un dialogue».[9]

Un « monologue » qui « aspire à s'ouvrir à un dialogue » : comme, d'un côté, la réalité est mise sous le risque d'une réduction au niveau du signifiant - ce qui est l'unique stratégie possible afin d'en affirmer l'existence - le Je poétique se trouve toujours sous le risque d'une réduction au niveau de la structure grammaticale, ou bien purement pronominale, tant que les deux personnes du dialogue, le Je et le Tu, peuvent, à l'intérieur de la poésie zanzottienne, coïncider et échanger leurs fonctions. Le Je devient le Tu du Je même, parce qu'il devient le signifiant du sujet qui mène le langage vers la réalité. Le « monologue » devient un « dialogue », mais aussi *viceversa*. On a déjà pu le remarquer dans *Prima del sole* ; et Zanzotto rend cela encore plus explicite grâce au poème *Prima persona* (Première personne). Ici le Je est sujet et, à la fois, destinataire de l'interlocution poétique :

- Io - in tremiti continui, - io - disperso
e presente: mai giunge
l'ora tua,
mai suona il cielo del tuo vero nascere.
Ma tu scaturisci per lenti
boschi, per lucidi abissi,

> per soli aperti come vive ventose,
> tu sempre umiliato lambisci
> indomito incrini
> l'essere macilento
> o erompente in ustioni.
> [...]
> Di te vivrò fin che distratto ecceda
> il tuo nume sul mio
> già estinto significato,
> fin che in altri terrori tu rigermini
> in altre vanificazioni[10]

Le Je ne peut pas devenir un Sujet au sens ontologique du terme (« mai suona il cielo del tuo vero nascere »). Cependant, il permet, à travers le proféré poétique, de dessiner le réel (« Ma tu scaturisci per lenti / boschi, per lucidi abissi », etc.) et d'assurer l'existence du sujet même au niveau du signifiant, en deçà du signifié (« Di te vivrò fin che distratto ecceda / il tuo nume sul mio / già estinto significato »). Sur le seuil du rapport entre le langage et le monde, le poème engendre un « mouvement inaccompli de sortie », et cela, selon une expression très significative que Paul Celan a utilisée en se référant à sa propre poésie, *um mir in Wirklichkeit zu entwerfen,* « pour me projeter dans la réalité » (dans notre cas, ce Je qui se projette n'est plus seulement le poète, mais aussi le poème ou bien encore le sujet conçu en tant qu'instance d'organisation de la signification).[11]

Entwerfen: la réalité est ainsi cherchée et, à la fois, créée: une création noétique et une réception noématique du réel sont organisées, chez Celan comme chez Zanzotto. Le Je et le Tu, pour Zanzotto encore plus que pour Celan, restent échangeables en tant que pronoms, parce que le sujet ne peut aspirer à établir un statut de vérité au-delà du signifiant. Le sujet reste une instance grammaticale interne au poème. Il n'y a pas, ici, une poésie de l' « intersubjectivité », où les sujets, à travers le langage, assurent l'un à l'autre leur existence à l'intérieur du *Lebenswelt*. Mais, en même temps, le Je règle, dans son « dialogue autistique », la définition d'une « réalité », au moment où il choisit de marquer cette perspective par le signifiant poétique.

En parlant de *Vocativo* dans *Prospezioni e consuntivi*, Zanzotto souligne l'hégémonie poétique du signifiant sur le signifié, la victoire de la valeur pronominale du Je sur la possibilité réelle du sujet :

> *Vocativo* è un titolo senza dubbio riconducibile a qualcosa di lacaniano; forse lo è meno l'insieme del libro (1948-56). Il trasformarsi di ogni discorso, anzi di « tutto » in mero significante, anzi in lettera: il sospetto che l'io fosse una produzione grammaticalizzata dell'immaginario, un punto di fuga e non una realtà...Ma si poteva veramente affermare, dire, enunciare tutto questo?[12]

Mais dans un autre passage de *Prospezioni e consuntivi* Zanzotto a pu écrire :

> anche la stessa « astratta » vita del significante raggiunge per sue strade la creaturalità, la fisicità, il corpo di colui

che scrive, pur restando nella sua sfolgorante libertà. È questa una linea che si potrebbe far risalire a Mallarmé.[13]

La réalité est rendue possible à travers le signifiant poétique, mais dans un rapport extrêmement précaire, tautologique, presque, entre le statut de l'existence et celui de la signification. Ainsi un échange nécessaire mais fragile est-il établi par le poème entre le langage et le monde. Cela a été très bien dit par Stefano Agosti en référence, précisément, au recueil *Vocativo* :

> Nella finzione allestita dal Soggetto, l'Io e il Mondo finiscono dunque per riconoscersi come autentici solo ai loro livelli minimi di consistenza: come fibre o cellule, mormorii e silenzi, cui è corrispettiva una lingua la cui letterarietà e, diciamo pure, il cui splendore si dichiarano come precari, e la cui resistenza è, di fatto, affidata alle forme vuote del linguaggio: il vocativo, il pronome, l'esclamazione.[14]

Et, pour rester encore un instant dans la littérature secondaire, selon Ermanno Krumm le processus verbal de *Vocativo* est par contre si déconstruit qu'on ne peut même pas envisager une sortie verbale du langage vers le monde :

> Fin dall'inizio sarebbe necessario vedere come a questa confusione si accompagni subito l'opacizzarsi del registro del percepire. Come si allineino ai sostituti del locutore siepi, brandelli di reale chiamati a rappresentarlo, così

come il termine del vocativo si discioglie in neve e poi in silenzio. Il movimento dell'apparato formale dell'enunciazione mostra subito il termine verso cui si muove, il disvelamento tautologico che si nasconde dietro il vortice: il linguaggio stesso del poeta sorge come destinatario ultimo del colloquio.[15]

À tel propos, Krumm rappelle des vers de *Vocativo* qu'on ne manquera pas non plus de rapporter ici :

Tutto è pieno e sconvolto,
tutto, oscuro, trionfa e si prostra.
Anche per te, mio linguaggio, favilla
e traversia, per sconsolato sonno
per errori e deliqui
per pigrizie profonde inaccessibili,
che ti formasti corrotto e assoluto.[16]

Mais la position de Krumm, qui est valable pour les vers qui viennent d'être cités, ne peut pas être attribuée à tout le recueil *Vocativo* et, encore moins, à d'autres exemples de la production poétique zanzottienne. Le Tu poétique ne coïncide pas forcement avec le langage: le monde persiste, dans la poésie de Zanzotto, en tant que destinataire du dialogue entrepris par le Je avec son *alter ego* poétique, même si, comme Agosti l'a écrit, « seulement à un niveau minime de consistance ». A tel point qu'on peut bien assister au parcours inverse: non seulement le Je organise et fait exister la réalité, mais la réalité est aussi la condition de possibilité du Je. On le voit bien dans le poème *Dal cielo* :

> Riproposte realtà
> qui dal vuoto che smuore
> vi attendo perché io sia.[17]

La poésie, pour Zanzotto, « s'obstine à espérer ».[18] Elle envoie – de la même façon que pour Celan et, avant Celan, pour Osip Mandelstam – un *Flaschenpost,* un message dans la bouteille. Elle cherche, en relation étroite avec le processus de projection du poème dans le réel, un « interlocuteur », afin de se donner une perspective d'existence :

> la poesia [...] non ha un pubblico razionalmente presupponibile, ma non potrebbe sussistere senza un interlocutore, fosse pure lo stesso io che la esprime, fratto in un monologo di autorispecchiamento che prelude all'apertura. Essa può restare, come una spora, perduta e « inusata » e quasi senza tempo; può configurarsi come manoscritto nella bottiglia (lo si è detto spesso).[19]

Ici, l'élément tautologique et autistique de ce que l'on pourrait appeler « mono-dialogue » revient : le « monologue » qui « aspire à s'ouvrir à un dialogue » et le « monologue d'auto-miroitement dans lequel une ouverture se prépare » s'équivalent, ont la même fonction d'illustration d'un cercle vicieux mais productif entre le Je, le Tu et la réalité.

Zanzotto a rendu cette interaction dans sa poésie à travers une récupération tout à fait intéressante de la figure de *Münchhausen*. Dans *Al mondo* (*Au monde*) par exemple :

Mondo, sii, e buono;
esisti buonamente,
fa' che, cerca di, tendi a, dimmi tutto,
ed ecco che io ribaltavo eludevo
e ogni inclusione era fattiva
non meno che ogni esclusione;
su bravo, esisti,
non accartocciarti in te stesso in me stesso

Io pensavo che il mondo così concepito
con questo super-cadere super-morire
il mondo così fatturato
fosse soltanto un io male sbozzolato
fossi io indigesto male fantasticante
male fantasticato mal pagato
e non tu, bello, non tu «santo» e «santificato»
un po' più in là, da lato, da lato

Fa' di (ex-de-ob etc.)-sistere
e oltre tutte le proposizioni note e ignote,
abbi qualche chance,
fa' buonamente un po';
il congegno abbia gioco.
Su, bello, su.
    Su, *münchhausen*.[20]

Le monde est fait exister par le langage à travers un essai de mouvement interlocutif, comme on le constate avec les impératifs et les subjonctifs impératifs qui se succèdent (« Mondo sii; su bravo, esisti; Fa' di (ex-de-ob etc.)-sistere; il congegno abbia gioco »; etc.). Cela se trouve ici au même niveau que l'essai de sortie de l'équivalence pronominale entre le Je et le Tu, qui ferait rentrer le poème dans le statut du signifiant pur (« non accartocciarti in te stesso in me stesso »). En même temps l'ironie du texte déconstruit cette entreprise créatrice, et nous fait suspecter que le monde soit « un io male sbozzolato », quelque chose qui sort du Je mais qui ne peut pas vraiment être considéré comme une vérité ontologique. Cependant, le monde reste le destinataire de l'« interlocution », ou mieux de ce qu'on a appelé un « mono-dialogue », ou, encore, « un cercle vicieux mais productif ». Le monde est un Tu auquel parler. Encore une fois, la recherche langagière d'une perspective de réalité est très liée, chez Zanzotto, au mouvement de l'interlocution, à l'institution d'un rapport entre un Je et un Tu.

Le langage, et le monde même, qui a été créé et découvert par le langage, font comme le personnage de *Münchhausen*, qui sort hors des sables mouvants en se tirant lui-même par les cheveux. Zanzotto a écrit ici le nom *münchhausen* en minuscule, pour témoigner d'une fonction poétique qui se rend indépendante de l'histoire de la littérature. Cela illustre avec ironie une tendance, invraisemblable et pourtant «qui s'obstine à espérer » - pour reprendre l'expression de Zanzotto -, de franchir une limite. En ce faisant, la poésie apparaît comme une sorte de métaphysique inaccomplie. Ains peut-on lire dans *Il mestiere di poeta* (*Le métier de poète*), un autre essai de *Prospezioni e consuntivi* : « Noi siamo Münchhausen, lo è la realtà ».[21] Et, juste après : « La poesia per me continua ad essere globale, totale, e quindi si può dire metafisica, in quanto urta sempre contro il limite ».[22]

Ce qu'on a appelé le « *mouvement inaccompli de sortie* » du poème, ce « *cercle vicieux mais productif* » représenté par la figure de *münchhausen*, est la seule forme possible de métaphysique. C'est une métaphysique poétique qui trouve sa raison d'être dans le mouvement interlocutif du signifiant, dans la production de réalité projetée dans le langage, et illustre ainsi un seuil, qui est – comme on le lit dans un autre passage de *Prospezioni e consuntivi* – la contradiction essentielle de la poésie de Zanzotto :

> il mio linguaggio ha avuto un'evoluzione che rispecchia da vicino i diversi modi del contrasto fra un « ricordo », e forse fra un'« attesa », aventi per oggetto un linguaggio « altro », « superno » (di ascendenza ermetica) e il rifiuto di una metafisica della parola (verbo contro Verbo, caso vocativo contro invocazione).[23]

Le contraste entre le « cas vocatif » et la métaphysique de l'« invocation », qui est à la fois d'ordre conceptuel et sémantique, crée un lien de continuité entre *Vocativo* et *La Beltà*. Dans *La Beltà* on retrouve une allusion à *Vocativo* qui est faite en lien étroit avec le rapport entre le Je, le Tu, le langage et la réalité :

> e c'era in vista tutta una preparazione
> un chiamarsi e chiamare in causa: o, O;
> assodare bene il vocativo
> disporlo bene e in esso voi balzaste
> ding ding ding cose, cose-squillo, tutoyables à merci,
> non le chantage mais le chant des choses[24]

L'appel du cas vocatif (o) est ici en confrontation avec l'invocation (O). Les choses sont « tutoyables à merci », parce que la poésie les appelle (« le chant des choses »). Il s'agit ici d'une nomination vocale qui déconstruit l'invocation métaphysique. C'est une modalité ironique d'interlocution avec le réel: les choses assument, encore une fois, le même rôle du signifiant, en ce cas-ci d'un signifiant sonore, d'un vocatif : « ding ding ding cose, cose-squillo ».[25] On pourrait voir ici une sorte de parodie de la valeur ontologique attribuée par Martin Heidegger au vers : *kein ding sei wo das wort gebricht*, de Stefan George[26]: si les choses sont «tutoyables à merci», le monde doit exister «bonnement», et c'est la poésie qui lui dit : « su bravo, esisti ». Pourtant, cette existence langagière reste, selon Zanzotto, l'unique possible :

> E forse le cose di « qui », prima di essere dette « in quel modo » non esistevano né in cielo né in terra né in alcun luogo, non contavano nel loro esistere.[27]

La Beltà se différencie de *Vocativo* par des éléments sémantiques et stylistiques fondamentaux. Grâce à *La Beltà*, Zanzotto arrivera à formuler une sémantique poétique qu'il ne laissera jamais plus et qui le distinguera de tous les autres poètes de sa génération : dans certains vers de *La Beltà* on assiste, en fait, à la création d'un processus de déconstruction de la parole que Agosti appelle très justement «balbutiement aphasique».[28] Cela va de front avec un essai de recréation poétique du langage des enfants, qui est souvent défini par Zanzotto avec le mot dialectal trévisan *petèl*. Il en va de la formulation d'une parole poétique vocalisée dans un statut enfantin et bégayeur qui tend à la dimension pré-structurale, voire pré-verbale du langage. La fluidité de la parole poétique « ordinaire », qui reste malgré tout dans plusieurs passages, paraît en définitive comme décomposée, le rythme est souvent interrompu et multiplié, et le sens du poème est restitué à un niveau de signification tout à fait autre: Zanzotto met en place une stratégie poétique finalisée à la recherche d'une donnée originelle du langage, sous l'égide du rapport entre les interlocuteurs poétiques. Il recherche – dans une dimension de dissémination langagière, de perte de signification et d'affaiblissement du statut ontologique du Je et du T – une condition originelle du langage qui apparaît comme un rapprochement à la fois ontogénétique et phylogénétique entre le sujet et le monde. Ce rapprochement est véhiculé par la poésie, et, en tant que tel, il s'agit d'un geste extrême, puisque le confin entre le sujet et la réalité est décomposé dans une parole poétique qui s'éloigne du langage ordinaire d'une façon radicale. Pareillement, les sujets de l'interlocution sont dispersés dans leur proféré, se perdent dans le mouvement de vocalisation de leur discours et retrouvent ainsi leur identité dans une dimension plus authentique et profonde, bien que fragile :

> in quale in quale in quale in quale,
> in che in che in che in che,
> o su quale dolce calesse bellamente guidato
> dal babbo con la mami-mammina
> su una lunga via volta al mirabile tu stesso mirabile
> per il tuo: ecco, per il tuo: ora, per il tuo: sì,
> Ego-nepios
> autodefinizione in infanzia
>   (teoricamente)
> da rendere effabile in effabilità
>   senza fine
> con tanta pappa-pappo,
> con tanti dindi-sissi
> Ego-nepios, o Ego, miserrimo al centro del mondo tondo
> ma avvolto nel bianco vello, sul bianco seno
> hop-là, col cavallino in luce
> eohippus
> dentro la mondiale tenerezza.[29]

Le « balbutiement aphasique » et le « langage enfantin » s'unissent (« con la mami-mammina, con tanta pappa-pappo, / con tanti dindi-sissi »[30]) afin de créer une dimension pré-structurale et, en tant que telle, originelle, d'effabilité (« da rendere effabile in effabilità »). C'est une poésie de l'«autodéfinition en enfance» en tant que recherche subjective, fragile et intime d'un degré initial d'expression langagière: ce n'est pas de la métaphysique, il s'agit plutôt d'un «geste noético-existentiel» (Agosti), voire d'une ontologie de la valeur orale du langage, qui devient poétisée à travers le sujet.

C'est pourquoi ce même geste permet une récupération ontologique du Je, défini dans la figure de l'*Ego-nepios*. Zanzotto explique le sens de cette figure dans une note :

> L'Urkind, il bimbo originario (anche husserliano), tenta di mettersi a fuoco in un Ego mai perfettamente precisabile, che raccoglie da tutto e da tutti, ma sussiste qui su un protoricordo particolare: un calesse e sonagliere (*sissi, sistri*) la collo del cavallo aurorale, dell'eocene (*eohippus*). Questo ego tenta di meritarsi la lettera maiuscola iniziale. *nepios*: infante (e anche « stolto ») [...] νηπιος, da νη επος, lascia perdurare la risonanza della radice collegata al parlare, come « infans » (da « fari ») per il latino e l'italiano.[31]

La réduction au statut pronominal du Je et du Tu revient aussi dans ces vers (« tu stesso mirabile / per il tuo: ecco, per il tuo: ora, per il tuo: sì, / Ego-nepios »), mais avec une différence fondamentale: à travers un processus de « vocalisation » et de « décomposition » du signifiant poétique jusqu'à sa valeur sémantique première, le poète recherche ici la dimension essentielle, voire « l'être » du sujet grammatical. C'est pourquoi Zanzotto écrit que l'« Ego-nepios » «essaie de mériter la lettre majuscule initiale». Agosti :

Zanzotto, con *La Beltà,* non ha fatto altro che puntare in prima persona, vale a dire in quanto Soggetto costituito e attraversato (perforato) dal proprio discorso, al recupero (alla restituzione) di ciò che avrebbe dovuto affermarsi come la zona più remota, lo strato più autentico, la falda « originaria » del linguaggio e, per ciò stesso, dell'essere.[32]

Mais il ne faut pas mal interpréter ces mots : la question d'un pouvoir ontologique du poème acquis grâce à la constitution poétique du sujet n'est pas assurée chez Zanzotto. Plutôt, dans *La Beltà* (et dans ses recueils successifs, comme par exemple Il *Galateo in Bosco,* ou *Idioma,* ou encore *Fosfeni*) cette question est posée, et, en tant que telle, elle est ouverte, parce que la vocalisation et la sonorisation bègues du poème, pendant qu'elles relèvent d'une couche interlocutive originelle, relèvent aussi d'une perte de signification, et vice versa. De même, l'« Ego » ontologique du sujet n'est pas pleinement signifié, selon ce que Zanzotto même nous dit : « L'Urkind, l'enfant originel (également husserlien), tente de se centrer dans un Ego jamais parfaitement définissable ».

Si d'un côté le Je est « ré-défini » comme « Ego-nepios » par la stratégie noétique (et poétique) que l'on a analysée, le Tu bénéficie également de ce passage sémantique, et retrouve un statut originel de consistance interlocutive. Lisons à tel propos quelques vers du dernier poème du recueil, *E la madre-norma* (*Et la mère-norme*) :

> torno a capo ogni volta ogni volta poemizzo
> e mi poemizzo a ogni cosa insieme

dolenti mie parole estreme
insieme esercito in pugna folla cattiva o angelica: state.

Va' nella chiara libertà,
libera il sereno la pastura
dei colli goduta a misura
d'una figurabile natura

rileva «i raccordi e le rime
dell'abbietto con il sublime»[33]

Le Je retrouve sa dimension linguistique originelle (« torno a capo ») grâce à l'activité de constitution poétique du sujet: poétique (« poemizzo / e mi poemizzo »). Il s'agit d'un processus extrême de rapprochement entre le Je, le langage et la réalité: « dolenti mie parole estreme / insieme esercito in pugna folla cattiva o angelica: state ». Les paroles sont «souffrantes» parce que le langage dont il s'agit ici est intime et profond, au sens psychanalytique du terme. L'existence est ainsi garantie à travers les mots poétiques elles-mêmes: « state ». À partir de là, une dimension parallèle d'interlocution peut être conçue, et le Tu est exhorté, après la ligne faite de traits d'union (une sorte de signifiant transformé en confin qui sépare et, à la fois, relie le Je et le Tu?), à s'ouvrir à la réalité et au dialogue : « Va' nella chiara libertà, / libera il sereno la pastura / dei colli; rileva 'i raccordi e le rime / dell'abbietto con il sublime' ». Le langage peut ainsi redevenir moins fragmenté que dans les vers cités plus haut, mais les contenus et les passages sémantiques des poèmes précédents (si l'on cherche dans *La Beltà*, on y trouve beaucoup d'autres vers qu'on n'a pas pu analyser ici, semblables à ceux de *Profezie o memorie o giornali murali* qui ont été cités à titre d'exemple) y restent imprimés très profondément.

Et s'il est vrai que la poésie condense, en plusieurs couches polysémiques de signification, le sens de tout un discours, la meilleure façon de conclure sera peut-être de citer des vers tirés encore de *La Beltà* :

Imprevisto ritorno al tu
durante un'eclisse solare

[...]

E come sento e attendo
e picchio di taglio e di punta
e l'abile detto rinverdisco e vendo:
azzurro
piú azzurro sui monti, ricche
d'infinito le colline dove
cercavo te sbavavo scalciavo.
E mi torni con spessori
di nascite e d'amori, nel terrore
del tuo svanire, che non è terrore.[34]

Conférence prononcée en 2007 à l'Université Paris Ouest – Nanterre La Défense et publiée ensuite dans *Écritures*, n. 4, 2008, numéro monographique *Je et Tu dans la poésie contemporaine*

1. A. Zanzotto, *Autoritratto*, in Id., *Prospezioni e consuntivi*, in *Le poesie e prose scelte*, Milan, Mondadori, coll. « I Meridiani », 20003, p. 1206. [Je sentais qu'un courant d'énergie, un sentiment de

correspondance que j'avais attendu se répandait, pour ainsi dire, d'une feuille, d'un arbre, d'une fleur, d'un paysage, d'un visage, d'une présence quelconque et plus tard aussi d'un livre. Il y avait comme une sorte de circulation entre mon intériorité et ce monde extérieur, fait de « point brûlants », de sommets ou de puits, en tout cas prééminent. Mes fantômes les plus insistants, qui m'ont poussé en direction de la poésie, sont venus de là. Et à ce point-ci je dois répéter qu'à mon avis la poésie est, avant tout, un désir irrésistible de louer la réalité, de louer le monde « puisqu'il existe »].
2. *Ibid.*, p. 1207.
3. *Id., L'italiano siamo noi*, in *Prospezioni e consuntivi, op. cit.*, p. 1105.
4. M. Merleau-Ponty, *Sur la phénoménologie du langage*, in *Id., Signes*, Paris, Gallimard, coll. « Folio », 1960, p. 146. Il est opportun de rappeler que Merleau-Ponty a utilisé cette expression sans l'intention de se référer au langage poétique. Mais il est aussi nécessaire de souligner l'importance pour la poétique zanzottienne du *Cours du linguistique générale* de F. de Saussure, où les termes « signifiant » et « signifié » ont été créés.
5. A. Zanzotto, *Una poesia, una visione onirica?*, in *Prospezioni e consuntivi, op. cit.*, p.1299. [Une force de dérive intérieure du Dire comme revanche sur le monde, reliée à ce JE conçu en tant que commencement et donc re-commencement, et le désir d'un Dire qui puisse atteindre quelque chose de situé au-delà de la langue, qui soit réel en tant que cause de la réalité, tout en restant une donnée langagière, apparaissaient. Était-ce une ombre du fiat grâce auquel, selon la religion, la réalité fut créée?]
6. S. Agosti, *L'esperienza di linguaggio di Andrea Zanzotto*, in A. Zanzotto, *Le poesie e prose scelte, op. cit.*, p. xxii. [Il y a en tout cas deux événements capitaux qui, à partir de là [de *La Beltà*], interviennent dans l'univers mental de Andrea Zanzotto […]: 1. le principe saussurien d'arbitraire linguistique, référé au signe et, par conséquent, au système langagier, qui obtient de ce principe la propriété de l'autonomie et de la cohérence de sa propre structure; 2. la notion d'hégémonie ou de priorité (non pas d'autonomie) du signifiant par rapport au signifié, dérivée de Saussure et promue par Lacan, qui fonde sur le signifiant – et, plus précisément, sur le signifiant primaire – la structure même du Sujet].
7. A. Zanzotto, *Prima del sole*, in *Id., Vocativo*, in *Le poesie e prose scelte, op. cit.*, p. 181. [Encore l'étonnement, je moi-même parle à moi-même et relève la vallée et ses vrais profonds].
8. *Id., Colloquio*, in *Vocativo, op. cit.*, p. 155. [Existence improbable d'heure en heure aligne moi et les haies au dernier tremblement de la lune aimée, la lumière intime de la vallée émane des voyelles, des feuilles. Et tu évoques pour moi dans un mars perpétuel, en haletant dans la strophe éraflée, dans le mur ripide, les cloches des Vêpres, la merveille des gemmes et des oiseaux boisés et de la langueur].
9. *Id., Autoritratto, op. cit.*, p. 1207.
10. *Id., Prima persona*, in *Vocativo, op. cit.*, p. 162. [– Je, en tremblements continus, – je – dispersé et présent: jamais arrive ton heure, jamais sonne le ciel de ta vraie naissance. Mais tu jaillis par des bois lents, par des soleils ouverts comme des ventouses vives, toujours humilié tu effleures indompté, tu fêles l'être émacié ou qui éclate en brûlures. […] Je vivrai grâce à toi jusqu'à ce que ton dieu, distrait, dépasse mon signifié déjà éteint, jusqu'à ce que tu germes de nouveau dans d'autres anéantissements].
11. Cf. P. Celan, *Allocution prononcée lors de la réception du prix de littérature de la Ville libre hanséatique de Brême*, in *Id., Le Méridien et autres proses*, Paris, Seuil, coll. «Librairie du XXIe siècle», 2002, p. 57. J'ai modifié la traduction de cette expression dans une forme qui m'a paru plus pertinente.

12. A. Zanzotto, *Nei paraggi di Lacan*, in *Id., Prospezioni e consuntivi, op. cit.*, p. 1211 [*Vocativo* est un titre que l'on peut sans doute référer à quelque chose de lacanien. Peut-être ne peut-on dire la même chose du livre dans son ensemble (1948–56). La transformation de tout discours, ou plutôt de « tout » en signifiant pur, ou plutôt en lettre: le suspect que le Je soit une production grammaticale de l'imaginaire, un point de fuite et non pas une réalité...Mais pouvait-on vraiment affirmer, dire, énoncer tout cela?].
13. *Id., Tra ombre di percezioni « fondanti »*, in *Prospezioni e consuntivi, op. cit.*, p. 1341. [la même vie « abstraite » du signifiant rejoint aussi, à sa façon, l'état de créature, le statut physique, le corps de celui qui écrit, tout en restant dans sa liberté étincelante. On pourrait attribuer à Mallarmé la naissance de cette tendance].
14. S. Agosti, *L'esperienza di linguaggio di Andrea Zanzotto, op. cit.*, p. xiv. [Dans la fiction organisée par le Sujet, le Je et le Monde peuvent être reconnus comme authentiques seulement à un niveau minime de consistance: en tant que fibres ou cellules, murmures et silences, en correspondance avec une langue dont le statut littéraire et, si j'ose dire, la splendeur se déclarent comme précaires, et dont la résistance est en fait confiée aux formes vides du langage: le vocatif, le pronom, l'exclamation].
15. E. Krumm, *Zanzotto semantico*, in *Id., Il ritorno del flâneur*, Torino, Boringhieri, coll. «Ricerche italiane», 1983, p. 150–51. [Dès le début, il serait nécessaire de voir comment le registre de la perception, en s'accompagnant de cette confusion, devienne opaque. Comment des haies, des bribes du réel, appelées à le représenter, s'alignent aux remplaçants du locuteur, et comment le terme vocatif se dissolve en neige, puis en silence. Le mouvement de l'apparat formel de l'énonciation montre aussitôt le terme vers lequel il se dirige, le dévoilement tautologique qui se cache derrière le tourbillon: le langage du poète même surgit en tant que destinataire ultime du dialogue].
16. A. Zanzotto, *Idea*, in *Vocativo, op. cit.*, p. 161. [Tout est plein et troublé, tout, obscur, triomphe et se prosterne. Pour toi aussi, mon langage, étincelle et adversité, par un sommeil attristé, par des erreurs et des évanouissements, par des paresses profondes inaccessibles, toi, qui se forma corrompu et absolu]. Il est presque superflu de remarquer l'influence baudelairienne présente dans ces vers.
17. *Id., Dal cielo, ibid.*, p. 184. [Ô réalités reproposées, ici, du vide qui blême, je vous attends pour que je sois].
18. *Id., Una poesia ostinata a sperare*, in *Prospezioni e consuntivi, op. cit.*, p. 1095–99.
19. *Id., Qualcosa al di fuori e al di là dello scrivere, ibid.*, p. 1223. [la poésie [...] n'a aucun public qu'on peut présumer de façon rationnelle, mais elle ne pourrait pas non plus exister sans un interlocuteur, aussi bien au cas où celui-ci serait le même je qui l'exprime, fragmenté dans un monologue d'auto-miroitement dans lequel une ouverture se prépare. Elle [la poésie] peut rester, comme une spore, perdue et « inutilisée » et presque sans temps; elle peut apparaître comme un manuscrit dans la bouteille (on en a souvent parlé). Il est opportun de se souvenir du passage de Osip Mandelstam dans lequel on trouve l'invention de la métaphore du message dans la bouteille: « Tout homme a ses amis. Pourquoi le poète ne pourrait-il s'adresser aux siens, à ceux qui lui sont naturellement proches? Lorsque survient l'instant décisif, le navigateur jette à l'océan la bouteille cachetée qui renferme son nom et le récit de son aventure. Bien des années après, vagabondant parmi les dunes, je la découvre sous le sable et, à la lecture de la lettre, j'apprends la date des événements et les dernières volontés du défunt. [...] pas plus la lettre que les vers ne s'adressent à quelqu'un en particulier. Néanmoins l'un comme l'autre ont un destinataire » (O. Mandelstam, *De l'interlocuteur*, in *Id., De la poésie*, Paris, Gallimard, coll. « Arcades », 1990, p. 61. Traduction française de l'original russe *O poesii*).

20. A. Zanzotto, *Al mondo*, in *Id.*, *La Beltà*, in *Le poesie e prose scelte*, *op. cit.*, p. 301. [Monde, sois, et sois bon;/existe bonnement,/fais que, cherche à, tends à, dis-moi tout,/et voici que je renversais, éludais/et toute inclusion n'était pas moins/efficace que toute exclusion;/allez, mon bon, existe,/ne te recroqueville pas en toi-même, en moi-même // Je pensais que le monde ainsi conçu/dans ce super-choir, super-mourir,/le monde ainsi adultéré,/était seulement un moi mal décoconné,/que j'étais indigeste, mal imaginant,/mal imaginé, mal payé/et non pas toi, mon beau, pas toi, «saint» et «sanctifié»,/un peu plus loin, de côté, de côté // Fais en sorte d'(ex-de-ob, etc.) – sistere/et au-delà de toutes les prépositions connues et inconnues,/aies quelque chance,/fais bonnement un peu;/que joue le mécanisme./Allez, mon beau, allez. // Allez, münchhausen.] (Trad. fr. de Philippe di Meo, *La Beauté*, Paris, Maurice Nadeau, 2000, p. 81).

21. *Id.*, *Il mestiere di poeta*, in *Prospezioni e consuntivi*, *op. cit.*, p. 1132. [Nous sommes Münchhausen, la réalité est Münchhausen].

22. *Ibid.*, p. 1133. [Pour moi, la poésie continue d'être universelle, totale, et donc on peut la considérer métaphysique, puisqu'elle heurte toujours contre une limite].

23. *Id.*, *Uno sguardo dalla periferia*, *ibid.*, p. 1154. [mon langage a eu une évolution qui reflète de près les différentes manières du contraste entre un « souvenir », et peut-être une « attente », ayant comme objet un langage « autre », « éternel » (d'ascendance hermétique) et le refus d'une métaphysique de la parole (mot contre Mot, cas vocatif contre invocation)].

24. *Id.*, *Possibili prefazi o riprese o conclusioni*, IV, in *La Beltà*, *op. cit.*, p. 284. [et il y avait en vue toute une préparation/un se mettre et mettre en cause: ô, Ö:/bien affermir le vocatif,/bien le disposer, et en lui vous bondîtes,/ding, ding, ding, choses, choses-sonneries, tutoyables à merci,/non le chantage mais le chant des choses] (Trad. fr. de Ph. di Meo, *op. cit.*, p. 45).

25. Il faut rappeler que « Ding » signifie « chose » en allemand.

26. [aucune chose n'existe où la parole manque]. Cf. M. Heidegger, *Unterwegs zur Sprache*, Pfullingen, Neske, 1959.

27. A. Zanzotto, *Una poesia ostinata a sperare*, *op. cit.*, p. 1099. [Et peut-être les choses d'« ici », avant d'être dites « de cette façon-là », n'existaient ni en ciel ni en terre ni dans n'importe quel autre lieu, n'avaient pas d'importance dans leur existence.]

28. S. Agosti, *L'esperienza di linguaggio di Andrea Zanzotto*, *op. cit.*, p. xxvi.

29. A. Zanzotto, *Profezie o memorie o giornali murali*, IX, in *La Beltà*, *op. cit.*, p. 330. [en quel, en quel, en quel, en quel,/en quoi, en quoi, en quoi, en quoi,/ou sur quelle douce calèche bellement conduite/par papa, avec maman-petitemaman,/le long d'une longue rue vouée à l'admirable, toi-même admirable/de par ton: voilà, de par ton: maintenant, pour ton : si,/Ego-nepios,/autodéfinition en enfance/(théoriquement)/à rendre effable en effabilité/sans fin/avec beaucoup de sousouppe-pappo,/avec beaucoup de dindi-sssistres,/Ego-nepios, ô Ego, très misérable au centre du mond rond/mais enroulé dans la toison blanche, sur le sein blanc,/hop-là, avec le chevalleret, en lumière,/eohippus/dans la tendresse universelle.] (Trad. fr. de Ph. di Meo, *op. cit.*, p. 135).

30. « sissi » est le mot dialectal *petèl* pour définir les « sistri », les « sistres ». Cf. afin de comprendre mieux la sémantique sonore du petèl, quelques vers du poème *L'elegia in petèl* (*L'élégie en petèl*), in *La Beltà*, op. cit., p. 317:

    Ta bon ciatu? Ada cìòl e ùna e tée e mana papa.
    Te bata cheto, te bata: e po mama e nana.

    «Una volta ho interrogato la Musa».

    [Uhumm, glum, liam? Doudodou tiam e uuhmme o eeet manà papà. / Pan Pan pt' it ch'napan, pan pan : épuy mammman et 'dddodo. // «Une fois j'ai interrogé la Muse».] (Trad. fr. de Ph. di Meo, op. cit., p. 111).

31. A. Zanzotto, *Note a La Beltà*, in *La Beltà*, op. cit., p. 354. [L'Urkind, l'enfant originel (également husserlien), tente de se centrer dans un Ego jamais parfaitement définissable, qui puise en tout et chez tous, mais subsiste ici sur un protosouvenir particulier : une calèche et un collier de grelots (« sissi » [dialecte haut trévisan, N.d.T.], sistres) au cou du cheval auroral, de l'éocène (« eohippus »). Cet ego essaie de mériter la lettre majuscule initiale. « Nepios »: nouveau-né (et également « sot ») [...] νηπιος, de νη επος, laisse perdurer la résonance de la racine liée au parler, comme « infans » (de « fari ») pour le latin et l'italien.] (Trad. fr. de Ph. di Meo, op. cit., p. 187. J'ai effectué quelques modifications).

32. S. Agosti, *L'esperienza di linguaggio di Andrea Zanzotto*, op. cit., p. xxiv. [Avec *La Beltà*, Zanzotto n'a fait que se diriger en première personne, à savoir en tant que Sujet constitué et traversé (perforé) par son propre discours, à la récupération (à la restitution) de ce qui aurait dû s'affirmer comme la zone la plus profonde, la couche la plus authentique, la nappe « originelle » du langage et, par cela même, de l'être.]

33. A. Zanzotto, *E la madre-norma*, in *La Beltà*, op. cit., p. 348. [je reviens à la ligne, chaque fois je poémise / et je me poémise pour toute chose et ensemble; / souffrantes, mes paroles extrêmes, / toujours, à chaque fois des paroles extrêmes, / tout à la fois armée combattante, foule méchante ou angélique: vous êtes-là. /// Va par la claire liberté, / libère le serein, la pâture / des collines possédée à la mesure / d'une figurable nature // relève « les accords et les rimes / de l'abject avec le sublime »] (Trad. fr. de Ph. di Meo, op. cit., p. 179).

34. Id., *Profezie o memorie o giornali murali*, XI, op. cit., p. 332–333. [Retour imprévu au tu / lors d'une éclipse solaire [...] // Et comme je sens et j'attends / et je frappe d'estoc et je frappe de la pointe / et je reverdis et vends l'habile diction: / azur / plus azur sur les monts, riches / d'infini les collines où / je te cherchais, bavais sur toi, te donnais des coups de pieds. / Et tu me reviens avec la densité / des naissances et des amours, dans la terreur / de ton évanouissement, qui n'est pas terreur.] (Trad. fr. de Ph. di Meo, op. cit., p. 141–43).

Su e per « Théorie des prépositions » di Claude Royet-Journoud

« *Ce qui fait problème, c'est la littéralité (et non la métaphore). C'est mesurer la langue dans ses unités "minimales" de sens.* »
– Claude Royet-Journoud, *La poésie entière est préposition*, Éric Pesty éditeur, Marseille 2007

Claude Royet-Journoud è, con la scarsa quantità e l'alta qualità del suo lavoro, una delle figure di punta della poesia francese contemporanea. Nato a Lione nel 1941, vive oggi a Parigi. In Italia, salvo le coraggiose operazioni di Uccio Esposito Torrigiani (cfr. C. Royet-Journoud, *Errore di localizzazione degli avvenimenti nel tempo*, Room 106 Ltd., Kamilari 1990, e Id., *Un metodo descrittivo*, Edizione fuori commercio, Kamilari 2005, traduzione di Uccio Esposito Torrigiani; tre libri di Royet-Journoud sono stati inoltre tradotti in italiano da Maria Obino Ducros, ma, purtroppo, mai pubblicati), la sua poesia non è finora mai stata pubblicata in volume ed è apparsa raramente in rivista. Se ciò dipendesse esclusivamente dalla proverbiale discrezione che caratterizza l'autore o dall'altrettanto proverbiale caduta libera della centralità della cultura francese, non sarebbe possibile spiegarne il peso e l'influenza, oltre che in Francia, in numerosi altri Paesi esteri. Evidentemente, pur nella vicinanza culturale che caratterizza Italia e Francia, alcune esperienze poetiche non hanno avuto una buona circolazione da un Paese all'altro. Ciò non ha impedito a tali esperienze di influenzare « sotterraneamente » tutta una parte dei giovani autori italiani, anche e soprattutto al di là della nozione di « avanguardia ». Anzi, proprio in opere come quella di Royet-Journoud si è potuto individuare una modalità di scrittura di ricerca che fosse in grado di emanciparsi dalle avanguardie. Per di piú, la poesia di Royet-Journoud dialoga con scritture e tradizioni estremamente eterogenee, da George Oppen a Michael Palmer, da Jean Daive a Jacques Roubaud, da Anne-Marie Albiach a Emmanuel Hocquard, da Ludwig Wittgenstein a Giorgio Agamben.

Quando, su consiglio di Jean-Marie Gleize, ho cominciato a leggere i libri di Claude, ho provato una sensazione che avevo già provato leggendo lo stesso Jean-Marie : sollievo. Sollievo nel veder scorrere davanti a me un linguaggio che non fosse la testimonianza dei bei tempi andati, ma un'operazione aderente alla contemporaneità, in attitudine prospettica e squisitamente sperimentale. Se tale sensazione ha potuto verificarsi sin dalla lettura del primo libro (*Le renversement*, uscito nel 1972 e facente parte di una tetralogia, tutta pubblicata da Gallimard, che si è conclusa nel 1997), essa è stata tanto piú intensa alla lettura della *Théorie des prépositions*, uscito in forma ridotta in Svezia e negli Stati Uniti e poi in Francia, presso P.O.L., nel 2007 (il titolo *Teoria delle preposizioni* è ripreso dall'omonimo libro del linguista danese Viggo Brøndal, pubblicato nel 1940). Royet-Journoud, per dirla con la rivista « Critique », è a tutti gli effetti un « poeta del ventunesimo secolo » (cfr. *Les intensifs : poètes du XXIe siècle*, « Critique » 735-736, agosto-settembre 2008). Non è un fattore banale o scontato nella misura in cui la poesia di Royet-Journoud, mi sembra di poter dire, opera una forte ridescrizione del reale, della storia e dell'attualità grazie a una prospettiva inedita, indiretta e mediata da una lingua profondamente astratta : l'uso poetico di elementi grammaticali, come i pronomi (« il » e « elle » ricorrono in forma iterata) e le stesse preposizioni, permette da un lato di connettere oggetti precedentemente isolati o preorganizzati da codici linguistici e percettivi dati, e dall'altro di aprire in sede linguistica uno spazio di possibilità che abbia presa sul reale. È una questione di ridescrizione tanto linguistica quanto logica e cognitiva, come ben evidenzia Emmanuel Hocquard citando Benveniste in un suo recente saggio su *Teoria delle preposizioni*, contenuto nel numero di « Critique » a cui si è già fatto riferimento :

> dans l'étude des prépositions, quels que soient l'idiome et l'époque considérés, une nouvelle technique de la description est nécessaire et devient possible.
>
> *nello studio delle preposizioni, indipendentemente dall'idioma e dall'epoca, una nuova tecnica descrittiva è necessaria e diventa possibile.*[1]

Tale approccio, come mostra sempre Hocquard, agisce direttamente sulla logica « aristotelica » in cui potremmo credere immerso il reale prima dell'intervento della poesia :

> Rien ne s'inscrit dans le temps chronologique et les notions « d'avant » et « d'après » s'en trouvent incessamment remises en question « cet enfant est mon père ».
>
> *Niente è iscritto nel tempo cronologico e le nozioni di « prima » e « dopo » vengono costantemente problematizzate « questo bambino è mio padre ».*[2]

Non esiterei a definire una simile operazione come eminentemente *sovversiva*. Per riprendere i titoli del primo e del per ora ultimo libro (eccezion fatta per la plaquette *Kardia*, pubblicata nel 2009 da Éric Pesty e uscita in Italia all'interno del numero 82 della rivista « Anterem ») : un sovvertimento è operato dalle preposizioni, e, piú in generale, dalle articolazioni del linguaggio. Scrive Royet-Journoud nella tanto breve quanto preziosa raccolta di riflessioni di poetica da cui ho anche tratto l'esergo : « Tout reflue vers l'articulation ».[3] Questa non è un'affermazione strutturalista, nel senso che l'attenzione per le relazioni linguistiche e oggettuali non implica dualismi significante-significato, ontologie sistemiche, metalinguaggi : la ridescrizione, la sovversione poetica messa in atto dall'articolazione è direttamente connessa al reale, si identifica con esso, proprio perché si tratta di una sovversione tanto linguistica quanto logica e cognitiva, e, in ultima istanza, individuale e politica. Mi spiego meglio.

Intendo « individuale » in senso « ontogenetico » : come, ad esempio, il tema dell'infanzia, che ricorre durante tutto il libro, a cominciare dal già citato « questo bambino è mio padre » (e poi ancora, facendo attenzione all'uso particolare delle preposizioni : « Un'infanzia spenta nel rumore »; « Lui si chiude sulla perdita, spinge l'infanzia verso il basso e porta a termine l'immagine »; « voce sospesa nell'infanzia »; « È infanzia incollata al vetro »; « ti ho osservata crescere sul bordo della finestra »). E con « politico » intendo orientato criticamente verso l'attualità e la storia. A un certo punto del libro c'è una cifra (il tema della cifra è peraltro ricorrente nel corso di tutta l'opera) : « 43 525 ». È, come l'autore ha rivelato (lettura integrale e discussione di *Théorie des prépositions*, École Normale Supérieure LSH, seminario « Lyrisme et littéralité » diretto da Jean-Marie Gleize, Lione, 16 aprile 2008), il numero di scarpe trovate ad Auschwitz. Ma non c'è bisogno di dirlo nel testo, perché tutto il reale dell'evento è immanente a quel numero, che a sua volta produce realtà in sede poetica; esattamente come, ad esempio, « spingere l'infanzia verso il basso » è un atto che ha luogo in poesia e che conferisce senso, « ontogeneticamente », a una storia individuale, intersecata nel reale. In entrambi i casi è il reale che interessa la poesia, o, meglio, la poesia è il reale, si identifica con esso proprio nel momento in cui ne fa astrazione : « 43 525 ».

Dunque *letteralismo* e non strutturalismo. Il conio dell'espressione *littéralité* per definire questo orientamento poetico, condiviso da numerosi autori francesi e americani contemporanei, è attribuito proprio a Royet-Journoud, nonostante che lui non ami pronunciarsi in proposito. Non si tratta né di un movimento né di un gruppo, quanto piuttosto di un approccio di scrittura : il *littéraliste* scrive rifiutando, potremmo dire con Wittgenstein, la *logic of the double*, ovvero tende a superare gli sdoppiamenti metalinguistici, metaforici, se non metafisici del pensiero occidentale (espressione-interpretazione, linguaggio-mondo, linguaggio-metalinguaggio, ente-essere, oggetto-idea) per tendere a una scrittura identica a se stessa, aderente, letterale, appunto. Pur essendo cosciente della qualità inevitabilmente asintotica di un simile processo di scrittura (nel senso che la totale assenza di *meta-phorein* è un limite a cui tendere, non una realtà del linguaggio), il *littéraliste* fa poesia senza pensare che quanto scrive debba rinviare a « qualcos'altro » che si troverebbe fuori dal testo, rifiuta il processo ermeneutico come dis-velamento di un significato originario e lascia parlare il testo, per dirla sempre con Wittgenstein, *di proprio pugno* (cfr. L. Wittgenstein, *Notebooks 1914-16* : « So stellt der Satz den Sachverhalt gleichsam auf eigene Faust dar »). Scrive Royet-Journoud nelle già citate riflessioni di poetica :

> Fonder un réel sur du métaphorique! Je préfère la surface, le plat et pout tout dire la platitude puisqu'elle seule met le monde en demeure de nous répondre.
>
> *Fondare un reale sul metaforico! Preferisco la superficie, il piatto e direi proprio la piattezza, poiché solo la piattezza mette il mondo in condizione di risponderci.*[4]

La « piattezza » è l'espressione di un'aderenza del linguaggio sul mondo. Nell'ultima pagina di *Teoria delle preposizioni* vediamo impiegato, probabilmente proprio in questo senso, il termine « denudamento » (*dénudation*). Jean-Marie Gleize mette in evidenza una linea di continuità letteralista tra il proprio lavoro e quello di Royet-Journoud in un suo recente saggio dedicato a *Teoria delle preposizioni*, mostrando come il « denudamento » sia – scrive Gleize – un « programma »,[5] quindi un approccio, una visione d'insieme della scrittura che unisce i due autori. Non a caso, uno dei libri piú programmatici di Gleize ha per titolo *Il principio di nudità integrale* (*Le principe de nudité intégrale*, Seuil, Paris 1998). *Littéralité* e denudamento, letteralità come piattezza e come denudamento. Il che, a mio avviso non esclude peraltro il lirismo, né in Gleize né in Royet-Journoud. Anzi, avvalora l'impatto emotivo centellinandolo, disseccandolo, come ben si vede in alcuni momenti di *Teoria delle preposizioni* (basti pensare al già citato tema dell'infanzia). Personalmente, parlerei anche di « aderenza » e di « immanenza », se non di « identità », nel senso di una vera e propria identità tra linguaggio e mondo, verso la concezione di un *mondo-linguaggio* non duale, di uno spazio di operatività poetica in cui il linguaggio interviene sul reale in modo assolutamente diretto, perché non è piú ontologicamente separato da esso. È anche in questo senso che sento l'attualità di un progetto poetico sovversivo : se la parola torna a far parte del reale sino a coincidere con esso, al di là del tradizionale dualismo linguaggio-mondo, essa può modificare il reale modificandosi. *Mutatis mutandis*, anche Paul Celan, in fondo, ha tentato questa direzione.

Gleize non manca inoltre di ricordare l'importanza del tema della fotografia, pratica che, proprio in seguito alla presa sul reale che essa permette, ha molto interessato i *littéralistes*, e fa notare come l'espressione « cet enfant est mon père » si riferisca probabilmente alla descrizione di una fotografia[6] : il linguaggio poetico entra nel reale, dà una ridescrizione di un oggetto e sovverte la percezione, fotografa linguisticamente la fotografia, rende l'immagine lingua, dà – scrive Gleize – il valore di immagine alla parola « immagine », eludendo l'immagine stessa (*Ibid.*, p. 78). Nella medesima direzione va il trattamento delle preposizioni e dei pronomi : la pre-posizione è sempre anche uno spostamento della *e* dalla posizione iniziale e il pro-nome è uno spostamento, un allontanamento dal nome, come si legge in alcune espressioni delle ultime pagine del libro : « lei lascia il suo nome », « lei si stacca dal nome ». Ancora una volta, l'astrazione conferisce realtà al linguaggio : allontanarsi dal nome e diventare un pronome apre uno spazio astratto di possibilità, in cui il linguaggio (poetico) si compenetra nella realtà e fa aderire il (s)oggetto a se stesso. È tale ridescrizione dell'individuo in forma di pro-nome che, leggo in Gleize, fa scrivere a Royet-Journoud : « piú nulla la separa da se stessa ».

Un movimento di appiattimento, di denudamento ontologico ha dunque luogo tra linguaggio e mondo. Operare sul reale attraverso il linguaggio, sino a farlo coincidere in esso. L'articolazione grammaticale – che si tratti della preposizione o del pronome – non è un oggetto del mondo, non la si trova per strada. Ma essa esiste ed agisce sulla pagina, ed è tanto piú concreta, tanto piú reale perché conferisce realtà agli oggetti ponendoli in relazione, e l'uso che ne fa la poesia modifica l'esistenza del reale ridescrivendolo, sovvertendone la percezione cosí come la poesia sovverte l'uso dell'articolazione stessa. È un denudamento cognitivo e poietico, un processo che agisce individualmente e storicamente. Se ormai non ha piú senso parlare di un genere letterario chiuso e definibile come « Poesia » sulla base di chissà quali regole prosodiche, metriche, storiche e semantiche, è però forse possibile afferrare l'unicità del linguaggio poetico proprio in simili momenti. *Teoria delle preposizioni* ci ricorda cos'è la poesia : ingresso del linguaggio nel mondo, tentativo di critica e di modifica della storia, sovvertimento dello stato di cose. Poesia : spazio di possibilità, paradigma molteplice di azione e di conoscenza aperto da relazioni inedite istituite tra gli oggetti. In questo senso, appunto, *la poesia intera è preposizione.*

In PuntoCritico.eu, 2012.

1. É. Benveniste, *Problèmes de linguistique générale,* t. I, Gallimard, Paris 1966, p. 139, cit. da E. Hocquard, *Théorème,* in « Critique » 735–736, p. 592.
2. E. Hocquard, *op. cit.,* p. 597.
3. C. Royet-Journoud, La *poésie entière est préposition, op. cit.,* p. 33.
4. C. Royet-Journoud, *La poésie entière est préposition, op. cit.,* p. 22.
5. J.-M. Gleize, *Des gestes, en noir,* in « Cahier Critique de Poésie » no. 16, Centre International de Poésie Marseille, ottobre 2008, p. 79.
6. *Ibid.,* p. 79.

In assenza del corpo.
Sulla poesia di Giulio Marzaioli

> « *Attento, sul fianco, la spina.*
> *È assente, per questo punge.* »
> – G. Marzaioli, Quadranti

Introduzione

Da alcuni anni il corpo è uno dei centri di indagine della poesia di Giulio Marzaioli (Firenze, 1972), e direi anzi, come si vedrà, che la rappresenta interamente. Il corpo è stato « analizzato » poeticamente da numerosi autori del secondo Novecento, sia italiano che francese. Per citarne alcuni, che Marzaioli ben conosce: Bernard Noël, Jean-Marie Gleize, Christophe Tarkos, Carmelo Bene, Valerio Magrelli, Gabriele Frasca. Il corpo nella poesia di Marzaioli ha tre specificità : è *assente*, è *appartenente*, si trasfigura nello *spazio* e nel *dire*.

Le prime due caratteristiche formano un paradosso : in molti punti, il linguaggio di Marzaioli tende a descrivere l'assenza di un corpo specifico, che è il corpo *proprio*. Cosí, ad esempio, in un'opera del 2006 : la prosa non-narrativa *Quadranti*. Tale aspetto è percepibile sin dall'esergo : « In assenza del corpo... ».[1] In *Quadranti* il corpo, in seguito alla sua assenza, « al limite può dirsi esterno, escluso fuori, al margine. Estraneo sopra. Sotto.[2]. « Al limite » è da intendersi nei due sensi dell'espressione, ovvero : il corpo è posto « al limite » della presenza e, nel senso corrente, il corpo, se proprio « può dirsi », può dirsi come « esterno », come « escluso ». Ciò è un paradosso perché il corpo assente è non solo il corpo dell'altro, ma anche e soprattutto il proprio corpo, come l'autore stesso ha sottolineato in una recente dichiarazione inviatami via mail :

> [...] nella definizione di corpo e assenza inserirei una sintesi fondamentale che si configura come aspetto centrale e cioè l'"identità': l'assenza è del proprio corpo, non del corpo altrui, anche in Quadranti.

Il paradosso è dato innanzitutto dal fatto che l'assenza del proprio corpo è sostanzialmente inimmaginabile. Ed è proprio su tale « inimmaginazione » che Marzaioli gioca, mostrando lo scarto tra l'immagine visiva e l'immagine linguistica, cercando una lingua che renda immagine qualcosa che di per sé non può essere immaginato, rivolgendo il tema « derridiano » del limite, del margine, del confine verso il corpo e la sua assenza, e, parallelamente, verso una lingua poetica la cui dicibilità, *la cui corporeità, appunto, causa una privazione dell'immagine.* Cosí, oltre che nel passo già citato, anche in quest'altro luogo di Quadranti :

> Ai muscoli non vibra la sua presenza, ma se l'ombra resiste anche al corpo e con il corpo esiste sino in fondo

> qualcosa che promana sfugge e dire questo e quello non
> determina. Non così da confinare, almeno.
>   Aggiunto si sottrae alla presa, ma segue per ogni mos-
> sa a ricordare e magari potrebbe anche sfilare e a questo
> punto in quale punto può dirsi « questo »?[3]

Marzaioli, insomma, trasfigura nella lingua l'assenza del corpo, ma la sua operazione è ben lontana dall'assenza 'ontologica' di tradizione mallarméana. Piuttosto, ciò che la lingua poetica tenta di descrivere è un'assenza concreta, un'assenza specifica, un'assenza che, proprio grazie alla lingua, è « corporeizzata » essa stessa, è *resa immanente* dal movimento di privazione. « Ai muscoli non vibra la sua presenza, ma se l'ombra resiste anche al corpo e con il corpo esiste sino in fondo qualcosa che promana sfugge » : *l'assenza del corpo è illustrata poeticamente dalla corporeità dell'assenza*. In un testo di *In re ipsa* (2005), l'immanenza paradossale di un'assenza-del-corpo-resa-presente-dalla-lingua è ben modulata da un rapido intreccio di campi semantici :

> Da corpo in corpo, i resti: pila
> che spegnendosi resiste. La triste
> orografia di un ossimoro:
> città che accumulandosi sparisce.[4]

In quattro versi il paradosso di quella che potremmo chiamare sin da ora *assenza presente del corpo* è dato da quattro campi semantici allegorici : lo scarto (« i resti », resti di presenza, potremmo dire) ; l'energia (« pila / che spegnendosi resiste », una prima contraddizione in termini) ; le figure retoriche (l'« ossimoro », contraddizione in termini resa figura) ; la geografia (orografia e urbanismo condensati nei due versi finali per esprimere un'altra contraddizione in termini : « città che accumulandosi sparisce »).

Assenza presente del corpo, assenza del corpo illustrata poeticamente dalla corporeità dell'assenza. È necessario definire meglio questo processo. Per farlo, vorrei individuare cinque modalità proprie a *tutta* la produzione poetica di Marzaioli fino ad oggi, cinque modalità che raggrupperei sotto l'egida di una *tras-figurazione dell'assenza del corpo nello spazio e nel dire* (ed ecco la terza peculiarità a cui si accennava all'inizio). Esse sono : la concrezione dell'astrazione semantica ; la transubstanziazione del corpo nella scrittura ; la metapoesia del « verso » ; la vocalizzazione e l'assonanza ritmico-metrica del significante ; lo sconfinamento della poesia nell'installazione, nel cinema, nel teatro, nel diritto penale, nella fotografia e viceversa.

La concrezione dell'astrazione semantica

Nella poesia di Marzaioli, i concetti e le astrazioni agiscono come soggetti/oggetti all'interno della lingua. È questo un primo modo di dare corpo all'assenza. In *In re ipsa* tale passaggio viene articolato dal punto di vista tematico :

> Articolando il vuoto :
> arti colati nel vento
> per pietà del moto.[5]

Qui il gioco « articolando » / « arti colati » dà corpo ad un sentimento che viene attribuito al concetto di « moto ». Il moto ha « pietà ». La pietà del concetto di moto permette di dare corpo all'assenza, articolando il vuoto performativamente, come « arti colati nel vento ». Nel seguente passo di *Quadranti* è l'immagine, invece, ad agire come un (s)oggetto: « L'immagine che si fa crinale. Sale per la gola e cade. Poi risale e cade ancora, non desiste ».[6] Nello stesso testo assistiamo a un vero e proprio sincretismo tra l'astratto, declinato nel campo semantico della geometria, e il concreto : « Tira i punti della retta sulla carne. Ascissa, la carne stesa ed ordinata. Il corpo cartesiano per ogni grado ».[7] O, piú tardi, un altro bel momento di concrezione dell'astratto : « Non sapendo sudare l'abbandono ».[8] In un altro passo di *Quadranti*, Marzaioli scopre le carte, esplicitando il legame tra la concrezione dell'astratto e il corpo dell'assenza :

> Allora è ciò che manca, a disegnare. È il vuoto che determina, scontrato. Verticale, sino al limite e non oltre. Oltre attacca, sulla schiena, oltre è un sogno. Là dove diserta attacca il volo.[9]

« È ciò che manca, a disegnare. È il vuoto che determina, scontrato », « Là dove diserta attacca il volo » : l'assenza determina l'azione, la poesia fa esistere l'assenza del corpo nella lingua, le conferisce esistenza mentre dà vita a concetti e astrazioni facendoli agire come soggetti/oggetti.

Cosí ne *La stanza*, un'opera del 2007 dedicata al cinema di Andrej Tarkovskij su cui torneremo anche piú tardi. Nel seguente passo de *La stanza* viene messa in evidenza l'appartenenza del corpo assente :

> eri un'immagine che si sfocava
> e cosí sfuggivi al distacco.
> Eri cosí distante che per averti
> dovevo essere piú assente.
> Eri silenzio da inventare suoni.
> Era starne senza.[10]

Il paradosso dell'assenza del proprio corpo è condizione necessaria affinché l'assenza dell'altro si faccia presenza : « Eri cosí distante che per averti / dovevo essere piú assente ». La lingua, tras-figurando l'astratto nel concreto, raf-figura l'assenza, la rende tangibile all'interno del dire poetico.

La transubstanziazione del corpo nella scrittura

In Marzaioli il processo della « scrittura sulla scrittura » è declinato nella forma di una vera e propria transubstanziazione del corpo assente nell'atto e nei materiali dello scrivere. Tale processo può far pensare a una sorta di raffigurazione poetica del binomio derridiano *écriture-différence* : lo spazio differenziale, dato, nel caso di Marzaioli, dall'assenza del corpo, è reso scrittura del corpo assente. Cosí, in modo evidente, in *Quadranti* :

> Il sangue può farsi inchiostro, più spesso scorre. Più spesso è la mano che scrive. Qui si espone con variazioni, det-

ta. Prova a propria impronta la grafia. Riduce. Compromette. Salva.[11]

Alla fine di *Trittici,* un lavoro del 2008, la transubstanziazione passa direttamente dall'assenza e avviene, anziché tra il sangue e l'inchiostro, tra il nulla e il bianco della pagina :

« Assolto nel nulla » fu il verdetto e non
diceva il vero. Sciogliendo nel bianco
resta il bianco e il nulla – comunque – è scritto.[12]

In *In re ipsa* il *Leitmotiv* stilistico della concrezione dell'astrazione e geometrizzazione semantica, che abbiamo ricordato nel paragrafo precedente, si intreccia con il tema della transubstanziazione della scrittura. Tale intreccio fa sí che non solo il corpo, ma anche lo spazio *tout court* (spazio geometrico / spazio del reale) ospiti l'assenza come presenza. Il campo semantico dell'astrazione è fatto agire nello spazio del reale mentre i « personaggi« grammaticali della scrittura (« soggetto » e « verbo ») assumono connotati geometrici, in un cortocircuito che presentifica l'assenza :

tracciata orizzontale la retta
ininterrottamente altro, l'altro
punto dallo sguardo e guarda,
si prolunga nei due sensi assente ;
se c'è verbo (in forma riflessiva)
c'è bisogno di un soggetto
parallelo (la retta torna sempre

al punto) ma se fossero binari
sabotati che saltano gli scambi
e sono, pronti ad incidenti i treni,
[...][13]

Il paradosso tra assenza e presenza è anche uno scontro-incontro tra campi semantici e tra piani di realtà : il verbo non per niente è « in forma riflessiva » e soprattutto la retta « torna sempre al punto ». Il sabotaggio del reale (« binari / sabotati ») per mezzo della lingua poetica, che fa esistere qualcosa che non c'è, è simile alla retta all'infinito, che « si prolunga nei due sensi assente ». C'è e non c'è allo stesso tempo. La transubstanziazione, si diceva, avviene nello spazio : le rette, in particolare, diventano treni che si scontrano-incontrano per il sabotaggio grammaticale e reale operato dalla scrittura. L'incidente è da intendersi sia nel senso dell'incidenza delle rette, sia nel senso della proposizione incidentale (rappresentata performativamente dalle frasi tra parentesi), sia nel senso di un incidente reale, sia nel senso dello scontro-incontro tra campi semantici astratti e concreti. Il tutto assume quasi un connotato politico, nel senso di una lotta operata dalla scrittura nel reale, e la scrittura può arrogarsi il diritto di « sabotare » una volta avvenuta la transubstanziazione del corpo, dello spazio e quindi del reale in essa. Per di piú, tra concrezione dell'astratto e transubstanziazione, va delineandosi una terza modalità di trasfigurazione e raf-figurazione dell'assenza : la metapoesia.

La metapoesia del « verso »

Il fatto di pensare il corpo e lo spazio come scrittura comporta una dimensione metapoetica. Già all'inizio del paragrafo precedente parlavamo di « scrittura sulla scrittura ». Marzaioli è sempre attento a come la poesia può parlare di se stessa nel suo prodursi. Ma la metapoesia di Marzaioli non scaturisce tanto da un'esigenza metalinguistica o teorica, quanto piuttosto dal desiderio di dire qualcosa sul mondo attraverso la poesia e, ancora una volta, di reificare, di corporeizzare la semantica dell'assenza e dell'astrazione. L'oggetto linguistico che forse piú rappresenta tale processo è la parola « verso ». Se ne potrebbe fare una casistica vedendo come l'attenzione per i molteplici significati di questo termine attraversi l'opera di Marzaioli. In particolare, ciò che interessa qui è che il « verso » si configura, parallelamente, come unità fondamentale della poesia (benché sempre messa in discussione e decostruita dallo stesso poeta) e come elemento vettoriale, direzione, orientamento del reale. In *Quadranti,* cosí come in *Processo di identificazione* (un'opera ancora in fase di stesura), il senso di questa operazione è particolarmente chiaro perché si tratta di due testi in « prosa ritmica », dove il termine « verso » può godere appieno della sua ambivalenza. Nonostante che non vi siano « versi » nel senso poetico del termine, in questi due testi la lingua ha una direzione versificatoria, un ritmo interno che le dà un « verso », come se la lingua della poesia fosse un « corpo orientato ». In questo « come se » è contenuta a sua volta la dialettica dell'assenza che stiamo cercando di illustrare. In modo performativo, dare corpo all'assenza significa qui riaffermare la poesia pur operandone la sparizione, significa conferire alla lingua una direzione, un verso, appunto, all'interno del reale, grazie alla poesia. Due luoghi di *Quadranti* mi sembrano particolarmente significativi a tale proposito :

> Un lato e l'altro – altro. Altrove, dove scorre, non c'è soccorso, se non come registro del passaggio. Qualsiasi cosa dentro, ma verso un fine. Indefinibilmente, ma verso.[14]

Ma soprattutto :

> Destino del vuoto è il pieno e non ha senso invertire il verso, rimane il vuoto.
> Quindi sino in fondo sondare. Il silenzio, punto a croce con la parola. Alfabeto che si riprende dalle pause.
> In questo caso, è ovvio, non si scrive, se non il minimo inventario del non scritto. L'atto in sé, presupponendone il contatto. I nomi, quelli propri, le congiunzioni. Il siero che giaceva dentro al corpo.[15]

La direzione, il verso, è dal vuoto al pieno (primo paragrafo), dal silenzio al ritmo della parola poetica (secondo paragrafo), dal non scritto allo scritto (prima riga del terzo paragrafo), dalla grammatica al reale (seconda riga del terzo paragrafo), dall'assenza alla presenza del corpo (ultima frase). Si ricorderà, fra l'altro, che il sangue (qui denominato « siero »), in un altro luogo di *Quadranti*, « può farsi inchiostro ». Il verso è anche quello della metamorfosi operata dalla transubstanziazione. E « non ha senso invertire il verso » perché, come nell'assenza è già contenuto il corpo, cosí anche pieno e vuoto, silenzio e parola, scritto e non scritto, sangue e inchiostro, nulla e pagina scritta coabitano nello stesso spazio ontologico, sono aspetti duplici della stessa configurazione di realtà.[16]

La figura metapoetica del verso, in cui la lingua della poesia viene spazializzata e corporeizzata in una vettorialità, è comunque presente anche nelle opere in versi. Cosí già in *In re ipsa*, in piú luoghi. Nel seguente passo, ad esempio, la figura del « verso » viene messa in rapporto al già citato campo semantico dei *resti* :

> Questi i resti : morsi
> arsi, resi, versi.[17]

E, nel recente *Suburra* (2009) :

> (verso
> non c'è)
> ...
> il verso
> non sempre
> è verticale...[18]

Suburra è un'opera interamente composta da versicoli di uno o due parole e il testo assume quindi la caratteristica verticalità. I tre ultimi versi di questa citazione sono quindi metapoetici anche perché si riferiscono performativamente alla struttura dell'opera e alla differenza rispetto ad altri testi. Per di piú, il tema della verticalità del verso funziona anche nel senso vettoriale del termine, perché in *Suburra*, che è un testo sul tempo, sulla città e sulla materia, il verso è da intendersi sia nel senso delle direzioni assunte nel percorso all'interno della città, sia nel senso della stratificazione non lineare e ciononostante direzionale del tempo storico :

(la storia
non è
lineare
ma un
verso
ce l'ha
– la storia)[19]

Un analogo cortocircuito performativo è prodotto in modo ancora piú evidente dal calligramma intitolato *Verso*, posto a chiusura di *In re ipsa*, dove la disposizione dei versi va a formare una freccia orientata verso destra e costituita dalle parole del testo.[20]

La vocalizzazione e l'assonanza ritmico-metrica del significante

Abbiamo appena mostrato il carattere performativo di alcuni momenti della poesia di Marzaioli e abbiamo precedentemente ricordato come il tema del « verso » fosse strettamente legato al fattore ritmico della scrittura, anche nel caso della prosa. La poesia di Marzaioli fa spesso scaturire la propria produzione di senso da intrecci ritmico-metrici sul significante, talvolta ottenuti attraverso una sorta di calco sintattico dell'espressione vocale. C'è da notare, e torneremo su questo aspetto, che Marzaioli affianca alla scrittura poetica un'intensa attività di drammaturgia sperimentale. Nelle opere teatrali, il testo è naturalmente pensato per essere detto, e risulta evidente che nel lavoro di Marzaioli anche la scrittura poetica risente di questo influsso. La ritmizzazione e la vocalizzazione della scrittura permettono di *dare corpo* alla parola facendo nascere il senso dall'assenza di senso prodotta dal significante. Ancora una volta, l'assenza del corpo è « performata » dalla corporeità dell'assenza. Si ricorderanno i versi di *In re ipsa*, in cui il gioco sull'assonanza e sulla rima permetteva di dispiegare la corporeità del vuoto :

Articolando il vuoto :
arti colati nel vento
per pietà del moto.

In un'altra poesia di *In re ipsa*, intitolata *Vene*, l'assenza è declinata dal gioco sul significante, anziché come articolazione del vuoto, come corporeità del nulla :

Ed invertendo viene : neve nel
vento, gelida vira, sviene, risale
e viene ancora ; e ancora ve ne
fosse ad invernare, ad inverare
il vero ; nulla nel nulla, cosí per
dire, veramente cosí per caso

> cadendo il nulla, cosa di poco
> che in qualche luogo si sa che
> c'è : qualcosa [...][21]

Potremmo citare numerosi luoghi di *Quadranti* in cui viene adottato lo stesso dispositivo. Nel seguente passo, ad esempio, il gioco sul significante viene prodotto intorno al tema del « verso » :

> Sibila l'ascolto e c'è: qualcuno che, da dentro, tira. La mente se ne spettina, non viene a patti. Anche seguendo il verso, pure vira. Avaria di ciò che sa e che sa variare.[22]

Si diceva che l'attenzione per il significante è talvolta declinata in forma di calco sintattico dell'espressione vocale. Tale aspetto è molto presente in *Quadranti*, dove la punteggiatura, piú che seguire la sintassi, asseconda le incertezze del pensiero e del proferimento vocale. La scrittura, anche in questo senso, prende corpo, diviene fenomeno sonoro nel reale :

> Capita che si venga al mondo. Da quale mondo altro, quindi? Un tuffo, piuttosto, da dietro. Come per una spinta, errore. Orrore di non essere, oppure: per semplice attrazione di materia. Distrazione della massa inerte e capita. Che ci si impressioni di non essere.[23]

In *Trittici* la corporeità di una lingua resa parola attraverso il significante è messa in relazione diretta con la corporeità dell'assenza :

> Bianco (e sia, ma di farina il fiore
> soffiato forte e dentro, gesto
> che muove nel bianco che non c'è.[24]

L'allitterazione della « f » dà corpo al proferimento della parola dell'assenza, come un « gesto » compiuto all'interno del bianco. Il « bianco », a sua volta, « non c'è » perché la lingua è resa corpo, è resa scrittura. Allo stesso tempo, l'assenza del bianco resta pur sempre un'assenza. La corporeità del proferimento dell'assenza è qui ulteriormente marcata dalla parentesi non chiusa, un dispositivo del significante che viene impiegato piú volte all'interno di quest'opera.

In *Processo di identificazione,* accennato ancora incompiuto di 'prosa ritmica' a cui abbiamo per ora solo accennato, il significante è per cosí dire incastonato e spazializzato all'interno di quadrati di prosa in cui le frasi sono separate da trattini :

> da fuori nessun indizio – c'è – qualcuno c'è – c'è qualcuno che ruba dall'interno – le chiavi le abbiamo date noi – trascorre assieme il tempo – così – si aggiunge e sottrae – martedì potevi andare al mare – potevi restarne fuori – in parte – non può sapere dove – può sempre sapere se – sa – a parte – sempre[25]

Questo dispositivo di spazializzazione è anche un dispositivo di corporeizzazione della scrittura, in cui il significante cerca di far fronte all'assenza di senso mimata da una scrittura accidentata, contingente, frammentaria, quasi balbuziente : « se – sa – a parte – sempre ». È cosí che, anche dal punto di vista del significante, si assiste al tentativo di presentificare l'assenza del corpo dando corpo alla differenza originaria della scrittura : « cosí – si aggiunge e sottrae ». Questa espressione, peraltro, era già stata impiegata in modo quasi identico in *Quadranti*. Ma c'è di piú : la spazializzazione in *quadrati* (in quadranti, si potrebbe quasi dire) è qui anche una forma di *installazione e messa in scena* del testo nella pagina. Ciò rinvia ad un'altra modalità di tras-figurazione e corporeizzazione dell'assenza, l'ultima che analizzeremo, operata attraverso lo sconfinamento reciproco che si osserva nell'opera di Marzaioli tra diversi dispositivi di produzione dell'immaginario, con la poesia come centro.

Lo sconfinamento della poesia nell'installazione, nel cinema, nel teatro, nel diritto penale, nella fotografia e viceversa

Nell'opera *La stanza*, Marzaioli immagina di situarsi attraverso la scrittura sul bordo dell'assenza e di descriverla. L'opera infatti è ambientata in uno spazio allotopico e impossibile : la stanza del film *Stalker* (1979), di Andrej Tarkovskij, in cui si possono realizzare i desideri di coloro che vi entrano. Essa, durante il film, non viene mai varcata. L'allotopia raggiunta dalla scrittura, il fatto di entrare in una stanza che viene pensata ma che non è raffigurata, permette di illustrare il paradosso di un'assenza presente, qui estesa dal corpo allo *spazio*. La poesia si fa *installazione* all'interno della scrittura. Lo spazio della stanza inimmaginabile in cui si installa la poesia mette in scena ciò abbiamo definito « una lingua poetica la cui dicibilità, la cui corporeità, appunto, causa una privazione dell'immagine ». La descrizione dello spazio dell'assenza, raf-figurato qui dalla *stanza*, è soggetta alla sparizione dell'immagine, è possibile solo attraverso lo scarto tra la parola e la rappresentazione. Lo spazio allotopico e inconcepibile de *La stanza* è uno spazio che racconta l'assenza di spazio, un luogo in cui la scrittura testimonia il paradosso dell'assenza come corpo e come oggetto. Il *desiderio* e il suo impossibile esaudimento, inoltre, sono il risultato emotivo provocato da uno stato – permanente, ontologico – di assenza. L'entrata nella *stanza*, perciò, non può che essere descritta al condizionale :

> entrare. Sarebbe lecito
> sapendo i limiti. Sarebbe
> chiusa da pareti, la stanza
> invece di. Senza. Invece...
> [...]
> Un luogo si può affermare, sí ?[26]

E, poco dopo, l'entrata nella stanza in poesia, o meglio l'*entrata della poesia nella stanza*, può svolgersi solo attraverso un paradosso linguistico : « per parlare si tolse la parola ».[27]

Se in *Processo di identificazione* l'installazione è data dalla concreta disposizione spaziale del testo nella pagina (i quadrati con le frasi separate da trattini), ne *La stanza* lo spazio installativo è tutto nell'immaginazione poetica di un'allotopia non rappresentabile : una stanza che viene ipotizzata in sede di finzione cinematografica e mai mostrata. Questo tema ricompare anche in *Trittici* :

> Al centro del buio, come si usa
> a mosca cieca. La stanza è chiusa
> (cercando le pareti o meglio un viso).
> [...][28]

L'assenza raffigurata dall'allotopia (« Al centro del buio » ; « La stanza è chiusa ») è tanto spaziale (« cercando le pareti », dove torna il tema del margine) quanto corporea (« o meglio un viso »). Sempre sulla falsariga di Tarkovskij, anche in *Trittici* l'assenza viene estesa all'immagine e alla problematica ontologica, questa volta attraverso il *Leitmotiv* del *riflesso*, che, tra le molteplici referenze possibili, rinvia al lungometraggio *Zerkalo – Lo specchio* (1974). Anche in questo caso, l'assenza è rappresentata come installazione del linguaggio in un'allotopia : il luogo allo stesso tempo assente ed esistente del riflesso. L'immagine riflessa, come in Tarkovskij cosí in Marzaioli, è davvero un *correlativo oggettivo* per raf-figurare la coabitazione ontologica di assenza e presenza, esistenza e inesistenza :

> L'immagine che si riflette
> imprime il vetro, eppure
> non si fissa. Si vede, quasi
> esiste. Rassomiglia (infatti).[29]

Ma ancora piú del cinema, il teatro è uno spazio di corporeizzazione dell'assenza e di ostensione dell'assenza del corpo.[30] Sul palcoscenico i corpi e lo spazio esistono e non esistono allo stesso tempo, sono reali e tangibili, ma anche fittizi, finzionali, rispondono alla coleridgeana sospensione momentanea dell'incredulità (*willing suspension of disbelief*), un'incredulità che è innanzitutto ontologica. Lo spazio del teatro, esistendo, afferma la propria inesistenza ; presente, ingloba l'assenza. Per di piú, la scrittura drammaturgica di Marzaioli, lo si vede bene nell'antologia *Appunti del non vero* (2006), è in continuo dialogo con la scrittura poetica, senza soluzione di continuità. Un testo teatrale del 2003 lí antologizzato, intitolato non a caso *Riflesso*, è andato a far parte di *In re ipsa*.[31] In un'altra opera del 2002, *Chiasmo*, sono già contenute molte delle tematiche qui rilevate, che andranno a far parte della produzione poetica successiva. Vi si legge : « Il vuoto si fa pieno e non sai dire dove sia, tra goccia e goccia ».[32] Oppure : « Proiettato lungo tutta la distanza, il riflesso lentamente si fa ombra ».[33] O ancora, alla fine : « E ancora non dire il verso. Pioggia piove pioggia e non c'è verso ».[34]

Lo sconfinamento testuale reciproco, poi, avviene anche, in un caso, con il diritto penale. Cosí in *Figure di reato*, un'opera uscita presso La Camera Verde nel 2008. Se in *Trittici* il nostro tema era reso figura dal riflesso, qui è la *simulazione di reato* a indicare la coabitazione ontologica di esistenza e inesistenza, assenza e corpo. Vale la pena citare tutto il testo :

> Art. 367 codice penale
> Simulazione di reato
> Chiunque con denuncia, querela, richiesta o istanza, anche se anonima o sotto falso nome, diretta all'Autorità giudiziaria o ad altra Autorità che a quella abbia obbligo di riferirne, afferma falsamente essere avvenuto un reato, ovvero simula le tracce di un reato, in modo che si possa iniziare un procedimento penale per accettarlo, è punito con la reclusione da uno a tre anni (...)

fai
– non fare
finta,
scarta
la mossa
da scartare,
grida
– non gridare.
Insomma
fai
come se
fossi
(come se
fossi
sola).[35]

La formula « fai/come se/fossi », declinata qui a partire dalla « simulazione di reato », sintetizza bene quanto sto cercando di dire. La corporeizzazione dell'assenza del corpo può verificarsi *nell'allotopia del 'come se', nell'ipotesi di una coabitazione logica e ontologica inaccettabile al di fuori della poesia.*

O forse : *al di fuori dell'arte tout court*, dato che un analogo intento, mi pare, anima anche una recente produzione fotografica di Marzaioli. In *Cavare marmo*, uscito in forma di e-book su www.gammm.org e presso La Camera Verde,[36] un testo scritto, 'installato' sulla pagina per mezzo di un quadrato simile ai testi di *Processo di identificazione*, è accompagnato da una serie fotografica realizzata dall'autore stesso nella quale, per cosí dire, l'oggetto assente si mostra emergendo dal bianco (da cui il tema del marmo) come in una sorta di epifania inconclusa. La sfida, qui, è trasformare in immagine la privazione dell'immagine, tras-figurare nella raf-figurazione fotografica della realtà il paradosso dell'assenza presente del corpo.

Anche nell'epifania fotografica dell'oggetto assente – non piú un corpo appartenente, in questo caso, ma è vero che, come si sarà notato, l'appartenenza è la caratteristica piú intermittente e meno costante tra le proprietà dell'assenza del corpo – l'assenza emerge come resto. I contorni sono vaghi ed emergono dal vuoto, ma il centro dell'immagine è dettagliato, reso volumetricamente, corporeizzato, tridimensionalizzato. Immagine dell'immaginabile, raffigurazione del non rappresentabile. Non a caso, il testo che accompagna la serie fotografica finisce in modo quasi programmatico :

distruggere è come restare — è tutto così normale — dormire è come sciare — siamo tutti sulla neve — tiene — il bianco tiene[37]

Espressioni quali « Distruggere è come restare » e « il bianco tiene » ci rinviano alle formulazioni del paradosso dell'assenza del corpo che abbiamo incontrato nel nostro percorso. Elenchiamone alcune, per concludere : « Aggiunto si sottrae alla presa » (*Quadranti*) ; « pila che spegnendosi resiste » (*In re ipsa*) ; « città che accumulandosi sparisce » (*In re ipsa*) ; « articolando il vuoto » (*In re ipsa*) ; « è ciò che manca, a disegnare » (*Quadranti*) ; « è il vuoto che determina » (*Quadranti*) ; « Eri cosí distante che per averti / dovevo essere piú assente » (*La stanza*) ; « Sciogliendo nel bianco / resta il bianco » (*Trittici*) ; « Destino del vuoto è il pieno e non ha senso invertire il verso, rimane il vuoto. » (*Quadranti*) ; « e capita. Che ci si impressioni di non essere » (*Quadranti*) ; « gesto / che muove nel bianco che non c'è » (*Trittici*) ; « si aggiunge e sottrae » (*Processo di identificazione*) ; « per parlare si tolse la parola » (*La stanza*) ; « Si vede, quasi / esiste » (*Trittici*) ; « fai / come se / fossi » (*Figure di reato*).

In *Italies*, Aix-en-Provence, n. 13, 2010.

1. G. Marzaioli, *Quadranti*, Oèdipus, coll. Liquid, Napoli 2006, p. 5.
2. *Ibid.*, p. 9.
3. *Ibid.*, p. 19.
4. G. Marzaioli, *In re ipsa*, Verona, Anterem, coll. La Ricerca Letteraria, 2005, p. 36.
5. *Ibid.*, p. 16.
6. G. Marzaioli, *Quadranti*, op. cit., p. 24.
7. *Ibid.* Per il rapporto tra astrazione e geometrizzazione della lingua nella poesia di Marzaioli, cfr. una nota di Eleonora Pinzuti postata nel blog *La dimora del tempo sospeso* a proposito dell'opera *Suburra*, Giulio Perrone Editore : « Giulio Marzaioli è in grado di 'geometrizzare' la lingua, di rendere cioè 'spazio' quel

8. G. Marzaioli, *Quadranti, op. cit.*, p. 43.
9. *Ibid.*, p. 28.
10. G. Marzaioli, *La stanza*, Roma, La Camera Verde, 2007, p. 10.
11. *Id.*, *Quadranti, op. cit.*, p. 12.
12. *Id.*, *Trittici*, Napoli, d'If, 2008, p. 32.
13. *Id.*, *In re ipsa, op. cit.*, p. 42.
14. *Id.*, *Quadranti, op. cit.*, p. 9.
15. *Ibid.*, p. 59.
16. È necessario ricordare per inciso, nonostante che non sia questa la sede per interrogarsi sulle eredità letterarie di Marzaioli, l'influenza che la prosa poetica di Gabriele Frasca ha potuto esercitare su questo dispositivo. Le prose di Frasca contengono numerose figure ritmiche e versificatorie che, come in Marzaioli, sono per cosí dire 'occultate' dalla disposizione del testo nella pagina. Come ad esempio nel seguente passaggio, appunto sull'assenza del corpo : « fu che legammo i letti coi legacci. fu allora. un pomeriggio. il primo insieme. doveva essere luglio. il primo viaggio. il primo che. ricordi. c'era l'afa. non sono io dicesti il letto geme. e poi buttasti via tutti gli stracci. pantaloni magliette. ma su tutto. su quel letto congiunto e già disfatto. non resta il corpo. [...] » (Gabriele Frasca, *orologio a corrente*, in *Rive*, Torino, Einaudi, 2001, p. 28).
17. G. Marzaioli, *In re ipsa, op. cit.*, p. 29.
18. *Id.*, *Suburra*, Giulio Perrone Editore, Roma, 2009.
19. *Ibid.*
20. Cfr. G. Marzaioli, *In re ipsa, op. cit.*, p. 46.
21. *Ibid.*, p. 44.
22. G. Marzaioli, *Quadranti, op. cit.*, p. 10.
23. *Ibid.*, p. 13. Si ricordi, anche in relazione a questo dispositivo, il riferimento alla prosa poetica di Frasca.
24. G. Marzaioli, *Trittici, op. cit.*, p. 31.
25. *Id.*, *Processo di identificazione* (2009, *in fieri*), inedito. Per gentile concessione dell'autore. [Pubblicato poi in *Quattro Fasi*, Roma, La Camera Verde, 2012, N.d.A.].
26. *Id.*, *La stanza, op. cit.*, p. 6.
27. *Ibid.*, p. 8.
28. G. Marzaioli, *Trittici, op. cit.*, p. 6.
29. *Ibid.*, p. 11.
30. Da ricordare en passant l'influenza che il teatro di Carmelo Bene ha esercitato sull'autore. Cfr. ad esempio le due citazioni seguenti, suggeriteci da Marzaioli stesso : « Ogni metafisica è stolida. A meno che non si intenda per metafisica l'essere appreso (non si può dire 'avere appreso'). Non esiste l'esperienza, il corpo non mi appartiene, non esiste. » (Carmelo Bene, *Cos'è il teatro*, ciclo di conferenze, Palazzo delle Esposizioni di Roma, 1990, in A. Attisani e M. Dotti (a cura di), *Bene crudele*, Viterbo, Stampa Alternativa, 2004). E ancora : « il teatro è un non-luogo miracoloso che, mettiamo, appare e dispare in un edificio chiamato teatro » (*Ibid.*).
31. G. Marzaioli, *Riflesso*, in *Id.*, *Appunti del non vero : scritture verso il teatro*, Arezzo, Zona, 2006, p. 19 e ss. e in *Id.*, *In re ipsa, op. cit.*, p. 41 e ss.
32. G. Marzaioli, *Chiasmo*, in *Id.*, *Appunti del non vero, op. cit.*, p. 13.
33. *Ibid.*, p. 16.
34. *Ibid.*, p. 17.
35. Giulio Marzaioli, *Figure di reato*, Roma, La Camera Verde, 2008, p. 10.
36. [Poi pubblicato nel 2009, N.d.A.].
37. *Ibid.*, p. 27.

Porta all'esterno e al presente.
« Réelisme » e narrative multidimensionali dall'opera di Antonio Porta alla poesia estera coeva e alla poesia italiana del presente

> « *La poesia, atto di innovazione continua, incrina le certezze, spiazza l'ordine delle attese, contiene l'imprevedibile. Cosí, tra morte e vita, si pone ogni volta l'energia della parola che, annullando la distanza corpo-sillaba, buca la pagina, abbatte le sbarre 'invisibili ma sicure' che la dividono dal mondo.* »
> – N. Lorenzini, Postfazione in A. Porta, Poesie 1956-1988, Mondadori, Milano 1998

Introduzione

Questo intervento nasce da una prospettiva teorica, anzi, ancora prima da una sensazione di lettura scaturita dall'opera di Antonio Porta *in toto*, al di là di distinzioni – a mio avviso arbitrarie – tra un Porta neoavanguardista e un Porta del ritorno all'ordine. Tale prospettiva può essere declinata in tre procedimenti compositivi, in tre metodologie poetiche e cognitive strettamente interconnesse tra loro : l'*attraversamento poetico del reale e dell'oggetto*, la *narrazione « interdite »* (dove il termine francese condensa i concetti di interdetto e proibito), la *multidimensionalità percettiva dell'evento*. Questi tre procedimenti, tra gli altri, illustrano il legame di influenza e di dialogo che la poesia di Porta ha istituito e istituisce oggi da un lato con la poesia estera, principalmente, ma non solo, di area francese e angloamericana, e, dall'altro, con le generazioni successive di poeti italiani. Mi propongo oggi di descriverle, seppur in modo non esaustivo, per contribuire a mostrare come lo pseudonimo « Porta » rinvii forse, fra le tante possibilità, a due fondamentali passaggi : uno all'esterno, l'altro al presente (e al futuro). Alcune delle relazioni che descriverò travalicano lo studio dei documenti. Ciò a mostrare come l'opera di Porta sia spesso specchio e testimonianza di una temperie poetica, teorica e politica internazionale e diacronica, anche al di là dei rapporti documentati tra i singoli autori e testi.[1] Tale dato, come si vedrà, ha un valore storico-letterario ben preciso.

L'attraversamento poetico del reale e dell'oggetto

Questa prima « metodologia poetica e cognitiva » è un sovrainsieme delle altre due, perché guida, in un certo senso, tutta la poetica di Porta. In alcune importanti pagine sul Porta degli anni 1960, Niva Lorenzini mette in evidenza come già allora il poeta fosse cosciente del fatto che

> il linguaggio della tradizione lirica [...] era divenuto inadatto a quel compito, e di fronte alla « prova del reale » rischiava la paralisi della affabulazione incessanti o del

silenzio [...]. Occorreva rimettere in gioco il linguaggio, adeguarlo al mutato orizzonte percettivo.[2]

Ciò implicava un ritorno della lingua al reale, un « linguaggio di eventi »,[3] una « tensione oggettuale ».[4] Porta stesso, con in mente la fenomenologia di Husserl e Merleau-Ponty, parla di una vera e propria « poesia in re » e di una « poetica degli oggetti »,[5] utilizzando cosí, come è noto, termini che sono propri anche ad altre esperienze a lui contigue.[6] Ma la poetica degli oggetti è una delle soluzioni che Porta adotta di fronte a una preoccupazione piú originaria, che giunge fino alla produzione piú tarda : la realtà, o meglio il *rapporto tra il linguaggio poetico e il reale*. Viene in mente l'*Allocuzione di Brema* di Paul Celan (pronunciata nel 1958), una prima eco internazionale di una temperie storica nella quale la poesia di Porta si iscrive :

La lingua, essa sí, non ostante tutto, rimase acquisita. Ma ora dovette passare attraverso tutte le proprie risposte mancate, passare attraverso un ammutolire orrendo, passare attraverso le mille e mille tenebre di un discorso gravido di morte. Essa passò e non prestò parola a quanto accadeva; ma attraverso quegli eventi essa passò. Passò e le fu dato di riuscire alla luce, « arricchita » da tutto questo. Con questa lingua, in quegli anni e negli anni che seguirono, io ho tentato di scrivere poesie : per parlare, per orientarmi, per accertare dove mi trovavo e dove stavo andando, per darmi una prospettiva di realtà [*um mir Wirklichkeit zu entwerfen*].[7]

Niva Lorenzini parla a piú riprese di un vero e proprio « realismo » della poesia di Porta (e non solo di Porta).[8] A questo proposito, si potrebbe formulare il concetto in francese : Jean-Marie Gleize, riferendosi al suo lavoro di scrittore, preferisce parlare di « réelisme » piuttosto che di « réalisme », distinzione intraducibile che sottolinea il pensiero di *un linguaggio che aderisce al reale, che lo attraversa, che tende asintoticamente a identificarsi con esso, piuttosto che a rappresentarlo*. È in questo senso, mi pare, che si dovrebbe intendere anche il realismo di Porta.

Gleize ben conosce il lavoro di Porta e in generale delle neoavanguardie italiane,[9] ed è uno dei maggiori esponenti della corrente di scrittura di ricerca che va spesso sotto la denominazione di *littéralisme* : al centro delle preoccupazioni teoriche e compositive di questo « gruppo-non gruppo » vi è proprio il tentativo di un'aderenza al reale per mezzo dell'annullamento o della riduzione del dispositivo metaforico. Claude Royet-Journoud, a cui viene attribuito il conio del termine *littéralisme* e che, come mi ha raccontato, lesse Porta già negli anni 1970 grazie a Uccio Esposito Torrigiani,[10] scrive :

> Fonder un *réel* sur du métaphorique ! Je préfère la surface, le plat et pour tout dire la platitude puisqu'elle seule met le monde en demeure de nous répondre.[11]

Similmente Jean-Pierre Cometti, parafrasando Emmanuel Hocquard :

> Garde-toi de la métaphore ! Ne crois pas qu'au-delà ou en deçà du langage – c'est-à-dire des mots ou de leur usage –, réside quelque instance originaire du sens qui pourrait t'être miraculeusement restituée ! Évite de lui subordonner ce que tu nommes *poésie* ![12]

Non siamo lontani dalle parole dello stesso Porta, quando, in un saggio sul correlativo oggettivo, fortemente critico nei confronti di Eliot, scrive :

> È opportuno ritornare sul carattere non-metaforico della « nuova poesia » prima soltanto accennato : ciò vuol significare che il contesto poetico non è metafora del mondo, e, in definitiva, nemmeno il suo « correlativo », ma *mondo in sé*. In quest'ambito mi pare si possa ricondurre l'affermazione di Sanguineti : « Kafka ha abolito ogni metafora », partendo per una ricerca, credo di poter aggiungere, fondamentalmente autonoma.[13]

Tra i *littéralistes*, profondamente influenzati dagli oggettivisti americani, e la critica portiana al correlativo eliotiano e al campo della metafora, si apre lo spazio della poesia americana, che Porta ben conosceva. Parallelamente, ci troviamo nuovamente di fronte al problema dell'oggetto. A tale proposito, Porta viene spesso, e giustamente, messo in relazione con Ezra Pound, del quale ha scritto in piú luoghi.[14] Da questa precisa angolazione teorica, tuttavia, mi pare che, non foss'altro per la comune critica di Eliot, vi siano forti legami anche con l'oggettivismo, una tendenza ancora oggi troppo ignorata o criticata in Italia, se si eccettua William Carlos Williams (che Porta peraltro cita[15]), e da tempo schematicamente opposta a Pound, a cominciare da alcune osservazioni di Luciano Anceschi contenute in *Poetica americana e altri studi di poetica*.[16] Porta e gli oggettivisti condividono una concezione fisica e corporea del testo, concepito esso stesso come oggetto e come mondo, concezione che rinvia allo stato di non-separazione tra parola e cosa, tra poesia e realtà che stiamo illustrando. Charles Bernstein ha mirabilmente riassunto il modus operandi dell'oggettivismo nella prefazione all'edizione integrale degli scritti di poetica di Louis Zukofsky: « Never words over world but words as world ».[17] E, sul profilo della corporeità oggettuale, leggiamo in Zukofsky stesso:

> A poem. A poem as object – And yet certainly it arose in the veins and capillaries, if only in the intelligence – Experienced [...] as an object.[18]

A tale proposito, sul versante francese, l'opera di Francis Ponge meriterebbe uno studio a parte in relazione all'opera di Porta, soprattutto attorno ai temi del rapporto conflittuale-corporeo della parola con l'oggetto e della artaudiana crudeltà della scrittura (aspetto che interessa, com'è noto, la produzione poetica della neoavanguardia italiana anche al di là di Porta),[19] sintetizzati da Ponge nel concetto di *rage de l'expression*.[20] L'intersezione *réeliste*, corporea e oggettuale della poesia con il mondo comporta difatti anche una dimensione conflittuale da cui la crudezza e la violenza di un certo immaginario poetico portiano scaturiscono, soprattutto nella produzione degli anni 1960-70. L'interesse manifestato da Porta per l'immaginario di Patti Smith, di cui tradusse alcuni testi,[21] ha probabilmente radici analoghe. L'attraversamento poetico del reale è infine caratteristico, secondo lo stesso Porta, anche di ∈ di Jacques Roubaud, uscito nel 1967, a proposito del quale Porta parla, recensendolo, di una « spinta alla pratica poetica » che « prende la propria energia dal rapporto con *il mondo* ».[22]

Ancora qualche parola sul ruolo dell'oggetto. Un dato che non può essere trascurato è il noto tema portiano della dissoluzione dell'io lirico e dell'impiego della terza persona come soggetto/oggetto agente. Se già in *Poesia e poetica* Porta aveva manifestato la sua « avversione per il *poeta-io*, quello che ci racconta la sua storia »,[23] è nel 1980, in risposta a Jean-Pierre Faye, che Porta palesa ulteriormente, in un passo straordinario, il legame tra il rifiuto del *poeta-io*, la scelta dello pseudonimo, la dimensione politica e conflittuale di questa scelta e la datità corporea della poesia che ricordavamo poco fa :

> Je refusais mon corps apparemment si déterminé et incrusté dans une condition qui ne pouvait pas être celle de ma « vraie » vie mais seulement celle qui m'était imposée par les suprêmes organes inquisitoriaux qui se nomment famille et société bourgeoise. Je refusais mon corps parce que je voulais le changer et je pouvais le changer dans l'écriture de la poésie en agissant aussi sur le physique, qui paraissait suivre les transformations de l'invention poétique. Ce qui est en phase de transformation a encore

> quelque chose de monstrueux, de non fini, de désagréable, telle était alors, pensais-je, la présence de ma personne. Je me cachais donc (et pour cela j'ai même changé de nom), pour écrire et pouvoir démontrer que j'étais, et suis, aujourd'hui plus que jamais, l'autre. Mais au fil des ans, il s'est passé quelque chose de plus : l'autre est devenu moi et mon corps même a muté et d'un corps muté est en train de me naître une poésie nouvelle, non plus instrument de mutation, mais elle-même mutation.[24]

Alla dissoluzione dell'io si accompagna anche una dissoluzione del testo nel reale : il linguaggio poetico attraversa la realtà come un corpo, come un oggetto appunto, senza essere guidato dalla mediazione di un soggetto inteso in senso forte. Ciò ha una conseguenza compositiva ben identificabile, che è un vero e proprio marchio di fabbrica della poesia di Porta : l'uso dei verbi alla terza persona singolare o plurale senza soggetto né pronome personale. Esempi palesi di questo dispositivo sono *Come se fosse un ritmo*, peraltro tradotto in francese da Joseph Guglielmi e prefato dallo stesso Faye,[25] e *Rapporti umani*. Ricordiamo l'inizio di *Come se fosse un ritmo* :

> si servono degli uncini
> chiedono dei fagioli
> amano la musica
> ballano in cerchio
> escono dalle finestre
> aprono la botola

cambiano posizione
[...]²⁶

E rileggiamo, tra i moltissimi luoghi possibili, dalla sezione XVIII di *Rapporti umani* :

> Apre il fiore d'inchiostro, colpisce con la frusta,
> dimentica e s'allontana [...]
> [...] affondava avanzando,
> fu costretto allo sperma, olio verde collina, e ci
> lasciò le scarpe, sul ginocchio rigonfio pennellavano
> inchiostro, segavano segavano le gambe [...]²⁷

Troviamo qui un altro evidente punto di contatto con le poetiche estere, e in particolare nuovamente con Claude Royet-Journoud et con Anne-Marie Albiach, che, sia detto per inciso, pubblica nel 1976 un testo intitolato *Objet*.²⁸ Tale dispositivo di decostruzione del soggetto lirico è concepito da Albiach e Royet-Journoud con scopi, anche politicamente, analoghi a Porta, ed è impiegato – aspetto da non trascurare – letteralmente in tutte le loro opere; con una differenza sostanziale, però, di ordine grammaticale : dato che in francese non è possibile escludere il pronome lasciando cosí senza soggetto esplicito il verbo alla terza persona, nelle opere di questi due autori appaiono sistematicamente dei « non-personaggi » denominati con i pronomi singolari e plurali alla terza persona : *il, elle, ils, elles*. In Albiach, ad esempio :

Ils interrogent leurs regards. Ils ne sauraient dire que ce qui avait été immobile le demeurerait, et se précipitent dans l'univers de l'instant qui porterait ce masque d'un présent ludique.[29]

O ancora : « elle abstrait l'objet; elle dévie le geste qui se prend à l'écart du geste », « il avive l'alphabet », « elle se taisait tout au long de la nuit ».[30] Similmente Royet-Journoud, ad esempio, in *Les objets contiennent l'infini* : « il cherche sa langue », « ils ne prêtent que leur ombre », « il suivait le jour avec obstination », « elle lui tint lieu d'alphabet », « Elles repartent, obscurcissent l'air »,[31] etc. Potremmo chiamare questo dispositivo *terza persona impersonale*. Gli esempi di *terza persona impersonale*, tratti anche da altre opere, potrebbero continuare a lungo, ma vorrei adesso intersecare questo dispositivo con due altri dispositivi, nati anch'essi dall'attraversamento poetico del reale e dell'oggetto.

La narrazione « interdite » e la multidimensionalità percettiva dell'evento

La narrazione *interdite* e la multidimensionalità dello sguardo poetico sull'evento scaturiscono dalla fusione oggettivante e conflittuale della poesia con la realtà. Esse sono un prodotto di questo attraversamento che, come abbiamo letto in Porta, fa essere la poesia stessa « mondo ».[32] Con la nozione di narrazione *interdite* intendo includere varie fasi della produzione portiana in una modalità poetica di narrativa decostruita, lacunosa e non lineare di un evento. Ciò implica che la percezione poetica dell'evento stesso sia affidata a molteplici prospettive parallele, come se l'evento fosse simultaneamente osservato da piú angolazioni. Ovvero : il fatto che l'evento sia descritto « dall'interno del reale », attraversando il reale e il corpo per mezzo della poesia, implica che esso sia percepito e descritto nella contingenza, nell'incoerenza, nella molteplicità e allo stesso tempo nella concretezza e talvolta nella violenza del suo manifestarsi. In Porta tale doppio processo è spesso coadiuvato dall'impiego delle virgole, che separano, che sezionano ritmicamente una situazione dall'altra, una prospettiva dall'altra, uno sguardo sull'evento dall'altro all'interno di uno stesso testo. Facciamo qualche esempio, cominciando da *Aprire* :

> Le calze infila, nere, e sfila, con i denti,
> la spaccata, il doppio salto, in un istante, la calzamaglia,
> all'indietro, capriola, poi la spaccata, i seni
> premono il pavimento, dietro i capelli, dietro la porta,
> non c'è, c'è il salto all'indietro, le cuciture,
> l'impronta della mano, all'indietro, sul soffitto
> [...][33]

Oppure, in *Rapporti umani* :

> Vedeva solo una spilla, disteso sul divano,
> labbra moltiplicate, ascoltandola, dietro la
> tenda, con le gambe lunghissime, chiara e
> incomprensibile, gesticolando, sorretta dalla parete,
> con i confini perduti, le mani a pezzi,

> verso occhi di gelo, su labbra dilatate, scivolando,
> nel linguaggio dimenticato, all'ombra delle ciglia[34]

Ma, anche, molto piú tardi, e senza bisogno delle virgole, in *Passeggero* :

> se allunga la mano sulla foto di un'età
> curvato al centro di una stanza curva
> invece di esplodere sul vetro l'uovo si restringe
> di molte precauzioni circondata è l'uscita
> zampette raggrinziti muove i suoi passetti
> capisce che accadono spostamenti mutazioni nell'aria
> saluta gli uccelli alzando la parrucca s'incammina [35]

E, ancora piú di recente, in *Aria della fine* :

> Ora che ti sto scrivendo tutto
> si va rimescolando e la notte
> comincia a bucare,
> piccole isole si uniscono nell'aria, preparano
> la pioggia di domani,
> germi nuovi neri salgono e scendono nella tersezza
> e una ragazza alza un lenzuolo bianco, si spalanca
> ventre di pesce aperto, bocca senza lingua....[36]

A questi esempi se ne potrebbero aggiungere altri, e in particolare il già citato *Come se fosse un ritmo*. In questi versi molteplici *visioni linguistiche* di uno o piú eventi si susseguono rapidamente, restituendone, per cosí dire, la successione *alla stessa velocità e nello stesso tempo in cui l'evento accade nel reale.* È cosí che, dicendosi *dall'interno della realtà*, la narrazione dell'evento non può permettersi *rielaborazioni secondarie* che possano conferirgli una linearità, una coerenza a posteriori, un'unicità ontica. La multidimensionalità e la non linearità della percezione poetica sono qui di ordine spazio-temporale, coprono tutte le coordinate dell'evento reale, ed è per questo che la narrazione come tale è «interdetta», «impedita», «intra-detta», «proibita». Tale approccio è evidentemente caratterizzato altresí da una visione politica del linguaggio poetico, su cui non mi soffermerò in questa sede.

Alcuni giovani poeti italiani hanno teorizzato e praticato questo doppio procedimento. Ho letto per la prima volta del concetto di «narrazione interdetta» presso due di loro: Andrea Inglese e Marco Giovenale.[37] Vorrei far riecheggiare la lezione di Porta in alcuni testi recenti di questi autori, passando dunque, seppur in modo provvisorio e incompleto, al presente e soprattutto al futuro della poesia di Porta in Italia. Alla fine di un'opera del 2007 dal titolo *Prati/Pelouses*, Andrea Inglese, poeta milanese nato nel 1967, il cui *background* è dunque temporalmente e geograficamente intersecato con l'eredità di Porta, produce un vero e proprio cortocircuito narrativo e spaziotemporale in cui la moltiplicazione dello sguardo sugli eventi e, direi, la crudeltà «organica», corporea e animale dell'immaginario non lasciano dubbi sull'influenza portiana, in questo caso anche del Porta romanziere:

Nonostante le apparenze, Pauline non preferiva i quadrupedi ai volatili, e desiderava fare l'amore con persone di età diversa. (I suoi capezzoli tremano appena azionano il martello pneumatico.) *Ancora piccole meduse nella vasca* e *Perde la testa durante la processione* [...] Gli sconosciuti cominciarono a perdere aria dalle branchie. (Sente un prurito sotto le ascelle, quando la sala da pranzo prende fuoco.) Nonostante le apparenze, gli uomini dalle teste di pesce sapevano sparare a casaccio sulla folla. Pauline chiuse con delicatezza quel periodo ambiguo della sua vita. Andò a vomitare sul prato. (Le lacrime le scorrono sulle guance, quando l'erba rimane immobile, non agitata dal vento né da minuscoli animali.)[38]

Un'eco evidente di Porta sulla base dei meccanismi appena illustrati mi sembra ampiamente presente anche nel seguente testo di una serie di Marco Giovenale (classe 1969) intitolata, non a caso, *Tranne un oggetto* e inclusa in un'opera del 2007, *La casa esposta* :

guardano la cartina la strada. salaria strada del sale | la coda raccolta, sulle spalle, una produzione | giochi erotici russi una fattoria | riadatta. massacrava piccoli animali | viene macellato per errore il suo stesso | macchinario avanzato di produzione | piccole banchine di | si appoggia all'anello d'argento | non potendo non avendo figli bruciarne di propri | siede sulla via. le portatrici lo pagano | passando | la polizia si ferma a fumare con lui. | alberatura[39]

Oltre alla narrazione « interdite », al resoconto lacunoso e non lineare dell'evento, alla multidimensionalità percettiva e alla crudeltà dell'immaginario è da notare anche qui l'uso oggettivante della *terza persona impersonale* : « guardano la cartina la strada », « massacrava piccoli animali ». Con lo stesso dispositivo anche Gian Maria Annovi, che ha da tempo intrapreso un dialogo intenso con l'opera di Porta, racconta in *Self-eaters* l'intersezione conflittuale tra la parola e la realtà, qui declinato nello scontro anti-metalinguistico della parola contro se stessa :

> non si regge coi piedi e con le mani :
> le protesi che devono restare
> fin quando non sono ricresciute
>
> piegato col mento sul costato
> si squama e si distacca come niente
> lo scatolo di ossa che lo tiene
>
> ne pendono le parti dai cordoni
> che morde e subito divora
>
> è come parlare dello scrivere
> un atto che ingoia la parola [40]

Tornando a *Come se fosse un ritmo,* trovo l'eco della ripetizione straniata e non lineare prodotta dalla multidimensionalità percettiva dell'evento in un testo di un altro poeta milanese della stessa generazione di Andrea Inglese, Michele Zaffarano (nato nel 1970), che si concentra però sull'uso anaforico dell'infinito :

> guardare in faccia le persone
> raschiare il lenzuolo
> scomparire
> ritrovarsi dopo un periodo di latenza
> passare i limiti
> immaginare diverse passioni
> avanzare secondo linee intermedie
> tenere le mani aperte
> restare avvolti dal tempo
> [...][41]

Questo preciso procedimento anaforico ci riporta alla poesia americana, da Vito Acconci a Emmett Williams. Cito quest'ultimo da *Resolutions* (1967), ricordando che questo stesso dispositivo si sviluppa qui in forma di permutazioni per ben diciotto sezioni :

> warm a heart
> hold a hand
> lend an ear
> pat a back
> light up a face
> tickle a funnybone
> dry an eye
> surprise a child
> woo a sweetheart

> toast a bride
> welcome a stranger
> wave a goodbye
> shout a bravo
> blow a kiss
> mend a quarrel
> ease a pain
> boost a morale
> start a tradition[42]

Ritrovo anche gli altri dispositivi menzionati : la penetrazione oggettuale, la narrazione *interdite,* la multidimensionalità percettiva, la terza persona impersonale, nell'opera di Michael Palmer. Palmer, poeta americano tra i maggiori della contemporaneità, ha dedicato a Porta un suo importante testo, *Recursus* (1995), tradotto in italiano da Gian Maria Annovi.[43] Ma citerò da un'opera precedente, *Notes for Echo Lake* (1981) :

> Does that kind of breathing mean « yes » or is it a simple interrogation. Each a fact with no implication at all. She dressed that way once to illustrate the idea. Totally structured and arbitrary. It comes and goes and rises and falls and the breathing stops. [...] The clouds disappear into the blue, first pleasure then bitterness then the body perishes. Things exist. She dressed that way once to illustrate an idea. I am against disorder. Music floats in the windows. Every event is controlled [...].[44]

Conclusione

Come dicevamo all'inizio, questo excursus non ha pretese di esaustività. Ho tentato piuttosto di individuare alcune possibili nozioni di poetica volte ad illustrare i legami della poesia di Porta con opere di altre lingue e con il « presente della poesia » italiana. Mi pare che attraverso di esse possa intravedersi la ragione per cui, di anno in anno, la poesia di Porta sia sempre piú considerata come inesauribilmente attuale. Essa, attraverso la concretezza e l'unicità dei suoi dispositivi, è riuscita molto piú di altre a liberarsi dal peso delle poetiche del secondo Novecento e a costruire nel tempo una visione alternativa, non ideologica e « resistente » della scrittura come ricerca e come sperimentazione. L'interscambio, documentato storicamente o no, dell'opera di Porta con la poesia straniera e la profonda influenza che essa esercita sui poeti contemporanei italiani sono due facce *della stessa medaglia*, perché gli autori che rifiutano oggi il dominante côté reazionario della letteratura italiana sono accomunati, nell'eterogeneità delle loro poetiche, dal tentativo di porre le basi per un programma di ricerca e di sperimentazione volto a produrre modalità alternative a quelle proposte dalle nostre neoavanguardie, che pur costituiscono, allo stesso tempo, una delle basi di tale programma.

Conferenza al convegno *Antonio Porta : Il progetto infinito*, Bologna, Biblioteca dell'Archiginnasio, 2009, poi pubblicata negli atti in *Il verri*, n. 41, 2009.

1. Per quanto riguarda gli autori stranieri, mi concentrerò in particolare su Francia e Stati Uniti, tralasciando dunque, per esempio, il lavoro svolto da Porta su Trakl e sulla poesia ispanoamericana.

2. N. Lorenzini, *Il presente della poesia*, Il Mulino, Bologna 1991, p. 91–92.
3. *Ibid.*, p. 92.
4. N. Lorenzini, *La poesia italiana del Novecento*, Il Mulino, Bologna 1999, p. 136. A tale proposito, la Lorenzini sottolinea un primo autore straniero con cui Porta dialoga: Dylan Thomas.
5. Cfr. A. Porta, *In re*, in *Id.*, *I rapporti* (1960), oggi in *Id.*, *Tutte le poesie*, Garzanti, Milano 2009, e *Id.*, *Poesia e poetica*, in *I Novissimi*, Einaudi, Torino 1965 e 2003, p. 194.
6. Cfr. a tale proposito l'interessante studio di T. Lisa, *Le Poetiche dell'oggetto da Luciano Anceschi ai Novissimi*, Firenze University Press, 2007.
7. P. Celan, *Allocuzione*. *In occasione del conferimento del Premio letterario della Libera Città Anseatica di Brema*, in *Id.*, *La verità della poesia*, Einaudi, Torino 1993, p. 35.
8. Cfr. ad es. Niva Lorenzini, *Corporeità e/o stilizzazione. Nuovi modi del realismo*, in Ead., *La poesia: Tecniche di ascolto*, Manni, Lecce 2003, pp. 267–71.
9. Come ha confermato numerose volte nei suoi seminari all'École Normale Supérieure Lettres et Sciences Humaines di Lione.
10. Che tradusse in francese da *Cara*: cfr. la rivista « Change », n. 6, 1970.
11. C. Royet-Journoud, *La poésie entière est préposition*, Éric Pesty, Marseille 2007, p. 22.
12. J.-P. Cometti, *Emmanuel Hocquard et les rhinocéros de Wittgenstein*, in « Critique », n. 735–36, agosto–settembre 2008, p. 675.
13. A. Porta, *Correlativo oggettivo*, in « Malebolge », anno I, n. 2, 1964, p. 69. Mio il corsivo.
14. Cfr. in particolare *Id.*, « Prove e Frammenti ». *Grandezza solitaria della poesia di Pound*, in « Corriere della Sera », 27 dicembre 1981 e in *Il Progetto Infinito*, a c. di Giovanni Raboni, Quaderni Pier Paolo Pasolini, Roma, 1991; *Id.*, *L'analisi di una studiosa tedesca: Poesia e delirio in Ezra Pound*, in « Corriere della Sera », 14 settembre 1983.
15. Cfr. *Id.*, *Poesia al bivio (moderno; postmoderno)*, in « Lo stile della ragione e le ragioni dello stile », Atti del Congresso di Estetica organizzato dall'Associazione Italiana per gli Studi di Estetica e dall'Istituto Italiano per gli Studi Filosofici, Napoli, 15–17 gennaio 1987, Tempi Moderni Edizioni, 1988, pp. 173–179.
16. Cfr. L. Anceschi, *Poetica americana e altri studi di poetica*, Nistri-Lischi, Pisa 1953, p. 41–42: «[Pound] ha pieno diritto [...] di condannare l'intenzione di Zukofsky o di Oppen, che identificano l'attività poetica con la rappresentazione – non soltanto reductio – delle forme più esterne della vita meccanica contemporanea. No. [...] anche la vita interiore e soggettiva si fa *oggetto poetico*».
17. C. Bernstein, prefazione a L. Zukofsky, *Prepositions +: The Collected Critical Essays*, Wesleyan University Press, 2000. Cfr. ancora la citazione di Porta a proposito del correlativo oggettivo: 'nemmeno il suo «correlativo', ma mondo in sé ».
18. L. Zukofsky, *An Objective*, in *Id.*, *Prepositions +*, *op. cit.*, p. 15.
19. Cfr. N. Lorenzini, *Corporalità e crudeltà nella poesia degli anni Sessanta*, in Ead., *La poesia: tecniche di ascolto*, *op. cit.*, pp. 145–156.
20. Cfr. F. Ponge, *La rage de l'expression*, Gallimard, Paris 1976 e 1997.
21. In « Alfabeta », n. 1, maggio 1979.
22. A. Porta, *Jacques Roubaud: due serie di poesia de* ∈, in « Almanacco dello Specchio », n. 4, Marzo 1975.
23. *Id.*, *Poesia e poetica*, *op. cit.*, p. 193.
24. *Id.*, *Sur les montagnes obscures de l'Aube*, prefazione a J.-P. Faye, *Syeeda*, Shakespeare & Co., coll. « Change errant », Paris 1980.
25. Cfr. la rivista « Manteia », n. 6, Marseille 1969.
26. *Id.*, *Come se fosse un ritmo*, I (1966–67), ora in *Id.*, *Tutte le poesie*, *op. cit.*
27. *Id.*, *Rapporti umani*, XVIII (1963), ora in *Id.*, *Tutte le poesie*, *op .cit.*
28. A.-M. Albiach, *Objet*, Orange Export Ltd., Paris 1976.
29. *Id.*, *Figurations de l'image*, Flammarion, Paris 2004.
30. *Ibid.*
31. Royet-Journoud, *Les objets contiennent l'infini*, Gallimard, Paris 1983.

32. A. Porta, *Correlativo oggettivo*, op. cit. e Jacques Roubaud, op. cit., e C. Bernstein, prefazione a L. Zukofsky, *Prepositions +*, op. cit.
33. Id., *Aprire*, II (1960–61), ora in *Tutte le poesie*, op. cit.
34. Id., *Rapporti umani*, III (1961–62), ora in *Tutte le poesie*, op. cit.
35. Id., *Passeggero*, I (1975), ora in *Tutte le poesie*, op. cit.
36. Id., *L'aria della fine*, 57 (1980), San Marco dei Giustiniani, Genova 2004.
37. Cfr. ad es. M. Giovenale, *Per un dialogo su sperimentazione/avanguardia/ricerca*, http://www.nazioneindiana.com/2007/04/13/per-un-dialogo-su-sperimentazione-avanguardia-ricerca/
38. A. Inglese, *Prato n. 111 (Pellicola cinematografica, giornali, ciuffo d'erba)*, in Id., *Prati/Pelouses*, La Camera Verde, Roma 2007.
39. M. Giovenale, *Tranne un oggetto*, in Id., *La casa esposta*, Le Lettere, Firenze 2007.
40. G.M. Annovi, *Self-eaters*, Emilio Mazzoli Editore, Modena 2007.
41. M. Zaffarano, *E l'amore fiorirà splendidamente ovunque*, La Camera Verde, Roma 2007.
42. E. Williams, *Resolutions*, in Id., *The Last French-Fried Potato and Other Poems*, Something Else Press, New York 1967.
43. Cfr. M. Palmer, *Recursus*, in Id., *At Passages*, New Directions, New York 1995. Per la trad. di Annovi cfr. « L'Ulisse », n. 12, 2009.
44. M. Palmer., *Notes for Echo Lake*, oggi in Id., *Codes Appearing: Poems 1979–1988*, New Directions, New York 2001.

La troisième personne impersonnelle

Contemporanéité d'Antonio Porta

La publication d'un livre d'Antonio Porta (1935-1989) en France après plusieurs décennies depuis la dernière traduction française[1] est un événement significatif pour la poésie. Le fait que le livre choisi soit la version intégrale de *I Rapporti*, le premier ouvrage publié sous le nom d'Antonio Porta (nom de plume de Leo Paolazzi), est d'autant plus significatif, et ce pour une raison précise. *Les Rapports* est un livre qui s'inscrit dans ce tournant fondamental de l'histoire littéraire d'après-guerre qui est souvent qualifié de « néo-avant-garde », en relation à l'avant-garde historique de la première moitié du vingtième siècle. Dans ce climat d'expérimentation de nouvelles formes poétiques, Porta participe, avec quatre autres poètes (Edoardo Sanguineti, Nanni Balestrini, Elio Pagliarani, Alfredo Giuliani) à l'anthologie I *Novissimi*, publiée pour la première fois en 1961 et contenant d'ailleurs plusieurs poèmes des *Rapports*. Cette anthologie constitue le document poétique principal de ce qui deviendra deux ans plus tard le « Gruppo 63 », un collectif d'artistes et de théoriciens provenant de plusieurs disciplines qui a incarné la néo-avant-garde italienne et auquel les cinq poètes *novissimi* ont participé activement. Cependant,

Antonio Porta, moins connu du public français qu'Edoardo Sanguineti (connu entre autres pour ses collaborations avec *Tel Quel*), ou que Nanni Balestrini (qui a longtemps habité en France et dont plusieurs romans ont été traduits et publiés en français au fil des ans), est une figure qui a plus que d'autres et plus vite que les autres pris ses distances à l'égard des aspects les plus idéologiques de la néo-avant-garde italienne.[2] Or le texte de *Les Rapports* reflète cette position de Porta parce que c'est un livre qui se dérobe en permanence à l'histoire littéraire, il n'est pas *daté*, il n'a pas de date malgré celle de sa publication. L'œuvre du Porta avant-gardiste, non seulement dans *Les Rapports* mais aussi dans ses recueils ultérieurs tels que *Cara*, *Week-end*, *Passi passaggi*, *Aria della fine*, etc. en passant par *Partita*, une prose aussi importante que méconnue, montre la possibilité d'une approche expérimentale et conceptuelle de l'écriture poétique qui s'aventure au-delà du programme et demeure pour cela intensément émotive et critique. C'est pourquoi elle exerce une influence grandissante sur la poésie italienne contemporaine. Pour la même raison, la puissance novatrice et l'originalité de cette écriture sont telles que ce livre écrit entre la fin des années 1950 et le début des années 1960 pourrait, maintenant qu'il a été traduit par Caroline Zekri, apporter de la fraîcheur aussi dans le panorama poétique français.

Plonger dans les rapports langage-monde

La pratique poétique d'Antonio Porta s'inscrit dans ces régimes poétiques que l'on pourrait qualifier de *régimes on-*

tico-linguistiques indépendants, c'est-à-dire indépendants à l'égard de tout programme idéologique et en même temps soucieux de produire des démarches fortement critiques de mise en rapport entre le langage qu'elles emploient et le monde auquel elles appartiennent.[3] Plus précisément, la poésie de *I Rapporti* vise à construire la possibilité d'un nouveau rapport entre le langage poétique et le réel, et ce à plusieurs niveaux enchevêtrés : *cognitif*, en produisant, à la place de l'*illisible* dont la poésie moderne a souvent été accusée, une *autre lisibilité*, c'est-à-dire une façon de connaître et de voir autrement le réel au travers du langage ; *émotif*, en réduisant les représentations de l'identité et les psychologismes afin qu'un rapport plus direct entre le sujet et le réel puisse advenir ; *socio-politique*, en refusant les projections, les codes et les représentations que la *société du spectacle* impose au langage afin de faire surgir la possibilité d'un autre langage justement *indépendant ; formel,* car la redéfinition du rapport langage-monde a une répercussion immédiate sur les procédés rhétoriques, rythmiques, sémantiques, sémiotiques, etc. du texte.

Une poésie de ce type est donc éminemment subversive ; dans le cas des *Rapports*, le lecteur pourra remarquer à quel point, dès les premiers vers, la langue de Porta *subvertit la grammaire, les codes partagés et les stratégies référentielles jusqu'à produire un objet poétique qui, en augmentant l'écart entre l'écriture et le code, réduit l'écart entre le langage et le réel.* Porta était conscient que l'actualité et l'avenir de la poésie se trouvent dans ce type de démarche de redéfinition formelle de la poésie face au réel, comme Niva Lorenzini, l'une des spécialistes de l'œuvre de ce poète, l'a bien montré dans un texte consacré au Porta des années 1960 :

> face à l'« épreuve du réel » le langage de la tradition lyrique risquait la paralysie de l'affabulation incessante ou du silence [...]. Il fallait remettre en jeu le langage, l'adapter à un horizon perceptuel qui avait changé.[4]

Une première conséquence essentielle de cette prise de conscience poétique et poétologique de la modernité est, comme Porta le montre, d'ordre rhétorique aussi bien que cognitif et politique : c'est le refus, formulé pour la première fois de façon répandue au cours des années 1960, de concevoir la pratique poétique comme une pratique métaphorique :

> Il est opportun de revenir sur le caractère non-métaphorique de la « nouvelle poésie » [...] : ceci veut signifier que le contexte poétique n'est pas une métaphore du monde et, au fond, même pas son « corrélat », mais *monde en soi*.

Critiquant l'*objective correlative* de T.S. Eliot en tant que dernier résidu d'une pensée de la poésie comme un langage qui renverrait en permanence à quelque chose qui se trouverait *au-delà* ou *derrière* la manifestation textuelle, Porta exprime ici un modèle poétique qu'il partage avec d'autres poètes de générations proches, tels que Louis Zukofsky, Paul Celan, Claude Royet-Journoud, Emmanuel Hocquard et Charles Bernstein. Ce dernier, par exemple, décrit la poétique de Zukofsky en des termes très semblables à ceux de Porta :

« Never words over world but words as world ».⁵ Jean-Pierre Cometti synthétise ainsi la poétique d'Emmanuel Hocquard (mais ces mots pourraient tout aussi bien être adressés à la poétique d'autres auteurs de la même génération) :

> Garde-toi de la métaphore ! Ne crois pas qu'au-delà ou en deçà du langage – c'est-à-dire des mots ou de leur usage –, réside quelque instance originaire du sens qui pourrait t'être miraculeusement restituée ! Évite de lui subordonner ce que tu nommes *poésie* !⁶

Cette conséquence est majeure et généralisée dans une certaine poésie de la modernité et doit être rappelée dans ce contexte car elle permettra peut-être au lecteur de s'adresser aux poèmes contenus dans *Les Rapports* moins en termes de compréhension et d'interprétation figurale et plus dans l'objectif de faire une véritable *expérience* du texte, une expérience de la perception du texte comme une portion de monde plutôt que comme une collection de signifiés à déchiffrer derrière la démarche métaphorique. Le refus de la métaphore et la conception de la poésie comme « monde en soi » sont donc deux aspects complémentaires et indissolubles, sous l'égide de cette possibilité d'une expérience du texte poétique à la fois pour ceux qui l'écrivent et ceux qui le reçoivent.

Mais, dans ce même sillage, une conséquence peut-être encore plus remarquable, sans doute moins remarquée, et en tout cas beaucoup plus complexe encore, c'est que cette prise de conscience de la modernité poétique, et la création-redéfinition du rapport langage-monde qui en découle, comportent la mise au point de stratégies et de méthodes poétiques qui sont à la fois nécessaires et différentes pour chaque poète. Un bouleversement des formes poétiques ne peut pas advenir sans qu'aient lieu en même temps la conception et l'activation de démarches textuelles novatrices qui sont propres, dans leur indépendance, à chaque auteur, voire parfois à chaque texte. *Les Rapports* contient plusieurs méthodes, stratégies et démarches fortement novatrices dans le sens de cette modernité non datée. En particulier, ce livre inaugure et amène à son niveau d'expression le plus élevé une méthode poétique que l'on retrouve aussi chez d'autres auteurs et qui est d'une importance cruciale dans l'histoire de la poésie contemporaine : nous l'appellerons *troisième personne impersonnelle,* ou TPI. La TPI est une véritable clé de lecture de la méthode poétique des *Rapports*.

La méthode poétique des Rapports

Prenons comme exemple quelques vers extraordinaires du cycle *Rapports humains* (mais les exemples pourraient être nombreux) :

Vedeva solo una spilla, disteso sul divano,
labbra moltiplicate, ascoltandola, dietro la
tenda, con le gambe lunghissime, chiara e
incomprensibile, gesticolando, sorretta dalla parete,
con i confini perduti, le mani a pezzi,

verso occhi di gelo, su labbra dilatate, scivolando,
nel linguaggio dimenticato, all'ombra delle ciglia

Il ne voyait qu'une broche, étendu sur le canapé,
lèvres multipliées, en l'écoutant, derrière le
rideau, ses jambes très longues, claire et
incompréhensible, gesticulant, soutenue par le mur,
les frontières perdues, les mains en morceaux,
vers des yeux de glace, sur des lèvres dilatées, s'enfonçant,
dans le langage oublié, à l'ombre des cils

Dans ces vers, et dans beaucoup de vers de *I Rapporti*, le moteur de l'action est, pour le dire en des termes que Roland Barthes utilise dans un autre contexte critique, un « *il non personne* »[7]. Le *je* lyrique, mais aussi le *il* lyrique, disparaît, le sujet subsiste uniquement comme action et, en tant que tel, il est effacé par l'action. Le sujet est présent en tant que moteur poétique, mais il est *grammaticalement absent*. On ne sait pas qui accomplit l'action, mais tout est concentré sur l'action, sur le *geste*, sur un monde en mouvement perceptif. Puisque la langue italienne le permet, même les pronoms sont absents, ce qui a engendré de nombreuses questions et décisions difficiles à prendre lors de la phase de traduction en français. En italien il est tout à fait correct d'ôter les pronoms qui dans d'autres langues, comme le français, l'anglais et l'allemand, sont en revanche requis devant un verbe. La phrase demeure parfaitement compréhensible et l'on a encore moins d'éléments pour connaître l'identité du sujet qui accomplit l'action. L'*identité*, à entendre ici dans son sens politiquement et cognitivement le plus chargé, est dispersée dans l'action.

La TPI est aussi largement répandue chez des poètes français de la même génération que Porta, et témoigne d'un dispositif anti-psychologiste de déconstruction du *je* lyrique, essentiel dans la redéfinition poétique post-1945. Chez Anne-Marie Albiach et Claude Royet-Journoud, par exemple, on trouve de nombreux cas de TPI faisant usage de pronoms impersonnels au singulier et au pluriel.

Dans la TPI le sujet se perd et se retrouve ainsi sur un plan cognitif autre, à l'intérieur de l'action, il *adhère* à l'événement du réel dont il fait partie et à l'espace dans lequel il est situé : tout le rapport langage-monde est modifié par ce simple dispositif compositionnel. Du fait de la réduction égologique, le monde tend à devenir un *mondelangage*, le langage tend à devenir un *langagemonde*. Dans la TPI, c'est l'action elle-même qui compte, l'action dans le réel, représentée par la succession des verbes. Non seulement le « je lyrique », mais aussi le sujet se perd, ou plutôt *se retrouve*, dans l'objet, dans une langue qui devient elle-même objet du réel et modifie ainsi la perception-expérience du monde.

Cette modification est aussi accomplie chez Porta par une *multiplication du regard sur l'action* qui est opérée en même temps que la TPI, après chaque virgule, à chaque césure, et, parallèlement, à chaque « accent tonique » marqué par la virgule. Dans les vers et dans les proses des *Rapports* la perspective d'observation change de façon permanente, comme si une caméra se déplaçait dans l'espace en coupant l'image à chaque changement de plan, comme si la succession rythmique permettait de saisir des aspects du réel par d'autres points de vue, des aspects qui n'auraient pas été susceptibles d'être connus si la poésie n'avait pas fait irruption dans le monde. La TPI et la multiplication du regard produisent une description et une narration alternatives de l'événement, qui est ainsi restitué dans sa non-linéarité réelle au lieu d'être représenté et ré-agencé par un récit univoque et linéaire. La violence crue des images, récurrente dans *Les Rapports*, témoigne d'une part de cette proximité, en termes badiousiens, entre la poésie et l'événement et d'autre part de la volonté de changer la perception du réel par le biais d'un langage nouveau, qui frappe violemment l'intégrité du récit et, de retour, le lecteur.

La crise du sujet lyrique commence déjà au XIXème siècle et s'affirme pendant l'avant-garde historique. Comme le rappelle Dominique Combe, Oskar Walzel au début du XXème siècle parle de « *Entichung* », de « déségotisation » du je lyrique et, plus tard, Hugo Friedrich s'attache à décrire la « dépersonnalisation » du je dans la poésie moderne.[8] En revanche, la présence récurrente de troisièmes personnes, singulières et plurielles, sans nom, agissant au sein du poème, est un phénomène que l'on observe exclusivement à partir des années 1950-60. La TPI, tout en réduisant la subjectivité psychologiste du *je*, réalise le rapprochement ontologique entre la subjectivité pronominale et le sujet réel, le sujet *du* réel, qui n'a bien évidemment aucune relation ni avec le poète ni avec un sujet biographique particulier, et d'autant moins une quelconque valeur fictionnelle. Comme le remarque Combe, l'adjectif « lyrique » attribué au je par la poétologie indique cette différence entre un sujet poétique et un sujet « réel, authentique ».[9] Or la TPI, en réduisant le *je* à un *il/elle/ils/elles* impersonnel et en devenir, tout concentré sur son action dans le monde, déconstruit le caractère lyrique de la subjectivité poétique, en la rendant au réel dans lequel elle inscrit son discours.

Implications

La TPI et les conséquences qui en découlent sont loin d'être un pur exercice formel moderniste. On l'a vu, mais les implications de cette approche de l'écriture peuvent être encore plus étendues. Je trouve plus intéressant d'explorer davantage cette direction que de me plonger dans une exégèse de *Les Rapports*, le but étant ici de contextualiser, plutôt que de risquer d'enlever le plaisir au lecteur, un plaisir de l'expérience et de la perception, justement, non pas de l'interprétation minutieuse, qui ne convient pas à la lecture de cette poésie. C'est une position critique, comme on le verra encore de suite, qui a affaire à la démarche poétique de Porta.

Le démembrement du corps est une autre conséquence, à la fois rhétorique et esthétique, de la déconstruction du je, comme dans le début de la section des *Rapports* intitulée *La paupière renversée* :

Il naso sfalda per divenire saliva il labbro
alzandosi sopra i denti liquefa la curva masticata
con le radici spugnose sulla guancia mordono
la ragnatela venosa, nel tendersi incrina la mascella,
lo zigomo s'impunta e preme nella tensione dell'occhio

contratto nell'orbita dal nervo fino alla gola
percorsa nel groviglio delle voci dal battito incessante.

Le nez fend pour devenir salive la lèvre
en remontant au-dessus des dents liquéfie la courbe mâchée
avec les racines spongieuses sur la joue mordent
la toile d'araignée veineuse, en se tendant fêle la mâchoire,
la pommette bute et appuie dans la tension de l'œil
contracté dans l'orbite du nerf jusqu'à la gorge
parcourue dans l'enchevêtrement des voix au battement
incessant.

Edoardo Sanguineti parle, en relation à l'écriture des poètes *novissimi*, de « littérature de la cruauté », en faisant bien évidemment écho au théâtre de la cruauté artaudien. Deleuze – Guattari : « Le corps sans organes se referme sur les endroits quittés. Le théâtre de la cruauté, nous ne pouvons pas le séparer de la lutte contre notre culture ».[10] Sanguineti : la « littérature de la cruauté » « n'est pas au service de la révolution, elle est la révolution sur le terrain des mots ».[11] La littérature de la cruauté se sert largement de ces processus de démembrement du corps qui acquièrent dans *Les Rapports* une profondeur ultérieure. C'est là où s'opère la révolution de la poésie de Porta qui, dans son évidence énigmatique, se dérobe à l'interprétation et à l'identité, comme Porta lui-même l'explicite dans ce passage où il révèle par ailleurs la raison du choix de son pseudonyme :

Je refusais mon corps apparemment si déterminé et incrusté dans une condition qui ne pouvait pas être celle de ma « vraie » vie mais seulement celle qui m'était imposée par les suprêmes organes inquisitoriaux qui se nomment famille et société bourgeoise. Je refusais mon corps parce que je voulais le changer et je pouvais le changer dans l'écriture de la poésie en agissant aussi sur le physique, qui paraissait suivre les transformations de l'invention poétique. Ce qui est en phase de transformation a encore quelque chose de monstrueux, de non fini, de désagréable, telle était alors, pensais-je, la présence de ma personne. Je me cachais donc (et pour cela j'ai même changé de nom), pour écrire et pouvoir démontrer que j'étais, et suis, aujourd'hui plus que jamais, l'autre. Mais au fil des ans, il s'est passé quelque chose de plus : l'autre est devenu moi et mon corps même a muté et d'un corps muté est en train de me naître une poésie nouvelle, non plus instrument de mutation, mais elle-même mutation.[12]

Un « champ de tensions »

Une vingtaine d'années après Les Rapports, Porta fournit une description synthétique et efficace du déplacement de paradigme qui fait évoluer les implications épistémologiques et la configuration esthétique du sujet au sein du poème de la modernité. En parlant explicitement de la « réduction du je » à laquelle sa propre poésie serait également soumise, Porta décrit ainsi la « nouvelle connaissance » vers laquelle porte la redéfinition du nouveau sujet poétique :

Le je de la tradition poétique est remplacé par un « champ de tensions » où le langage peut agir, pour ainsi dire, sans être dérangé. Le je devient le point des interactions, comme je le définis aujourd'hui, aussi linguistiques, en fonction d'une nouvelle connaissance.[13]

Cette notion de *je lyrique* comme « champ de tensions » est réalisée dans le poème : un sujet non-représentable, multi-dimensionnel et rhizomatique, sans organes, sans identité ontique, psychologique, sociétale, surgit en même temps que la « poésie nouvelle, elle-même mutation » qui est au cœur de la poétique de Porta à partir des *Rapports*. Il n'y a donc pas de disparition du sujet, mais réaffirmation du sujet au-delà du psychologisme, à travers l'histoire, dans le réel. *La troisième personne impersonnelle décrit la trajectoire poétique d'un sujet qui s'oppose à la représentation et à l'identité et d'un langage qui, se dérobant aux dualismes de la métaphore et de l'herméneutique « positive », reconstitue la possibilité d'un nouveau rapport critique avec le réel dont il se découvre une portion, un lieu, un espace.* La poésie de Porta, selon sa propre expression sur laquelle beaucoup de pages ont été écrites, est pour cela une poésie *in re*, et *In re* est aussi le titre d'un poème important des *Rapports* :

Lo sguardo allo specchio scruta l'inesistenza,
i peli del sopracciglio moltiplicano in labirinto,
l'occhio nel vetro riflette l'assenza, nel folto
i capelli, temporanea parrucca, sgomentano le mani:
cadono sulle guance.

L'inquietudine prolungata mette in evidenza
il mortale infinito dei pori dilatati,
estrema avventura di un oggetto che si trucca,
sceglie una direzione inconsapevole o folle.

Dietro il lavabo il corpo in oscillazione
sfugge l'abbaglio, rivoltante presenza,
indicatrice e lampante, nella camera a vuoto
tra le piume mulina, la soffocazione.

1960

*Le regard dans le miroir scrute l'inexistence,
les poils du sourcil multiplient en labyrinthe,
l'œil dans la vitre reflète l'absence, dans la masse
les cheveux, perruque temporaire, troublent les mains :
tombent sur les joues.*

*L'inquiétude prolongée met en évidence
l'infini mortel des pores dilatés,
aventure extrême d'un objet qui se maquille,
choisit une direction inconsciente ou folle.*

*Derrière le lavabo le corps en oscillation
évite l'éblouissement, révoltante présence,
indicatrice et éclairante, dans la chambre à vide
parmi les plumes tourbillonne, l'étouffement.*

1960

Dans une des chambres si récurrentes dans *Les Rapports*, le corps voit son propre démembrement, sa propre finitude, son angoisse : l'angoisse du réel. Mais en même temps, derrière cette image de mort, contre la représentation de l'identité véhiculée ici par le miroir et grâce à ce même processus de démembrement subjectal en « champ de tensions », l'innovation poétique de ce livre nous donne à vivre autrement le langage : comme expérience de la parole, comme possibilité de l'humain.

—

Initialement publié comme préface à Antonio Porta, *Les Rapports*, traduit de l'italien par Caroline Zekri, avec une postface de Judith Balso, Caen, Nous, 2015.

1. *Choisir la voix*, Paris, Shakespeare & Co., 1980, traduction de Joseph Guglielmi, préface de Jean-Pierre Faye.
2. Pour une critique de la philosophie de l'histoire et de l'idéologie néo-avant-gardistes, cf. par exemple les remarques formulées par Michel Foucault dans le débat avec Edoardo Sanguineti in *Débat sur la poésie*, « Tel Quel », n. 17, Printemps 1964.
3. Pour une réflexion approfondie sur la notion de *régime ontico-linguistique indépendant*, cf. A. De Francesco, *Pour une théorie non-dualiste de la poésie (1960-1989)*, thèse soutenue à l'Université Paris-Sorbonne, 2013.
4. N. Lorenzini, *Il presente della poesia*, Bologne, Il Mulino, 1991, p. 91–92
5. Ch. Bernstein, préface à L. Zukofsky, *Prepositions +: The Collected Critical Essays*, Wesleyan University Press, 2000, p. x. Tr. : « Jamais des mots sur le monde mais des mots comme monde ».
6. J.-P. Cometti, *Emmanuel Hocquard et les rhinocéros de Wittgenstein*, in *Les Intensifs. Poètes du XXIème siècle*, « Critique » 735-36, août-septembre 2008, p. 675.
7. R. Barthes, *La personne* [1976], in *Le bruissement de la langue : Essais critiques* IV, Paris, Seuil, coll. « Points Essais », 1984, p. 26 : « le *je* linguistique peut et doit se définir d'une façon a-psychologique » et « le *il* [...] est absolument la non-personne, marquée par l'absence de ce qui fait spécifiquement (c'est-à-dire linguistiquement) *je* et *tu* ».
8. D. Combe, *La référence dédoublée : le sujet lyrique entre fiction et autobiographie*, in D. Rabaté (éd.), *Figures du sujet lyrique*, Paris, P.U.F., coll. « Perspectives littéraires », 1996, p. 48.
9. *Ibid.*, p. 39.
10. G. Deleuze – F. Guattari, *Capitalisme et schizophrénie I : L'Anti-Œdipe*, Paris, Les Minuit, coll. « Critique », 1972–73, p. 102.
11. E. Sanguineti, *Per una letteratura della crudeltà*, in *Ideologia e linguaggio*, Milan, Feltrinelli, coll. « Campi del sapere », 2001, p. 110.
12. A. Porta, *Sur les montagnes obscures de l'Aube*, préface à J.-P. Faye, *Syeeda*, Paris, Shakespeare & Co., coll. « Change errant », 1980.
13. Interview à Antonio Porta de Luigi Sasso, revue « Il Castoro », n. 166, octobre 1980.

III.
Dialoghi
Entretiens
Dialogues

Lyrik-Diskurs – Letters on Poetry with Dieter M. Gräf

Dieter M. Gräf: Du hast, Alessandro, anlässlich einer Präsentation Deiner Arbeit in der Schweiz,[1] einen Begriff verwendet, der auf den bei uns leider noch nicht diskutierten französischen Dichter Jean-Marie Gleize verweist, nämlich *post-poésie*. Vielleicht möchtest Du diesen Terminus erläutern und auch, was er Dir als Dichter bedeutet? Ich frage vor dem Hintergrund, dass ich nun zwar seit über dreißig Jahren Gedichte schreibe, aber stets auch ein Unbehagen habe, wenn ich Wörter höre wie „Gedicht", „Lyrik", „Poesie". In der Kunst akzeptiert man mittlerweile doch sehr, dass man ganz unterschiedliche Materialien kombinieren, Fundstücke verwenden kann, Muster, heterogene Elemente ... Die Erwartungen hinsichtlich der Poesie kommen mir enger, biederer, konservativer vor. Man kann es sich doch vorstellen, „das Gedicht", wenn man sich als Fehlsichtigen imaginiert, der die Brille abzieht: etwas verschwommen steht es nun vor einem. Ich finde „es" recht pittoresk in seiner Kleinformatigkeit und Bedachtheit, und es interessiert mich nicht wirklich. In Deutschland hat die zeitgenössische Poesie derzeit einen erfreulich guten Ruf, insbesondere durch den Hype um die jungen Dichter, und weltweit boomen Poesiefestivals. Wir stehen also nicht mit dem Rücken zur Wand, und inmitten des *anything goes* gibt es nicht nur Beifall für alle, sondern jeder wird ein, zwei oder gar drei dutzend Autoren nennen können, die gut oder vorzüglich sind. Aber wenn ich durch eine klug konzipierte zeitgenössische Ausstellung laufe, ließe ich meine Branche nur zu gerne hinter mir und würde lieber dort mit dabei sein wollen. Mit dem freilich, was ich „Gedicht" zu nennen habe. Vielleicht hilft es uns, wenn wir uns über *post-poésie* Gedanken machen, klarer zu sehen, wo wir derzeit stehen? Wenn ich es recht sehe, haben wir einige Gemeinsamkeiten. Ich jedenfalls möchte das Einzelgedicht keineswegs aufgeben, will es aber neu aufladen, indem ich es in einem Kontext vorkommen lasse, der es ergänzt, in Frage stellt, ausleuchtet, kontrastiert, in eine Spannung setzt, die wegfiele, wenn man es als Einzelwerk herauslöste. Ich gebe ein Beispiel: Ich veröffentliche das Gedicht *Der nackte Ginsberg* auch solo, aber das Kraftfeld, das mich eigentlich interessiert, ist nur dann da, wenn man es mit den in *Buch Vier* unmittelbar folgenden Gedichten wahrnimmt, die ebenfalls Ground Zero verhandeln und die stilistisch sehr unterschiedlich ausgerichtet sind. Diese Struktur finde ich eigentlich spannend, dass drei ästhetisch recht weit auseinander liegende Kerntexte nun einen Cluster bilden. Ein ähnlich aufgebautes steht auch in meinem Italien-Kapitel: ein Feltrinelli-Trio, das mit einem narrativen Text beginnt, man könnte von einem magischen Realismus sprechen, und schon der nächste ist fast entgegengesetzt konstruiert, enggeführt, während der dritte so weit geht, fast ausschließlich Material einer Fremdquelle zu verwenden. Bei Dir sind es andere Vorgehensweisen, aber wenn ich es recht sehe, doch dahingehend verwandt, dass Du Deine Einzelgedichte ebenfalls zusätzlich auflädst, indem Du sie miteinander verlinkst? Ich betone das so, weil es für mich auf eine Alternative zum Langgedicht hinausläuft, von dessen Möglichkeiten ich auch viel halte, oder eine Variante hierzu. Jedenfalls meine ich, dass das Gedicht, oder die *post-poésie*, aus dem Kleinformatigen herauszukommen hat, dass sie über eine andere Distanz gehen muss um zur Blüte zu kommen.

Alessandro De Francesco: Dear Dieter, you speak about our "Gemeinsamkeiten," our common points, where our poetry meets. I would say that these common points are there for sure and come basically from an *experimental* background, where the term "experimental" has to be conceived in a wide sense. When I told you once that your poetry for me is not *avant-gardistic* but *experimental* and that I think the same way when I write my texts, you reminded me of the problematic history of that concept, quoting Thomas Kling. But let's try to expand this idea and think that our poetry is originated by a desire of knowledge and relation to reality. This is what I call *experimental*. We are both probably not interested in Poetry as a genre, we write in creating paradigms in order to approach reality and language, to approach what I like to call the *world-language* we live in, since I don't think that it makes sense to distinguish "metaphysically" these two elements anymore. World and language are two ways of giving a name to the same thing, the only space we know because we all live inside it. Do you agree with that? Jean-

Marie Gleize's concept of *post-poésie* has to do with such an issue. Jean-Marie believes that poetry, if "classically" conceived as a genre, is not able to respond anymore to the need of writing somehow *inside* the real, to see poetry *as a form* of the teal. As you explain, contemporary art uses multiple and mixed media in order to reach its purposes, and that is concretely what Jean-Marie thinks poetry should do as well. So *post-poetry* is a way of writing without thinking of genres, of rhetorical procedures, of metrical schemes, of external forms given to a previous content, etc., but just trying to make the language *adhere* to itself while expressing itself inside the real. I deeply agree with this point of view. It has by the way a strong relation to Ludwig Wittgenstein's philosophy, which has been very important for my work. As Wittgenstein writes in his *Notebooks 1916*: "So stellt der Satz den Sachverhalt gleichsam auf eigene Faust dar". It is not that far away from the following proposition Jean-Marie loves to repeat: "poetry says what it says in saying it" (*la poésie dit ce qu'elle dit en le disant*).

But I also have a perplexity on the definition *post-poésie*: this term assumes that poetry has changed, becoming something *after* itself, and this "something" still has a relation to "poetry" as a genre but is not a genre anymore. So, we can argue, *poetry* is nothing but a *model* of a *writing practice*. But then, why do we still need to call it differently? Why couldn't we just say "poetry" knowing that we are referring to a certain tradition which has deeply changed at the same time, that we are referring to a model, not to an ontological layer or a heideggerian or whatever truth of language?

I think that questioning literary genres is somehow a 20th century issue that might not be that important anymore. Poetry has always changed into something different than itself. Also German Romantic poetry is *post-poetry* if we see it as an evolution beyond previous classical poetry practices. I would like to say that great poetry is always "post-poetry," and, at the same time, it is still poetry, and that's all. Also because poetry is not only form, not only metrical schemes, not only *genre*. Poetry might also mean to write knowing that the language we are using has a high (and highly peculiar) semantical concentration which distinguishes such a practice from other kinds of artistic and/or literary practices. When you read Jean-Marie Gleize's work, power, deepness and semantical concentration of his text go beyond every fixed definition, but at the same time his work can still be called (great) poetry, because such procedures refer to poetry's tradition while trying to change it. It is exactly the same sensation I have when I read your work. So I would go back to *poetry* knowing that we're using a conventional term (by the way, as Antonio Prete points out, Giacomo Leopardi told this already at the beginning of the 19th century) and call writing practices like your one, Jean-Marie's one and my own one just *poetry* or, if we want to highlight the research we do respectively in our works, "experimental poetry." This doesn't mean that I don't agree with the idea behind the term *post-poetry*: I support this conception with firmness. Also for a political reason, that is to say against an *easy* and *banally lyrical* and *sentimental* conception of poetry which is nowadays unfortunately still too powerful. So let's say we can also use the term *post-poetry* knowing that it is a model as well.

There is a last aspect I would like to point out in this first letter: you talk about a new way of conceiving poetry by not working on the single text anymore, but, I would say, on a "macro-text," on a unique text single poems belong to. And when those single poems are read and published separately they "lose" something. I think I proceeded in the same way when I wrote my first book, *Lo spostamento degli oggetti*: the texts inside it belong to a "macro-textual" conception even if they are also single entities (also written in different periods of time). Jean-Marie Gleize's procedure in that sense is something different, you certainly agree: he doesn't write single texts, but his books are *semi-fiction* prose works in chapters, even if, as I argued, because of the language they use and the tradition they refer to, they are still poetry. In my second book *Ridefinizione* I tried, in that sense, a third possible procedure: the book is a unique macro-text divided in three sections/chapters composed by several single "square prosepoetry texts"; some of them can also work as single poems, but not all of them, and there's anyway what I would call a *non-linear narrative* taking place inside the work, in which several different plots and remarks are weaved together and superposed through a series of gaps, lapses, time changes, flash-backs and flash-forwards, following precisely a non-linear logical and compositional approach. In that sense, if I basically don't have anything against *poetry* and I consider my own work, even when there are narrative devices, as *poetry* and myself as a *poet*, I really do agree with your doubts on maintaining the *poem* as the fundamental unit of poetry and I am also interested in more complex, multi-dimensional and articulated writing processes. Let's say that for me the concept of *poem* is more compromised than the concept of *poetry*, because *poetry* can still embrace a very wide set of writing practices, while *poem* means just *poem*, and that's all. If we use the word *poem*, like I did, we have to know that we're using a conventional term even more than while using the word *poetry*.

DMG: Ja, Arbeit am Makrotext, lieber Alessandro – aber ich würde nicht sagen, dass das Gedicht dann etwas verliert, wenn es als Einzelnes in Erscheinung zu treten hat, sondern dass es etwas gewinnt, nimmt man es in seinem makrokosmischen Zusammenhang wahr. Das wäre jedenfalls mein Anspruch an sein Gelingen und hängt mit meiner Vorstellung von einem konzeptlosen Konzept zusammen. Ich will damit sagen, dass ich es für nötig erachte, dass der Autor einen inneren Magneten auszurichten vermag, denn Gedichte entwickeln sich nicht einfach so in eine Makrostruktur hinein. Andererseits will ich mich abgrenzen von einer Willenskunst, die das, was geschehen soll, vorgeben oder erzwingen will. Wenn ich mich zwischen Schmetterling und Schmetterlingsnetz entscheiden soll, zögere ich keine Sekunde. Arbeitet man im strengeren Sinn konzeptionell, hätte ich die Befürchtung, dass der einzelne Text nur in seiner Funktion innerhalb der Struktur lebensfähig ist und dass er außerhalb schwer keucht, hilfsbedürftig ist und Fürsprecher benötigt, die uns seine Herkunftsgeschichte vortragen müssen, damit wir ihn wohlwollend ansehen können. Konzeptkunst scheint mir zu sehr im Kopf stattzufinden. Ich beginne nie mit einem benennbaren Konzept, und wenn sich dann „etwas" entwickelt, kann ich davon nur unsouverän berichten. Es ist ein intuitives Vorgehen, ein mindestens so energetischer wie intellektueller Prozess. Meines Erachtens schützt das vorm Erblassen des allein zu lassenenden Textes und macht ihn lebensfähig. Ihm geht es gut, aber unter seinen Freunden gefällt er einem noch viel besser.

Mit Hut und Vorhut tun wir uns schwer, selbst wenn wir sie mit dem ein oder anderen „Post-" ausstatten würden, kommen wir also zum Experimentellen, mit dem ich allerdings nicht warm werde. „Das Wort Experiment", so Kling, „das weitaus widerlichste: ‚experimentelle Lyrik', habe ich für meine Literatur zu keinem Zeitpunkt benutzt oder bestellt und möchte es hiermit bitte gerne zurückgehen lassen." Er moniert in *Itinerar*, dass der Begriff „nach heutigem Sprachgebrauch, neben dem wissenschaftlichen Versuch, etwas Vages, Provisorisches, Vorläufiges und Unabgeschlossenes" beinhalte. Mir missfällt vor allem das sich einstellende Laborbild. Ich sehe jemand im weißen Kittel vor mir, der ein paar Tröpfchen von der Substanz X hinzugibt um zu schauen, was dann passiert. Mit meiner Arbeitsweise hat das kaum zu tun, und bin keineswegs sicher, ob mein Schreiben „experimenteller" ist als das von Goethe, der zu Beginn der *Urworte. Orphisch* vielleicht auch nicht wusste, wie der Text bei seinem Abschluss aussehen wird und womöglich auch nicht auf Vorstapfern bestand.

Da wir also nicht mehr so recht von (post-)avantgardistischer Literatur sprechen möchten (warum sollten uns andere folgen?), und ich mir nichts aus experimentellen Texten mache, möchte ich leichtsinnigerweise einen „neuen" Terminus ausprobieren, *links*. Ich verstehe darunter keine politische, sondern eine ästhetische Haltung. Mal schauen, ob ich von diesem Begriff, der mich früher faszinierte, etwas für mich retten kann. Mit der politischen Linken kann ich nicht mehr viel anfangen, und wenn ich die Thesen nach 68 nunmehr sehe, bin ich mitunter entsetzt, wie dürftig oder grundfalsch sie nun wirken. Aber rückwirkend finde ich es dennoch gut, dass ich mich dort engagierte, und sei es in der Basisgruppe meiner Schule. Bei zunehmender inhaltlicher Entfernung mutmaße ich einen Kern, der vom Inhaltlichen gar nicht abhängt. *Ästhetisch links* ist für mich eine Haltung, die das Noch-Nicht dem Affirmativen vorzieht, die also nicht auf Bestätigung bisheriger Ansichten und Lebensauffassungen aus ist, sondern irritiert und dadurch die Chance gibt, weiter zu werden, durchlässiger, einsichtiger. Ich meine, dass wir zum Wachsen hier sind und erhoffe mir von jedem Gedicht, dass es mich anzieht, indem es mir etwas aufzeigt, das es vorher für mich noch nicht gab. Unlängst freute sich ein Kritiker, er habe beim Lesen eines allseits geschätzten jungen Dichters unentwegt mit dem Kopf genickt. Das ist überhaupt nicht die Bewegtheit, die ich mir von den Künsten erhoffe. Gedichte haben ihre inhaltlichen Verläufe, aber noch tiefer erreichen sie uns, behaupte ich, durch ihre Klangstruktur. Die Mehrheit bevorzugt Klangmuster, durch die man sich bestätigt fühlt. An ihrer Oberfläche sprechen solche Gedichte vom ein oder anderen Missstand, aber ihr Tiefenklang setzt dieses Nicken in Gang, und darauf kommt es an. Neulich war ich in Serbien und hatte in der Provinz einer türkischen Dichterin zuzuhören. Kein Mensch hat auch nur ein Wort verstanden, aber dennoch stellte sich so ein bezeichnender Gesichtsausdruck und diese Nicktendenz ein – man versteht also sehr wohl, was die Dichterin mitteilt, auch wenn man ihrer Sprache nicht mächtig ist. Kunst, die ich *ästhetisch links* nenne, klärt nicht über soziale Ungerechtigkeit auf (was auch ehrenwert ist), sondern lässt diese unschönen Gesichtsbewegungen nicht aufkommen. Sie ist nicht lukullisch, nie einlullend und schenkt uns keinen zusätzlichen Kokon zu dem, den wir eh schon haben, sie ist vielmehr hybrid, entgrenzend, suchend; ist sie *postpoésie*? Das gute Scheitern zieht sie zur Not dem schlechten Gelingen vor. Die von Dir genannten deutschen Romantiker, wenn wir uns auf die Frühromantiker, den Jenaer Kreis, verständigen können, wären in dem Sinne *links*, denn sie gehen ins Offene und variieren nicht das, womit zu rechnen ist. Da die Mehrheit Bestätigung möchte, dieses „Ja, das kenne ich gut", kommt die kleine radikale Minderheit am Rand vor. Bei den Kanonisierungen lässt man immer mal wieder einen durch, als Farbtupfer, aber selbst dabei wird er verstellt. Rolf Dieter Brinkmann beispielsweise, der gegen den linken Zeitgeist herzog, ist für mich *links* in besagtem Sinn, und immerhin kanonisiert. Aber wenn man genauer hinschaut, ist der ihm zugebilligte Ruhm, der von seinem frühen Tod nicht zu lösen ist, auch Tapete vor seinem Werk. Immer wieder gedruckt werden die Gedichte von ihm, die uns nunmehr nicht mehr befragen, und nie die, die uns Aufgaben stellen. (Brinkmann ist also nicht links, sondern *links*, und *ästhetisch links* meint ganz etwas anderes als Ästhetik der Linken).

Aus seiner Rezeption amerikanischer Gegenwartsdichtung gelingen Brinkmann in *Westwärts 1 & 2* Neuerungen, die auch den Umgang mit Raum betreffen, um eine weitere potentielle Gemeinsamkeit von uns anzusprechen. Ich nehme mal das Titelgedicht, das auf die gewohnte Ordnung der Sätze verzichtet, indem seine Sequenzen frei verteilt werden. Die Zeilen beginnen an unterschiedlichen Stellen, manchmal entstehen parallele Strukturen, Wörter werden mitunter in ihre Vereinzelung gesetzt, Lücken gehören zum Gedicht. Es wirkt unseren Denkbewegungen weitaus angemessener als das gängige Ordnungsgedicht, lässt es doch Platz für all die Sprünge, Leerläufe, Suchbewegungen, für das Atemholen und die kleine Ratlosigkeit vor dem neuen Gedanken, der gerade im Entstehen ist. Was so befremdlich aussieht, hat eigentlich eine natürlichere Form als das getrimmte Aufsaggedicht. Du hast Deine Neigung zum Nicht-Linearen bereits erwähnt und auch Deine Vorliebe für das Textfeld, das ja auch die Möglichkeit nutzt, leere Stellen zu setzen. Magst Du weiter ausführen, wie Du mit Raum umgehst? Ich finde das sehr interessant. Im deutschsprachigen Gedicht ist dieser Ansatz leider kaum angekommen, den ich vor allem mit den USA verbinde. Aber auch in der französischen Tradition, die ich zu wenig kenne, scheint es einen unorthodoxen Umgang mit Raum im Gedicht zu geben, Dir womöglich näher als die hippiehafteren, auflösenden amerikanischen Strömungen?

Sprachphilosophisch bin ich womöglich naiv, kommt es mir doch so vor, als gäbe es Welt, das ist das mit Felsen, Raben, Rehen, Dichtern, und Sprache, damit nähert man sich der Welt, sofern man weder Fels, Rabe, Reh ist?

ADF: Dear Dieter, I definitely agree with the positive idea that you express very well when you write about the poem: „Ihm geht es gut, aber unter seinen Freunden gefällt er einem noch viel besser." You convinced me. It's true, it is not a question of "losing" something. The text "alone" doesn't really lose. So, let's put it the positive way. Nonetheless, the question goes beyond this aspect, as you yourself pointed out in your first letter. It is the question of the *poem* as fundamental *unit* of poetry. Poetry can't be defined anymore as a collection of poems. Otherwise, we wouldn't even have started discussing this issue. So, here it is maybe not the question of an external predefined structure imposed to poetry, as you seem to affirm in your second letter. The real matter, at least for me, is: why are we more and more interested in complex, non-linear, multilinear, macrotextual, semi-narrative "prosepoetry" devices and why do we still feel like we are making poetry (or post-poetry) with them? Could you say something more about that?

There is also a little problem, in my opinion, with a total rejection of predefined conceptual guidelines in order to create poetry. I do think that there is no difference between "head" and "body," "intuition" and "intellect." These are metaphysical differences that, according to some goals attained by contemporary philosophy and language theories, are meaningless. Conceptual art (in a wide sense, because otherwise we should discuss the aesthetics of conceptual art movements, but this is actually not our aim here) can be very sensitive, physical, intuitive. I can have a previous even "theoretical" conception of how my work is going to be and still write *in contact with myself.* Maybe this is a interesting difference between our ways of working. Furthermore, my previous conception can be modified as I go along, there are no rigid rules in my, let's say it with Wittgenstein, rule following. The rule can change at any step, if I somehow *feel* that it's necessary. Hence, there can be no *ontological* difference between conceptual and intuitive art. I strongly argue that all dualisms like "intellect" and "feeling," "language" and "word," "body" and "soul," etc. are completely meaningless. I think my poetry (and my life!) as a unit of language and world, intellect and feeling, asking questions beyond dualistic "hypostatic" distinctions, that is to say, speaking from an immanent point of view. Therefore, to respond to your last question, I try to conceive my poetry beyond metaphoric and, more in general, rhetoric devices depending on a signifier-meaning dualism. I try to write *inside* the real as I write inside language, giving language and the real the same ontological status. I think that poetry is neither a communication device, nor a way of approaching the world. Language, and especially the language of poetry (in poetry words are objects) *is* a part of the world, it is not *out* of it. I am not interested in forms of poetry that say something in order to say something else. We go back this way to Jean-Marie Gleize: "poetry says what it says in saying it." Poetry can be, if we want it, the language device *par excellence* that can show us how to speak *inside,* to speak "auf eigene Faust." This doesn't mean that I totally refuse a metaphysical approach. As Andrea Zanzotto wrote: "La poesia per me continua ad essere globale, totale, e quindi si può dire metafisica, in quanto urta sempre contro il limite" (*Poetry for me is still global, total, and therefore it can be said metaphysical, since it hits always against the limits*). To write *inside* the *world-language* might also mean to write hitting the limits of this world, of this language.

I would like to say something more about the definition "experimental poetry." We can also choose another word, if you don't like the "substance X" to put into poetry. I am not that attached to definitions. I think that in poetry words are made to "redefine," which is not "to define." But I still don't think that there is a problem in considering poetry as something temporary or provisional, as Thomas Kling argues. When I write, I feel at each word that what I am doing is somehow transitory, "dirty" and "inaccurate" and, I have to say, I like it! I don't mean that my poetry wants to be imprecise, on the contrary, I try to reach a high level of precision in final results, but I know that this precision is attained through an *unavoidable approximation.* That is the way I also get your conception of poetry as „vielmehr hybrid, entgrenzend, suchend". And maybe we have here a better (re)definition: "research". In Italian we say: "poesia di ricerca," or "scrittura di ricerca," which means something like *research writing, writing in research,* and, I would say, *writing in searching* (so, to be clear, the opposite of the word "research" in the sense of a standardized academic research). As you write: "why should we follow others"? I think that, besides definitions, we could agree on the following point, which is very important to me. There are, among others, two sorts of poets: those who write *inside* an idea of poetry that was established before them, and *those who try to draw from poetry issues that people normally think are not (or even shouldn't be) a poetry's concern.* This second category is very important to me, and I think we both belong to it. You say something similar, and you say it in a beautiful way through your definition of „Links": „Ich meine, dass wir zum Wachsen hier sind und erhoffe mir von jedem Gedicht, dass es mich anzieht, indem es mir etwas aufzeigt, das es vorher für mich noch nicht gab."

Let us now try to answer your question on "space" inside my poetry. You wrote that "voids belong to poetry." You are right. I conceive voids and space in poetry not as silences, even though, when I read my texts in a loud voice, I try to follow white spaces very carefully, as sorts of *rests* in a music score. For me, voids are actually and first of all *punctuation devices* that are more precise and refined than traditional punctuation marks because they allow a wider range of rests, breaks, pauses, breaths, and recommencements. But voids for me – I spoke a lot about it during the master class at the European Graduate School – are also *semantically dense*. I wouldn't say that there are words under the holes in my texts, but there is still a "movement of language" going on. The text speaks also through spaces, through holes, through gaps, through *inexactitudes*, as I was saying before.

Like "hesitations," as you say it. So white, space, rests have nothing to do, for me, neither with a post-hedeggerian and banally metaphysical conception of poetry as coming from *silence* or from a "white origin," nor with a post-mallarméan banalization of poetry as the absolute Nothing. You are totally right: my way of conceiving the relation between poetry and space might actually be put in relation to American and French traditions. When I started reading French poetry and I discovered, for example, authors like André du Bouchet, Jacques Roubaud and Claude Royet-Journoud, I felt their work very close to mine precisely for their way of putting poetry in relation to space. In the American tradition, I can think, for example, of Vito Acconci. Moreover, for those who, like you, know my work with poetry and voice digital treatments, it might be clearer why I conceive space and white as active language devices. Sometimes in my electronic readings there are sound pads or articulated reverb effects, generated through voice playback and real-time voice design, which connect – while "tracking" the space on the page – a part of the word(s) before the white space to what follows. I am currently trying to deepen this practice through a new totally *real-time* digital poetry reading, working together with the composer Paolo Ingrosso.[2]

After all, and apart from banal post-metaphysical conceptions, there is of course the question of what can be said inside the question of the gap and the disposition of words in space. I think that language, and poetry in particular, has often to deal with *what can or cannot be said*. In that sense, I would argue that poetry has to deal with three obstacles:

— a *cognitive obstacle*: the conformation of our brain probably allows us to perceive and think only a part of what could be perceived and thought, so that we have to formulate hypotheses (the question of metaphysics comes back here);
— a *political obstacle*: since society exists, there are things that we are not allowed to say or we don't know (and therefore can't say) because somebody doesn't want us to know them;
— an *emotional obstacle*: there are memories, experiences and feelings that have been normalized or even repressed, i.e. they lost their centralness as emotions, the became daily non-verbal parts of the self.

Spaces and gaps inside my poetry testify to these obstacles while trying to focus on them, in order to give alternative descriptions able to avoid them.

I would finally like to ask you to explain a little more about the question of sound structure in poetry. Following the example you made of the Turkish poet, do you really think that sound is more important than *what the text says*? What would be the difference between poetry and music, then? And why should poetry still use meaningful words? Sound is of course very important, and I can feel it very well in your poetry. But your poetry is also deeply connected to words. Maybe the distinction, the "hesitation between sound and sense" (Paul Valéry) is another metaphysical dualism sticked on poetry. Of course, words depend always on accepted customs, but that is why we write inside history, inside society, inside politics, and we try at the same time to give through poetry *new descriptions* of the reality we are living. Your recent poetry, for example, is strongly political. What would a hypothetical listener get of this fundamental aspect if he couldn't understand German? Another question, connected to this one: what do you think about sound poetry? I personally feel very far away from it. When I speak about my poetry readings with digital voice processing, I always try to show how it is possible to match sound processing devices and poetry *without making sound poetry*.

DMG: Nein, lieber Alessandro, ich meine nicht, dass Klang wichtiger ist als das, was der Text sagt, aber oft ist er im besten Sinn verräterisch und verpfeift seine Dame, seinen Herrn, er soll das gelegentlich auch. Da kommt ein Gedicht „kritisch" daher, aber seine klangliche Struktur zeigt womöglich an, dass alles gar nicht so gemeint ist, dass man eigentlich dem gleichen Golfclub angehört; umgekehrt mag immer durchkommen, wenn man von anderswo herkommt, dass man nicht „passt", dass man Störfaktor sein könnte, da hilft auch kein Antichambrieren, und ich meine, das liegt an der Wahrheit des Klangkörpers. Körper lügen nicht (Papier ist geduldig)? Doch, schon, auch – bestimmt gibt es das entgegengesetzte Phänomen, dass wir uns täuschen lassen von jemandem, der geschickt an Strukturen bastelt, die aber kaum etwas tragen. Benns „Aber die Form ist ja das Gedicht", gilt es nicht stets in dem Sinn, dass sich Inhalt und Form zu entsprechen haben, da werde ich vermutlich bei Dir offene Türen einrennen? Man kann die beiden nur dann sinnvoll separieren, wenn eine Schieflage entstanden ist. Ansonsten sind sie nicht identisch, aber unzertrennlich, so wie ein glücklich verliebtes Paar. Die klangliche Struktur scheint mir einen energetischen Abdruck der in Sprache gefassten Aussage zu bilden, der ihre Wirkung potenziert, gehören sie zusammen, oder sie macht konterkarierend kenntlich, wohin der Hase läuft und wonach der Braten riecht. Man kann sich einem Gedicht vielleicht nicht weit annähern, wenn man seine Sprache nicht kennt, aber bei Gedichten, die keinen Grund geben, sich ihnen zu nähern, kommt man „ohne" weit. Von Lautpoesie verstehe ich nichts, mir sind eh in der Poesie Verspieltheiten fremd und die Tüftler wie Spaßvögel ein Graus; *schtzngrmm* von Ernst Jandl allerdings mag ich sehr, da die Laute des Wortes „Schützengraben", aus dem es besteht, den Schrecken des Krieges evoziieren. Ich verweise auf klangliche Strukturen, aber habe sie nicht im Vordergrund, denn das Gedicht soll freilich eine inhaltliche Arbeit leisten. Ja, „poesia di ricerca": es soll poetisch erörtern, recherchieren, forschen, gerne darf es auch das Schöne, Erhabene anrühren – jedenfalls soll es nicht herumklimpern.

Wir sind eine Generation der Erben, und damit mag zusammenhängen, dass nun diese komplexen, nicht- und multilinearen Strukturen anstehen, der Makrotext, das Seminarrative, die „prosepoetry" ... Sind das nicht postmoderne Phänomene? Die Zeit der großen Erzählungen und ihrer -ismen scheint in der Tat vorbei zu sein. Nicht ohne Pathos lässt Lyotard seinen Aufsatz *Beantwortung der Frage: Was ist postmodern?* wie folgt enden: „Krieg dem Ganzen, zeugen wir für das Nicht-Darstellbare, aktivieren wir die Differenzen, retten wir die Differenzen, retten wir die Ehre des Namens." Als Erben stehen wir vor einem beeindruckenden Fundus, der uns berührt, aber mit dem wir nicht in der Weise verstrickt sind wie die, die wir beerben. Da die Kraft der Ideologien nachgelassen hat, wächst das Hybride. Da wir der Erzählung nicht mehr uneingeschränkt vertrauen (sollten) und auch nicht dem Verbot zu erzählen, sind Mischformen naheliegend, und womöglich ist es an der Lyrik, dem geringen Genre, überall hin zu gehen und überall etwas mitgehen zu lassen. Da sitzen sie also, die Erzähler von der Long List und die noch Imposanteren von der Short List, und schreiben an ihren Eigentumswohnungen. Da muss man schön aufpassen, dass der Markt nicht an einem vorbeiläuft. Am Dichter läuft alles vorbei, der könnte dann doch gleich an die neuralgischeren Stellen gehen. Aber ziehen sich denn, Alessandro, unsere Vorlieben, jedenfalls in ihren Grundformen, nicht bereits durch die anglo-amerikanische Dichtung seit der Frühmoderne, von Whitman angefangen, über Eliot, Pound, oder nehmen wir Audens *In Memory of W. B. Yeats* (aber auch Zanzotto wäre zu nennen, oder Walter Höllerers *Systeme*)? Ist die Leistung, die gegenwärtig zu erbringen ist, in allererster Hinsicht womöglich die eines Transfers?

Transfer hat für mich mit Raum zu tun. Wenn wir Goethes *West-östlichen Divan* lesen, kann einem der Band provinziell erscheinen. Heute ist ja fast jeder Goethe dahingehend überlegen, dass er Raumerfahrungen hat, die dem Klassiker fehlten. Dessen Ferne, schmeckt sie nicht stets nach Weimar plus Zitronen? Wir haben Raumerfahrungen machen können wie keine anderen Generationen zuvor, dadurch, dass Reisen und leicht verfügbare, billige Flüge beinahe selbstverständlich wurden: ein Massenphänomen. Aber es gibt ja weiterhin Dichter, die durchaus in der Welt herumkommen, sehr sogar, und aus diesen Erfahrungen heraus schreiben, und dennoch klingt alles nach Weimar, wenn ich das mal als Platzhalter verwenden darf. Das scheint mir durchaus der Regelfall zu sein. Erfahrungen mit anderen Räumen aber, finde ich, könnten und sollten die lyrischen Möglichkeiten unserer Sprachen verändern, und das ist nur dann möglich, wenn ein Transfer versucht wird. Dazu ist es nötig, an der Struktur des Gedichtes zu arbeiten und sie zu verändern. Wenn ein Poet aus Bulgarien, der Wüste und aus Tokio Gedichte mitbringt, die keine unterschiedlichen Strukturen entwickeln, dann mutmaße ich, dass hier Inhalte vermittelt werden sollen, Einsichten, Beobachtungen, aber dass die nicht viel taugen, weil sie offenkundig mit ihrem Verfasser nichts gemacht haben. Und wenn sie den nicht verändert haben, der sie mitteilt, wie sollen sie dem etwas geben, der aus zweiter Hand damit befasst ist? Wenn man in Kalifornien ist, in Los Angeles, dann macht man andere Raumerfahrungen als bei Regen in Paris und man sieht europäische Orte aus einem neuen Blickwinkel. Man bewegt sich dort ja auch ganz anders, weil das Auto zum Körperteil wird. Ich gestehen, dass ich, als ich in Los Angeles war, das Wort „pedestrian" noch nicht kannte. Ich dachte dann, das müsse etwas ziemlich Exotisches, Außergewöhnliches, womöglich Heikles sein, und genau so ist es. Wenn man in der Wüste Sinai ist, erfährt man eine Weite, die mit Erfahrungen, die man in Deutschland machen kann, nicht korrespondiert. Da solche Möglichkeiten nunmehr vielen offen stehen, meine ich, dass in Gedichten unserer Sprachen das Weiße zunehmen könnte, das Leergelassene, die Lücken.

Unsere Aufgabe könnte es sein, solche Erfahrungen in unsere Lyriktraditionen zu transferieren. Geht ein italienischer Dichter nach Afrika, dann darf sich das ja nicht nur auf die Inhalte seiner Gedichte auswirken. Er kann doch nicht sinnvoll Formen unreflektiert verwenden, die aus der toskanischen, römischen, neapolitanischen Erlebniswelt kommen, die also für ganz andere Situationen entwickelt worden sind. Wenn ich also Gedichte aus Erfahrungen mit Italien schreibe, möchte ich das deutschsprachige Gedicht „italienisch" machen, also weiten, oder wenn ich aus Erfahrungen mit den USA schreibe, will ich es „amerikanisieren", will dann quasi „amerikanische" Gedichte in deutscher Sprache schreiben, oder „italienische". Damit meine ich überhaupt nicht, dass ich mir eine Kennerschaft anmaßen möchte. Ich meine damit eher etwas Energetisches. Im Transfer sehe ich eine der spannendsten Herausforderungen für die zeitgenössische Dichtung. Ich habe den Begriff jetzt auf den Raum hin angewendet, aber er scheint mir auch tauglich, um beispielsweise mit der Tradition und der Moderne umzugehen. „So gesehen", schreibt Lyotard, sich beziehend auf die These, ein Werk sei nur modern, wenn es vorher postmodern war, „bedeutet der Postmodernismus nicht das Ende des Modernismus, sondern dessen Geburt, dessen permanente Geburt."

Du schreibst, meine neuen Gedichte empfändest Du als sehr politisch. Was heißt das denn für Dich, „politisch", auf Kunstwerke bezogen? Vor Jahren verband man damit die

Vorstellung des Engagements, oder der Agitation. Beides lässt sich bei mir wohl kaum feststellen, oder siehst Du das anders?

ADF: Dear Dieter, I deeply agree with you when you write at the end of your letter that the political question in your work (and in my work as well) is something very different from "engagement." It is a very important point. Your poetry is not directly political, it sets up a critical process through new descriptions of historical and political events that are somehow "transfigured," yes, "transferred" through a "non-encoded" language. Your "Italian" poems, such as *Fiume* or *Idroscalo Ostia* I and II, or *Das Klinge der Schüsse am Comer See* (that I had the pleasure to translate into Italian), are a very good example of such a procedure. So I intend "political" in the sense of a critical redescription of reality or history, obtained through poetry. If we conceive, as we do, an indirect political issue into poetry, this means actually to go "against" politics, and, also, not to be "engaged" in a positive sense. In my previous letter I spoke about a "political obstacle" poetry could help to see and, eventually, to avoid. This is also a very indirect political point of view inside poetry and I would like to say a bit more about it. I would like to talk in particular about two *(anti)political processes* I employed in my last work, *Ridefinizione*. Two writing processes that, again, try to draw from poetry issues that people normally think are not (or even shouldn't be) a poetry's concern. But before mentioning them, I have to go back to the question of non-linearity, multi-linearity and "holes" in my texts. The question, in this case, is how could we conceive *politically* a statement like the following one: *non-linearity and lack of data are two fundamental properties of reality as we, the human beings, experience it. My poetry, since I consider it as a part of the real (you remember: no distinction, no solution of continuity between reality and language, we all live in a world-language) is therefore itself non-linear.* Sometimes non-linearity and lack of data aren't the product of an *ontological unknowableness* of the real, but the result of a *bad redescription* of events produced through a politically-oriented manipulation of the information. On the one hand, there are events which have a first, simple layer of truth that politically-oriented manipulation of the information tries to partially or completely hide (for example, an event of violence inside the prison of Guantanamo can happen or not: when information hides such an event, it creates a non-linear redescription of a linear event: *non-linear on linear*, so to say). On the other hand, there's a non-linear reality in which truth is much more multiple and complex than how people are lead to believe (for example, the political and ethical responsibilities connecting September 11th to the war in Irak: here a politically-oriented manipulation of the information reconstructs a *normalizing* linear fiction on a non-linear succession of events: *linear on non-linear*). Politically-manipulated information hides the truth when it's possible to identify it and shows one single truth when there are many complex ones. Poetry can function as a critical device against those manipulation practices. The two *(anti)political* processes I will show now are a part of this critical perspective. I might call the first one *revealing the political obstacle through an interruption of narration*: some of my texts catch a glimpse of a (violent) event but they are written as they couldn't completely tell it, as if a more powerful instance prevented the text from going on. Let me quote a short text as an example of this process:

> quando abbiamo forzato la porta per entrare il rumore di una televisione accesa dentro si sentiva già dal pianerottolo del vano scale   avevamo le chiavi   dicono altri   è stato facile entrare erano in tanti nell'appartamento un bambino sedeva a terra con un pallone sottobraccio gli altri erano sparsi per la casa che credevano   che credevamo vuota   imploravano pietà senza parlare erano scossi malnutriti diciamo di aver dimenticato cosa sia accaduto quale sia stata la tecnica impiegata   dietro le tapparelle
>   sullo schermo

> upon forcing the door to get in   the sound of a television could already be heard from the landing in the stairwell   we had the keys   others say   it was easy to get in   there were a lot of them in the apartment   a kid was lying on the floor with a ball under his arm they were scattered all over this place they thought   we thought was empty   they begged for mercy saying nothing were shaken malnourished we maintain that we

> forgot what happened what technique was used
> behind the shutters onscreen

(translated into English by Belle Cushing)

The second technique might be called *creating an indirect critical redescription of an event described previously by web information*. In several texts of the second section of *Ridefinizione* I proceeded in the following way: first, I made a database with a series of web news on the Middle-East conflict. Then I copied and pasted some parts of them into my "squares" and wrote my own text somehow "inside" them, splitting articles in several parts and entering my text *between* those parts. At the end, I erased the news and left my text, recomposing and readjusting it. In such a procedure, itself non-linear, the event and the way it is told are not anymore in the text, which is conceived somehow "after" the information, as to testify a deeper layer of its emotional result: a sort of undetermined and forgotten nucleus of pain coming from unknown events occurring "out-there" (the Middle East conflict spaces) that are transposed through media into western bourgeois spaces. The texts produced through this procedure are not "expressly political" at all. Let me quote one of them:

> la ventola deriva esce dalla guida il brusio
> costante proviene da un sacchetto disperso
> nell'erba di un giardino pubblico

la plastica si alza e si abbassa con il moto del
respiro quando si abbassa aderisce al corpo che sta
dentro si intravedono peli imbevuti di sangue

il lamento   di volta in volta   prende velocità
perde forza

the fan veers   loses its course the
constant drone comes from a bag once left in the
grass of a public park

the plastic rises and falls with the motion of breath
when it falls it sticks to the body within a glimpse
of blood-soaked hairs

the lament at times   gains speed   loses
strength

        (translated into English by Belle Cushing)

Following again your definition, I could say that these composition processes are *transfer-processes*. First of all in the sense of space, of course: from Middle-East conflict spaces to here, even though in this case Middle-East conflict spaces are not a physical place, but a dramatic allotopia we can observe and redescribe from here through the way information tells us about it, unless we "common people" choose to risk our life, which could also be a possibility for someone (there are of course a lot of other spaces I have physically been to and that have been very important for my transfer). Non-linear narratives could be seen themselves as complex poetry transfer processes. We also don't have to forget the language transfer called *translation,* which can be poetry on its own. Our dialogue, I would say, is also a *transfer*.

Within the framework of our transfer, then, I would like to criticize two points of your letter. The first one is about *poetry* and *experience*. As I told, the transfer in the sense of "space" is also very important to me. But it can't be a direct, a linear relation either. In Italy there are not so many empty spaces (60 million inhabitants for such a small country), nonetheless there were "holes" and "spaces" in my poetry since I began to write. I mean, it can be also a purely conceptual transfer, a travel that you make in reality *through* language, since I believe, as you know, that these two instances are two faces of the same thing, if not exactly the same thing. The second problem, more seriously, is about *post-modernism*. I think that a too big importance is given to this concept today. Post-modernism has been a useful description of what was happening some decades ago, but it's over now. I don't believe that we have more problems or more advantages than past generations with what came before us. I mean that we have those problems or advantages only if we think that we have them. If not, they disappear. On the other hand, I also don't really understand the idea of "new" or "original" in poetry. I think that we just have to think with other paradigms. It is possible not to depend neither on an idea of "post" or "after" something nor on an "whatever-ism." Non-linear and multi-linear conceptions of poetry, *prosepoetry,* even *post-poetry* don't have any relation to post-modernism for me. They are on another level, they are the produce of a totally different perspective. I am very interested in heritage of the past and several artistic traditions and languages influence my poetry, but I think that poetry itself, when we write it, can be contemporary, can be *inside* what is happening, not before or after. That is also why I really don't feel at all this famous *anxiety of influence* Harold Bloom wrote about. At least, I can feel a lot of respect and interest for what came before me, but when I write I write *now* and the heritage of the past enriches my text without disturbing it or "speeding it up." Could you respond to that?

A last thing: I also appreciate Ernst Jandl's poetry a lot. It is a rare and therefore important example of how it could be possible to make *Lautpoesie* without stopping to think. Our contemporary Michael Lentz is another great example in that sense.

DMG: Die *Zeit*-Literaturchefin, lieber Alessandro, hat ihre Besprechung einer Veranstaltung mit zeitgenössischen Dichtern mit *First Class Second Hand* überschrieben, und ich möchte solche Ärgerlichkeiten gewiss nicht nähren, in einer Zeit, in der Dichter wie Les Murray oder Inger Christensen leben, und viele andere mehr, die die „Poesie" ihrer Sprachen weiter entwickelt haben und weiter entwickeln. Freilich stimme ich Dir zu, dass wir immer in der Gegenwart schreiben, und meine darüber hinaus, dass Gegenwart die einzige reale Zeit ist, denn die Vergangenheit ist nicht mehr und die Zukunft noch nicht. Die letzte Sekunde und die nächste, sie sind nicht Wirklichkeit, sondern Erinnerung oder Vorstellung. So weit, so gut, aber dennoch habe ich als Dichter Probleme mit der Gegenwart. Mein neues Buch beginnt quasi am 12. September 2001, vor diesen CNN-Bildschirmen in Taipeh, während der Taifun die Straßen überschwemmt. In der Hinsicht setze ich fast reporterhaft ein, aber schaut man genauer auf die Entstehungsdaten im ersten Kapitel, ist es ein nachgereichter Text, der diese Zusammenhänge klarstellt. Saddamdouble, Guantánamo, Ground Zero – das ist nah an der Gegenwart, aber letztlich selbst an diesen Stellen und auch eingedenk dessen, dass die Gedichte Monate oder Jahre vor ihrer Drucklegung entstanden sind, ein Blick zurück. In anderen Abschnitten könnte man fast von einem Retro-Touch sprechen, sind es doch nicht zuletzt die 70er Jahre, in denen ich aus meiner Kindheit herauswuchs, die mich beschäftigen. Was in den Nach-68ern geschah, hat mich sehr erreicht, die Dichtung dieser Jahre enttäuschte mich jedoch. Ab und an ist es ein Anliegen von mir, zeitverschoben Abhilfe zu schaffen, auch das ist ein Transfer.

Jedenfalls beschäftige ich mich, ich glaube im Unterschied zu Dir, in meinen Texten oft mit Personen und Konfigurationen der Geschichte und Zeitgeschichte, wobei ich stets versuche, für mich zu klären, wie man *jetzt* darüber schreiben kann. Das macht mich womöglich anfälliger für eine Bezugnahme auf die Moderne in ihrer heroisch-utopischen Zeit, die mich, wenn ich ein Geständnis machen darf, stärker fasziniert als die Gegenwart. Jedenfalls wurde ich in diesem Sog zum Dichter und weiß nicht, was wäre, wenn ich heute aufwachsen würde. Die Moderne scheint mir ein Kraftfeld zu sein, das mein Schreiben auf den Weg bringt, aber mich dann auch „allein" lässt. Ich kann also nicht in ihr aufgehen, in ihr verweilen, mit ihr auskommen. Auf das *jetzt* ließ ich mich besonders ein, als ich verstärkt mit meditativen Praktiken experimentierte, aber als Autor ist da immer Ambivalenz. Verstärkt in der Gegenwart zu sein, das bringt, auf das Literarische verkürzt und ohne die Problematik, dass es das Schreiben beenden kann, eine frische Wahrnehmung und scheint mir nach wie vor wichtig, um ein Werk gestalten zu können. Von hier kommt Lebendigkeit, Wärme, Wahrnehmung des Sichtbaren, das Persönliche. Aber das scheint mir nur eine Ebene zu sein. Wäre sie sehr dominant, hätte ich die Befürchtung, dass das Werk (ich denke hier nicht an das einzelne Gedicht, sondern an den Band, also an den Makrotext) mir zu persönlich wird, mir zu sehr menschelt. Hat das literarische Schreiben nicht auch diesen Zug ins Vergangene, so dass sich auratische Ablagerungen bilden können, und kommt nicht von daher, von den so möglich werdenden Schichtungen und Überlagerungen, Tiefe? Mir scheint ein Changieren nötig zu sein zwischen *jetzt* und Abstand. Dein anderer Einwand betrifft den Bezug von Leerfläche und Weite, insbesondere im geografischen Sinn: derzeit handhabe ich das so, aber meine nicht, dass das so gehandhabt werden muss, und auch Deine beiden neueren Gedichte scheinen mir ein weiterer Beleg für die Vielfalt der Möglichkeiten, die sich auftun, wenn man den Körper des Gedicht-Textes als Fläche begreift.

Unser Korrespondenzprojekt geht nun, jedenfalls in dieser Form, seinem Ende entgegen. Zum Glück gibt es in Deutschland recht vielfältige Bemühungen, die Gegenwartsdichtung anderer Sprachen zugängig zu machen, aber manches gerät dann doch recht zufällig. So gibt es immer noch keinen Band mit Michael Palmer, der weder den Vorzug hat jung zu sein, noch tot ist, aber vielleicht einer der bedeutendsten Dichter der USA, die neue in die alte und die alte Welt in die neue tragend. Ich finde, Du bist mit hiesigen Verhältnissen durchaus vertraut, aber in anderen Literaturen vielleicht noch mehr zuhause, so dass mich interessieren würde, ob Du uns den ein oder anderen Namen nennen könntest, der hier, im deutschsprachigen Raum, sehr fehlt und andeuten möchtest, was er uns geben könnte? Der freundlich-geschäftige Poesiebetrieb und die ganze Kulturindustrie bieten uns nicht wenig, aber machen uns auch lau, indem sie uns mit dem Mittelprächtigen überschwemmen. Mit gutem Willen kann man stets Wertschätzendes aus sich herausholen, aber letztendlich befürchte ich, versäumen wir das Beste, das, was wir eigentlich suchen und brauchen, durch dieses Anpasslertum. So kommt es dann, dass Iris Radisch mit ihrem *First Class Second Hand* titelt. Weil ihr noch niemand gesagt hat, dass sie Zeitgenossin von Les Murray ist, und dass dessen *Fredy Neptune* neben den großen Epen der Menschheit gar nicht schlecht dasteht.

ADF: Dear Dieter, I don't discuss the importance of the past and I am perfectly aware that every contemporary poetry has a deep and articulated relation with several past artistic (but not only) fields. As I wrote at the end of the last letter: "I am very interested in the heritage of the past, and several artistic traditions and languages influence my poetry. Nevertheless, I think that poetry itself, when we write it, can be contemporary, can be *inside* what is happening, not before or after. That is also why I really don't feel at all this famous *anxiety of influence* Harold Bloom wrote about." After this last letter of yours, it seems to me that we have a similar conception in this sense, and I find that you express it in a beautiful way when you write: „Hat das literarische Schreiben nicht auch diesen Zug ins Vergangene, so dass sich auratische Ablagerungen bilden können, und kommt nicht von daher, von den so möglich werdenden Schichtungen und Überlagerungen, Tiefe?". I would add: it is the importance of the past that can "fill" our poetry and make it deeper, but this doesn't mean that we are mere followers of our past. Hence, I also find that the definition *First Class Second Hand* is really not appropriate. We could say then that poetry can somehow "reactivate" the past (and the present!) through unusual thinking and knowledge paradigms. While "behaving" like that, poetry frees itself from a mere dependence on the past, because it lets the past be a part of the present, through language. In this sense, but only in this sense (I feel totally far away from Historicism and Idealism), we can think of Benedetto Croce's sentence: "All history is contemporary history." No matter then if the text speaks about the Greeks, the Second World War, the 70s or Guantanamo (though more recent events can take up a wider space, and it is maybe not by chance if we both quoted Guantanamo).

It can be either a contemporary text or a "conservative" text in all cases. It depends on the text itself, not on its content. Your poetry is contemporary also when you write about a distant or a near past.

On the contrary, I don't follow you on your "nostalgia" for Modernity. I find it somehow contradictory if I compare it with the way you criticize a *First Class Second Hand* conception of poetry. Moreover, although I consider that through politics my poetry has a strong relation to history, you are completely right when you say that there is a difference in our use of "people" inside our texts. While you integrate historical figures and places (Mussolini, Pasolini, Feltrinelli, Fiume, Ostia, to quote some figures and places connected to my country), I work on a much more abstract level. As I have shown in my previous letter, even when I write poetry about historical and/or political events, my procedure is very indirect and, as I wrote, "non-linear." I also rarely mention the name of people and places. I guess that the only figure I explicitly mention in my second book project, *Ridefinizione*, is the Dutch painter Jan Vermeer. In my first book, *Lo spostamento degli oggetti*, there are some places: the Centre Pompidou and rue Saint Lambert in Paris, Tiergarten in Berlin, Marina di Pisa in Italy. But it is impossible to understand why those places are mentioned, except for their symbolic function, which is quite clear, at least in the macrotext, and has nothing to do with History. I always try to keep a certain abstraction in poetry because I believe that a text may contain a wide range of experiences, that it can be a sort of potentially infinite set of persons, objects and events. Poetry for me is a possibility, and opens possibilities. As Michel Deguy wrote in his essay *La raison poétique:* "Le poème propose une possibilité. Il étend le possible sur et dans le monde – expansion des choses infinies" (*Poetry proposes a possibility. It extends possibility on and into the world – an expansion of infinite things*). Nevertheless, your poetry, when it is about a real historical figure and/or place, opens possibilities too, because that figure, that place, are (re)described and (re)told through a different perspective, the one that your text is able to delineate: when you write about history, you open a possibility in the past, as if the past was present. As I was saying above, you reactivate the past, you give the past the opening of the present, you make the past emerge as an unsolved matter, you make it haunt the present.

I will now give some names belonging to the other three languages and literatures I mainly frequented until now besides the German one (i.e.: Italian, French and Angloamerican) with the hope that at least some of the following authors will be translated and published in Germany. Let's start from Italy. While I am sure that Andrea Zanzotto is quite well known in the German-speaking community, at least because he got the Höderlin-Prize and was published by Urs Engeler, Antonio Porta (1935–1989), which for me is, with Zanzotto, the most significant Italian poet of the second half of the 20th century, although translated and published in Germany, is almost not known at all in your country. Amelia Rosselli (1930–1996) is another author that has a big influence on the last generations of Italian poets. In the subsequent generation, I would say that Milo De Angelis, Antonella Anedda and Valerio Magrelli (born in the 50s) should be definitely read by the German public especially for their early works (De Angelis's *Somiglianze* and Magrelli's *Ora serrata retinae*, for example, are two beautiful books). Giuliano Mesa is also drawing a big attention in the experimental milieux. Among the pretty large amount of younger poets, I would like to mention Marco Giovenale (born 1969) and Giulio Marzaioli (born 1972). I claim that they are destined to be considered two important poets of our time. About France: authors like Jean Daive and André du Bouchet are somehow better known in Germany than in Italy because of Paul Celan's translations of their poetry. Thanks respectively to Angela Sanmann and Leopold Federmair, Bernard Noël and Michel Deguy are also being published more and more in your country. Jacques Roubaud's works are translated and published as well. Nevertheless, all these authors are not known enough. And there are other great poets like Claude Royet-Journoud (born 1941), Anne-Marie Albiach (born 1937) and our Jean-Marie Gleize (born 1946) that are almost not known at all in Germany. Royet-Journoud's *Théorie des prépositions* and Gleize's *Film à venir*, both published in 2007, are two recent huge outcomes in French literature. Among the younger generations, I was quite impressed when I read Franck Leibovici (born 1975) and Anne Parian (born 1964). I would also like to mention the francophone Canadian experimental writer Alain Farah (born 1979). Concerning American poetry (the only anglophone poetry I know a little bit), I would say that Michael Palmer is one of the major poets of our time. *Notes on Echo Lake* is a masterpiece.

In *Poetenladen.de,* 2008, then partially re-edited in "Semicerchio," n. 40, 2010, in the dossier *Gräf, De Francesco, Gleize e la post-poesia.*

1. At the European Graduate School in 2008.
2. This led to the reading environment *Ridefinizione* (a co-production STEIM and Miraloop Records, 2009) – author's note.

Redefining Poetry: An Interview with Alessandro De Francesco

As an artist, Alessandro De Francesco seeks to redefine our approach to life. His poems both illuminate and obscure. What emerges from this is an unrestricted multidimensional art that imitates life itself, rejecting interpretation while pulling the viewer into an intense swirling dance, each step affording insight that underscores the fullness of the dance. To engage with De Francesco's work is to discard our clumsy pedestrian need to understand and embrace instead, the experience of the dance and the infinite spaces it leads us.

African Book Review: Most people view poetry through a purely literary lens, reading, listening and attempting to understand or make a text poem relevant to the self. What inspired you to expand that vision? And what inspired your unique approach to poetry?

Alessandro De Francesco: Yes, I don't think that poetry is a matter of understanding or communicating, nor is it a direct expression of the self. In my opinion poetry is a matter of experience. As you know, *poïein* in ancient Greek means "to do," and *Dichtung*, the German word for poetry, belongs to the semantical field of "density." So my approach to poetry comes from the making, the density of the experience, and the – sometimes painful though always joyful – opening to the real. Why can't all this be called an expression of the self? Because this experience multiplies the identity and deconstructs the fictional unity of the subject, that is to say its psychological, social, racial, ideological (etc.) rigidity. Poetry performs a multiplication of the subject towards what the Italian poet Antonio Porta called a "field of tensions." The self is no more a reflexive unity, but an infinite field of tensions in the flux of experience.

ABR: So poetry and the process of making poetry helps destabilize the notion that each person is one single identity who fits into various social constructs e.g. an Algerian woman, a short man, etc.?

ADF: Poetry, or at least good poetry, invites a certain collectivity to make a *real* and *perceptual* experience of language. That is why it is not a question of understanding: we have to get rid of this rigid hermeneutical cliché according to which poetry, and especially modern poetry, is obscure. It is not obscure if, as Stéphane Mallarmé stated, we don't read a poem as we read the newspaper, but rather read to change the reading perspective. Maybe this is what really distinguishes poetry from fiction. For the same reason, poetry is not a matter of communication, because in order to communicate we have to suppose the existence of a codified language. This codified language can be stupid, like in advertising and mass-media politics, or very important, like in the verbal communication between lovers, friends, patient and therapist, you and me in this interview, etc. But whether bad or good, communication doesn't have a particular relation to poetry. Poetry makes something different, it radically and permanently disrupts the codes in order to produce what I call an *alter-legibility* and an *alter-sayability* of language. To sum up what I am trying to say: what inspired my approach to poetry, and I would even say my choice to try to be a poet, is a *parallel cognitive and political anxiety* against formatted linguistic codes and narratives.

ABR: How would you describe the goals of *Augmented Writing*? What are you trying to achieve with such works?

ADF: With *Augmented Writing* I try to create a new language art device, where what I called the *alter-legibility* and the *alter-sayability* of the experience of thinking, writing and reading are in a way revealed in their primary matter and chaotic, layered form. *Augmented Writing* has several sections and purposes but all its different articulations converge towards creating a sort of new literary genre that is able to recreate, redefine and criticize the amount of perceptual data and thoughts we are immersed in everyday... video games, smartphones, 3D cinema, Google glasses, Facebook, but also, mass-media information. All these aim to produce a codified, normalized and pre-defined image of reality on one hand and of our identity on the other hand.

ABR: So things like Facebook, movies, news sources and so on present us with a "single normal" way to view the world and ourselves?

ADF: Mass-media information, for example, gives a codified representation of a series of events, selecting information and reorienting a fictional "post-experience" as close as possible to when the event occurred. And it's strangely easy to forget that this representation is often shaped by a certain ideology and/or by the pressures exerted by this or that form of power.

Augmented Writing is itself modified, perturbed and reshaped by such technologies and narratives, so that this device aims to give a poetical form to the vulnerable status of language in the era of representation.

I used the term *language art*. In that sense a major purpose of *Augmented Writing* is also to massively bring text and language again into contemporary art and, by the same token, to make a contemporary art audience aware of the possibilities of language and poetry as powerful artistic devices to question the realm of image and representation.

ABR: In that vein, what do you want the reader's ideal interaction with your work to be? What do you want them to take away from it and who do you imagine your reader to be?

ADF: It is important for me to underline that I don't think or change my work for a precise reader or group of readers. Nonetheless, if I decide to publish my work it is of course because I want it to be read by other people. In that sense, I would like my readers to be as socially and ethnically diverse as possible, with a desire to really experience my work, in all the senses that I tried to evoke answering your first question. My work is itself a way of using language for different kinds of perceptions and experiences: poetry, *Augmented Writing* but also what I call the *reading environments*, immersive sound spaces in which a voice reading my texts is software-processed and diffused in surround sound.

ABR: As a tri-lingual artist do you find that having more linguistic knowledge than the average reader influences your work/perceptions, and in what ways?

ADF: Luckily, I am not alone and a lot of people read and speak several languages, especially in the artistic and literary milieus... To be completely honest though, I also don't think that a lot of people in the literary and artistic milieus have a real sincere and deep awareness of what they do, read and watch, even though they often speak several languages and have a precise knowledge of the conceptual devices.

In that sense, multilingualism is important to my work because it opens the possibilities of language, on the other hand I'd rather orient the question in relation to the reader toward the inner languages that people speak with themselves. I mean that a person who speaks only one language or isn't particularly erudite but has reached at the same time a deep emotional, perceptual and political awareness is more likely to be multilingual in a real sense than a person that speaks several languages but doesn't go through certain territories of being.

There are, so to speak, external and introspective multilingualisms. The best in my opinion would be to embrace both. At least, that's what I try to do.

ABR: Finally, where do you think poetry as an art form is headed and is that different from where you'd like it to be?

ADF: I will start by answering the second part of your question in stating that it could be much worse, but it's not very good either. There's a lot of good poetry at the moment, but there are several problems I think. A first big problem that we all face is that poetry is not diffused and read enough, and it doesn't look like it is going to change tomorrow. This is a purely educational problem, it belongs to the contemporary ideological and political worldwide control of education, a question that I won't develop here because it would take me too far away.

Paradoxically, another major problem is that there's too much (bad) poetry and there are too many (bad) poets. This phenomenon is also due to the diffusion of small presses, blogs, journals, self-published books and so on, and to a generally wrong interpretation of democracy, which is not only *the* big political problem nowadays, but also a fundamental artistic issue.Finally, there's a big mistake, not only in poetry but also in the other arts, consisting in an a-critical use of technology as a way of covering a dramatic lack of ideas.

Luckily, there are also many poets that make poetry enter technology and not the other way around. You ask me where I think that poetry is headed... I don't think that poetry is dead or that the internet will destroy it. On the contrary, poetry books that are published by well-curated small presses are being done better and better to counteract the average ugliness of web and mainstream printed publishing. This is a good point for poetry, creating a potential new commercial niche in its favour.

Other very good news is that we are now free to use any kind of linguistic and conceptual device, without any particular constraint or ideology. And if we think that modern poetry in the sense we conceive it today was born from people like Hölderlin, Leopardi and Mallarmé, then another very positive aspect is that poetry is a relatively young art, just a century older than cinema. But poetry enjoys at the same time a huge ancient tradition supporting its future development. Finally I find it important to think of the future of poetry, like Paul Celan also used to say, more as an art form than as a literary genre.

—

In *The African Book Review*, New York, 2013.

Poé/tri 3 – Tension / Augmentation / Extension.
Entretien avec Alessandro De Francesco –
Propos recueillis par Frank Smith

Frank Smith : Vous publiez des livres de poésie et d'écriture conceptuelle : *Lo spostamento degli oggetti, da 1000m, Redéfinition, Augmented Writing*. Qu'est-ce, selon vous, qu'un livre de poésie, et comment définissez-vous votre approche de l'écriture conceptuelle ?

Alessandro De Francesco : Un livre de poésie est un livre où le langage est mis à l'épreuve, où se créent des tensions nouvelles entre l'émotion et la cognition. Dans mes livres, il y a toujours, aussi, un geste narratif, décousu, multiple, qui ne sera jamais fictionnel parce que dans ma perspective la poésie participe de la multiplicité énigmatique du réel, du corps, du sentir. « Poésie » est selon moi une attitude cognitive qui distingue cette démarche d'écriture des autres formes littéraires, non pas parce qu'il s'agit d'un genre littéraire ontologiquement distinct, mais parce qu'elle produit des concentrations, des intensités, des multidimensionnalités dans le rapport au monde. Ainsi « poésie » est pour moi un mot extensif et étendu, intégrant aussi les écritures dites « post-génériques », mais jamais la fiction, pour les raisons que je viens d'évoquer brièvement.

Pour la même raison, il n'y a pas une distinction nette, dans ma démarche, entre poésie et écriture conceptuelle. Néanmoins, lorsque je parle d'écriture conceptuelle je pense très simplement à des formes d'écriture où l'attention est mise sur le dispositif, mental et compositionnel, qui a déterminé la création du texte. Ainsi mon e-book *Dès 1000m* a été construit à partir d'une réécriture lacunaire d'articles scientifiques sur des créatures des abysses vivant au-dessous de 1 000 mètres de profondeur. J'ai en même temps supprimé à chaque fois tous les noms propres des animaux décrits, en créant de cette façon un exercice de la différence absolue (au sens latin de *ab-solutus*, sans liens particuliers), dont les prérogatives sont aussi poétiques que politiques. Un espace où j'ai cherché à réaliser artistiquement ce que apparemment Wittgenstein et Musil ont tous les deux écrit presque en même temps sans le savoir : « L'éthique et l'esthétique sont une seule et même chose. » Cette phrase, qui est à méditer longuement, informe cette pratique d'écriture dite « conceptuelle » qui est la mienne et sans doute celle d'autres artistes.

FS : Dans *Redéfinition,* vous agencez une série de fragments de textes épars prélevés dans le magma des informations en les détournant, en les trouant et en gommant certaines corrélations logiques. En quoi cette pratique consiste-t-elle en un « travail d'émergence » et de distanciation vis-à-vis de la langue pour tenter de la re-décider, de la refixer ?

ADF : « Travail d'émergence » est en effet le titre de la deuxième section de *Redéfinition*, qui a été écrite en dernière (il y a là déjà un détour). Il faut entendre « redéfinir », ou, comme vous le dites très bien, « re-décider », « refixer » presque dans un sens photographique : mettre au point quelque chose qui pourtant restera toujours un peu flou. Dans *Redéfinition*, ce corps qui bouge dans un sac de plastique et qui sort à la fin mais dont on ne découvre jamais l'identité, parce qu'il n'a pas d'identité, est peut-être la synthèse la plus évidente de cela.

Cet agencement lacunaire et multiple où le prélèvement de textes divers n'empêche pourtant pas, je tiens à le souligner, le geste de l'écriture poétique originelle (la mort de l'auteur me paraît un événement important mais désormais dépassé, en tout cas moi je vais plutôt bien et surtout je me sens très vivant), fait émerger des contenus écartés et ensevelis par ceux que j'appelle les « trois obstacles ». C'est ce qui est écrit, à peu près, dans le quatrième de couverture : la poésie de *Redéfinition* crée des hypothèses verbales vouées à imaginer un protocole de la cognition qui n'est pas borné par le système de vision-écoute tel que nous le connaissons et le pratiquons automatiquement avec notre cerveau (obstacle cognitif), un protocole d'information qui n'est pas borné par les systèmes d'orientation de l'opinion et de vision à distance des événements (obstacle médiatique-politique) et un protocole émotif qui n'est pas borné par les mécanismes de répression et de refoulement que nous subissons dès la petite enfance, voire dès la formation de notre système nerveux à l'intérieur du corps de la mère (obstacle émotionnel).

FS : Vous êtes l'instigateur d'un projet dit d'« écriture augmentée ». Il s'agit à la fois d'une méthode autant qu'une opération poétiques appliquées au traitement de l'archive et de l'information, à partir de collages, d'une remise en forme graphique et typographique. Qu'est-ce qui s'augmente dans cette pratique plurielle ?

ADF : L'écriture augmentée augmente à la fois l'écriture et la perception de l'écriture. Tout comme la réalité augmentée, mais en opposition aux représentations et aux fictions créées par celle-ci, l'écriture augmentée montre, sans passer par l'image et en perturbant les codes textuels, des connexions et des relations nouvelles entre les matériaux verbaux, en tâchant de contribuer à modifier le rapport que le langage entretient avec le réel. La forme convexe et gonflée de l'écriture augmentée témoigne de ce geste, de cette narration sans représentation qui se penche vers la perception, essayant d'exposer le squelette du langage, notamment tel qu'il apparaît dans le monde contemporain.

De même, la superposition hypertrophique des matériaux verbaux, qui est une autre raison (parmi les très nombreuses raisons) de la forme convexe de l'écriture augmentée, cherche à créer un dialogue étroit avec l'excès croissant d'information et de stimuli que nous recevons tous les jours par le biais des outils technologiques de gestion télématique du texte et de l'image (réseaux sociaux, moteurs de recherche, web-news, smartphones, etc.). Vous le voyez, je n'ai même plus besoin de nommer l'ordinateur, l'écran est en train de s'effacer bien plus rapidement que la page.

FS : Vous menez également une activité de traducteur. En quoi l'exercice de la traduction consiste aussi pour vous à dire la distance d'une langue vers une autre langue ?

ADF : Il y a une section du projet « Écriture augmentée » qui s'intitule « Traduction-augmentation ». Je crois que la traduction, avant d'être une distance, est une excroissance du texte de départ, une hernie bénéfique qui révèle, expose et superpose des connexions déjà présentes mais parfois cachées dans le texte. S'il est vrai, comme je le crois, que toute poésie qui soit digne de ce nom contient en puissance des significations infinies, (bien) traduire signifie donc éclairer une autre portion, souvent une petite portion, de cette immense surface, de cette immense profondeur.

FS : Vous avez réalisé de multiples performances, installations et expositions en Europe et en Amérique du Nord. Que peut encore, selon vous, le corps de celui qui écrit ?

ADF : Le corps, dans mes performances et installations, que j'appelle environnements de lecture, est le véhicule de la voix. Si mon corps dans la vie est présence, toucher, direction, mon corps dans la performance est une sorte de corps sans organes deleuzien, un orifice parlant. Il ne s'agit pas vraiment d'une performance de ce point de vue : je ne bouge pas, je ne regarde pas le public, je lis mes textes lentement et sans expression et je laisse que les machines augmentent, justement, et élaborent ma voix à ma place en éclairant par ce biais et de façon partiellement aléatoire des relations qui habitent le texte. Est-ce une autre forme de traduction ?

FS : Vous êtes membre de plusieurs comités de rédaction de revues au niveau international. Quelle perception avez-vous de la création poétique contemporaine ici et là ?

ADF : Si, lorsqu'on produit une performance ou une installation, la collaboration avec plusieurs « corps de métier » est fondamentale (mon écriture augmentée et mes environnements de lecture sont coproduits avec des musiciens, des architectes, des vidéastes, des techniciens, des curateurs, etc.), la poésie est au départ, dans beaucoup de cas, une activité individuelle et séparée des autres. Faire partie de réseaux et de comités permet de réactiver le dialogue et l'échange, tout comme l'enseignement, qui est pour moi peut-être encore plus important. D'écrire dans la vie en quelque sorte.

Cependant, je ne suis pas sûr que la poésie et les personnes qui l'écrivent soient pour la plupart, aujourd'hui, vraiment en train d'écrire à partir et dans la vie. Ce qui entraîne directement une autre question, ou d'autres questions : est-ce que, au-delà des petits réseaux littéraires, les poètes aujourd'hui sont vraiment disponibles à se mesurer de façon sincère et intelligente avec le problème de l'éducation et de l'émancipation, le fantasme fantôme de l'argent, le tabou de la douleur, la guerre en Syrie qu'en plus on regarde à la télé, les magasins des grandes villes occidentales qui sont toujours des mêmes marques ? Cela demande une dépense émotive et cognitive très grande, que peu de monde au fond est disposé à accepter.

FS : État présent de votre esprit ?

ADF : Malgré tout, encore plein d'amour.

—

In *Nonfiction.fr*, 2013.

Un entretien – Avec Fabien Vallos

Fabien Vallos : Cher Alessandro, nous aimerions, dans le cadre du projet de recherche *Art by Telephone*, discuter avec toi des relations qu'entretiennent art et poésie,[1] mais aussi sur ce que nous pourrions nommer une généalogique critique de la crise de l'œuvre et du vers. L'exposition de Jan van der Mark a eu lieu en 1969 dans un temps particulier pour l'histoire l'art ; nous la convoquons à nouveaux, en 2012-2014.

Avant même de commencer, je voudrais d'abord te poser une question relative à ce que l'on nomme une actualité. Tu as récemment soutenu ta thèse qui portait le joli titre de *Pour une théorie non-dualiste de la poésie (1960-1989)*. Que signifie donc, pour toi, le non-dualisme et que signifie dès lors de l'encadrer dans cette période ?

Alessandro De Francesco : Cher Fabien, oui, cette thèse marque pour moi une mise au point théorique de ma vision de la poésie et de la création aussi en tant que poète et artiste. Tout comme l'exposition *Art by Telephone*, cette étude se focalise au départ sur l'époque 1960, mais afin de réactiver et de réinterroger l'époque contemporaine, l'époque de la création dont nous faisons partie.

J'entends la notion de *non-dualisme* dans deux sens : l'*adhérence* de la poésie à son propre geste d'énonciation et le *rapprochement* entre le langage poétique et le *réel* qui l'entoure et le contient. Le premier aspect répond aux critères cognitifs et logiques du *rule following* wittgensteinien, dont Henri Meschonnic avait bien saisi les potentialités poétologiques dès les années 1970, et qui a influencé en profondeur plusieurs figures significatives de la poésie, notamment française, à cheval entre deux générations : André du Bouchet, Jacques Roubaud, Jean Daive, Jean-Marie Gleize, Claude Royet-Journoud, entre autres. Meschonnic soutient que le poème « fait les règles de sa lecture à mesure qu'on avance »[2] et à la fois Gleize et Roubaud affirment que « la poésie dit ce qu'elle dit en le disant ». Chez Wittgenstein la construction de la règle qu'implique la notion de *rule following* est une manière au fond d'échapper à la règle dogmatique du code : si, comme il dit par rapport aux séries mathématiques, « à chaque pas une nouvelle décision est nécessaire », le *rule following* produit des règles autonomes et contingentes qui ne dépendent pas d'une décision préalable. Transposé en poésie, cela implique que l'écriture ébranle les codes partagés au profit de cette adhérence du geste d'énonciation à lui-même. Cette adhérence est donc éminemment non-dualiste.

Le deuxième aspect s'articule à son tour en deux éléments complémentaires, ou, plutôt, j'entends la notion de « réel » en deux sens : le *réel-réel*, espace « innommable », selon un terme de Samuel Beckett repris par Christian Prigent, extériorité para-perceptuelle énigmatique à laquelle la poésie moderne s'adresse de façon nouvelle ; et le *réel-monde-his-*

toire, à savoir les modalités spatio-temporelles, verbales et sociétales par lesquelles l'être humain organise et parcourt le réel. L'adresse au *réel-réel* est une adresse avant tout *cognitive*, au sens non pas des sciences cognitives mais des possibilités de la connaissance : comme l'ont remarqué par exemple Francis Ponge (dans ses entretiens avec Philippe Sollers) et Maurice Blanchot dans *L'Entretien infini*, la poésie, dans le sillage des évolutions philosophiques mais aussi épistémologiques de la modernité (géométries n-dimensionnelles et non-euclidiennes, systèmes complexes, etc.) interroge de façon nouvelle les limites et les enjeux ontiques du rapport entre le langage et le réel. L'adresse au *réel-monde-histoire*, elle, est une adresse avant tout politique et éthique, car elle est due à l'exigence de répondre à la phrase trop citée de Th.W. Adorno selon laquelle il serait devenu « barbare » d'écrire des poèmes après Auschwitz. Plus précisément, je soutiens que l'évolution et l'expérimentation des formes poétiques de la modernité est due à deux facteurs archétypaux du *réel-monde-histoire*, qui ont en plus la propriété d'être chronologiquement contigus : la *Shoah* et l'introduction des médias de masse dans les familles occidentales, à commencer par la télévision justement au cours des années 1960. Le langage poétique de la modernité se mesure contre ces deux formes historiques et complémentaires d'autorité, de normalisation, de codification et d'effacement de l'humain par le biais de la technologie. Ces deux formes sont à entendre, je disais, comme archétypes : dans leur moule peuvent rentrer d'autres faits où le sens et l'humain ont été effacés et remplacés par le code. La liste est longue. Si je devais penser à des faits récents, je dirais la guerre en Syrie, elle-même médiatisée, et Facebook, qui est un grand moteur de production de l'identité et d'évidement de la perception.

Dans le cas du *réel-réel* le poétique sera donc non-dualiste puisque afin de produire ce rapprochement avec le non-verbal au sein du langage il est impossible de passer par toute sorte de dédoublement fictionnel, métaphorique ou représentationnel, dont la *réalité*, que nous opposons tous les deux au *réel* en tant qu'organisation représentationnelle première du réel, est le premier degré. De même, dans le cas du *réel-monde-histoire*, le poétique est non-dualiste car, d'une part, il choisit non pas de représenter la *Shoah*, mais plutôt d'utiliser les possibilités que le langage offre à la place de l'image afin de créer une re-narration fracturée de l'événement (Celan, Royet-Journoud, Daive, etc.) ; d'autre part, il refuse les techniques sournoises de représentation et de figement d'identités et de points de vue qui sont le propre de la *société du spectacle* et de l'information.

Il me semble que tout cela est en résonance profonde avec ce que tu entends par *poièsis*, n'est-ce pas ? Comment décrirais-tu la façon dont la *poièsis*, dès l'étymologie de ce mot, agit sur l'économie du réel ?

FV : Si l'on suit l'hypothèse d'Heidegger (*Séminaire du Thor*, 1969)[3] la philosophe serait l'activité d'une humanité étonnée par la surmesure du réel (de ce que tu nommes *réel-réel*) mais aussi par la surmesure de la réalité, autrement dit de la production (ce que tu nommes *réel-monde-histoire* et ce que je nomme réalité). À cela il faudrait encore ajouter l'étonnement très profond devant le *monde*, c'est-à-dire la relation entre le réel et la réalité. Or cette relation est voilée et maintenue dans les systèmes de la gouvernance. *Poièsis* est précisément le mouvement qui consiste à passer par transformation de l'un à l'autre, du réel à la réalité. Ce qui sera nommé production ou représentation selon les enjeux politiques et moraux de son usage. C'est pour cette raison que la *poièsis* a été ontologiquement pensée à partir de l'opposition dualiste *réel-représentation,* mais surtout interprétée à l'intérieur même d'une tension irrésolue entre sa nécessaire présence dans le commun (utilité morale de la *poièsis* comme apaisement et plaisir tel qu'il est possible de le lire chez Aristote) et sa nécessaire interdiction au risque d'une dégradation du commun (tel qu'il est possible de le lire chez Platon). On sait par ailleurs que le danger majeur, pour Platon, dans cette saisie du réel, s'incruste à la fois dans ce qui est *doxa*, opinion commune invérifiée et non-fondée, et dans ce qui est *pharmakéia,* industrie des systèmes de l'altération.[4] Il me semble que c'est bien de ce dont tu parles, maximalement, avec la *Shoah* et les médias de masse.

Ce que l'on pourrait nommer très grossièrement *arts* – quels qu'ils soient – est donc systématiquement étriqué dans la dialectique irrésolue, nécessaire-dangereux, et immédiatement absorbé dans ce que tu appelles *dualisme*.

Pour répondre à ta question, je pourrais te dire que la *poièsis* agit sur l'économie du réel de deux grandes manières : soit en assumant le rôle d'un agir illimité en ce qu'il n'est pas fermé dans la détermination d'un usage (c'est, je pense, ce que tu as nommé le subversif, lors de ta conférence, c'est encore ce que Georges Molinié nomme le réel historique survenant, non prévisible[5]) et qu'il est dès lors lié à l'éthique, soit en assumant un agir illimité encerclé dans la détermination morale de l'interprétation de son usage et de son utilité. Cette tension irrésolue est, à mon avis, le sens profond de la *poièsis*, c'est-à-dire de l'art, en tant qu'économie particulière du réel et de l'œuvre.

Pour le dire autrement l'histoire de la philosophie est cette permanente vigilance sur ce que Platon nommait *pharmakéia* et *doxa*, c'est-à-dire la puissance d'altération du réel : c'est pour cette raison que l'histoire de l'art, de la *poièsis*, est avant tout un placement dans ces systèmes idéologico-politiques de l'agir : le *poiètès* n'est ni praxique ni *eupraxique*, parce qu'il ne peut pas l'être (histoire la délégation), mais le commun peut transfigurer la *poièsis* en *eupraxie*, c'est-à-dire en objets *faits* comme il convient qu'ils soient faits.

La modernité est alors la réinterrogation exigeante de cette vigilance et la tentative de sortir l'agir poiètique de ce que tu nommes dualisme. Dès lors, est-ce en ce sens qu'il faut comprendre, dans ta théorie, que la poésie est un art récent? Pourrait-on alors, même, dire que la poésie et ce que nous nommons improprement arts plastiques, sont des arts récents? Est-ce que cela signifierait qu'il y a dans les deux, une tentative de ce que tu nommes *adhérence* ?

Ce qui est passionnant, est, qu'à la même période se joue l'épreuve d'un *tournant* en philosophie, qui consiste justement à ne plus interpréter la *poièsis* de la même manière et que se joue une révolution en art qui consiste à saisir la puissance énonciative du langage. Il nous semble qu'à cet égard l'exposition de Jan van der Marck est remarquable en ce sens qu'elle pointe l'extrême difficulté de l'œuvre à ne pas suspendre la fixation d'une forme comme achèvement, comme blocage, comme finalité, etc.

J'aimerais, à ce propos, que tu me dises, à partir de tes théories, comment tu regardes la production des artistes de cette période et essentiellement, ceux de l'exposition *Art by Telephone*.

ADF : Oui, la question que pose ce que tu nommes la *poièsis* est, me semble-t-il, comment opérer et ensuite décrire cette rupture à la fois esthétique et épistémologique au sein du poétique, au point que j'indique dans ce que j'appelle *dépassement de la distinction entre esthétique et épistémologie* un état où l'écriture est soustraite au dualisme réel-représentation. Cette question est, comme tu le montres en proposant cette articulation fondamentale entre ce que je nomme en effet le *subversif* et ce que tu qualifies de *moral*, également *éthique*. Comme l'ont écrit à la fois Wittgenstein et Musil, « Ethik und Ästhetik sind eins[6] », l'éthique et l'esthétique sont une seule et même chose. J'ajouterais l'épistémique dans cette nouvelle équivalence poiétique, car la poésie de la modernité interroge ses propres procédés de dicibilité et son rapport à la connaissance et à la modification du *réel-réel*, lieu du cognitif et de l'épistémique, au même titre que du *réel-monde-histoire*, lieu de l'esthétique et de l'éthique, et au même titre que d'autres disciplines de la pensée, comme les sciences et la philosophie. C'est dans ce sens que je dis en effet que la poésie est un art récent : il me semble qu'une prise de conscience de la portée à la fois politique, philosophique et cognitive de cette équivalence entre esthétique, épistémique et éthique au sein de la poésie ne peut qu'être moderne et a des conséquences majeures sur les formes poétiques. Le vers libre ou le poème en prose, par exemple, sont des formes poétiques exclusives de la modernité qui découlent de ce *shift* de paradigme et de la convergence *subversive* entre ces différents niveaux de la pensée, du langage et de l'action.

Quand je dis que la poésie est un art récent, je pense précisément à cette prise de conscience des enjeux cognitifs du poétique qu'ont manifestée de façon nouvelle Hölderlin et Leopardi, et, peu de temps après eux, Baudelaire, Rimbaud et Mallarmé. Je pense également à la structure textuelle et rhétorique de *Hälfte des Lebens* de Hölderlin, à la réduction presque totale de la métaphore chez Leopardi, au poème en prose chez Novalis et Baudelaire, au *Coup de dés* de Mallarmé, etc., à savoir à des œuvres qui révolutionnent de façon indélébile et permanente le rôle et les formes de la poésie au point que la notion même de « poésie » en sort complètement reconnotée. Ceci se propage au XXe siècle où justement les événements que je qualifie d'*archétypaux* de la *Shoah* et des médias de masse attribuent un sens nouveau et complètement différent aux évolutions formelles de l'expérience-expérimentation poétique, qui est en même temps imbibée dans la mémoire de ce grand changement qui ne cesse de se produire depuis la fin du XVIIIe siècle.

L'art au sens où tu l'entends pourrait tout aussi bien être dit un « art récent », même si les critères de définition sont plus complexes à mon avis. Mais il est vrai qu'il y a un premier commencement avec l'Impressionnisme, et peut-être déjà à l'époque baroque : il s'agit de tendre à restituer le réel à l'image en refusant le réalisme mais aussi les mondes parallèles, et en tout cas la représentation. En effet, à la fois en poésie et en art, je parle d'*adhérence* dans le sens de cette proximité que, pour des raisons historiques, le langage cherche à rétablir de façon nouvelle avec le réel, en produisant des formes poïétiques, d'action et de connaissance, que j'appelle non-dualistes. Réel contre réalité, à nouveau, ou, comme le dirait Jean-Marie Gleize, *réelisme* vs. réalisme. Kandinsky marque dans ce sens une rupture épistémologique et esthétique irréversible en détachant complètement la peinture de la représentation, en montrant cette possibilité de pénétrer le réel *parce que* nous nous autorisons à ne plus le représenter. Un changement qui ne me paraît pas moins significatif est l'avènement de l'art conceptuel après et d'après Duchamp : dans l'art dit « conceptuel » la *poièsis* de l'écriture et de l'objectalité plastique existent, agissent et interagissent *par définition* depuis ce dépassement de la distinction entre esthétique et épistémologie. La question de la représentation n'est pas dépassée par son contraire ontologique, à savoir l'abstraction, mais par une multiplicité de processus de langage et de pensée à l'œuvre. De ce point de vue, d'autres grands dualismes historiquement très dangereux sont déconstruits : ceux entre pensée et action, concept et expérience, intellect et émotion (ces dualismes restent cependant bien ancrés encore aujourd'hui dans la vulgate). Dans ce sillage mais aussi après l'expérience conceptuelle historiquement connotée, une perspective vraiment innovante en art me semble être aujourd'hui, encore plus que le numérique ou l'interactionnel, qui sont très à la mode, la déconstruction en réalité pas-encore-advenue de la séparation disciplinaire entre pratique artistique et pensée théorique.

Mais revenons, pour répondre à la partie finale de ta question, au geste conceptuel et à la façon dont celui-ci s'enchevêtre avec le langage, car il me semble qu'il s'agit bien de cela dans *Art by Telephone*. Les instructions de *Art by Telephone*, à la fois celles de l'exposition de l'époque et celles réinventées récemment par les artistes invités, sont ni plus ni moins de la poésie au sens de la *poièsis* telle que tu l'entends : elles font usage d'une pratique textuelle pour produire une stratégie d'action dans le réel. J'ai moi-même conçu mon instruction en même temps que je pensais à la gestion poétique de celle-ci, c'est-à-dire que j'ai fait très attention au texte que j'ai décidé de dire au téléphone et que je n'ai pas séparé le geste d'écriture de l'impact sur ceux qui sont censés réaliser mon instruction. Je suppose que beaucoup d'autres artistes, même et peut-être encore plus ceux qui ont produit les instructions les plus brèves, comme Robert Barry, IKHEA@Services et Fabrice Reymond,[7] ont pensé leur instruction tout d'abord comme texte. Au terme de *poièsis* j'aimerais donc ajouter un terme que j'utilise au départ pour décrire mon propre travail mais qui pourrait très bien décrire l'ensemble des contributions à cette exposition, à savoir celui de *language art*, ou même de *text art*.

Le téléphone, s'il crée une médiation et produit donc une distance, montre en même temps deux choses parmi beaucoup d'autres qui intéressent la perspective que l'on est en train d'évoquer : la façon dont la forme même du texte est influencée par la technologie à l'époque moderne – ce qui nous place dans une perspective épistémo-poétique – et le fait que la distance qui est créée par ce dispositif ne s'interpose pas entre le langage et le réel, mais elle vise plutôt à questionner les codes de la communication et de la réception d'un message. En utilisant le téléphone, donc un dispositif de communication, pour produire un texte qui est en soi une pièce et qui invite en même temps à l'activation d'une pièce (le terme d'« activation » que vous utilisez n'est pas anodin en ce sens), *Art by Telephone* montre, d'une part, la différence irréductible entre langage et communication mais, d'autre part, la ligne de continuité qui subsiste entre le texte et ses possibles d'action dans le réel. Dans *Art by Telephone* il n'y a pas un *use*, une utilisation ordinaire du dispositif, mais un *misuse*, un dysfonctionnement dans l'utilisation à la fois du dispositif technologique de communication, car il n'est plus utilisé pour communiquer en dehors de la pièce qui est dictée, et du dispositif textuel, qui se dérobe en permanence au statut de message transitif.

Il y a là ce que j'appelle *paradoxe du langage ordinaire* : cependant que la poésie et l'art de la modernité font usage de champs sémantiques ordinaires et d'objets-dispositifs de la vie quotidienne, ces mêmes champs sémantiques et objets-dispositifs sont réactivés afin de produire des langages *sub-*

versifs, qui s'opposent aux codes partagés et au consensus de la représentation.

Est-ce que tu es d'accord avec cette lecture, une lecture parmi les multiples lectures possibles, de *Art by Telephone* comme lieu de proximité entre art et poésie ? Et est-ce que tu détectes des différences entre les instructions téléphonées en 1969 et les instructions que vous nous avez demandé de produire récemment ? Sans doute y a-t-il une différence dans la clarté du message, les téléphones d'aujourd'hui étant beaucoup plus performants, et une différence dans les stratégies esthétiques et épistémologiques des artistes de l'époque et celles d'artistes contemporains, mais, sans trop savoir comment le dire, j'ai l'impression qu'il y a plus que cela. Par ailleurs, des artistes déjà actifs à l'époque, comme Robert Barry et Lawrence Weiner, n'ont participé qu'à la nouvelle édition de l'expo. Comment situerais-tu leurs contributions ?

FV : Si l'on admet qu'il y a eu, à ce point, des changements de paradigmes, il faut, comme tu le fais, en saisir les raisons et la résonance. On pourrait alors admettre que les trois plus grands changements de paradigmes ont consisté à : premièrement faire en sorte que la philosophie moderne reprenne à son compte l'urgence de la pensée platonicienne quant à la vigilance sur ce qui est nommé *pharmakéia* (les entreprises de l'altération du réel et de la réalité). Ce sera, à notre avis, le lieu profond de la pensée philosophique qui n'aura cessé de penser structurellement les liens que nous entretenons avec la *poièsis*, qui n'aura eu de cesse d'inviter cette même *poièsis* à penser le poématique, mais qui aura aussi pour conséquence de maintenir un état de suspicion quant à l'art. Deuxièmement, il s'agit alors pour les *artistes* et les *poètes* de prendre en compte ce doute spéculatif quant à la *poièsis* en émettant la possibilité d'une réduction ou d'un dépassement de ce que tu nommes la distinction entre esthétique et éthique, autrement dit la distinction entre le *représenté* et le *présenté*. Ce qui est donc récent est un déplacement conséquent du paradigme de la représentation : faire de l'art ou de la poésie n'est plus exactement représenter mais penser les conséquences d'un dispositif de *présentation*, par delà les catégorisations des systèmes métaphoriques et métonymico-symboliques. Enfin troisièmement, il s'agit que la modernité a consisté et consiste encore en l'élaboration d'une généalogie critique et éthique de la *poièsis*, c'est-à-dire de l'opérativité.

Or, il me semble que ce qui est nommé une conscience de la portée politique, philosophique, éthique et cognitive, consiste précisément à ne cesser de penser la très complexe interprétation morale de la *poièsis*, c'est-à-dire de l'opérativité, en tant que puissance de présentation et de représentation, en tant que gouvernance et en tant que délégation.

Cependant l'achèvement de la modernité aura consisté justement à regarder impuissant la mise en scène doxique de la séparation de l'art et de la *poièsis*, la non-résolution des rapports entretenus avec le théorique et la puissance infinie de ce que tu nommes médias de masse. En somme et même si la philosophie ne cesse de réinterpréter la mise en garde platonicienne, notre modernité contemple cette *déconstruction non-encore-advenue* des liens symboliques entre art et poésie, entre art et théorie. C'est précisément pour cette raison qu'il nous a semblé intéressant de travailler sur cette exposition *Art by Telephone* et d'en tenter une réactivation. Il y a, pour nous, la mise en place d'un observatoire des propositions qui ont tenté, en tant que modernité, l'achèvement des grands dualismes : les oppositions archaïques et infertiles entre pensée et agir, autrement dit entre *pensée* et *poièsis*. Il faut se souvenir ici de la fin de la *Lettre sur l'humanisme* de Martin Heidegger[8] : à la question de Beaufret (si l'on considère que l'on ne peut *redonner* un sens au terme humanisme), reste-t-il un élément d'aventure, Heidegger répond qu'il s'agit de la poésie (*Dichtung*) parce qu'elle se tient devant la même question (la *Seinsfrage*) et de la même manière que la pensée (*Denken*). Ce sont ces modes de rassemblement qu'il faut être en mesure de penser. Pour cette raison je suis particulièrement heureux de ton emploi de deux concepts, à la fois pour penser les relations art et poésie mais aussi pour penser les *manières* propres à *Art by Telephone*, que sont *use* et *misuse*. Usage et mésusage. Je crois qu'il y a ici un des lieux les plus obscurément impensés, celui précisément de la relation entre *use* et *misuse*, celui de la relation (qui marquera l'entrée dans la modernité) entre *usus* et *abusus*, celui de la relation entre *khrèsis* et *catakhrèsis*. Ceci pourrait être le lieu d'une très intéressante recherche.

Il y aurait pour nous, et pour le moment, deux possibilités d'entendre cette relation entre *use* et *misuse*, comme déconstruction du paradigme de fonctionnalité et comme saisie de la puissance de l'intransitivité. Si la *poièsis* est considérée comme un agir inférieur (à la *praxis* et à la *théoria*) c'est bien parce qu'elle ouvre à la possibilité d'un *mésusage*. Il suffit alors – non pas d'inverser le système, ce qui n'aurait pas de sens – mais de déconstruire cette interprétation hiérarchique de l'agir poiétique. Cette déconstruction peut avoir lieu à partir du moment où l'on cesse de considérer que les formes mêmes des langages sont *de facto* transitives. L'expérience maximale de la *poièsis* est dès lors bien une intransitivité, comme effet de rien d'autre qu'une possibilité. *Art by Telephone* est le lieu de cette expérience : la transitivité supposée des énoncés est suspendue dans la délégation et suspendue dans la possibilité laissée ouverte d'advenir à une forme, autant que de ne pas advenir, que de ne plus advenir, que d'advenir à peine différemment ou à peine à côté, etc. C'est précisément en cela, et pour répondre à ta question, que je considère qu'*Art by Telephone* est l'exposition de cette proximité radicale entre art et poésie. Il ne faut pas oublier, par ailleurs, que Jan van der Marck avait réalisé, deux ans plus tôt, une exposition intitulée, *Pictures to be read, Poetry to be seen*. Pour ces raisons je suis convaincu que la question de le proximité art et poésie et la question de l'intransitivité sont au cœur des préoccupations intellectives de Jan van der Marck. Quoiqu'il en soit de nos préoccupations contemporaines.

S'il y a donc des différences dans les stratégies artistiques et esthétiques entre 1969 et 2014, elles tiennent sans doute à des manières différentes d'interpréter et de saisir ces deux questions. Manières différentes parce que l'économie de l'œuvre n'est substantiellement pas la même. Manières différentes parce que nous avons traversé une série de crises :

affirmation de la puissance irréductible de la doxa, affaiblissement des conditions mêmes de la vivabilité, affirmation d'un ordre morale et achèvement du capitalisme.

Je suis donc bien d'accord avec toi pour dire qu'*Art by Telephone* est le lieu d'une proximité entre art et poésie. Or il semble que la fin des années 60 ait été une tentative d'exploration de cette proximité, chez les artistes conceptuels, pour Robert Smithson avec l'exposition *Language to be Looked at and/or Things to be Read*,[9] pour Jan van der Marck (avec deux expositions), mais aussi pour Broodthaers dont le projet *Département des Aigles* devait consisté[10] à « faire briller, main dans la main, la poésie et les arts plastiques ». J'aimerai beaucoup que nous puissions discuter de cet intérêt que le monde de l'art a témoigné de cette proximité et que nous puissions discuter de ce qu'il en est, maintenant, quarante années plus tard.

ADF : Oui, les questions du *misuse* et de la *subversion*, étroitement reliées à ce que tu appelles la puissance de l'intransitivité, sont en effet centrales en général dans l'histoire de l'art et en particulier pour cette convergence entre art et poésie qui peut se jouer à l'intérieur du langage. Ce n'est pas un hasard si Jan van der Marck, dans l'introduction au catalogue de l'exposition que tu as citée et que j'ai pu découvrir à l'occasion de nos échanges à La Panacée de Montpellier, parle des interactions entre la conception wittgensteinienne du jeu de langage dans une forme de vie et les productions poétiques-artistiques qui étaient présentées à l'expo *Poetry To Be Seen*.[11] Or la question de l'usage dans une forme de vie montre la contingence et la fragilité du fait langagier lorsque celui-ci est mis en interaction directe avec le monde qui l'entoure et le contient. La question du mésusage montre les *possibles* que le fait poétique ouvre à l'intérieur du fait langagier en état de relation avec cette contingence et cette fragilité du rapport langage-monde. Ces possibles, comme nous l'avons dit, sont autant cognitifs que politiques et éthiques. Ces possibles sont une affaire de présentation – ou de *présentification* – plutôt que de représentation. C'est dans ce contexte, me semble-t-il, que l'on pourrait approfondir la question de la proximité entre art et poésie dans la modernité que tu résumes dans la belle formulation de Broodthaers.

Il faut peut-être d'abord retracer et relire une histoire pour y voir plus clair. Cette histoire est tracée au départ par Michel Foucault et par la réception de Mallarmé pendant les années 1960. Dans *Les mots et les choses* Foucault parle d'une intransitivité historique du langage qui n'est pas seulement celle du processus que nous avons qualifié de *misuse*, mais aussi et surtout celle d'une intransitivité réflexive du langage, propre à la modernité, que Foucault identifie avec la notion, elle aussi moderne ayant été diffusée au XIXe siècle, de *littérature*. Cette intransitivité réflexive incarne, nous dit Foucault, la modalité principale par laquelle le langage a réagi à l'objectification et au « nivellement » (terme de Foucault) auxquels il a lui-même été soumis dans la modernité. On connaît sa position : selon Foucault, la conception prémoderne du langage comme véhicule de connaissance du monde cède la place, à l'époque moderne, à une prise de distance cognitive entre le langage et le monde du fait de la plus grande épaisseur acquise par le langage, qui devient lui-même un « objet de la connaissance » parmi d'autres. Cette prise de distance, qui est vécue comme la fin de l'époque de la « nomination », où le langage pouvait nommer le monde, rend le langage lui-même un objet et, tout en le plaçant parmi les autres objets, réduit son pouvoir cognitif et sa « transparence » vers le monde. Selon Foucault, plus précisément, il y a trois modalités par lesquelles le langage parvient, depuis le XIXe siècle, à réactiver ses possibilités cognitives à l'époque moderne et à se dérober au nivellement de son objectification : la logique, l'interprétation (que Foucault repère historiquement chez Marx, Nietzsche et Freud) et, justement, la littérature.[12] Or, dans les trois cas, selon Foucault, cette réflexion nouvelle du langage sur ses propres modes de fonctionnement implique un mouvement autoréférentiel qui l'éloigne de sa transitivité vers le réel. Le cas de la littérature est le plus éclatant selon Foucault car la notion de « littérature » même naît, au XIXe siècle, dans ce nouveau climat cognitif d'objectification autoréflexive du langage. Le langage qui devient « objet de connaissance » dans la modernité, c'est le langage ordinaire : « le langage comme parole répandue », écrit Foucault, l'« universel reportage »,[13] écrit Mallarmé. Ce ne sont pas tout à fait la poésie et la poétique de Mallarmé qui sont traitées ici, c'est plutôt le Mallarmé des années 1960 qui est *un Mallarmé* parmi d'autres possibles, qui incarne à la fois une fonction poétique précise de la modernité et une tradition littéraire acquérant une étendue européenne, voire occidentale. Cette *fonction poétique – Mallarmé* nous dit qu'afin de se dérober au « nivellement » du langage ordinaire la poésie, faudrait-il dire la *littérature*, doit constituer un espace langagier autonome, et surtout un espace langagier dont l'autonomie implique l'autoréférentialité. En d'autres termes : dans la vision foucaultienne, la *littérature* au sens moderne du terme, tout en essayant de se soustraire à l'objectification du langage ordinaire, se soustrait en même temps au monde.

On revient à la fois à ce que j'ai appelé le *paradoxe du langage ordinaire* et aux raisons pour lesquelles j'ai affirmé que la poésie est un art récent. Un certain nombre de pratiques d'écriture, que nous nommerons donc « poésie » par opposition à cette conception autoréférentielle de la littérature, tout en maintenant une méfiance radicale à l'égard des langages ordinaires et des codes et en visant pour cela à poursuivre le combat contre l'« universel reportage », et tout en continuant à réfléchir sur leurs propres processus de dicibilité, ne renoncent pas à leur « transparence » vers le monde et développent des techniques et des stratégies textuelles adéquates à ce propos. C'est là qu'intervient le deuxième sens que j'attribue à la notion de non-dualisme, car cette transparence ne se joue plus dans les termes, pré-modernes, de la correspondance : si d'une part la poésie de la modernité est une forme de constructivisme langagier, conscient de ses propres procédés formels et sémantiques au même titre que la littérature au sens foucaultien, d'autre part elle tâche, à la différence de celle-ci, de faire en sorte que son jeu de langage la dirige vers le réel extra-verbal.

Il me semble que la poésie au sens moderne est dans ce sens plutôt une pratique artistique qu'un genre littéraire, et c'est pour cela, aussi, que je considère qu'il s'agit d'un art récent. Déjà au XIXᵉ siècle donc, mais encore plus à partir des années 1960, une fois commencée la déconstruction des genres, la poésie et l'art dit « conceptuel » sont des pratiques de traitement objectal et matérique du langage, de la pensée ou de n'importe quel autre matériau ; ils sont, dans tes termes, des activités *poïétiques*, qui se proposent d'interroger et de modifier le réel en même temps qu'elles se proposent d'interroger et de modifier leurs propres procédés formels. Interroger et modifier non pas, justement, dans le sens de la représentation ou de la fiction, mais dans le sens, à la fois cognitif et éthique, de la présentification et de la subversion. La poésie et l'art, dans leur convergence, engendrent des formes de la narration qui sont autant de re-syntaxisations du rapport langage-monde.

Pour faire bref, la convergence « main dans la main » de l'art et de la poésie se manifeste à mon avis autour de deux choses : autour de l'avènement de la littérature au sens foucaultien et de la nécessité de formuler d'autres paradigmes éthiques et cognitifs ; et autour de la technologie en tant que mise au point moderne de ce que tu appelles la *pharmakéia* et en tant qu'avènement des codes de la représentation dans la société du spectacle.

Pour répondre à la fin de ta question, je répondrai de façon tautologique avec une reformulation de ta même question, à témoigner d'une impasse que, je crois, nous ressentons tous : qu'en est-il de tout cela aujourd'hui ? Ou, plutôt : qu'est-ce qui a évolué dans ce rapport entre art et poésie depuis Broodthaers ? *Art by Telephone* cherche peut-être à donner une réponse à cette continuité historique entre la tradition moderne artistico-poétique et l'actualité et à rendre possible en même temps la réactivation de cette continuité dans le présent grâce à la version contemporaine de l'exposition. Mais cette exposition témoigne aussi d'un rapport à la modernité qui ne cesse de se produire. Je ne pense pas que nous soyons sortis de la modernité. Ceux qui croient avoir aujourd'hui dépassé le XXe siècle, ce sont souvent les conservateurs, et, en poésie, les néo-lyriques, qu'en remployant de façon artificielle des mots comme « amour », « rose » et « larmes » croient avoir mis de côté l'héritage moderniste. D'autre part, en même temps, le risque est celui d'un certain épigonisme expérimental, malheureusement très répandu de nos jours en poésie aussi bien qu'en art. Ou encore il y en a qui croient que les innovations du numérique suffisent à produire une nouvelle rupture épistémologique que, je crois, nous attendons un peu tous.

J'ai de plus en plus tendance à penser, en même temps, que cette convergence moderne entre art et poésie que tu évoques peut nous amener vraiment ailleurs et nous affranchir du XXe siècle. La ligne à suivre est peut-être justement, dans cette époque multi-médiale, celle qui relève du refus ou du moins d'une reconnotation radicale de la représentation et de la fiction. Essayons d'éliminer les personnages et les histoires tout en produisant un texte et peut-être même une narration, ou bien d'éliminer les images et les performances en art, tout en restant peut-être en même temps dans une exposition. S'échapper au spectacle et aux interfaces codifiées, y compris celles des avant-gardes ; être iconoclastes et, comme j'aime le dire, *grammoclastes* (à savoir destructeurs de la norme langagière en même temps que de la représentation), voici peut-être une piste que nous héritons de la modernité et qui peut en même temps nous amener dans le présent. Mais nous n'avons peut-être pas encore créé de nouveaux dispositifs adéquats à cela, ou en tout cas : il faut savoir le faire. La déconstruction de la séparation entre théorie et pratique que j'évoquais dans ma réponse précédente, une séparation qui subsistait en réalité encore dans la modernité avant-gardiste, est peut-être une piste intéressante. Le problème plus général c'est aussi que ces genres de tentatives n'ont pas (plus ?) d'impact direct sur le *réel-monde-histoire*.

Comment est-ce que tu te situes, justement en tant que figure polymorphe de théoricien, d'écrivain et d'artiste, dans ce contexte historique qui est celui de 2014 plutôt que de 1969 ? Et quel rôle *Art by Telephone* joue-t-il pour toi là-dedans ? Quel est son impact aujourd'hui dans l'avancement de cette convergence entre art et poésie comme moteur du possible ?

FV : Tu as raison de regarder une histoire de la littérature à partir des paradigmes posés par Foucault. Quoiqu'il en soit de regarder l'idée de ce que tu nommes littérature à partir du concept de l'intransitivité. Littéraire est un usage et un regard de la lettre qui ne prétend pas qu'elle soit à ce point *littérale* qu'elle se maintienne, en permanence, dans une transitivité. L'histoire de la littérature est cette lente, complexe et quelque fois dangereuse manière de refuser à la lettre son caractère transitif : d'accorder, même, que les langages sont maximalement intransitifs, en tant qu'ils sont d'abord – pour paraphraser Georges Molinié[14] – des effets de rien. Quoiqu'il en soit qu'ils ne sont pas des effets de ce qu'il est attendu qu'ils soient : communication, sens, orientation, valeur, etc. Littéraire est ce qui a maintenu durant des siècles la difficile tenue éthique de l'intransitivité. Mais le paradoxe de la littérature est bien précisément là où elle assume tout à la fois l'expérience de cette intransivité, mais où elle assume en même temps la pertinence et la vérité de l'image qui est convoquée dans le tressage littéraire. C'est précisément pour cette raison – si je suis ton hypothèse de la modernité de la poésie – que je peux énoncer que la littérature et les arts de l'image sont des systèmes archaïques en ce qu'ils ne peuvent jamais résoudre le paradoxe d'une irréductible tension à la transitivité des effets dans une nécessaire intransitivité comme processus moral.

Et c'est aussi, très exactement pour l'ensemble de ces raisons que le XIXe siècle a été le siècle de la crise iconique et mythographique : produire des images et produire du récit ont conduit aux crises exemplaires du vers (Mallarmé) et de l'œuvre (Duchamp). Le XIXe siècle est le temps de l'épreuve critique de la déconstruction des systèmes métaphoriques et métonymico-symboliques tant pour la littérature, que pour la poésie que pour la musique que pour l'art : abandonner ce qui avait pu être nommé une *seconda prattica*[15] qui consiste à faire des images de tout : en somme rendre transitifs tous les langages. Le XIXe siècle est celui de la crise de ces systèmes : c'est-à-dire de la mise en place de l'affirmation de ce que Mallarmé appelle « l'universel reportage

» et en même temps une nouvelle exploration, en philosophie, de ce que je nomme, justement, *pharmakéia*. Il y aurait alors pour Foucault, trois paradigmes en vue d'une interprétation autoréférentielle de la *lettre* : ce qu'il nomme la logique, l'interprétation et le littéraire. Je soutiens, quant à moi, que ce que l'on peut trouver sous la forme du *tractatus* (Nietzsche, Wittgenstein, Benjamin,[16] etc.), de l'herméneutique philosophique, autrement dit de la philologie (Nietzsche, Benjamin, Heidegger, Foucault, etc.) et la crise du littéraire (comme crise de l'auteur et affirmation non d'une vision mais seulement d'une ambiance : Proust, Musil, etc.) participe d'une réélaboration du concept de langage : déconstruction de l'autoréférentialité, remise ne cause de la transitivité, affirmation du caractère instable du sens, déconstruction de l'universalisme de l'art, affirmation que toute lecture est contextuelle, qu'elle est un *hapax*, et qu'elle est ouverte à un *péril*.

Ce que tu appelles modernité, est alors cette succession de crises, qui, somme toute, n'a jamais cessé d'être un problème d'interprétation de notre relation à l'occultation du réel et de la transformation du réel. Or il est évident que pour la pensée du XIXe et du XXe siècle il a fallu réinterroger cette relation occultée, le rapport que nous entretenons à la *pharmakéia*, l'industrie de cette transformation, le rapport que nous entretenons à la production des images, le rapport que nous entretenons à la production des mythes, des mythologies et des machines mythologiques. Cette première phase est une préparation à la déconstruction de l'interprétation de l'agir humain en agir théorétique, praxique et poiétique.

Et en cela qu'il s'agit pour la modernité de diriger autrement un regard vers à la fois le réel, la réalité et ce je nomme le monde, c'est-à-dire les manières avec lesquelles nous *transposons* le réel dans la réalité. Il n'y a plus de direction vers le réel, parce que le réel est occulté. La crise majeure de la modernité consiste à la fois à concevoir que le réel est occulté et que la réalité (en tant que construction du monde, en tant que *réel-monde-histoire*) est ouverte à la catastrophe. Si la direction vers le réel n'est pas possible ni en tant qu'expérience matérielle ni en tant qu'expérience métaphysique, alors il faut penser d'autres manières pour s'affranchir de la puissance de la transitivité des systèmes de la gouvernance, c'est-à-dire des systèmes de l'*arkhè* (l'affirmation autoritaire de la fondation comme origine et comme fonds). Comment penser d'autres manières, c'est-à-dire une manière qui ne consiste pas à faire croire qu'on dit le réel – puisque le réel est occulté – mais qui consiste à maintenir l'instabilité fondamentale de l'intransivité des langages et surtout de l'intransivité de nos modes de réceptions des langages. Parce qu'il ne sert à rien d'affirmer l'intransivité des langages si nous ne soutenons pas que ce sont nos modes propres de réceptions qui sont maximalement intransitifs. C'est précisément pour cette raison que Duchamp – définissant le processus créatif – relève à la fois que l'art est inqualifiable et qu'il existe dans la relation avec le récepteur. Sont intransitifs nos modes de relations. Si l'art est philologique c'est que nous sommes intéressés par le regard porté sur nos modes si particulier de produire. Le XXe est alors le siècle de la préparation de la rupture qui consiste à ne plus hiérarchiser les agir : déconstruction de l'agir théorétique (idéologiquement et moralement non tenable), déconstruction de la prévalence de la *praxis* sur la *poièsis*, déconstruction de l'affirmation que la réalité n'est construite et opérée qu'à partir de la *praxis*. La reformulation de nouveaux paradigmes – autres que la littérature, la mythologie, l'image et l'art – présuppose que nous puissions penser non pas en terme générique mais en tant que *poièsis*, c'est-à-dire en tant que garde et regard sur la manière de transformer. C'est pour cela que je suis d'accord avec toi quand tu proposes deux hypothèses : l'une consistant à reformuler d'autres paradigmes, l'autre qui consiste à affirmer que nous sommes toujours plus dans ce regard sur ce que nous nommons *pharmakéia*. Que peut-on formuler comme autres paradigmes ? L'effondrement des systèmes de mesures ; l'impossibilité de redonner un sens au terme humanisme, parce que le terme humanisme est idéologiquement non recevable ; l'affirmation que nous ne pensons pas encore suffisamment le lieu de l'agir, en tant que *poièsis* ; énoncer que l'art n'est pas dans les objets (dans ce cas il s'agit d'une simple valeur ou transaction) mais dans le rapport que nous entretenons aux objets ; dire que l'art (la *poièsis*) n'est pas une valeur mais un processus qui consiste à maintenir l'expérience de l'intransitivité, de la délégation, de l'impuissance, du désœuvrement.

L'un de ces paradigmes a été celui, formulé dans les années '60, d'une relation contiguë entre *arts plastiques* et poésie. C'est à la fois tout le travail de Jan van der Marck, aussi bien avec *Poetry to be Seen, Art to be Read* (1967) qu'avec *Art by Telephone*, mais c'est aussi tout le travail de Marcel Broodthaers, de *Pense Bête* au principe d'insincérité, au *Musée d'art moderne, Département des Aigles*. Annoncer l'ouverture d'un musée qui *fera briller main dans la main* art et poésie. Cependant, il y a dans la lettre de Broodthaers, l'ombre prémonitoire d'une formule de séduction, celle du désintéressement et de l'admiration, autrement dit celle d'une relecture – parodique, sérieuse ou comme parodie sérieuse – des formules kantienne et aristotélicienne de l'art comme plaisir : celui de se *plaire à soi-même*. Or, en ce sens, l'acte prémonitoire de Marcel Broodthaers est pleinement réalisé. L'art ne s'affirme que comme absolu modèle de la satisfaction médiocre de deux êtres (artistes et récepteurs) qui n'ont à valider que la puissance de la valeur, mais pas (plus ou pas encore) comme *poièsis*. C'est aussi pour cette raison qu'il est important de *jouer* une fois encore *Art by Telephone* : Jan van der Marck écrit « L'art conceptuel comme document, enregistrement, objet ou performance dans *Art by Telephone* est une nouvelle étape vers la réconciliation des arts littéraires, plastiques et performatifs qui caractérise les années 1960 »[17] : il s'agit ici de la réconciliation. Ce qui supposerait un désaccord ancien entre art et poésie fondé sur les systèmes de représentation du monde comme *mimèsis*, et les systèmes de la représentation du monde comme *subjectivité*, parce que l'un et l'autre ne produise pas de la même manière la relation indexée à l'ordre de la représentation. Ce qui supposerait qu'ait été préparée la possibilité d'une réconciliation fondée sur la déconstruction de ces systèmes et l'affirmation qu'art et poésie, en somme, ne regardent pas la représentation mais la présentation, non pas du réel parce qu'il n'existe pas en tant que tel, mais bien de la présentation de la réalité comme production et la présentation de notre disruption essentielle avec le réel et morale avec la réalité. Art et poésie seraient deux modes de regard de la densité métaphysique et morale de notre rapport à la fois au voilement du réel et au voilement interprétation de la production. C'est précisément pour cette raison qu'il semble important de lire et de proposer à lire le projet *Art by Telephone*, et c'est aussi pour cette raison qu'il est important de tenir une position théorétique qui ne cesse de produire une théorie critique de l'économie de l'œuvre et de l'interprétation complexe et problématique de la *poièsis*. Pour le dire encore autrement il me semble qu'il est important de jouer encore *Art by Telephone* parce qu'il est crucial de penser ce que signifie, aujourd'hui, la réconciliation art et poésie, la délégation de la puissance d'agir, le déplacement de la puissance d'actorialité, la versionnabilité infinie de l'œuvre, l'inoriginalité de l'œuvre, l'achèvement possible de l'œuvre, la non conservation, etc. Quelque chose se joue dans l'histoire d'une préparation théorique et esthétique qui ne fait, à peine, que commencer. En voici donc l'enjeu.

ADF : Je pense aussi que nous ne sommes qu'au commencement de quelque chose, qu'il s'agit maintenant, avec la mémoire des changements de paradigmes qui ont été produits au XXe siècle, de produire un nouveau ou des nouveaux changements de paradigmes dont une première différence par rapport au siècle précédent serait de ne pas penser le changement de paradigme de la même façon. *Art by Telephone* est dans ce sens un anneau de conjonction entre cette mémoire et ce présent. Peut-être qu'il s'agit de plus en plus de déployer des processus au lieu de ruptures, des œuvres-expérience plutôt que des œuvres-interprétation, des gestes de recherche critique qui remplacent la vieille sémantique militaire de l'avant-garde. Nous avons besoin en même temps de gestes radicalement critiques car nous sommes toujours et plus que jamais dans la société du spectacle. Et, en termes curatoriaux et éditoriaux, nous avons besoin, face à l'hypertrophie de contenus à laquelle nous sommes soumis – et sans doute, historiquement, pour la première fois d'une telle manière –, de réduire, d'interdire, de limiter les lieux et les contextes « culturels » et « artistiques » pour éviter de vider définitivement le peu de contenu qui nous reste à repenser, à réactiver, à démultiplier à nouveau. Il y a un déséquilibre majeur, en art comme en littérature, entre quantité et qualité. La diffusion démagogique incontrôlée de la réception artistique et culturelle donne l'illusion d'être dans une époque de plus grande instruction et liberté d'expression, tandis que devant nos yeux quelque chose de contraire se produit : comme dans un moteur de recherche internet, une quantité hypertrophique d'information est rendue disponible mais la puissance du contenu et la possibilité de l'expérience de ce contenu sont réduites et affaiblies. La fiction remplace l'expérience, l'information remplace la critique, la vastité de l'offre culturelle et artistique donne l'illusion d'éduquer et d'épanouir, tandis que la structure de cette offre et sa fréquente médiocrité gomment le potentiel de changement contenu dans l'expérience de l'œuvre.

À la fois pour les artistes, pour les curateurs et pour les éditeurs, il s'agit donc peut-être déjà de repenser la relation entre l'expérience de l'œuvre et la critique du *réel-monde-histoire*. Tu énonces quelques-uns de ces changements de paradigmes possibles, dont un, très important, me paraît être la façon dont nous pensons le rapport aux objets dans l'art. Au-delà de l'immatériel, de l'interactionnel et de l'interactif, il me semble que l'objet peut revenir dans la pratique artistique non pas justement comme objet, mais comme relation d'expérience à l'objet. Cette relation d'expérience (une expérience, faut-il le préciser, qui est à entendre comme *Erlebnis*, comme une traversée de vie et non pas comme une curiosité ou un divertissement ni, dans ce cas, comme expérience au sens d'« expérimentation ») peut réduire en l'occurrence la domination de l'image et déplacer l'expérience du côté de l'écriture, de l'écriture d'un objet d'expérience et, par là, d'augmentation de l'intensité perceptuelle de l'expérience du réel à l'encontre de l'image-représentation-fiction. Nous pouvons sans doute repérer dans ce processus, qui est celui de mon travail entre autres, cette nouvelle alliance entre art et poésie que nous sommes en train d'explorer.

Un autre élément central donc, que nous avons évoqué à plusieurs reprises, est la question de la présentification à la place de la représentation. Je vois bien ce que tu veux dire quand tu soutiens qu'un rapport direct au réel est impossible ou que le réel n'existe pas. On entend bien évidemment là le niveau cognitif du réel que j'ai appelé *réel-réel*. Mais la leçon de la modernité, et aussi en même temps la possibilité de dépasser cette modernité, c'est-à-dire de faire en sorte que le XXe siècle arrête de déborder dans le XXIe, consistent peut-être dans une pensée directe de l'expérience du réel, qui ne passe ni par la métaphysique ni par les modes représentationnels (dont la réalité, comme tu le rappelles, et le premier degré) ou de la fiction narrative. La nouvelle alliance entre art et poésie (où « poésie », encore une fois, est à entendre dans le sens de cet art récent que je nomme « poésie ») peut se situer également ici. Le réel, dans lequel nous sommes immergés, se dérobe en même temps par définition – ce sont ses propriétés cognitives – à la possibilité d'une expérience complète de son mystère. Mais nous nous redécouvrons, et nous découvrons le langage, comme étant une portion même du réel. Sans vouloir le représenter ni dévoiler son essence, nous (penseurs, artistes, etc.) pouvons formuler des langages ou des dispositifs – *Art by Telephone* en est peut-être un – pour *sentir* cette immersion, ce contact, et en *faire quelque chose* (*poiein*). C'est pourquoi le téléphone dans *Art by Telephone* n'est pas (plus) un dispositif de médiatisation, mais un processus d'activation perceptuelle, émotive et cognitive. Dans la convergence entre éthique, cognitif, émotif et *poiétique*, entre pensée et pratique, se situe peut-être la possibilité d'un nouveau geste critique, qui se déploie, malgré ou plutôt grâce à la mémoire historique qui l'habite, malgré ou plutôt grâce à sa dimension ouverte et contingente, dans l'expérience du présent. Voici, me semble-t-il, le sens que nous attribuons au concept de *présentification* : expérience du présent comme possible du réel vs. dévoilement de la présence ou re-narration de la réalité.

In S. Pluot – F. Vallos (éd.), *Art by Telephone...Recalled*, Paris, Mix., 2014.

1. Cette discussion fait suite à une conference donnée par Alessandro De Francesco le 13 décembre 2013 à la Panacée de Montpellier dans le cadre du projet *Art by Telephone*.
2. H. Meschonnic, *Sur Wittgenstein. Philosophie du langage et poésie*, in *Id.*, *Pour la poétique V : Poésie sans réponse*, Paris, Gallimard, coll. « Le Chemin », 1978, p. 57.
3. In *Question III & IV*, Gallimard, p. 420.
4. Voir à ce propos l'ensemble des textes du *Livre IV* in chrematistique.fr
5. G. Molinié, *Hermès mutilé*, Champion, 2005.
6. L. Wittgenstein, *Tractatus logico-philosophicus*, prop. 6.421. Musil aurait annoté cela dans un feuillet retrouvé par sa femme dans son manteau (information provenant du séminaire de recherche en Histoire de la philosophie contemporaine de Aldo G. Gargani, Université de Pise, année universitaire 2002–2003).
7. http://www.artbytelephone.com
8. M. Heidegger, *Lettre sur l'humanisme* (1946), in *Question III & IV*, *op. cit.*
9. Dwan Gallery, New York, 1967.
10. Lettre du 7 septembre 1968.
11. *Pictures to be Read, Poetry to be Seen*, Jan van der Marck, Museum of Contemporary Art of Chicago, 24 octobre – 3 décembre 1967 avec Shusaku Arakawa, Gianfranco Baruchello, Mary Bauermeister, Georges Brecht, Oyvind Fahlström, Ray Johnson, Allan Kaprow, R.B. Kitaj, Alison Knowles, James Nutt, Gianni-Emilio Simonetti et Wolf Vostell.
12. M. Foucault, *Les mots et le choses*, Gallimard, Paris, p. 310–313.
13. S. Mallarmé, *Avant-dire au « Traité du verbe »* de René Ghil, désormais in *Œuvres complètes*. Tome II, Paris, Gallimard, Bibliothèque de la Pléiade, 2003, p. 677–678.
14. G. Molinié, *Hermès mutilé*, *op.cit.*
15. Le terme est emprunté à Claudio Monteverdi : *la seconda prattica* (introduction au Livre V des madrigaux, 1605) consiste a determiner un style représentatif parfait.
16. Il s'agit par exemple de l'écriture du *Gai savoir*, de l'écriture du *Tractatus logico-philosophicus* ou encore de l'affirmation de la forme du traité dans l'introdution de Benjamin à *L'Origine du drame baroque allemand*.
17. Texte d'introduction de Jan van der Marck, catalogue vinyle de l'exposition *Art by Telephone*, 1967.

CONTENTS

Introduzione   vii
Introduction   xi
Foreword   xv

I.
Poetica – Poétique –Poetics

Ostacoli, ipotesi, complessità.
   Su *Ridefinizione* e sul mio lavoro poetico   19
Alcune questioni di poetica   33
Environnements de lecture   45
Éviter l'obstacle cognitif : changements de paradigme
   et écriture augmentée   61
Décadence et désactivation :
   entre iconoclastie, grammoclastie
   et écriture augmentée   79
Écriture augmentée > prose augmentée   123
Pour une économie po(i)étique non-dualiste   129
L'expérience des ateliers de création à l'ENS
   de la rue d'Ulm et à l'Université Paris-Est Créteil   141
Créer des possibles, contre la représentation   167
Désignification, grammoclastie, alter-lisible/dicible :
   donner des mots à la subversion du poétique   171

II.
Saggi e articoli di critica – Essais critiques et articles – Critical Essays and Articles

L'écriture est un système complexe : entre « Narration d'équilibre » et « Objet bougé »	183
« retour à aussi muet que de la pierre »	203
Contact, interstice, supplément : modalités d'écriture pré-grammaticale chez André du Bouchet	221
Le possible dans le monde : pour une lecture italienne de Michel Deguy	237
Narrations multi-linéaires et épistémologies poétiques chez Jean-Marie Gleize et Claude Royet-Journoud	253
Afin de caraméliser, il faut mettre du sucre dans la poêle... ou pas	273
Le corps du réel : quelques remarques théoriques à partir des *Extraits du corps* de Bernard Noël et de *Meurtre* de Danielle Collobert	315
Vers un paradigme poétique : de Heidegger à Wittgenstein	325
Grammaires de la subversion	355
Interlocution et réalité entre *Vocativo* et *La Beltà*. Je et Tu dans la poésie de Andrea Zanzotto	375
Su e per « Théorie des prépositions » di Claude Royet-Journoud	399
In assenza del corpo. Sulla poesia di Giulio Marzaioli	409

Porta all'esterno e al presente.
  « Réelisme » e narrative multidimensionali
  dall'opera di Antonio Porta alla poesia estera coeva
  e alla poesia italiana del presente   433
La troisième personne impersonnelle   453

III.
Dialoghi – Entretiens – Dialogues

Lyrik-Diskurs – Letters on Poetry
  with Dieter M. Gräf   471
Redefining Poetry:
  An Interview with Alessandro De Francesco   509
Poé/tri 3 – Tension / Augmentation / Extension.
  Entretien avec Alessandro De Francesco –
  Propos recueillis par Frank Smith   517
Un entretien – Avec Fabien Vallos   525

Ai miei genitori
À mes parents
To my parents

www.ingramcontent.com/pod-product-compliance
Lightning Source LLC
Chambersburg PA
CBHW021147230426
43667CB00006B/283